祁龙威文集

QILONGWEI WENJI

祁龙威 著

吴善中 编

伍

广陵书社

本册目录

学术论文（下）

祁龙威文集·论文

学术论文（下）

太平天国革命和反孔斗争

从 1840 年鸦片战争开始的中国近代史，是外国资本帝国主义和中国封建主义相结合，压迫中国人民的历史，也是中国人民反抗资本帝国主义及其走狗的历史。如同过去为奴隶主、封建主效劳那样，在近代，孔老二和孔孟之道一直是帝国主义及其走狗压迫人民的工具。谁反对资本帝国主义、封建主义，谁就要做孔老二的叛逆；谁维护资本帝国主义、封建主义，谁就主张尊孔读经，宣扬孔孟之道，蛊惑人心。反孔与尊孔的斗争，贯穿于中国近代史的始终。

太平天国农民革命揭开了近代反孔斗争的序幕。太平天国的革命领袖洪秀全，发动和领导了千千万万农民群众，沉重打击了封建统治，也触动了它腐朽的精神支柱——孔孟之道。站在洪秀全对立面的是地主阶级的反动头子刽子手曾国藩，他竭力保卫孔孟之道，并利用孔孟之道摧残农民革命。反孔与尊孔之争，是当时农民阶级同资本帝国主义的走狗地主阶级之间的一场决死斗争在思想领域里的反映。

这种斗争，也反映在太平天国内部。凡是尊孔势力猖獗的地方，就首先发生封建复辟。太平天国内部的尊孔与反孔之争，实质上就是复辟与反复辟的斗争。因此，不彻底打倒孔孟之道与尊孔思想，革命就要受到破坏，反动派就要利用这些东西进行复辟，这是太平天国用鲜血换来的历史教训。

一

太平天国革命发生在鸦片战争之后,中国开始走上半封建半殖民地道路的时候。外国资本帝国主义侵略势力的侵入,使国内原有的农民阶级和地主阶级之间的阶级矛盾更加激化,于是农民起义连绵不绝,终于汇合成一个强大的反对清王朝的革命,即太平天国革命。

清王朝,是当时封建阶级的政治代表,是资本帝国主义的走狗。在清王朝的反动统治下,广大农村遭受残酷的经济剥削和政治压迫。苛捐杂税、地租、高利贷、鸦片赔款,一项项沉重负担,压在农民的肩上。农民中的男子,一般要受三种封建权力,即政权、族权、神权的支配。至于女子,还要受夫权的支配。毛主席指出:"这四种权力——政权、族权、神权、夫权,代表了全部封建宗法的思想和制度,是束缚中国人民特别是农民的四条极大的绳索。"[1]封建地主阶级统治人民的精神枷锁,从宋明以来,就是程朱理学,就是三纲五常,就是被刽子手曾国藩称之为"名教"的孔孟之道。正如毛主席所说的,那时的统治阶级,"把孔夫子的一套当作宗教教条一样强迫人民信奉"[2]。太平天国反对清王朝的起义,是一场伟大的反帝反封建的革命,也就必然要反对维护封建制度的精神支柱——孔孟之道。洪秀全亲自发动的反孔斗争,完全是适应了

[1]《湖南农民运动考察报告》。
[2]《反对党八股》。

农民反封建的需要的。

"山雨欲来风满楼"，这是鸦片战争前后两广地区的特点，民族矛盾、阶级矛盾复杂尖锐。就在这个时候，洪秀全和冯云山、洪仁玕等一道，在广东创立革命组织"拜上帝会"。在宗教外衣下，洪秀全把社会划分为对立的两个营垒：一方是以"拜上帝会"为代表的农民革命派；另一方是以"阎罗妖"为头子的地主反动派。洪秀全指出，"天下总一家，凡间皆兄弟"，人与人是平等的，"何得存此疆彼界之私，何可起尔吞我并之念？"只因为世上出了妖魔，所以产生了人剥削人、人压迫人，"陵夺斗杀"的社会制度，他号召人民奋起诛妖。在"拜上帝不拜邪神"的旗号下，洪秀全向着为封建统治效劳的孔孟之道等反动思想猛烈开火。在 1848 年金田起义前两年写成，在太平天国壬戌十二年（1862）印行的《太平天日》这部著名的著作中，洪秀全用故事的形式，把孔老二押上了审判台，向广大人民宣布他维护封建统治的滔天罪行，"推勘妖魔作怪之由，总追究孔丘教人之书多错"[1]。孔老二大受鞭挞，跪地求饶，丑态毕露。这个被历代反动派顶礼膜拜的"圣人"，狼狈地受到人民这样的惩罚。

在广东花县，洪秀全、冯云山、洪仁玕等几个农村教师干出了惊天动地的大事，他们敢于反潮流，敢于把所在私塾里照例供奉的"至圣先师"牌位砸个粉碎。

金田起义之后，太平军战斗到哪里，哪里的孔庙就和地主政权一起被打倒。刽子手曾国藩咒骂太平军"焚郴州之学宫，毁宣圣之木主，十哲两庑，狼藉满地"。太平军的确是干了这样的大好

---

[1]《太平天日》。

事。1853年，太平军胜利占领南京后，拆掉了孔庙，把孔老二的牌位劈成几块，抛在马粪堆里，大长了革命人民的志气，大灭了地主反动派的威风。

太平天国起义后，史无前例地宣布"四书""五经"为"妖书"，在删改消毒之前，严禁流通。如有学校学生偷读这些"圣贤书"的，一经发觉，"父师并斩"[1]。连洪秀全的儿子幼天王也不准看这些"古书"。从1854年开始的删书工作，是由洪秀全亲自执笔和主持的。他命令有关人员"将其中一切鬼话、怪话、妖话、邪话一概删除净尽"[2]。洪仁玕也对孔老二否定劳动和劳动人民作用的反动观点进行了严正的批判，指出孔老二"罔知人力之难"[3]。洪秀全和洪仁玕之所以这样做，是为了不让这些书"诱惑人心，紊乱真道"[4]。抵制孔孟之道对人民的毒害和腐蚀。

洪秀全领导的农民革命和反孔斗争，打中了地主阶级反动统治的要害，遭到地主阶级的强烈反对和攻击，刽子手曾国藩这个孔孟之道的忠实信徒，大骂太平天国革命使"数千年礼义、人伦、诗书、典则，一旦扫地荡尽"，"乃开辟以来名教之奇变"，"孔子孟子所痛哭于九原"[5]。有些地主分子把洪秀全比作"焚书坑儒"对奴隶制复辟势力实行坚决镇压的秦始皇，说什么"敢将孔孟横称妖，经史文章尽日烧"[6]，这一切恰好说明了农民革命的

---

[1] 陈庆甲:《金陵纪事诗》。
[2] 张德坚:《贼情汇纂》卷七。
[3] 洪仁玕:《军次实录》。
[4] 洪仁玕:《资政新编》。
[5] 以上所引曾国藩原话，见《曾国藩文集》卷三《讨粤匪檄》。
[6] 《山曲寄人题壁》。

洪流荡涤封建污泥浊水的历史功绩，显示了太平天国反孔斗争的伟大意义。

二

在近代史上，中国人民每掀起一次革命的高潮，总出现反革命的疯狂反扑，总有少数几个封建卫道士，"以昨天的卑鄙行为来为今天的卑鄙行为进行辩护"，召唤孔老二的亡灵，向革命进攻。曾国藩、袁世凯、蒋介石就是这类人物。

曾国藩是"理学家"唐鉴的门生，一生标榜程朱理学，他提倡所谓"经世致用"，其实就是要利用孔孟之道进行反革命。1853年，太平天国从广西向长江流域浩荡进军，清王朝慌了手脚，命令曾国藩在湖南组织地主武装"湘军"，对农民革命进行顽抗。从此，他一手拼凑起罗泽南、李续宾等死党，组织"湘军"，对革命人民进行血腥的镇压和屠杀，同时，他又挥舞着孔孟之道作为精神武器，欺骗和蒙蔽人们，为他的反革命罪行辩护。

曾国藩为了炮制反革命舆论，以振作士气，在1854年，发表了蛊惑人心的《讨粤匪檄》。曾国藩颠倒是非，混淆黑白。在大肆捏造太平军的"暴行"之外，并以孔孟之道的卫道士自居，狂呼乱叫，以最恶毒的语言，集中攻击太平天国破坏"名教"的"罪状"，"以慰孔孟人伦之隐痛"。显而易见，曾国藩之保卫"名教"，其实质是要维持反动透顶的清王朝的统治。

曾国藩还诬指洪秀全之所以破坏"名教"，反对孔孟之道，是由于受了"洋教"的影响，"粤匪窃外夷之绪，崇天主之教"，妄图利用民族感情蒙蔽和煽动一部分人，把他们卷进保卫"名教"和反对太平天国革命中来。这是曾国藩极其恶毒地对洪秀全革命思想的污蔑和歪曲。

曾国藩不仅利用孔孟之道进攻太平天国革命,还以孔孟之道训练他的地主武装——"湘军"。他为"湘军"将领唱赞歌:"矫矫生徒,相从征讨,朝出鏖兵,暮归讲道。"[1]他们所讲之道,就是孔孟之道。曾国藩一伙利用孔孟之道作为他们进攻和镇压太平天国革命的思想武器,这既是曾国藩这个反动头子反革命阶级本性的暴露和表现,也是孔孟之道反动本质的有力证明。

孔老二"唯上智与下愚不移"的唯心史观,是曾国藩顽抗历史潮流的理论纲领。他顽固否认历史是人民创造的。他竭力宣扬历史的发展是随着"一二贤且智者"的"心之所向而已"[2]。按照曾国藩的反动逻辑,只要这些人想到东,历史就向着东,这些人想到西,历史就朝向西。他骗人说,只要几个反动头子"百折不回",再有少数打手"视死如归",垂危的封建统治就可以重生的。面对汹涌澎湃的农民革命,曾国藩利用唯心主义,稳住地主阶级的阵脚,鼓动他的党羽顽抗农民革命的洪流。

孔老二伦理观的核心——"仁",是曾国藩反动路线的思想基础。他吹嘘"湘军"和太平军之间的战争,是"仁"与"暴"的斗争。他鼓励"湘军"将领"以仁殉身",即"杀身成仁"。历史给曾国藩卖弄的"仁"作了注脚:1864年,曾国藩攻陷天京,他一脚踏进这个战后的城市,即大吹大擂地"宣道皇仁"。但据片段的一些记载,正是这个曾国藩,不是别人,在他"宣道皇仁"的同时,

---

[1]《曾国藩文集》卷四《罗泽南神道碑铭》。
[2]《曾国藩文集》卷二《原才》。

他放任部下,在天京无恶不作。"搜曳妇女","遍掘坟墓求金","沿街死尸十之九皆老者,其幼孩未满二三岁者,亦砍戮以为戏,匍匐道上",在府库"取出金银不赀,即纵火烧屋以灭迹"[1]……天京的情形,是东南几省惨象的缩影,原来曾国藩口不绝声的"博爱之谓仁",就是反动派对人民奸、抢、杀、烧等暴行的同义语。

"孔子忠敬以行蛮貊",这是曾国藩投降外交的总方针。为了引狼入室镇压农民革命,1862 年,他对他的忠实信徒李鸿章,反复宣讲媚外之道,要李在上海遵照执行。他强调措置外交事务"根本不外孔子'忠信笃敬'四字"。曾国藩严诫李鸿章,对待帝国主义,一定要守住孔老二所传下的这四个字"不激其怒"。帝国主义横行霸道地欺侮中国军民,怎么办?曾国藩的对外政策就是"忠信笃敬","为中国军民者,则但有和让,更无别义"。他所说的"和让",其实是投降。当外国主子的大棒落向走狗头上时,曾国藩教李鸿章也要"忠信笃敬","吾若知之,若不知之,恍似有几分痴气者,亦善处之道也"。守住这四个字,曾国藩的目的就是要使帝国主义强盗华尔等"渐为我用"[2]。就在勾结帝国主义镇压农民革命的过程中,这一对"忠信笃敬"的反动师徒,都成了遗臭万年的大卖国贼。

孔老二提倡什么"礼治",曾国藩在以人民的鲜血染红了顶子之后,记起了孟轲:"无礼无学,贼民斯兴"的教训,便伙同李鸿章,在太平天国首都的废墟上,重建孔庙——"江宁府学",鼓吹"隆礼"[3],梦想"消乱于未形",企图通过一系列"克己复礼"的

---

[1] 赵烈文:《能静居日记》。

[2] 以上见《曾国藩书札》卷一八、一九、二〇。

[3] 《曾国藩文集》卷四《江宁府学记》。

罪恶活动,实现清王朝统治的长治久安。结果只能是一枕黄粱,枉费心机。

在近代尊孔和崇外总是结合在一起的。曾国藩之流是在资本帝国主义侵入中国的历史条件下,宣扬孔孟之道的,他们所宣扬的不是单纯地照抄"四书""五经",而是已经给它们刻上了半殖民地的烙印。为了维护腐朽的封建统治,他们对外投降帝国主义,对内镇压人民革命,这就是曾国藩之流疯狂鼓吹孔孟之道的罪恶目的。

三

反孔与尊孔之争,不仅在太平天国与清王朝两个敌对政权之间存在,在太平天国队伍的内部也有反映。

孔孟之道之所以能够在太平天国一些地区复活,也只能够用阶级和阶级斗争的观点来解释,才可以作出正确的结论。

斯大林曾经说过:"堡垒是最容易从内部攻破的。"[1]太平天国在发展过程中,有些地主分子混进了它的队伍,他们拉上农民军中的不坚定分子,使他们蜕化变质,逐步形成一股复辟势力,从内部破坏革命。反映在意识形态上,就是孔孟之道等反动思想的死灰复燃。由于缺乏无产阶级的领导,由于历史条件和阶级条件的限制,无论是洪秀全,或是洪仁玕,都不可能有科学理论为武器,也都不可能彻底认识和批判孔孟之道的反动本质。他们对孔老二以及孔孟之道的反动性,还处于表面的感性认识阶段。太平

---

[1]《联共(布)历史简要读本》。

天国革命领导层反孔的这些局限性，又给了尊孔复辟势力以某些可乘之机。

1853 年，太平军进入南京后，有个混进革命队伍的败类名叫周才大的，偷偷地抱起已被打翻在地的孔老二牌位，私自供奉[1]。在科举问题上，斗争也很激烈。太平天国起义后，实行开科取士，根据洪秀全、冯云山等所写的革命文献出题，"不本'四书''五经'"。这对千百年来封建地主阶级的科举从"四书""五经"出题，利用孔孟之道，为维护和巩固反动腐朽的封建统治服务，显然是一场深刻的革命。在这件事上，太平天国内部的斗争，是异常尖锐的。还在革命前期，有个安徽乡试的主考官武立勋，竟敢破坏规定，出了"五经"题，洪秀全等"怒目为妖"，罢了他的职[2]。以后，这样的斗争又在苏州重演。又有一个太平天国掌试官"因出'五经''四书'题，被诛"[3]。尊孔复辟势力又一次受到了打击。

太平天国内部的这场斗争，在革命兴盛时期，或者是革命力量强大的地区，尊孔势力难以得逞。但是，到革命困难时期，在反革命复辟力量膨胀的那些地区，尊孔势力就随着占了上风。1860年以后常熟、昭文（今常熟、沙洲两县）发生的尊孔事件，就是一个惊心动魄的实例，这一事件实际是 1862 年这两个县发生大叛变的信号。

1860 年，当太平军攻克苏南时，常、昭两县的地主团练顽抗最久，邻县无锡、苏州等残余地主武装也依靠常、昭，以为声援。等到太平军攻占常、昭之后，这些反动势力没有受到坚决镇压，他们

---

[1]《山曲寄人题壁》。

[2] 谢介鹤:《金陵癸甲纪略》。

[3]《金陵纪事诗》。

潜伏了下来,窥测方向,伺机反扑。常、昭的太平天国地方政权,又落入以叛徒李秀成的亲信钱桂仁等一小撮叛徒、官僚、绅士等之手。他们私相勾结,里应外合,终于在 1863 年 1 月发生叛变,牵动苏南全局,给中外反革命进攻苏南打开了缺口。当时的常、昭,被当时一些地主阶级分子称为"其失陷独后,其反正独先"[1],正是苏南地区复辟与反复辟斗争的焦点。就在这个地区,尊孔势力也特别猖獗。

1861 年,常、昭举行县试,当时还隐藏在太平天国革命队伍内部的叛徒钱桂仁听信豪绅曹敬的献计,改出"'四书'题"。就是这个曹敬,他穿针引线,拉拢钱桂仁与地主团练接上关系,也就是这个曹敬,勾结钱桂仁支持地主收租;还是这个曹敬,向钱桂仁建议尊孔。"凡是要推翻一个政权,总要先造成舆论,总要先做意识形态方面的工作。革命的阶级是这样,反革命的阶级也是这样。"钱桂仁、曹敬一伙竭力为叛变投敌炮制舆论,利用开考抛出"偃武修文""礼门义路"等一串"经书题"。在农民战争日益困难的严重时刻,要"偃武修文",走"礼门义路",岂不是要农民军放下武器,向反动派投降吗? 1861 年当年,常、昭的"至圣像已毁重塑"。1862 年,叛徒们"又欲重建圣庙,以重斯文"。在这里,孔老二的亡灵,重新游荡起来了。

在 1862、1863 年间,在苏南、浙西一带李秀成所控制的地区,佛道鬼神也纷纷出笼,登台表演,常、昭"纸马"生意大好,苏州"香筵极盛"[2],杭州"上天竺"佛殿重建[3]……意味着孔孟之道

---

[1] 谭嘘云:《常熟记变始末》卷下。

[2] 以上均见龚又村:《自怡日记》。

[3] 丁葆和:《归里杂诗》。

所扶持的神权复活了。有些忠于太平天国革命的将士，曾起而抵制，如驻防常、昭的英王部将侯裕田，带队冲掉了钱桂仁所设立的"功德道场"，面责他违背了"拜上帝不拜邪神"的革命纪律，要向天王洪秀全揭发。但在李秀成包庇下，钱桂仁挤走了侯裕田，革命力量遭受压制。从此，钱桂仁公然把和尚道士找到自己家里，向"拜上帝"宣战，念经拜忏，为所欲为[1]。

孔孟之道在苏浙一些地区的死灰复燃，为封建复辟吹响了前奏曲。不久，常、昭首先发生叛变，接着是苏州郜永宽等的大叛变，杭州一部分守将的叛变，清王朝的封建压迫卷土重来，广大农民群众重新陷入水深火热之中。

毛主席教导我们："一定的文化是一定社会的政治和经济在观念形态上的反映。"[2]在半封建半殖民地的中国，尊孔思想是反映半封建政治和半封建经济的东西，它和帝国主义文化结成反动同盟，反对中国的新文化。毛主席指出："这类反动文化是替帝国主义和封建阶级服务的，是应该被打倒的东西。"[3]太平天国革命失败的历史，极其深刻地证明了毛主席的英明论断。不批判孔孟之道和尊孔思想，中国革命就不能胜利，胜利了也得不到巩固。《红旗》1974年第二期短评《广泛深入开展批林批孔的斗争》一文指出："在我国历史上，劳动人民从来是站在反孔斗争的前列，是批孔的主力军。……但是，由于他们不是先进的生产方式的代表者，因而不可能用科学的革命理论彻底战胜孔子的反动思想。

[1] 汤氏:《鰍闻日记》。
[2] 《新民主主义论》。
[3] 《新民主主义论》。

这个任务只有我们无产阶级才能完成。"现在,洪秀全、洪仁玕等抱恨终天的时代早已一去不复返了。在毛主席和中国共产党的领导下,中国人民已经挖掉了压在头上的三座大山——帝国主义、封建主义和官僚资本主义,并建立了社会主义制度。但是,在国外,还存在着帝国主义和社会帝国主义,国内也还存在着阶级、阶级矛盾和阶级斗争,还存在社会主义和资本主义两条道路的斗争,还存在资本主义复辟的危险性。无产阶级和资产阶级之间在意识形态方面的谁胜谁负问题,还没有真正解决。因此,反孔与尊孔的斗争也还在继续。

如同马克思所说:"基督教的社会原则曾为古代奴隶制进行过辩护,也曾把中世纪的农奴制吹得天花乱坠,必要的时候,虽然装出几分怜悯的表情,也还可以为无产阶级遭受压迫进行辩解。"[1]大量历史事实充分证明,孔孟之道曾经为奴隶主阶级和封建地主阶级服务过,也为资产阶级和帝国主义效劳。在无产阶级专政的条件下,林彪一类机会主义头子,为了颠覆无产阶级专政,在中国复辟资本主义,妄图倒转历史的车轮,也都乞灵于反动的孔孟之道,事实已经证明,他们这样做是徒劳的,只能落得个身败名裂、自取灭亡的可耻下场。

(原载《文物》1974 年第 4 期)

---

[1]《"莱茵观察家"的共产主义》。

太平天国失败的一个重要历史教训

列宁指出："被压迫被剥削阶级反对压迫者的一切革命的历史，都是我们对专政问题的认识的最主要材料和来源。"今天，用马克思主义的立场、观点和方法，研究太平天国革命的历史教训，对于我们进一步提高无产阶级专政理论的认识，是有帮助的。

一

太平天国革命，是近代中国农民反对帝国主义侵略和封建主义压迫的一次波澜壮阔的革命。这次革命运动，席卷了大半个中国，坚持斗争达十四年之久，沉重地打击了帝国主义及其走狗清王朝的反动统治，为我国农民战争谱写了最壮丽的诗篇。

太平天国继承了以往农民战争"等贵贱，均贫富"的革命传统，更完整、更突出地提出了反封建的平等要求和措施，把农民革命推向了新的高峰。

太平天国规定"人人不受私，物物归上主"，即取消封建地主阶级的私有制，代之以农民群众所理想的生产资料和生活资料的公有制。在这个基础上，太平天国创立了按人口平均使用土地的"田亩制度"和基本上平均分配生活资料的"圣库制度"，要求实现一个"有田同耕，有饭同食，有衣同穿，有钱同使，无处不均匀，无人不饱暖"的新世界。在这个理想世界里，人人都是平等的。
"天下多男人，尽是兄弟之辈，天下多女子，尽是姐妹之群"，"四海
一家，共享太平"。

太平天国这种平等思想集中反映了广大贫苦农民的利益、要
求和愿望，对于号召农民起来革命，起了重要作用。起义的号角
在金田吹响后，北上途中成千上万的农民和其他劳动群众，在"平
等"口号鼓舞下，"一唱百和""附之而去"，投入了革命战争，其
势如暴风骤雨，迅猛异常，为时不到二年零三个月，太平军就从广
西打到南京，两万人的队伍迅速发展为百万大军，汇集成了不可
阻挡的革命洪流。

太平军所到之处，"使剑挥刀""诛妖戮鬼"，杀逐封建官吏和
恶霸地主，不管你是什么了不起的"权贵"，只要犯了"天条"，绝不
饶恕，太平军所到之处，废除封建土地所有制，宣布土地公有，平均
分配。"凡天下田，天下人同耕"，"分田照人口，不论男妇"，从此，
"农民租田作自产"，不再向地主交租；太平军所到之处，对地主劣
绅进行"逐户搜赃"，把没收的官僚地主财物，分给贫苦农民。"黄
金家产殓蒲包，穷人手里捏元宝"；太平军所到之处，发动群众声讨
孔孟之道。"敢将孔孟横称妖，经史文章尽日烧"，"搜得藏书论担
挑，行过厕溷（音混）随手抛。抛之不及以火烧，烧之不及以水浇"。

太平天国革命对封建经济基础和上层建筑的猛烈冲击，引起
了地主阶级的极端恐慌和刻骨仇恨。他们把太平天国看作洪水
猛兽，"东庄有佃化为虎"，"西庄有佃狠如狼"，哀叹"命如不系
之舟"，疯狂攻击太平天国是"暴虐无赖之贼"，把太平天国提倡
的政治、经济、民族、男女四大平等，诬蔑为破坏"名教"，颠倒"人
伦"，咬牙切齿地叫嚣："誓将卧薪尝胆，殄此凶逆"。

二

列宁指出："历次革命的一般进程表明了这一点，在这些革命中，往往有过短时间的、暂时得到农村支持的劳动者专政，但是却没有过劳动者的巩固政权；经过一个短时期，一切都又倒退了。所以倒退，是因为农民、劳动者、小业主不能有自己的政策，他们经过多次动摇之后，终于要倒退回去。"1853 年太平天国定都天京，建立了全国性的农民政权。但是，太平天国革命毕竟是农民革命，它也没有避免以往一切农民战争失败的结局。因为农民是小生产者，不是新的生产关系的代表。他们提不出一条科学的防止复辟的正确路线，没有锐利的武器可以斩断同传统的所有制关系和传统观念的联系。他们在"得不到如同现在所有的无产阶级和共产党的正确领导"以前，可以作劳动者专政的种种尝试，但无法克服其自身的弱点，最终不可避免地要走回头路。就拿对待封建官僚制的态度来说，一方面，他们身受封建剥削和压迫，要求平等，反对封建官僚制；另一方面，他们用以反对封建官僚制的平等观，是空想的"平均主义"。《天朝田亩制度》就是一幅"平均主义"的蓝图。诚然，《天朝田亩制度》在当时对于动员和鼓舞群众去冲击封建势力，曾起过极其伟大的革命作用。但是，由于受当时历史条件的限制，根本不能实现，即使实现，也不过是农村两极分化的前奏。由于劳动力、土地肥瘦以及个人生活需要上的差别，在商品交换的条件下，一个有盈余的农民会使另一个亏欠的农民成为他的佃农和雇农。这种小私有者的平均主义"无非是把一切人变成私有者而已"，所谓"共有共享"的原则，必将化为乌有。斯大林说过："马克思主义所了解的平等,并不是个人需要和日常生活方面的平均,而是阶级的消灭。"正因为太平天国的平等思想和措施,在当时没有长期存在的历史条件,小生产本身每日每时产生着差别和不平等,反映到农民革命队伍内部也是激烈的分化。因此,他们不仅不能把反对封建官僚制的斗争提高到自觉程度,坚持到底,相反的封建官僚制还会在革命阵营里找到滋生的土壤,在农民革命政权这种新生的形式中得到恢复和巩固。太平天国在冲击封建官僚制的过程中,所出现的种种自相矛盾的现象,就深刻地反映了小生产者的两重性。洪秀全等太平天国革命领袖时而强调一切革命者都"准上天堂享福",即大家享受革命胜利后没有剥削、没有压迫的幸福,说出了广大农民的共同愿望。洪秀全常用萧朝贵、冯云山为革命献身的英雄形象,来教育军民,"不见先锋与前导,立功天国人所钦",这是正确的。但是,他们又时而强调"目下苦楚些,后来自有高封",用大功大封,小功小封,"累代世袭"等封官许愿的错误办法,来迎合小生产者中间一部分人发家致富的要求。杨秀清等极力鼓吹这种狭隘的"革命'享福'论",要各级将领官吏"能受得十分苦,自享得十分福",不仅一人"富贵光荣",而且"子子孙孙,得袭官员"。根据《天朝田亩制度》的规定,"功勋等臣,世食天禄"。太平天国的高级官员及其家属们就逐步脱离农业生产、脱离群众。他们不再按人口平均分配生活资料,而是按地位、权力分配物资。太平天国高级官员同一般军民之间的不平等,尖锐地表现在婚姻制度上。对一般军民,太平天国严禁多妻制,强调"一夫一妻,理所宜然"。但这个原则,对高级人员是不适用的。杨秀清公然宣布:"兄弟聘娶妻妾婚姻,天定多少听天。"这就是说,谁的地位高、权力大,谁就可以娶妻多。

为什么从永安建制起,在太平天国的某些宣传品里,触目惊心地出现"贵贱宜分上下，制度必判尊卑""妇人以贞节为贵""妻道在三从"等违反官兵、官民、男女平等准则的字句呢？这正是太平天国内部两极分化的信号。

<h1 style="text-align:center">三</h1>

随着革命的胜利发展，太平天国内部要求升官加爵的思想日益泛滥，不少将士动以"升迁为荣"，"凡若一岁九迁而犹缓，一月三迁而犹不足"。这些人不仅贪得无厌地追求高官厚禄，而且"因逸生事""假势妄行"，目无法纪，为非作歹。虽然洪秀全已经觉察到问题的严重性，采取了组织措施，把封赏官爵的大权从各军集中到中央，重订封赏章程，以致后来下达"暂止保封""文武属员"的命令。但是这种腐蚀剂，如同病菌感染一样，仍然在一些将士身上蔓延着。为什么太平天国后期的官制极为混乱，封王达二千七百余人之多？这只能从封建官僚制的恶性膨胀得到解释。

封建官僚制的恶性膨胀，不仅破坏了太平天国领导核心的团结，使一些不曾被拿枪的敌人征服过的领导者，倒在糖弹面前，而且给了混入革命内部的阶级敌人以可乘之机。对革命事业造成了极大的损失。

革命前期杨秀清积极执行洪秀全"斩邪留正"的方针，为建立和巩固农民专政作出了一定的贡献，成为仅次于洪秀全的重要领袖。但是，在革命胜利的过程中，特别是在到达天京后的三年多时间里，他被一些阿谀逢迎的人所包围，乐于被他们吹吹打打地抬上"救世主"的宝座。1855 年，有几个东殿属官，借出版《行军总要》总结太平军前期胜利经验的机会，大肆宣扬"英雄创造历史"的唯心论,把太平军从金田起义到攻克南京的丰功伟绩,一笔写在杨秀清的名下,吹捧他"功烈迈乎前人,恩威超乎后世"。为他从"九千岁"高升一步大造舆论。

1856年,太平军摧毁了"江南大营"之后,杨秀清就按照"大功大封"的准则,竟然要洪秀全封他"万岁",使太平天国领导核心的团结产生了裂缝,混进革命队伍的野心家、阴谋家韦昌辉立即利用这一机会,发动反革命叛乱,杀死杨秀清和太平军将士两万余人。紧接着韦昌辉叛乱而来的是另一个地主分子石达开,裹胁十几万太平军分裂出走。韦昌辉、石达开的叛乱、分裂活动,使革命形势急剧逆转。虽然在洪秀金的直接领导下,广大将士奋起斗争,粉碎了内部的叛乱、分裂活动,打退了外部敌人的乘隙进攻,挽救了农民革命专政,但是,太平天国从此一蹶不振。

封建官僚制的恶性膨胀,使革命队伍内部一些意志薄弱者,迅渐蜕化变质,变成新生的地主阶级分子,变成地主阶级的代理人,起着外部敌人起不到的作用。

从士兵逐级上升到一路统军主将的李秀成,1859年,晋爵封王。随着地位的变化,他在孔孟之道和地主阶级生活作风的影响下,利用职权,采取合法的和非法的手段,把战争中的大量缴获物"尽入私囊",逐渐堕落成一个拥有家产几十万两银子的暴发户。当1857年石达开分裂出走不久,他就跳出来要求洪秀全放弃"斩邪留正"的方针,"依古制而惠四方",对反动派施"仁政",被洪秀全严厉斥责,没有达到目的。1860年,太平军第二次击破"江南大营",胜利地攻占了苏南、浙西等地。李秀成控制了这里的大部分地区,疯狂推行复辟路线。

1861年,李秀成"逆主之命",不援助陈玉成,解安庆之围,使陈玉成失败，安庆失陷，天京再被包围。1863 年，正当谭绍光、陈坤书等革命英雄为保卫农民革命专政而壮烈献身的严重时刻，李秀成却纵容他的"爱将"童容海、郜永宽、钱桂仁等先后拉着部队，成批成批地投敌。这些叛徒同曾国藩、李鸿章之间进行交易，用广大军民的鲜血，来换取他们的"荣华富贵"。苏州、杭州等战略要地，一个又一个地失陷，都是这些叛徒"内应献城"的结果。正如有个地主分子所说："皆贼自变而降者，未必官兵之力。"1864年，天京失陷，太平天国农民政权最终被颠覆。

太平天国失败的历史教训再次告诉我们，小生产者不经过无产阶级的领导，就不可能抵制地主阶级思想意识和生活作风的腐蚀，真正翻身得解放。历史前进了一百多年，中国人民已经在毛主席和中国共产党的领导下，建立了无产阶级专政。但是，在社会主义社会里，资产阶级法权依然存在，旧社会的死尸还"在我们中间腐烂发臭并且毒害我们"。无产阶级是能够抵制和战胜资产阶级思想意识和生活作风的腐蚀的。但是，必须看到，旧中国是一个小资产阶级像汪洋大海一样的国家。我们革命队伍中很多人来自小生产者，经过革命斗争的长期锻炼，大多数同志的世界观不同程度地得到了改造，然而还有不少同志仍然保留着某些小生产者的固有心理和习惯，如果放松世界观的改造，同样会沾染资产阶级生活作风，甚至蜕化变质。我们要吸取历史教训，认真学好无产阶级专政的理论，继承和发扬党的光荣传统，破除资产阶级法权观念，抵制资产阶级生活作风的腐蚀，把无产阶级专政下的继续革命进行到底！

（原载《工农兵评论》1975 年第 11 期）

从"吴煦档案"看太平天国时期 老沙皇的丑恶面目[1]

19世纪中叶,沙俄鲸吞了我国一百四十多万平方公里的土地。同时,又竭力扶植清王朝,武力镇压太平天国革命。这一史实,在苏修御用文人的著作中却讳莫如深,或则百般辩解。现在,我们用太平天国历史博物馆保存的"吴煦档案"中的一些资料来揭露有关沙俄武装干涉太平天国农民革命的一部分真相。

一笔"军援"

太平天国革命时期,沙俄正忙于侵占中国黑龙江以北、乌苏里江以东等广大领土。1856年开始的英法联军侵华战争给了沙俄趁火打劫的极好机会,1858年5月28日,老沙皇用武力胁迫清黑龙江将军奕山签订了《中俄瑷珲条约》,将中国黑龙江以北、外兴安岭以南六十多万平方公里的领土划入沙俄版图,并把乌苏里江以东的中国领土划为"中俄共管"。同年6月13日,沙俄又以

---

[1] 本文集编者按,此文发表时,作者署名"南京太平天国历史博物馆、扬州师范学院中文系历史组",篇后标注"祁龙威执笔"。此文收入北京太平天国史研究会编:《太平天国史论文选》(1949—1978)上册,生活·读书·新知三联书店1981年版。

中国和英、法侵略者之间的"调解"者的身份，玩弄狡猾的手腕，抢在英、法之先诱迫清政府签订了《中俄天津条约》，进一步在中国获得大量侵略特权。这时，英法侵华战争告一段落，沙俄公使普提雅廷立即"慷慨"地向清政府表示，沙俄政府愿意提供"军援"，"赠送"一批枪炮给清王朝，并派遣教练，武装清朝的反动军队，是为了屠杀农民起义军。随着英法再次向中国发动侵略战争，沙俄生怕清政府使用这些沙俄武器抵制英法联军，便停止进行这笔交易。1860 年 11 月 14 日，沙俄借助英法联军攻占北京的军事压力，再次以"调停"为名，从中取利，并以"兵端不难屡兴"相威胁，迫使清政府签订《中俄北京条约》，又把乌苏里江以东约四十万平方公里的中国领土，强行侵占，划入沙俄版图。这时沙俄再次迫不及待地旧事重提，1861、1862 两年间，沙俄分批"赠送"给清政府以"洋枪"一万支及大炮等武器若干，供应清政府武装它的警卫军——"神机营""天津洋枪队"[1]。在以后镇压华北和东北农民军的一系列战争中，这些使用俄国武器的反革命武装血债累累，成了清政府的得力工具。单是在 1866 年，出关袭击东北农民军的一次战争中，"神机营""天津洋枪队"屠杀的农民军战士，就达三四万人之多[2]。

关于这笔沙俄"军援"的性质及其"赠送"的曲折过程，"吴

---

[1] 关于清政府用俄国武器装备"神机营"（北京警卫军）一事，见董恂自编：《还读我书室老人年谱》。该书于同治二年（1863）十一月二十八日记："赴神机营阅洋枪队。上年俄国所进枪万杆，为编号十，曰：'成功资利器，威远助先声。'"董恂，这时正在总理各国事务衙门办事。清政府用俄国武器装备"天津洋枪队"，见《筹办夷务始末》。"天津洋枪队"，是"神机营"的分支。

[2] 文祥自编：《年谱》。文祥，这时正督带"神机营"。

煦档案"中保存的《会防局译西报》有一段很重要的材料：

> 俄罗斯国来信云，本年八月该国王呈送中国大炮数尊
> 洋枪多杆。从前中国并不肯收此等利器，今知外国军器甚
> 好，是以收受。并经京官函请该国钦使约会西人同至教场
> 演试。华兵施放洋枪，亦有中鹄十数次者。其大炮已请该
> 兵官指教。该国钦使并请华官及别国钦使至公馆宴席。

> 又闻此项枪炮因上年中国给俄罗斯国黑龙江地一处，
> 该国王于数年前即欲送答，适英、法在京相争，恐华兵用以
> 交战，有伤西人，未免碍邻国和好，故今年始送也。[1]

这段材料概括说明：(1)沙俄于签订《中俄天津条约》后，向
清朝提供"军援"，报酬清朝对它的割地；(2)沙俄主动向清朝"赠
送"这笔武器的用途，不是为了给清朝抵抗英、法武装侵略，而是
扶植清政府镇压国内的农民革命。

这笔"军援"的侵略性和反动性，是十分清楚的。但新沙皇
的御用文人却居然说什么："为了实现清政府的愿望，普提雅廷提
议由俄国供应武器和派军事教官，以便清政府能够建立'新军'，
用以帮助制止其它国家采取暴力的企图。"[2]完全是为老沙皇涂
脂抹粉。既然如此，人们不禁要问，为什么沙俄不在英、法联军
进攻中国的紧急时刻，向清政府移交这批武器？而在清政府勾结

---

[1] 《吴煦档案中的太平天国史料选辑》，第245页，《会防局译西报》，三
联书店1958年版。

[2] 齐赫文斯基主编：《中国近代史》第3章《〈天津条约〉签订前的军事
行动》。

英、法侵略者大举进攻太平军时,才急急忙忙地去送枪赠炮? 其实,普提雅廷回国后向沙皇政府提交的报告,曾明确供认他提议以军械和教练供给清政府,是为了维持沙俄在华的势力,也就是为了对中国的侵略。普提雅廷的第二代后任沙俄驻华公使把留捷克更进一步供认沙俄提供这笔"军援"的目的,是为了帮助清政府"平贼",就是为了镇压农民起义[1]。新沙皇的御用文人们如此卖力地为老沙皇乔装打扮,给老沙皇侵略我国的丑恶面目披上漂亮的面纱,真不知人间有羞耻事。

两点"提议"

1860年,太平天国取得军事上的重大胜利,清王朝的"江南大营"被攻破,革命势力席卷苏、常地区,清政府面临"兵力不敷剿办"的军事危机和南漕无法北运、严重地削减"天庾正供"的财政经济危机。外国侵略势力盘踞的老巢——上海,也岌岌可危。面对这种局势,沙俄在《中俄北京条约》换约会议后,马上就由该国驻华公使伊格那替业福向清政府代表奕訢等提出了两点"友好"性的"提议",表示要直接出兵"会剿发逆"并"代运南漕",妄图在军事上和经济上控制和维持摇摇欲坠的清政府,以便共同镇压太平天国革命,为沙俄在中国推行侵略政策扫清障碍。

1860年11月23日(咸丰十年十月十一日)清帝为此颁发了一道"上谕",密寄两江总督曾国藩、江苏巡抚薛焕、浙江巡抚王有龄,要他们分析利害,分别回奏。在"吴煦档案"中保存了这个

---

[1]《筹办夷务始末》(同治朝)卷三,第23页。

"上谕"的抄件,全文如下:

　　本年秋间,嘆(英)哹(法)两国带兵扑犯都城,业经换约退兵。俄罗斯使臣伊格那替业福亦即随后换约。该酋见恭亲王奕䜣等面称:发逆在江南等处横行,请令中国官军于陆路重兵进剿,该国拨兵三四百名在水路会击,必可得手。又称:明年南漕运京,恐沿途或有阻碍。伊在上海时,有咪(美)国商人及中国粤商情愿领价采办台米洋米运津。如令伊寄信上海领事官,将来洋船沙船均可装载,用俄、咪旗帜,即保无虞等语。中国剿贼运漕,断无专借资外国之理。惟思江浙地方糜烂,兵力不敷剿办,如借俄兵之力,帮同办理,逆贼若能早平,我之元气亦可渐复。但恐该国所贪在利,借口协同剿贼,或格外再有要求,不可不思患预防。哹郎西(法兰西)在京时亦有此请。着曾国藩等公同悉心体察,如利多害少,尚可为救急之方,即行迅速奏明,候旨定夺。至代运南漕一节,江浙地方沦陷,明岁能否办理,尚无定议。然漕粮为天庚正供,自不可缺。该酋所称采办运津之说,是否可行,应如何妥议章程办理之处,并着曾国藩、薛焕、王有龄酌量情形,迅速具奏。钦此。[1]

　　根据吴煦亲笔记录,这道"上谕"于1860年12月8日(咸丰十年十月二十六日)寄达上海,三天后,薛焕即复奏。他代表着苏浙地区一小撮地主和买办的利益,为了抗拒太平军的强大攻势,

―――――――――――――――

[1] 此据吴煦档案中的一个抄件。

对于老沙皇要求"会剿发逆""代运南漕"二事拍手赞成，强调"利多害少"，请求清政府"与俄国速定此议"。

在此复奏发出的几天后，薛焕在给其属员吴煦的"密札"中，谈到他复给清帝的奏折附片中，建议"克复地方所得贼赃，以五成分赏中外"[1]。薛焕知道沙俄"所贪在利"，不惜将中国人民的脂膏，去填沙俄贪得无厌的虎口。他公然向清帝献策，请与沙俄议定，凡攻陷太平军的地方后，抢掠的人民财物，半数归清政府，其他由中外反革命军队瓜分。

继薛焕之后，曾国藩、王有龄也分别复奏，一致请咸丰帝接受沙俄"会剿发逆""代运南漕"的"提议"。由于英、法侵略军在第二次鸦片战争中屠杀我国人民血迹未干，清政府内部某些贵族、官僚反对与沙俄定议，加上英国出头阻止，因此，沙俄的两点提议遭到搁浅。

三路"进攻"

在英、法、美三国侵略者大举遣兵调将镇压太平天国革命的日子里，沙俄侵略者也赤膊上阵。

1862年初，太平军乘攻克杭州的声威，向上海三路进军：北路从嘉定攻打宝山，包围上海；西路从青浦攻入松江，前锋直达上海近郊七宝；南路从平湖、乍浦、嘉善攻入浦东，连克川沙、奉贤、南汇。为了保护他们的殖民利益，英、法等国侵略者勾结当时担

---

[1] 薛焕奏片说："如攻复金陵等处，贼赃必多，应以五成归中国充公，以五成分赏中外兵勇，其应赏兵勇之五成，当以中国二成，外国三成为断。"见《筹办夷务始末》（咸丰朝）卷七十一，第3页。

任清朝江苏藩司的吴煦以及逃避在上海的江浙"绅士"潘曾玮、吴云等人，组成了"中外会防公所"（又称"中外会防局"）拼凑中外反革命武力，抗拒太平军的攻势。这时，沙俄在上海的兵力虽很单薄，但活动频繁。1862年春夏间，上海近郊的三路战事中，都有沙俄的兵士参加，吴煦留下的几件"中外会防公所"的档案，充分揭露了这些血迹斑斑的事实。

1862年1月，太平天国杰出将领慕王谭绍光指挥太平军高举反侵略的革命大旗，进攻吴淞，克复高桥，紧逼宝山、上海两县城。法国海军在吴淞对太平军开炮轰击，在上海的沙俄侵略军也出动布防。1862年1月20日（咸丰十一年十二月二十一日），"中外会防公所"董事潘曾玮、应宝时、吴云、顾文彬等人根据他们与外国侵略者之间的联络员陈楚白的口头报告，给吴煦的函件中就提道："去外虹口三四里，有名元通寺，经俄罗斯人扎一小营，以堵贼逆。"由于外国侵略者的武装干涉，上海北路太平军的攻势便受到挫折。

1862年4月4日（同治元年三月初六）上海西路发生了一场决战。沙俄和英、法三国联合部队二千二百余人，华尔"常胜军"一千二百余人，携带大量"洋枪""洋炮"，加上清政府的反革命军队，向逼近七宝的王家寺地区的太平军发动进攻，迫使太平军从王家寺后撤，第二天又从龙珠庵后撤，上海因此戒严。4月4日当天，吴云、应宝时、顾文彬等人给吴煦写信，报告了沙俄等外国反革命联军"出队攻打王家寺"的组织状况。"第一队印度兵，第二队青衣兵，第三、第四队红衣兵（以上都是英国兵——引者），第五队法兵，第六队俄罗斯兵。"4月5日，吴云、应宝时、顾文彬等人再写信给吴煦，报告了战争的某些情节，明确叙述参战的"俄国兵"人数是"四十四人",这些都是沙俄侵略军参与上海西路战事的铁证。关于俄兵参战的问题,清政府总理各国事务衙门曾于1862年3月17日(同治元年二月十七日)行文江苏巡抚薛焕,问道:

> 英、法两国在上海助剿发逆,并美国华尔等打仗出力,均经贵抚奏明,奉有谕旨嘉奖,自必由此观感,愈形鼓舞。惟闻俄国现在上海,亦有船四只,前次剿贼时,曾否有人协助?未据声明。查俄国既与英、法同为友邦,谅必共敦友谊,不肯袖手。嗣后俄国如有协助之处,务须于奏折内声叙,断不可没其劳勚(音意)。至前次曾否助剿?即希声复。

不久,薛焕即奏报了王家寺、龙珠庵战役的详细过程,声明有"新到之俄国兵数十名"参加。清王朝"明降谕旨",对"各国将士"表示感激,"着李鸿章、薛焕传旨嘉奖",也提到其中有"新到俄国之兵"[1]。这些早已公开发表的文献资料可与"吴煦档案"提供的史料相印证。

在上海南路,沙俄侵略军也参与了对太平军的进攻。1862年4月25日(同治元年三月二十七日)"中外会防公所"的"探报",就清楚地写明:当日早晨,太平军进攻浦东南汇县的战略要地周浦,当地的地主团练闻风出逃,"适浦西天主堂派俄兵四十名、洋枪队四十名、团勇二百名到镇",炮击太平军,太平军被迫向东南撤退。

---

[1]　以上见董恂:《洋兵纪略》,《太平天国资料丛刊》第4册。

以上几件档案证明,当国际反动派在上海三路干涉太平天国革命的反革命战役中,沙俄侵略者罪恶昭彰。北路紧,它就扎营于虹口;西路急,它就出队在七宝;南路严重,它就打到了周浦。铁证如山,岂容抵赖。据当时人记载,1862 年 5 月 12 日(同治元年四月十四日),沙俄侵略军还伙同英、法侵略军,从松江攻陷了青浦县城[1]。

吴煦留下的《会防局译西报》(同治元年九月十七日呈)中,还有这么一则消息:

> 东洋来信,近时俄罗斯在中华海面之兵船,奉王令均于东洋海口聚集。已到大兵船二只,其余之船随后可到。并闻该国王派兵由黑龙江至东洋。有人云:此番举动,想欲发兵至中国,会同英、法帮攻南京"发贼",虚实尚在未知。[2]

这项消息,在一个月后便由俄国东洋舰队提督颇颇福带兵到上海要求帮同李鸿章"堵剿"一事所证实。

---

[1] 姚济:《小沧桑记》下。该书说:同治元年四月"初八日,西门外(指松江城西门外——引者)有哦吉利、佛兰西、俄罗斯各国夷兵约三千人,在各庙宇借住"(《中国近代史资料丛刊·太平天国》第 6 册,第 406 页)。这批国际反革命联军从上海开抵松江,目的是攻击太平军驻青浦部队。该书又说:"十四日,寅刻,西兵开伏;辰刻,攻入青浦城。"(同上,第 407 页)光绪《娄县续志》卷二十三《兵事》也说:同治元年(1862)"四月初八日,薛焕又派奏借西兵哦吉利、佛兰西、俄罗斯三国兵三千余人由松进剿青浦,(李)恒嵩、华尔先攻东北两门,(曾)秉忠炮船守西门,西兵专攻南门。14 日晨(辰)刻,收复青浦"。足证俄兵参与攻陷青浦。

[2] 《吴煦档案中的太平天国史料选辑》,《会防局译西报》,三联书店,1958 年,第 245 页。

对于沙俄侵略军武装镇压太平天国革命的"建议"和上述实际罪恶活动,在新沙皇御用文人的笔下,却都消失不见。他们只说:英法公使在《北京条约》签订后,都有"助剿"太平军的"提议";"英、法殖民主义者对太平军实行公开的武装干涉","美国人也积极参加了这次武装干涉"[1],而对老沙皇——干涉太平天国革命的凶犯之一,却一字不提。但是,老沙皇的这些罪行是抹不掉的,妄图掩盖这些罪行,正好暴露了新沙皇继承老沙皇侵略扩张政策的真正面目。

(原载《文物》1976年第5期)

---

[1]　齐编:《中国近代史》第4章《英、法对太平军的武装干涉》。

洪秀全早期革命思想浅析

马克思曾经说过："每一个社会时代都需要有自己的伟大人物,如果没有这样的人物,它就要创造出这样的人物来。"[1]1840年鸦片战争前后,中国农民革命的风暴,创造出自己的杰出领袖洪秀全。他早期的革命思想,正是农民革命风暴来临的征候。

1814年,洪秀全出生在广东省广州府花县的一个中农家庭里。他自幼参加农业生产劳动,又在私塾读书,继而也就在农村私塾当教师。他本能地了解到广大农民遭受封建剥削和压迫的痛苦。他也懂得中国古代刘邦推翻暴秦、朱元璋驱逐蒙古贵族等历史知识。亲友们都钦佩他的"才学优俊"。

鸦片战争前后,洪秀全曾几次到广州考秀才,一次又一次地被挤落第,一次又一次地加深他对清王朝黑暗统治的愤恨。

也就在赴广州考试时,洪秀全接触到了伴同鸦片侵入中国的基督教。

基督教产生在古代欧洲的奴隶群众中。奴隶们饱受奴隶主剥削和压迫的痛苦,盼望得到"上帝"的拯救,上"天堂"共享"平等"之福。耶稣基督,就是奴隶们幻想中从天下凡的"救世主"。

基督教强调一切人在"上帝"面前平等,反映了被剥削群众

---

[1]《一八四八年至一八五〇年的法兰西阶级斗争》。

对不平等的剥削制度的强烈不满。正如马克思所说："宗教里的苦难既是现实的苦难的表现，又是对这种现实的苦难的抗议。"[1]但是，它所追求的不是现实的人身的解放而是虚幻的灵魂的解放；它劝诫人民群众不依靠自己的力量而依靠世间从来没有的"救世主"。这如同叫病人在死后吃药，不仅无济于事，而且麻痹了人民群众的斗志。也正如马克思所说："宗教是人民的鸦片。"[2]

在无产阶级登上历史舞台之前，西欧的革命阶级和反革命阶级都曾经把基督教接过来，当作政治斗争的武器。在中世纪，封建主利用了它，基督教逐步形成为一种同封建制相适应、具有相应封建教阶制的宗教。发生在欧洲封建社会走向资本主义社会大变革时期的基督教革新运动，都是反封建斗争的表现。有用早期基督教的原始平等观为资产阶级革命造舆论的，也有为农民战争服务的。随着欧美资产阶级洲际活动的开展，基督教成了世界性的宗教。英、美等国的资产阶级都利用它来麻醉弱小国家的人民。19 世纪初，英国伦敦布道会的主教玛丽逊等伴同鸦片贩子来到中国，在广东等处建立"教堂"，发展"信徒"，传播"福音"。

洪秀全有一次到广州考试时，得到了九册合称《劝世良言》的基督教宣传品。书的作者是广东人梁发（1789—1855）、伦教布道会雇佣的传教士。他按照西方资产阶级的意旨，劝诫人们在世"克己安贫"，对"君王之旨，圣贤相传仁义之道"要"从顺"，以求死后永享"天堂之真福"。他把"反叛大逆"列为"大恶之事"。显而易见，这书并没有提供洪秀全以任何革命的思想。但是洪秀

---

[1]《黑格尔法哲学批判》导言。
[2]《黑格尔法哲学批判》导言。

全却从中找到了可以被农民革命借用的资料。

《劝世良言》说："神天上帝"是世人灵魂的"大共之父"。在"天之国"，一切人都是兄弟姊妹，是平等的。

《劝世良言》又说："上帝"是宰制世界的"独一真神"，是"天之王"。耶稣是"神子"。他居住天人之间，使用"圣神风"感化世人。

《劝世良言》还说：世上一切土木偶像，都是迷害世人的妖魔转化的邪神。信"上帝"，则上"天堂"；信"邪神"，则落"地狱"。

洪秀全把这些宗教语言接过来改造成为政治斗争的武器，他决心做人间的基督，行使"圣神风"，动员人民群众，打倒一切妖魔邪神，在祖国的江河大地上，建立起一个人人平等的"天国"。

1837年，洪秀全第三次考秀才落第回家，愤恨之中，得了一场大病，卧床四十多天，在病中，他宣布得了一个"奉天诛妖"的奇梦。洪秀全自称是"天父皇上帝"的第二子，是"天兄"基督的胞弟。他奉召升天，得"天父""天兄"的指点，认清了"妖魔"迷害世人的大罪。这时，妖魔已混进了天堂。他率领"天兵天将"，把"妖魔"逐出。"上帝"旋即命令他下凡做"太平天子"，诛妖救世。洪秀全在病中朗诵了"上帝"教他的《十全大吉诗》，暗示他是人民群众的"救主"，并给群众指出了革命胜利的前景，"且看江水何处去，尽归一统转天堂"。这一年，是丁酉年。以后太平天国军民公认"丁酉升天"是洪秀全革命活动的起点。

在生产力水平低下的封建社会里，农民起义往往借用宗教的形式。在中国古代，有过太平道、白莲教组织的大规模农民战争。在外国，也有闵采尔领导的"上帝选民同盟"起义等等。洪秀全跨不出小农经济的局限，不可能找到科学的理论武器，所以他给太平天国革命也披上了一件"受命于天"的外衣。宗教把人升华为神，是消极的，农民革命把神还原为人，是积极的。《劝世良言》劝人信仰"上帝"，是骗人当奴隶；洪秀全宣布"奉天诛妖"，是争取奴隶解放。有的资产阶级史家曲解洪秀全的革命思想，以为它来自宗教，来自《劝世良言》。这是没有根据的。就在这次病中，他写下了震撼山河的诗句："手握乾坤杀伐权，斩邪留正解民悬。"在这诗里，洪秀全把神话中"天"和"妖"的对立还原为世间"正"和"邪"的对立。"斩邪留正"，实质上就是打倒清王朝封建统治者，解放农民群众。以后，太平天国即把"奉天诛妖"与"斩邪留正"作为大起义的总口号。

1843年，洪秀全最后一次到广州赴考，结果仍然是落第还家。但是，他能够借此机会看到了鸦片战争之后，广州的社会情况，毒害人民的鸦片像潮水一样涌进中国，大量的白银像急流一样出口。洪秀全目睹清王朝封建统治者的投降卖国和欧美侵略者的疯狂掠夺，广大人民的生活愈益痛苦。他怒不可忍，曾和堂弟洪仁玕议论时势，不禁"拍案三叹"。他控诉清王朝推行民族投降政策，允许外国输入鸦片，"每年化中国之金银几千万为烟土"。要救中国，就必须推翻清王朝的反动统治。也就在这时，广东、广西、湖南等处农民群众的反侵略反封建斗争风起云涌，给了洪秀全以莫大的鼓舞，使他更加坚定决心用暴力革命来解放广大人民。他铸了一柄"诛妖剑"，并题诗以见志：

> 手持三尺定山河，四海为家共饮和。
>
> 擒尽妖邪归地网，收残奸宄落天罗。
>
> 东西南北敦皇极，日月星辰奏凯歌。

天父天兄带作主,太平一统乐如何。

这诗初次表明,洪秀全将发动群众,拿起武器,布下革命的"天罗地网",把"妖邪奸宄",消灭干净,建设一个"太平一统"的新世界。

这一年,洪秀全开始劝人"拜上帝不敬邪神"。他的好友冯云山、堂弟洪仁玕,最早参加"拜上帝"。不久,洪秀全的父母、兄姊和一些亲友都相继"拜上帝"。《劝世良言》反对一切土木偶像的信条,被洪秀全接过来改造成为发动农民革命的暗号。他用"上帝"和"邪神"这对不可调和的矛盾,暗示革命群众和清王朝封建统治者的对立。洪秀全劝人"拜上帝不敬邪神","上天堂不入地狱",实质上就是号召群众倒向革命一边,为推翻清王朝统治下的旧世界,建设农民群众自己设想的新世界而奋斗。

在"拜上帝不敬邪神"的口号下,洪秀全、冯云山、洪仁玕等毅然决然地把家里的灶神、门神连同自己所在村塾中的"孔圣人"牌位砸个粉碎。

1844年4月,他们决意离开花县故乡,奔赴广大农村开展革命的宣传组织工作。正如洪秀全《千字诏》所说:"乃始周游,唤醒英雄。"他们登山涉水,备尝艰苦。以后,有人中途掉队,回家去了,只有冯云山坚持跟随洪秀全"跋涉险阻","安危俱同",为创建太平天国革命,立下了不朽的功劳。

他们先在珠江三角洲的顺德、南海、番禺、增城、从化、清远的平原沃野上活动,接着到了广东的西北,英德、函江、阳山、连山等山区。然后,他们进入了农民革命烽火遍地的广西。5月下旬,到达贵县城东北的赐谷村(今长谷村),洪秀全的表兄王盛均家住在这里。洪秀全、冯云山即以王家做据点，一面教书，一面宣传革命。在赐谷村，他们发展了一百多人参加"拜上帝"。赐谷村前有座六乌山，山口有座六乌庙，庙中供奉着的两尊泥塑恶神，一直是当地地主阶级用来作为麻痹人民、盘剥压榨劳动人民的工具。地主老爷们宣称：谁要是不去六乌庙烧香朝拜，谁就要灾祸临头。为实践"拜上帝不敬邪神"的口号，洪秀全带领群众前往六乌山口，把两个偶像砸个粉碎，并在庙墙上题诗一首，痛斥"六乌神"。

在激烈的阶级斗争中，有人造作流言，离间王家与洪、冯的关系，使洪、冯感到在这里不能久住。1844年9月，冯云山先离开赐谷村，辗转奔向紫荆山区，为大起义准备基地。洪秀全随后返回花县，从事理论工作。

在1845年至1847年间，洪秀全在花县故乡一边教书，一边起草了《原道救世歌》《原道醒世训》和《原道觉世训》等文章，对"奉天诛妖""斩邪留正""拜上帝不敬邪神"等革命口号，做了系统的阐述。《原道救世歌》以诗歌形式，宣传农民群众要求自身解放的道理。《原道醒世训》阐述农民阶级的平等观，提出了建立农民理想社会的宏图。《原道觉世训》号召农民群众起来用武装斗争推翻清王朝反动统治。这三篇文献向广大群众指明了革命的对象、革命的方法，并描绘了革命胜利后的前景，极大地鼓舞了广大农民群众的斗志。

洪秀全是按照农民小生产者的世界观来认识社会和改造社会的。《原道救世歌》说："道之大原出于天，谨将斯道觉群贤。"这个"道"，就是在自然经济束缚下的农民阶级的世界观。这同地主阶级所谓"压迫有理，剥削有理"的"道"，是根本对立的。它的核心是农民阶级朴素的"平等观"。从上帝子女一律平等的理论出发,洪秀全对当时中国农民遭受的阶级压迫和民族压迫提出了强烈的抗议。这三篇文章反复指出:"开辟真神惟上帝,无分贵贱拜宜虔";"天父上帝人人共,天下一家自古传";"天下总一家,凡间皆兄弟";"天下凡间,分言之则有万国,统言之则实一家";"天下多男人,尽是兄弟之辈,天下多女子,尽是姊妹之群,何得存此疆彼界之私,何得起尔吞我并之念。"这些朴素的语言,虽然还没有触及平分财产等问题,但已鲜明地表达了农民群众对政治平等、经济平等、男女平等和民族平等的强烈要求。洪秀全痛斥当时在清王朝的反动统治下,"世道乖漓,人心浇薄","所爱所憎,一出于私"。他认为,物极必反。"于今夜退而日升矣",黑暗即将过去,曙光就在前头,"几何乖漓浇薄之世,其不一旦变而为公平正直之世也!几何陵夺斗杀之世,其不一旦变而为强不犯弱、众不暴寡、智不诈愚、勇不苦怯之世也!"

洪秀全把当时社会划分为"上帝子女"和"妖魔鬼卒"对抗性的两个营垒。他号召人民群众"跳出邪魔之鬼门,循行上帝之真道"。他借用两广人民关于"皇上帝生养保佑人"的神话传说,附会基督教义,强调只有"皇上帝","乃是真神",才能主宰世界,"皇上帝之外无神也"。他又利用民间"豆腐是水,阎罗是鬼"的谚语,有力地揭穿封建统治阶级所捏造的操纵"注生死"大权的"阎罗妖"是"魔鬼"。他指出:"敬拜皇上帝,则为皇上帝子女,在世皇上帝看顾,升天皇上帝恩爱,永远在高天享福,何等快活威风!溺信各邪神,则变成妖徒鬼卒,生前惹鬼缠,死后被鬼捉;永远在地狱受苦,何等羞辱愁烦!"天堂、地狱,何去何从?他启发广大群众从反动派的蒙蔽和欺骗下觉悟过来。"天下凡间,我们兄弟姊妹,可不醒哉!"

两广山区人民一直苦毒蛇为患。洪秀全为了激发群众对清王朝的憎恨心情，因而附会基督徒关于蛇妖转化为邪神的说教，把"阎罗妖"解释为"老蛇妖"。他号召群众用击灭毒蛇的那股劲头，来打倒它。"阎罗妖乃是老蛇妖鬼也，最作怪多变，迷惑缠捉凡间人灵魂，天下凡间我们兄弟姊妹所当共击灭之，惟恐不速者也。"洪秀全痛斥的"阎罗妖"究竟是谁呢？正如列宁在《帝国主义是资本主义的最高阶段》一书的《序言》中所说："我写这本小册子的时候，是考虑到沙皇政府的书报检查的。……我在表述关于政治方面的几点必要的意见时，……不得不用暗示的方法。"为了避免清朝封建统治者的迫害，洪秀全也不得不用"阎罗妖"来暗指清朝的皇帝。在《原道觉世训》中，他暗示群众，真正主宰世界的是代表广大群众利益的"皇上帝"，绝对不是什么清朝的皇帝。"尔凡人何能识得帝乎？皇上帝乃是帝也"，"他是何人，敢觍然称帝者乎？"洪秀全痛斥清朝皇帝"妄自尊大，自干永远地狱之灾"，号召群众起来，拿起武器打倒他。

革命的前途问题，这也是群众迫切需要知道的重大问题。洪秀全指出，在推翻清王朝的反动统治之后，将开创一个人人平等，相亲相爱的新世界。《原道醒世训》肯定地说："行见天下一家，共享太平。"又说："天生天养和为贵，各自相安享太平。"洪秀全把中国劳动农民群众长期梦寐以求的"千载太平之国"提到实践的日程上来了。

《原道救世歌》《原道醒世训》《原道觉世训》等三篇文献集中反映了千百年来中国农民群众要求翻身得解放的强烈愿望，适应当时中国人民反封建反侵略的时代潮流，为震撼世界的太平天国革命造成了舆论。

　　但是，三篇文献也暴露了农民小私有者的局限性。

　　列宁说："风暴是群众自身的运动。"[1]在封建社会里，只有千百万农民群众才是历史的真正创造者。由于小生产的限制，洪秀全不能够说明这一科学真理。他从基督教的"上帝创世说"寻找人类社会发展的动力，是唯心的。他所塑造的"全能"的"皇上帝"，实际是抽象人与具体人的对立统一体。它既是群众的化身，又被少数领袖所代表。当领袖们与广大群众同呼吸，共甘苦，他们"代天发令"符合群众意愿的时候，"皇上帝"是万众一心的象征，是鼓舞革命胜利的力量。但这是不能持久的。因为农民领袖都是小私有者，随着地位的变化，他们往往逐步地脱离群众。有的还利用"天意"来扩展自己的特权。这时的"皇上帝"也就失去了群众的信仰，日益走向自己的反面，变为英雄造时势的工具和束缚革命的桎梏。

　　斯大林指出："辩证方法认为，不应该把发展过程了解为循环式的运动。了解为过去事物的简单重复，而应该把它了解为前进的运动、上升的运动，了解为从旧质态到新质态的转化、从简单到复杂、从低级到高级的发展。"[2]由于农民小生产者不代表社会新的生产力和生产关系，因此，洪秀全不能够科学地揭示中国社会必将向新阶段转化的客观规律。他认为，革命就是复古，就是恢复"上古之世"，那时没有"阎罗妖"，"君民一体，皆敬拜皇上帝也"。他宣称，中国社会是从秦政那时起变坏的。当务之急，就是要恢复夏商周三代以前君民平等的世界。这个世界，实际不存

---

[1]《纪念赫尔岑》。
[2]《论辩证唯物主义和历史唯物主义》。

在中国的上古而存在洪秀全的头脑之中，乃是一个自由农民的世界。在洪秀全看来，这是一个完美的社会。其实，即使把封建制度摧毁了，由于还存在阶级和阶级斗争，还存在外国资本主义侵略，中国广大农民岂能从此太平无事！正如恩格斯所说："完美的社会、完美的'国家'是只有在幻想中才能存在的东西。"[1]洪秀全所设想的"量宽异国皆同国，心好异人亦族人"的"新世界"，实际是不能实现的乌托邦。

究竟中国向何处去？在《原道救世歌》《原道醒世训》《原道觉世训》三篇文献中，洪秀全的答案是自相矛盾的。在封建大土地制的压迫下，洪秀全代表农民群众的革命要求，宣布人人平等。但他又反映农民小私有者发家致富的愿望，强调"贫富天排定"，即还存在不平等。这说明，农民运动的结果，在私有制存在的条件下，社会还会重新两极分化。也说明，农民总是自己不能解放自己。

毛主席教导说："事物发展过程的自始至终的矛盾运动，……这是研究任何事物发展过程所必须应用的方法。"[2]我们研究洪秀全的思想，也必须应用这个方法，看到它的正反两方面。为什么他能够呼唤出一次空前规模的农民运动？又为什么他不能够领导运动达到最终胜利？我们只有实事求是地分析洪秀全所代表的农民阶级世界观，才能找到正确的解释。

（原载《扬州师院学报》1978年第1期）

---

[1]《路德维希·费尔巴哈和德国古典哲学的终结》。
[2]《矛盾论》。

略论洪仁玕[1]

—— 兼论太平天国革命失败的原因

一、先进的资产阶级思想家

洪仁玕是太平天国内部最先进的人物。他的先进思想,是从西方资产阶级那里学来的。鸦片战争的失败,清政府的腐朽,洪秀全的影响,使洪仁玕走上了革命的道路,立志为救中国而奋斗。但是,这一切都不能使洪仁玕找到新的思想武器。他之所以能够初步接触到西方资产阶级的"民主与科学",则是由于他几年在香港和上海流亡生活中努力的结果。

从 1852 年春到 1858 年秋,除了在广东东莞住了将近一年之外,其他时间洪仁玕都在香港,其中一度到过上海几个月。他虽然与太平军被隔绝了,但是他从未忘掉革命,也从未放过投奔天京的机会。1854 年,洪仁玕到上海,谋赴天京,被英国传教士麦都司所阻,折回香港。但他的雄心壮志并未消歇,相反更加坚定。在回港航行途中,洪仁玕写下了"船帆如箭斗狂涛,风力相随志更

---

[1] 本文集编者按,此文题为《洪仁玕与太平天国革命》,收入《太平天国史学术讨论会论文集》(第二册),中华书局 1981 年版。

豪"[1]的诗句。

自上海返回香港后，洪仁玕被伦敦布道会留任为牧师。当时，担任香港伦敦布道会主教的，先是英人理雅各，后是英人詹马士。他们之所以雇用洪仁玕，主要不是因为洪仁玕对汉文有很深的造诣，在华籍"信徒"中有威望，可以帮助他们传教，而是想利用他和洪秀全的关系，把伦敦布道会的势力插进太平天国。1858 年，"那詹马士想到南京开礼拜堂"，就把这事交给了洪仁玕，并"送给盘川"，让他"从香港动身"[2]。洪仁玕十分高兴。他豪情满怀地写下了"英雄从此任纵横"的诗句离开香港[3]。

洪仁玕在香港期间，认识了中国最早的留美学生容闳，两人结为朋友，并相约"将来愿于金陵再相见"。

从上述可见，洪仁玕虽然身在香港，但是他一直心向太平天国。为了准备日后参加革命的需要，他努力向西方学习和考察。除了接触许多西方的传教士外，他也认识了西方的政界人士。即如以后当过英国驻华参赞的威妥玛，就曾在 1856 年同洪仁玕两次见面[4]。此外，他又结交了类似容闳那样受过西方资产阶级教育的知识分子。从多方面探讨西方的情形。洪仁玕说："我想学了本事，将来辅佐他（指洪秀全）。"他在香港四年，"学天文地理历数医道，尽皆通晓"。又洞悉"其国中体制情伪"[5]。同时，他进

[1]《洪仁玕自述》，《洪仁玕选集》，中华书局 1978 年 6 月版，第 61 页。

[2]《同治三年九月二十八日南昌知府对洪仁玕的提讯记录》。

[3]《香港饯别》诗，引自《军次实录》，《洪仁玕选集》，第 62 页。

[4]《筹办夷务始末》所引《同治元年十二月戊寅奕䜣等奏附英驻华参赞威妥玛来函》。

[5]《同治三年十月初六日江西巡抚对洪仁玕的提讯记录》。

一步"深悉外洋鸦片烟甚为中国害"。他统计英美各国向中国输入鸦片的实数,"每年总计耗中国银两不下四五千万之多"[1]。这一切,都使洪仁玕认识到,日后要辅助洪秀全领导太平天国获得成功,必须力劝洪秀全"学西方",使中国迅速富强起来,以抵抗西方列强的侵略。1859 年洪仁玕到达天京,正好适应洪秀全政治上的需要。不满一个月,他连升三级,初封天福,继升天义,任主将,又升封干王,晋位军师,总理朝纲。在册封干王的"诏旨"里,天王高度赞扬洪仁玕对太平天国的忠贞,比之已故的天国缔造者之一的冯云山。"胞果然志同南王,历久弥坚"[2]。他召开文武官员大会。命令洪仁玕登台受印,对众演说,以显示其超人的才能。"何物狂且负盛名,登台还使一军惊。"[3]这诗确反映了洪仁玕封王的盛况。同时,此秀全又册封陈玉成为英王,宣布"京内之事不决问于干王,京外之事不决问于英王"[4]。从此,洪仁玕鞠躬尽瘁,为太平天国革命,献出了他的一切。

洪仁玕虽然原来是洪秀全的学生,但这时他们的思想境界,已经发生了时代性的差异。怎样改造中国? 他的答复比洪秀全前进了一大步,从封建主义跨入了资本主义。他一登台,就以西方资本主义列强为借镜,向洪秀全条陈改造中国的方案——《资政新篇》。

《资政新篇》的基本思想是:(一)形势所迫,中国必须学西方;(二)怎样学习西方?

---

[1]《军次实录》。
[2] 引自《英杰归真》。
[3] 陈庆甲:《金陵纪事诗》。
[4]《同治三年九月二十八日南昌知府对洪仁玕的提讯记录》。

洪仁玕相信科学，敢于向太平天国所迷信的"上帝创世说"表示异议。他否认上帝是有形的偶像，是在天的主宰。他认为上帝无形无声，不过是人们的信念而已。尽管洪秀全早已严格规定要忌讳"爷火华"三字，以表示对上帝的崇拜。但是洪仁玕公开声明："上帝之名，永不必讳。"他指出，"爷火华三字乃犹太土音，译即'自有者'三字之意"，人们为什么要忌讳这三个字呢？洪仁玕也不信一切都是"天排定"的。在他看来，国家之所以要改革，绝对不是由于神灵的启示，而是出于时势的需要。太平天国为政之要，"在于因时制宜、审势而行而已"。这就是说，一切要从实际出发。

"凡涉时势二字"，洪仁玕是经过"极深思索"的。由于太平天国革命发生在1840年鸦片战争之后，中国再也不是"闭关自守"的时代了。但是，在广大农民小生产者中间仍然是昧于世界形势的。洪秀全虽然知道中国之外有"番国"，但还不知道五大洲究竟是怎样的。洪仁玕写《资政新篇》，破天荒地用经济政治发展不平衡的观点向中国人说明了当时世界的形势。洪仁玕指出，当时世界上最先进的国家是：英美法，这些国家知道"变通"，所以富强。

> 英吉利即俗称红毛邦……于今称为最强之邦，由法善也。
>
> 花旗邦即米利坚，礼义富足，以其为最……其始出于英吉利邦，后因开埠花旗，日以月盛，而英邦欲有以制之，遂不服其苛，因而战胜英邦，故另立邦法，两不统属焉。
>
> 佛兰西……各邦技艺，多始于此，至今别邦虽精，而佛

邦亦不在下。……惟与英为婚姻之邦,相助相善,而邦势
亦强。

洪仁玕又介绍了俄国"变通"的经验。原来,落后的俄国一
直挨打,但经过彼得大帝改革,向西欧学习,所以也强盛起来了。
这说明落后的国家是可以赶上先进国家的。

俄罗斯……百余年前,……屡为英、佛、瑞、罗,日耳
曼等国所迫,故遣其长子,伪装凡民,到佛兰西邦学习邦法、
火船技艺,数年回邦,无人知其为俄之长子也。及归邦之日,
大兴政教,百余年来,声威日著,今亦为北方冠冕之邦也。

洪仁玕已预见日本"明治维新"必将成功。

日本邦,近与花旗邦通商,得有各项技艺,以为法则,将
来亦必出于巧焉。

他又说,世界上有不少国家,因为政教落后,所以衰弱。例如
土耳其。

土耳其邦……不知变通,故邦势不振。

洪仁玕沉痛指出,中国也是落后的,因此贫弱挨打。

不过中国从前不能为东洋之冠冕,暂为失色,良可

慨已！

他大声疾呼，中国必须认清"各邦大势"，接受国内外正反两个方面的经验，"因时制宜，度势行法"，学习西方的"制"和"技"，实际即"民主和科学"，否则将遭亡国之祸，那时"悔之晚矣！"他力劝洪秀全，"曷不承此有为之日，奋为中地倡，以顶天父天兄纲常，太平一统江山万万年也"。

怎样学西方？洪仁玕力主大力发展经济技术和改革社会。

《资政新篇》提出："兴车马之利，以利便轻捷为妙。倘有能造如外邦火轮车，一日夜行七八千里者，准自专其利，限满准他人仿做。若彼愿公于世，亦禀准遵行。""兴舟楫之利，以坚固轻便捷巧为妙。或用火用气用力用风，任乎智者自创。首创至巧者，赏以自专其利，限满准他人仿做。若愿公于世，亦禀明发行。兹有火船气船一日夜能行二千余里者，大商则搭客运货，国家则战守缉捕，皆不数日而成功，甚有裨于国焉。若天国兴此技，黄河可疏通其沙而流入于海，江淮可通有无而缓急相济，要隘可以防患，凶旱水溢可以救荒，国内可保无虞，外国可通和好，利莫大焉。""兴器皿技艺。有能造精奇利便者，准其自售，他人仿造，罪而罚之。即有法人而生巧者，准前造者收为己有，或招为徒焉。器小者赏五年，大者赏十年，益民多者年数加多。无益之物，有责无赏。限满他人仿做。""兴宝藏。凡金、银、铜、铁、锡、煤、盐、琥珀、蚝壳、玻璃、美石等货，有民探出者，准其禀报，爵为总领，准其招民探取，总领获十之二，国库获十之二，采者获十之六焉。"为适应发展资本主义经济的需要，《资政新篇》提出"兴银行""兴邮亭"，等等。

洪仁玕建议发行报纸,议论政治,监督各级官吏。

> 兴各省新闻官。其官有职无权,性品诚实不阿者,官职
> 不受众官节制,亦不节制众官,即赏罚亦不准众官褒贬。专
> 收十八省及万方新闻篇有招牌图记者,以资圣鉴,则奸者股
> 栗存诚,忠者清心可表,于是一念之善,一念之恶,难逃人心
> 之公议矣。人岂有不善,世岂有不平哉!

《资政新篇》又提出:"罪人不孥","禁溺子女","禁卖子为
奴"等等,这些都具有资产阶级民主主义的性质。

《资政新篇》还提出了保护国计民生的种种兴革措施。如"兴
医院","兴跛盲聋哑院","兴鳏寡孤独院",等等。又"禁酒及一
切生熟黄烟鸦片","禁庙宇寺观","禁演戏、修斋、迷醮","革阴
阳八煞之谬","除九流之惰民",等等。这一切,都有利于解放社
会生产力,有利于发展资本主义。

洪仁玕主张学西方,是以中国的独立自主为前提的。《资政
新篇》强调"柔远人之法":"凡外邦人技艺精巧,邦法宏深,宜先
许其通商,但不得擅入旱地,恐百姓罕见多奇,致生别事。惟许牧
师等,并教技艺之人入内,教导我民,但准其为国献策,不得毁谤
国法也。"《资政新篇》还重申太平天国严禁"洋烟"的法令,"外
洋入口之烟,不准过关,走私者杀无赦"。

洪仁玕强调指出,中国学习西方,目的是与西方抗衡。《资政
新篇》提出"与番人并雄之法":"如开店二间,我无租值,彼有租
值;我工人少,彼工人多;我价平卖,彼价桂卖;是我受益,而彼受
亏;我可永盛,彼当即衰;彼将何以久居乎?"其真实意义,就是

要在经济上战胜外国资本的掠夺。

在国际关系上，洪仁玕既反对民族投降主义，也反对"夜郎自大"的封建保守思想。《资政新篇》主张在对外关系上，"凡于往来言语文书，可称照会、交好、通知、亲爱等意，其余万方来朝，四夷宾服，及夷狄、戎蛮、鬼子一切轻污之字，皆不必说也"。

总之，洪仁玕所提出的一整套改革中国的计划，是崭新的，正如《资政新篇》所说"己所窥见之治法，为前古罕有者"。对于中国固有的东西，洪仁玕也并非全盘否定。他从"时势"的需要出发，提出"古所无者兴之，恶者禁之，是者损益之"三原则。毫无疑问，这是完全正确的。

由于见闻的限制，洪仁玕对社会发展的理解，最终摆脱不了"上帝创世论"的泥坑。他所认识的资产阶级"理性王国"，仍然是西方传教士所编造的《圣经》中的"神国"。他认为世界万国之中，凡是信仰基督教的，就能够富强。其实，宗教信仰，不能决定国家的命运。洪仁玕的这种观点，当然是不符合历史实际的。但是他仍然不失为当时中国的先进的资产阶级思想家，在太平军里是无与伦比的。可惜的是，他的宏图远略最终无法实现。洪仁玕终于成了太平天国失败的牺牲者。

二、农民运动失败的牺牲者

马克思、恩格斯说："过去的一切运动都是少数人的或者为少数人谋利益的运动。"[1]他们所指的"过去的一切运动"，是概括

---

[1]《共产党宣言》。

无产阶级以前的运动,毫无疑义是包括农民反封建运动在内的。农民是封建社会里的大多数,他们要翻身就得解放大多数。但农民是小私有者,不可能自发地抛弃少数人统治多数人的私有制。在自然经济的基础上,他们搞私有制的结果,只可能维持封建制。因此,农民群众总是不能够从封建主义压迫下解放自己。为什么农民运动的队伍要发生两极分化,它的成果总是被少数新的封建特权人物所篡夺? 为什么从陈胜、吴广起义以来的农民运动,都成了地主阶级改朝换代的工具? 其原因就在于农民运动最终维持了封建制。太平天国革命以极其充分的事实说明了这个农民运动的历史规律。

过去,由于主观主义的影响,我们给太平天国编造了某些"神迹",也设置了许多禁区。例如,我们历来强调说,洪秀全在起义前提出了政治平等、经济平等、男女平等、民族平等的口号,在起义后把它发展而为彻底反封建的农民革命纲领——《天朝田亩制度》。对凡是与这一观点相反的即使是绝对确凿的反映洪秀全等搞不平等的资料,我们也一律不加置信,或曲予解释。这样,就使我们无法科学地说明太平天国革命。其实,对原来的封建地主讲平等,对自己的部下又讲不平等,这本来是农民领袖的共性。洪秀全、杨秀清等人哪能例外? 他们哪能在自己的队伍里真正实践什么"四大平等"?

洪杨真搞经济平等和政治平等吗? 只要我们略翻一下太平天国文献,就可以找到完全否定的答案。早在起义前写的《原道救世歌》里,洪秀全就强调:"总之贫富天排定。"起义第二年,刊行的《幼学诗》的《天堂》诗里,太平天国领导人又强调:"贵贱皆由己,为人当自强。"可见他们所理想和追求的,不是"均贫富、等贵贱"的"天堂"，而是贫富贵贱两极分化的"天堂"。他们不仅宣传这样的观点，而且制订这样的政策。在 1853 年颁布的《天朝田亩制度》里，太平天国革命领导人不知不觉地沿着小农两极分化的轨道，提出了自相矛盾的政策。一方面，他们号召"田产均耕"[1]，取消封建等级制，要群众在小块土地上搞平均主义；另一方面，他们又规定"功勋等臣，世食天禄"[2]，让少数人养尊处优，搞世袭的特权主义。"平均主义是在技术不很发达和产品不足的基础上产生的。"[3]它虽然反映了农民小生产者反对封建等级制的愿望，但总是不能实现的，即使暂时实现了，也不过是两极分化，重新发生等级制的前奏。太平天国的实践，充分证明了这一点。在金田起义及其以后的一段短时间内，为了克服物质生活资料严重缺乏的困难，太平军曾经实行了禁欲的平均共产主义，以维持千军万马的生活，并巩固了部队的团结。但是，不久，首领与群众之间的生活差别就逐步扩大了。定都天京以后，首领们在生活上的特殊化，是骇人听闻的。敌人兵临城下，天京粮食困难，一般群众甚至于吃粥挨饿，而洪杨等人却大兴土木，广征工匠，建造

---

[1]《东王杨秀清答英人卅条》。

[2]《天朝田亩制度》。按"功勋"，指在永安以前参加起义之人。《天命诏旨书》载天王于辛开十月二十日在永安发布的诏令说："上到小天堂，凡一概同打江山功勋等臣，大则封丞相、检点、指挥、将军、侍卫，至小亦军师职，累代世袭。"《天情道理书》："又有功勋谢三。"革命后期留下的《护殿理天义陈阁内功勋徐丁名册》尚有"功勋丁文枢，功勋徐得胜"等姓名。张德坚：《贼情汇纂》："凡从至永安突围之贼，无论伪职大小，悉加'功勋'二字。"又云："不拘有官无官，……职同伪总制。"

[3]　斯大林：《在党的第十七次代表大会上关于联共（布）中央工作总结报告》。

自己的宫苑。现在南京还留着天王宫、东王府等遗迹，这正是农民领袖在生活上追求特殊化的铁证。

洪杨等人真搞男女平等吗？也只要我们稍微尊重一点事实，就可以得出他们破坏男女平等的结论。洪秀全规定人民"一夫一妻"，而他自己却占有八十八妻。杨、韦、石等人也大搞多妻制。在洪秀全写的五百首《天父诗》里，充满了男尊女卑的观点，哪里还有一点儿男女平等的气息？

洪杨等人真搞民族平等吗？答案也是没有。洪秀全在《御制千字诏》里，不是如同历代的封建帝王那样，宣传了"胡越贡朝，蛮夷率服"等大民族观点吗？

总而言之，由于小私有的特点，农民阶级不可能是"四大平等"的实践者。上述洪杨等人推行两极分化的种种言行，正代表了农民小生产者的阶级性格。这是不足为怪的。如果我们要求农民领袖最终不追求特权，不脱离群众，那倒是不切实际的怪事。

洪杨等人追求特权的恶果之一，是他们之间的分裂。农民领袖之间对权力的分配，平衡是相对的，竞争是绝对的。在定都天京前后的几年里，洪秀全为主，杨秀清为辅，韦昌辉、石达开等为将，有事经过公议，由杨、书、石会奏，洪秀全批准施行。由于领导集团权力分配的暂时平衡，太平军能够保持了内部的稳定和对敌斗争的优势。但随着杨秀清个人地位日益突出，"威风张扬，不知自忌"，东殿尚书侯谦芳、李寿春等也生杀由己，凌驾于韦、石之上，权力斗争便尖锐化起来[1]。1855年颁行的《行军总要》突出

[1]《贼情汇纂》：侯谦芳，"甲寅三月调为东殿吏部二尚书，杨贼信任之，同恶相济，凡有机密事，皆引谦芳及李寿春计议，权势在韦、石二贼之上，伪侯相为之侧目"。《天情道理书》载侯谦芳陷害参护李凤先事。

地宣传杨秀清的天才，强调"东王亲受天父天兄默中指授神妙机宜"，"具生知安行之资，展经文纬武之略"，"功烈迈乎前人，恩威超乎后世"等等。这书把"自金田起义以来"，广大太平军将士的"战胜攻克，马到成功"，一笔写在杨秀清个人的"功劳簿上"，把天王洪秀全摔在一旁，说什么"非由东王智虑精详，防维周密，训练有素，赏罚至公，断不及此"。这书的发表正是太平天国领导集团内讧的信号。1856 年，太平军第一次击破清军"江南大营"，正当军事上处于顺利的时刻，不意大祸起于萧墙之内。杨秀清极其错误地逼迫洪秀全封他"万岁"，韦昌辉闻讯自前线回兵天京，杀掉杨秀清并残杀东殿部属。他又和洪秀全、石达开发生冲突。石达开赶往安庆起兵声称要为杨秀清报仇。太平军内部的一切反韦力量迅速联合起来，洪秀全乘势杀掉了韦昌辉。广大将士拥护石达开回京辅政。不意一波未平，一波又起。洪石之间对权力再分配的斗争又尖锐化起来。洪秀全重用自己的两个哥哥压制石达开。1857 年，石达开发表声明，从天京带兵出走。从首领与群众之间在生活上的两极分化，到领导层为争权而自相残杀，太平军大大地被削弱了，革命开始走下坡路。

以后，洪秀全完全从消极的角度接受这些血的教训，他不是积极地收合力量，加强团结，恢复早期"兄弟同打江山"的集体领导制度，而是力图建立"爷哥朕幼坐天堂"，"父子公孙永作主"的一姓集权制度。他在政治上搞专制，相应在思想上搞迷信。太平天国初起时，洪杨借助迷信来发动群众和建立领导机构，达到了某种成功。这是由于当时"天父天兄"的旗号代表着广大农民的利益，洪杨等人代天发令得到了群众的信仰和支持。"内讧"以后，"天父天兄"成了权力斗争的工具，太平军失去了万众一心的精神支柱。洪仁玕曾慨叹："即我天朝,初以天父真道,蓄万心如一心,故众弟只知有天父兄,不怕有妖魔鬼。此中奥妙,无人知觉。今因人心冷淡,故锐气减半耳!"[1]在思想上,太平天国已走进了死胡同,必须抛弃"拜上帝",另找出路。但这不仅是不可能的,而且洪秀全还在加强"受命于天"的宣传,以神化他和他的子孙对太平天国的绝对领导地位。最可笑的是,洪秀全改国号为"天父天兄天王太平天国",他把太平天国解释为"天父天兄天王开辟之国"和"天父天兄天王幼主之国"[2]。他以为从此太平天国可以永远属于他洪氏的了。其实不然,洪秀全搞"家天下"的结果,不仅不能够加强太平军对天王的向心力,而且相反使全军更加涣散。正如洪仁玕所痛感的,"国政不能划一","人心不一,不一则涣"。在革命后期,太平天国内部的两极分化和权力斗争日益激烈,两员主要将领陈玉成与李秀成之间有矛盾,陈玉成,李秀成与洪秀全之间也各有矛盾。陈玉成死后,洪李两派斗争成为太平天国内部斗争的焦点。1862年,政治嗅觉比较敏感的敌将左宗棠发现到这两派势力已经如水火不能相容,他急急上报清政府说:

> 军中搜获李世贤伪文,谆属诸贼死守龙游、汤溪、金华,四十日即行折回。并言逆眷溧阳为各伪王欺凌,不能不急回料理之状。查贼中伪王可数者共三十余,惟伪忠王李秀成、伪章王林绍璋,与李世贤尚称投合,余则彼此猜疑,势不相下。金陵逆首洪秀全之兄伪勇王洪仁达,尤为各贼所恨。

---

[1]《兵要四则》,《洪仁玕选集》,第22页。
[2]《敬避字样》。

似从前杨、韦两逆互相吞噬之事不久必将复见。[1]

事变的发展，并没有如敌人所盼望的，重演 1856 年的悲剧，但是，太平天国内部的两极分化和权力斗争确实葬送了这次农民革命。在天京沦陷之后，李秀成不胜慨叹："此是我家人心不齐之故。"[2]从这里，人们完全可以看到，从群众中来的农民运动领袖，总是要脱离群众最终成为新的特权人物。原来亲如兄弟的农民领导集团，总是要因为权力斗争而发生火并最终建立新的封建独裁。这是一般农民运动的规律。太平天国不能超越这个规律，它的特点则是因为遇到的敌人比较强大，所以在改朝换代的半路上，就悲惨地被中外反革命的联合势力所镇压了。从这里，人们也完全可以看到，在封建社会里爆发的农民运动，虽然是反封建的，但是它最终保持封建制度。这就决定了洪仁玕不可能从农民军里找到发展资本主义的社会基础，终于使他改造旧中国的民主主义方案成为泡影。

据容闳《西学东渐记》说，在得不到英、忠等王实权派人物的赞成下，洪仁玕一筹莫展，无法实现任何革新的方案。1860 年，容闳到天京，会见洪仁玕，建议太平天国学西方，"因言七事"：

> 一、依正当军事制度，组织一良好军队；二、设立武备学校，以养成多数有学识军官；三、建设海军学校；四、建设善良政府，聘用富有经验之人才，为各部行政顾问；五、创立银

---

[1]《左文襄公奏疏》初编卷四《收剿迭胜克复县城要隘情形折》（同治元年九月初九日）。

[2] 赵烈文：《能静居日记》。

行制度,及订度量衡标准;六、颁定各级学校教育制度,以耶稣教圣经列为主课;七、设立各种实业学校。

对此,洪仁玕深表赞同,但他无法实行。容闳写道:

> 越二日,干王复邀予等为第二次谈判。既入见,干王乃以予所言七事,逐条讨论,谓何者最佳,何者最要,侃侃而谈,殊中肯綮。盖干王居外久,见闻稍广,故较各王略悉外情。即较洪秀全之识见,亦略高一等。凡欧洲各大强国所以富强之故,亦能知其秘钥所在。故对予所提之七事,极知其关系重要,第善善不能用,盖一薛居州,无能为役。且此时诸要人皆统兵于外,故必俟协议,经多数赞成,乃可实行也。

又据庞际云所藏《李秀成自述别录》,李秀成对的洪仁玕"所编各书","皆不屑看"。可见李秀成对洪仁玕的先进资产阶级思想,不能理解,也是不赞成的。

过去,我们总认为洪秀全是支持洪仁玕革新方案的。因此他曾经在《资政新篇》上加批了若干条"是"或"此策是也"。但是,从洪秀全晚年的实践看,他正在不停顿地向封建君主转化。对于《资政新篇》所提出的最本质的东西,资产阶级的"民主与科学",他不懂也是接受不了的。例如,洪仁玕从资产阶级民主的观点,建议办报纸,弹劾官吏。对此,洪秀全有顾虑,主张缓办[1]。又如,

---

[1]《洪仁玕选集》,第15—16页。

洪仁玕用西方的科学知识，校正了一下"天历"的谬误，把原来的四十年一加，改成四十年一斡。对此，洪秀全一定要用耶稣复活四十天的神话来解释[1]。从1861年以后发表的《英杰归真》《敬避字样》等的内容看，洪仁玕已经越来越抛弃先进的资产阶级思想，而迁就洪秀全借助神灵，以加强洪氏皇权的落后倾向。如他曾经反对避讳"爷火华"三字，但这时已不再坚持原来的科学观点了。《敬避字样》首先按照洪秀全的意旨，严格规定对天父天兄天王幼主的名字要敬谨遵避。尽管洪仁玕还在强调"革故鼎新"，但是这种"革新"，已经完全局限于改朝换代的范围，不再具有改造中国社会，从封建主义跨入资本主义的进步意义了。

历史已经充分证明，太平天国农民运动是一次伟大的革命，但是比起资产阶级革命来，它是落后的。它既牺牲了洪仁玕先进的资产阶级思想，也终于牺牲了这个先进人物。洪仁玕虽然官居军师，总理朝纲，但不是天王的最亲信者。他的宏图远略，与洪仁达等的贪庸愚昧，也是格格不入的。因此，每当对敌斗争失败，洪氏集团被迫向异姓诸将作表面上的让步时，他们总用牺牲洪仁玕来保全自己。

1861年9月，安庆被敌人攻陷。这一战略要地的失守，使太平天国阢陧不安，也动摇了洪仁玕的地位。天王听信后宫谗言，借追究这次军事失败的责任为名，一度革掉了洪仁玕的爵职。但因为不久湘军威胁天京，无人负责城防重任，又给他复职[2]。

从1862年下半年起，在太平天国高级领导层里，逐步发生权

---

[1] 《洪秀全选集》，中华书局1976年1月版，第61页。
[2] 王韬：《瓮牖余谈》。

力上的转移。为了依赖李秀成等的兵力保卫天京,洪秀全不得不把中央的部分大权在表面上移交给李氏一派。洪仁玕成了这种权力再分配斗争中的牺牲品。

1862 年,林绍璋接管了外交。《洪仁玕自述》:"在一八六一年至六二年之上半年,我掌处理外交之事,直至有某事发生令天王不悦,乃令我移交章王掌管之。"

1863 年,李秀成升任真忠军师,"奉旨令专征剿"[1],从此太平军的最高指挥权也从洪仁玕之手转归李秀成掌握。

1863 年冬,洪仁玕虽然仍得天王"恩赐顾命",嘱扶幼天王,但在天京已立不住脚。他被迫出京催兵催粮。

这时,在天京附近的忠于天王的有实力的将领,只剩下常州的护王陈坤书和湖州的堵王黄文金了。洪仁玕先往丹阳、常州依附护王,"嗣因丹阳,常州难守,改往湖州"[2]。这样,就使他没有陷于天京围城之中。

1864 年 6 月,洪秀全病故,李秀成等扶幼天王登位。7 月,天京陷落,李秀成被俘,养王吉庆元等保护幼主洪天贵福突围走广德。天京之所以失陷,不是由于太平军的战斗不力,而是由于绝粮。但是,当曾国藩部的反革命湘军,在洗劫天京城时,发现太平天国一些高级文武官员家里囤积了大量粮食。他们舍不得臃肿的财富,因而包围洪秀全,不肯弃城出走,又不肯把粮食支援军队,遂使太平军困守危城,陷于完全被动的地位,加上饥疲不堪,以致悲惨的失败。洪仁玕闻讯赶往广德,把幼天王接到湖州,收

---

[1] 抄本《敬避字样》的附录。
[2] 《同治三年九月二十七日南昌知府对洪仁玕的提讯记录》。

集部众。

洪仁玕与黄文金等在湖州重新作了战斗部署。洪仁玕任正军师，尊王刘庆汉任副军师。他们决定进入江西，寻找侍王李世贤、康王汪海洋的部队，并希冀渡江与扶王陈得才、遵王赖文光的大军会合。不意这时李世贤、汪海洋已走往福建，使江西的敌人能够用全力拦击从湖州撤出的太平军。骁勇善战的堵王黄文金又在昌化伤发身死。这支太平军便加速崩溃，当出湖州时，全军尚有十余万人。等到败退到江西陈坊时，已剩下一万多人了。在洪仁玕和昭王黄文英等的领导下，在广昌、石城之交的古岭，进行了最后悲壮的一战[1]。洪仁玕力竭被俘，过了几天，幼天王也被敌人所搜获。

1864 年 1 月，洪仁玕实践了他不朽的诺言"宁捐躯以殉国，不隐忍以偷生"[2]，在南昌，英勇就义。

如同一切先进的资产阶级人物那样，洪仁玕的思想是有局限性的。他把资本主义看作是最美好的社会制度，不认识国际资本要压迫广大劳动人民，不认识"只有社会主义能够救中国"。这只能用当时中国历史条件的限制来解释。洪仁玕虽然抱恨终天了，但继太平天国之后，中国人民的革命一浪高于一浪，后者赶过前者。康有为领导的资产阶级性质的戊戌维新运动失败了，孙中山领导的资产阶级性质的辛亥革命又失败了。但是在 1919 年五四运动之后，中国诞生了共产党。正如毛泽东同志所说："这是开

---

[1]《沈文肃公政书》卷三《席军剪除湖逆搜获伪酋折》。
[2]《立法制喧谕》，《洪仁玕选集》，第 28 页。

天辟地的大事变。"[1]有了共产党,就有了新中国。经过三十年的艰苦奋斗,中国人民推翻了帝国主义、封建主义和官僚资本主义,建立了无产阶级专政。又经过了三十年的艰苦奋斗,中国人民一次又一次地战胜了国内外敌人的进攻,特别是战胜了穷凶极恶的林彪、"四人帮",保卫了无产阶级专政,为实现祖国社会主义现代化奠定了局面。现在,在华主席为首的党中央的领导下,中国人民正在为实现四个现代化而进行新的长征。洪仁玕和其他无数先烈谋求中国富强的遗愿,只有在科学社会主义的指引下,在中国共产党的领导下,才能实现。

（原载《内蒙古大学学报(哲学社会科学版)》1979 年 C1 期）

---

[1]《唯心历史观的破产》。

略论洪秀全对杨秀清的怀念

在揭批"四人帮"影射史学斗争的推动下,史学界热烈讨论了怎样评价杨秀清? 由此而提出又一问题,即怎样理解1856年"杨韦事变"后洪秀全对杨秀清的怀念?

洪秀全对这次事变,是从1857年石达开出走之后,才有步骤地用文字形式向全国军民表明态度的。

他命令对事变前已颁行的《千字诏》《天情道理书》等进行修改,把原来提到"北王"的字样删除,或直呼"昌辉"。事变以后颁行的《醒世文》,只追叙东西南翼四王辅佐天王倡义之功,不提北王。这都表示对韦昌辉的否定。

原来,太平天国宣传,天王和首义五王,都上应天象。天王是日头,东王是圣神风(谓代圣神上帝使风),西王雨师,南王云师,北王雷师,翼王电师。为进一步消除韦昌辉的影响,太平天国辛酉十一年《颁行历书》等改称东王为"圣神风雷",以表示韦昌辉在天上使雷的职务也被撤销,已归杨秀清兼任了。

与此同时,洪秀全明令隆重纪念杨秀清。

1858年,在给英国官员的一道"诏旨"里,他高度赞扬了杨秀清的历史功绩。

　　戊申南王困桂平,朕求爷降显威严。朕时由西回粤东,天父下凡救出南。

这指的是 1848 年,冯云山陷在桂平县的牢狱里,洪秀全从广西返归广东设法营救,紫荆山区革命群众惶惶不安,杨秀清挺身而出,用"天父下凡"的形式,稳定众心,救出冯云山。

东王赎病是圣灵,爷爷降托灭妖精。诛了无数死魔鬼,故能如此早到京。[1]

这指的是 1850 年,杨秀清遭了瘟疫,"口哑耳聋","几成病废"。"拜上帝"群众宣传这是他代世人赎病。病愈之后,他辅佐洪秀全,发动武装起义,"掌理天国军务",指挥太平军多次克服困难,迅速向长江流域进兵,胜利到达金陵,定都为天京[2]。

在 1858 年,太平天国对全国军民颁发文告,加给杨秀清以"后师"的尊号,比之于"先师"耶稣[3]。

1859 年,洪秀全号召永远纪念"东王升天节"。

七月廿七东升节,天国代代莫些忘。[4]

1860 年,洪秀全追封被韦昌辉于 1856 年事变中杀害的所谓

---

[1] 洪秀全:《诏西洋番弟》。爷爷降托:谓上帝的圣灵降托在杨秀清身上。
[2] 《天情道理书》。
[3] 《醒世文》。
[4] 《颁行历书》(辛酉十一年)。

"东党"傅学贤和李俊昌,褒扬他们有"殉难之忠"[1]。

同年,他又明令重建"东王府",尊称"正九重天廷"[2]。

1861年,洪秀全把自己的第五子洪天佑继承杨秀清,袭爵幼东王。

列宁说:"评价历史事件,应当根据群众以及各个阶级的运动,而不能根据个别人和集团的情绪。"[3]洪秀全如此隆重纪念杨秀清,绝不是为了个人怀念杨秀清,而是主要为了挽救当时太平天国所面临的危机。

洪杨是以共同"奉天诛妖"的宗教形式结合在一起的。他们塑造了一个"全能"的"天父皇上帝"。这是抽象人和具体人的矛盾组合体。它既是农民幻想中的"救世主",是虚构的"神";又由洪杨来代表,是真实的人。当他们亲密合作,领导革命胜利发展时,"天父皇上帝"确实能够"蓄万心如一心"[4],鼓舞农民群众进行反封建斗争。但是,随着杨秀清"威风张扬,不知自忌",甚至"要逼天王封其万岁",他的亲信侯谦芳等也生杀由己,凌驾于文武百官之上[5]。这时的"天父皇上帝"已走向反面,变为个别人和集团专权的工具。杨秀清一死,引起了太平天国内部在思想上的极大混乱。这个代"天父"发号施令的"圣灵",怎样会被"天父"另一个儿子韦昌辉所杀呢? 对地主阶级乘机发出的"天父杀天兄,江山打不通。长毛非正主,依旧让咸丰"等反革命政治宣传,怎样回击呢?

---

[1]《幼主诏旨》(庚申十年九月十三日)。傅学贤,原东殿尚书;李俊昌,原国医,都是东王亲信。

[2]《幼主诏旨》(庚申十年九月三十一日)。

[3]《向民主派的又一次进攻》。

[4] 洪仁玕:《兵要》。

[5] 张德坚:《贼情汇纂》。

"人心冷淡,锐气减半"的政治危机,怎样克服呢?太平天国丧失了"天父天兄"的权威,再凭什么号召力量来把斗争进行到底呢?这一切都迫切需要洪秀全回答。于是他坚决地褒杨贬韦,并说明"东王赎病苦同哥"[1],即杨秀清之死,乃是他"舍命顶天,代世赎病"[2],如同耶稣被钉死在十字架上,代世人赎罪一样,都是"天父安排"的。此外洪秀全还多次说到东王升天之后,在天上继续带兵[3]。这也为说明东王的灵魂不死,以挽回"天父天兄"的权威,解救太平天国革命由于杨秀清之死而产生的政治危机。

杨秀清之死,又带来了太平军组织上的混乱。他掌令时,兵权是高度集中的。这是太平军百战百胜的一项重要保证。杨秀清死去,石达开又出走,新任命的五军主将各自为政,步调不一,使革命战争"进寸退尺",日益不利[4]。这一前后对比使革命内部产生强烈怀念东王和"东王制度"的思潮。特别是革命后期的几个重要领袖:洪仁玕、陈玉成等,都大声疾呼要求恢复东王时的严刑峻法,重新统一兵权。洪秀全之所以隆重纪念杨秀清,赞美他生前"兵权归一"[5],也就为恢复军师掌朝纲的集权制度,让洪仁玕继承他的地位,以重振太平军的旗鼓[6]。

---

[1]《天王诏旨》(辛酉十一年正月十三日)。

[2]《幼主诏旨》(庚申十年九月三十一日)。

[3]《天王诏旨》(辛酉十一年五月初九日):"东西既升,时常带兵。"其他"诏旨"也有提到东王在天带兵的。

[4] 洪仁玕:《立法制喧谕》。

[5]《幼主诏旨》(庚申十年十一月初十日)。

[6] 据洪仁玕说:1859年,天王封他为开朝精忠军师干王时,曾当众授印,同文武官员一起讨论"东王制度"。见《同治三年九月二十七日南昌知府提讯洪仁玕的记录》。

　　洪秀全这样做，虽然已不是真正为了恢复"洪家天子杨家将"的兴旺局面，而是为了加强洪氏一姓一系的统治，但在客观上还是得人心的。因为杨秀清虽死，然而他还能够呼唤广大革命将士。1857年，杨辅清随石达开出走，还打着"东殿"旗号[1]。1861年，洪仁玕赋诗赠别驻守宁国的太平军将士，强调"惟慕东王姓字超"[2]。1861年，李秀成出兵鄂皖，天王派遣幼东王督军[3]。事实证明，杨秀清在太平军里还有不可低估的影响。

　　洪秀全对杨秀清的怀念，有力地推动了太平军内部的反分裂反投降斗争。杨秀清的部将杨辅清、李寿辉等曾先后脱离石达开，返归洪秀全的麾下[4]。从1859年起，以杨辅清为首的"东殿"部属将士，在池州、宁国等地，与自称同洪杨有"血仇"的叛徒韦志俊血战[5]。这些斗争都对撑持太平天国后期革命作出了贡献。

　　大量的太平天国文献证明，洪秀全最后是完全肯定杨秀清的。我们既不能据以抹掉杨秀清存在"逼封万岁"等严重错误，也不该认为这对评价杨秀清毫无参考意义。对这些文献，要揭开它们的宗教外衣，用阶级和阶级斗争的观点进行分析，实事求是地作出解释。对"四人帮"为篡党夺权，搞影射史学，在洪杨关系上散布的唯心主义谬论，必须推倒。

（原载《扬州师院学报》1979年第4期）

[1]　曾国藩：《移师援闽疏》（咸丰八年八月十二日）。

[2]　《军次实录》。

[3]　《曾国藩书札》卷十三《致胡宫保及水陆统领》。

[4]　李寿辉，原东殿簿书，与弟李寿春同是杨秀清亲信。据《蒙时雍家书》，1860年，他从广西脱离石达开回天京。

[5]　陈昌：《霆军纪略》。

略论太平天国史研究中的
理论和资料问题

太平天国革命，是一次反封建反侵略的农民运动。它既是中国封建社会里农民战争的最高峰，又是近代民族民主革命的先驱。太平天国史研究中的理论问题，是从这里出发的。

关于中国封建社会农民战争的理论和近代中国人民反帝反封建革命的理论，毛泽东同志早已作了精辟的论述。关键在于从事太平天国史研究的人们，怎样正确地领会这些原理并运用它来探讨和说明太平天国革命发展规律的问题？太平天国革命是怎样发生的？它是怎样夺取巨大胜利，又是怎样失败的？这些就是表述太平天国革命发展规律最基本的理论问题。其他诸如：洪杨等人物的评价、太平天国政权的性质、太平军的战略等等问题，都从属于上述的基本理论问题。

毛泽东同志指出："地主阶级对于农民的残酷的经济剥削和政治压迫，迫使农民多次地举行起义，以反抗地主阶级的统治。从秦朝的陈胜、吴广、项羽、刘邦起，中经汉朝的新市、平林、赤眉、铜马和黄巾，隋朝的李密、窦建德，唐朝的王仙芝、黄巢，宋朝的宋江、方腊，元朝的朱元璋，明朝的李自成，直至清朝的太平天国，总计大小数百次的起义，都是农民的反抗运动，都是农民的革命战争。中国历史上的农民起义和农民战争的规模之大，是世界历史上所仅见的。在中国封建社会里，只有这种农民的阶级斗争、农民的起义和农民的战争，才是历史发展的真正动力。因为每一次较大的农民起义和农民战争的结果，都打击了当时的封建统治，因而也就多少推动了社会生产力的发展。只是由于当时还没有新的生产力和新的生产关系，没有新的阶级力量，没有先进的政党，因而这种农民起义和农民战争得不到如同现在所有的无产阶级和共产党的正确领导，这样，就使当时的农民革命总是陷于失败，总是在革命中和革命后被地主和贵族利用了去，当作他们改朝换代的工具。这样，就在每一次大规模的农民革命斗争停息以后，虽然社会多少有些进步，但是封建的经济关系和封建的政治制度，基本上依然继续下来。"[1]毛泽东同志的这一科学概括，对历次农民运动包括太平天国革命在内，都是适用的。我们必须把毛泽东同志提出的一般原理，结合历史的具体实际，探讨太平天国革命的发生、发展及其结局，说明这次农民运动的规律，总结历史的经验，为无产阶级政治服务。实践已经证明，只要背离了毛泽东同志上述对农民运动所作的科学概括，那么，对太平天国史研究作出的结论就会错误。

中华人民共和国成立以前，多数历史家们否认太平天国革命是农民革命。因此，他们就不可能正确地解剖一系列重大事件及其主要人物。例如，他们把洪、杨等农民领袖与曾、左、李等地主军阀相提并论，平分功过，混淆革命与反革命的界限，其结论当然是荒谬的。有人甚至诋毁这次农民战争对国家民族的破坏作用，而不追究中外反革命迫使农民铤而走险的罪行。

中华人民共和国成立以后，谁都承认太平天国运动是农民革

---

[1]《中国革命和中国共产党》。

命,但有不少同志又走向另一极端,把它拔高到了无产阶级革命的高度。

例如,历来强调说,太平天国提出了彻底反封建的农民革命纲领——《天朝田亩制度》。其实,在中国,彻底反封建的革命纲领,是共产党才能够提出来的。在共产党出世之前,资产阶级革命和农民革命都不曾提出过彻底反封建的革命纲领。《天朝田亩制度》虽然勾画出一幅农民小生产者所设想的没有封建压迫、没有剥削的农业社会主义的蓝图,表达了千百年来农民群众反封建的愿望,标志着农民战争的最高峰。但是,《天朝田亩制度》绝不是一个彻底反封建的纲领。在这一文件里,太平天国的领导人不知不觉地沿着小农两极分化的轨道,提出了自相矛盾的政策。一方面,他们号召均分土地,要群众在小块土地上搞平均主义;另方面,他们又规定“功勋等臣,世食天禄”,让少数人养尊处优,搞世袭的特权主义。显而易见,这个制度如果实现,原有的封建大土地占有制将被打乱,但新的封建特权者又将产生。革命的结果,虽然打击了封建制,但仍然保持封建制。因此,我们绝不能把《天朝田亩制度》拔高到了新民主主义革命时期共产党所制订的土地纲领的高度,过高地把它评价为彻底反封建的革命纲领。农民阶级之所以不能够解放自己,主要就是因为他们提不出这样一个纲领。

又如,有些著作渲染太平天国颁布妇女政策,实现男女平等。其实,这也是以后共产党才能够做到的事情。农民阶级是个小私有阶级。他们不可能自发地抛弃私有制,也就不可能解放妇女。洪、杨等人要群众实行“一夫一妻”的婚姻制度,自己却搞多妻制。1852年颁布的《幼学诗》里,强调“妻道在三从,无违尔夫主”。以后洪秀全写《天父诗》,更以大量篇幅宣扬男尊女卑的观点。事实说明，太平天国没有推行男女平等的政策。

总之，人为地把太平天国农民运动拔高到无产阶级革命的高度，是脱离事实的，也是违背毛泽东思想的。

林彪、“四人帮”为了篡党夺权，搞影射史学，在理论上把太平天国革命竭尽践踏之能事。他们以人划线，以洪秀全划线，来评定太平军其他人物的功过。谁只要和洪秀全有矛盾，谁就被否定为“阴谋家”“野心家”“尊孔派”“分裂主义者”“投降主义者”等等。林彪、“四人帮”口头上高喊“忠于毛泽东思想”，实际上完全背叛了毛泽东同志关于农民战争的理论。他们所散播的，不是马克思主义的阶级斗争的学说，而是封建统治阶级的“君为臣纲”的反动思想。他们妄图借此大造反革命舆论，炮制“莫须有”罪名，打倒一大批老一辈的无产阶级革命家，把毛泽东同志架空，以便达到他们不可告人的目的。现在林彪、“四人帮”已被打倒，我们必须拨乱反正，彻底肃清他们在太平天国史研究中所散播的流毒。

我们一定要克服以往贬低或拔高对太平天国革命评价的错误，同时批判林彪、“四人帮”为搞影射史学而炮制的种种谬说，严格遵循马列主义、毛泽东思想关于农民战争的理论，研究和解释太平天国史。

我们也要克服教条主义的学风，做到论史结合，不要以论代史。例如，关于太平天国革命的失败，仅仅用“没有无产阶级领导”一句原则来作答，是不能够满足人们要求的。我们一定要从大量史实出发，说透农民小生产者不能够解放自己的原因，从中吸取经验教训。

要对太平天国史作出科学的解释，不仅要搞好理论工作，而且要搞好资料工作。

资料工作的第一步是"搜集"。在这方面,罗尔纲同志等老前辈为我们留下了大量文献和丰富的经验。搜集资料,首先要辨别真伪。伪造的太平天国史料,是比较多的。罗尔纲同志曾著有《太平天国史料辨伪集》,为我们作出了榜样。从《太平天国史料的第一部大书——〈江南春梦庵笔记〉考伪》一文看,作伪者行使了以下种种手法:

(一)改编篡改,以假乱真。

例如,洪秀全有两篇《改历诏》,见《辛酉十一年新历》。《江南春梦庵笔记》把两篇胡乱拼做一篇,还把"九月初九哥降节,靠哥脱罪记当初"的后一句大胆妄改为"亦朕降世记当初"。使不少读者上当,他们据此推断,错误地认为洪秀全的生日是九月初九日。

(二)内容离奇,全部虚构。

例如,《江南春梦庵笔记》伪造太平天国文官、武官、外官都分九等,"王封六等","分天下为二十四省",等等,都与太平天国文献所记不合,荒诞离奇,全属赝品。

(三)伪托作者,眩迷人目。

《江南春梦庵笔记》伪托武昌沈懋良撰。作者自称被蒙得恩所掳,对太平军的有些内幕,都是从蒙得恩那里听来的。但是,从书的内容看,他对蒙得恩的生平几乎是无知。如,蒙得恩生五子,而《江南春梦庵笔记》却说蒙得恩"无子"。再如,蒙得恩于1861年已死去,而此书却说1864年天京失陷前他还活着。显然这些都是伪造的。但也就暴露了作伪的马脚。

《江南春梦庵笔记》已被罗尔纲同志揭穿了,是一部"眩眯"了人们的大伪书,但是类似《江南春梦庵笔记》的货色还会有,我们一定要像罗老那样做好对史料的辨伪工作。

　　资料工作的第二步是"整理"。整理史料很重要的环节是标点。一点之错，意义全非。例如，中国史学会编的《太平天国资料丛刊》，把《天朝田亩制度》（后刻本）中的"六部、掌"，错点为"六部掌"。其后《洪秀全选集》《太平天国印书》（排印本）都依样错了。其实，"六部"是吏、户、礼、兵、刑、工六部官，如黄期升曾以真神殿大学士兼理吏部天官事务，见曾国藩家藏的《伪宫执照清册》。"掌"是掌率，如蒙得恩曾为正掌率，见《蒙时雍家书》。这些都是在1856年"杨韦事变"和1857年石达开出走之后，洪秀全为加强集权而设置的中央官。天王、掌率、六部官构成了中央政府。不能把六部与掌率混为一官。其中的"、"号是不能取消的。

　　资料工作的第三步是"应用"。征引史料，切忌光有结论，然后曲解或误解史料以作证明。这是唯心主义的方法。最近有的同志引洪仁玕"八股六韵"之句，用以证明太平天国改六经为六韵，这就是一例。按太平天国改经为韵之说，迄今没有确据。在洪仁玕的著作里，曾征引孔子的语言，也不避讳"经"字。至于他劝诫读书士子不要专心致力于"八股六韵"，这个"六韵"指的是科举中的试帖诗。按规定，试帖诗五言八韵，也有押六韵的。洪仁玕的意思是，读书人不该单为了追求功名而把精力耗光在八股文、试帖诗上。洪仁玕绝没有把矛头对准孔孟经书的用意。他怎么会把"六经"与"八股"并提呢？

　　以上谈谈对于太平天国史研究中的理论与资料问题的一些肤浅体会，供史学界和广大历史教师参考。错误之处，欢迎读者批评指正。

（原载《中学历史教学》1980年第1期）

太平天国"避讳"制度考释[1]

太平天国实行避讳制度,先是出于农民反封建斗争的需要,以后逐渐成为洪秀全等建立新的封建王朝的手段。大量事实证明如同历史上的农民战争那样,太平天国也走上了改朝换代的道路。避讳制度只是对它一个侧面的反映。本文考其始末,释其体例,企图从这一侧面,探索太平天国封建化的一个侧面。

太平天国明文规定避讳字样,始见于辛开元年(1851)十月二十五日《永安封王诏》。"天父"才是真神,才是上,才是帝,才是爷,"天父天兄"才是圣。其余不得僭称;呼称天王洪秀全也"为主则止",不宜称上称圣,免致"冒犯天父天兄";"前此左辅、右弼、前导、后护各军师,朕命称为王爷,姑从凡间歪例,据真道有些冒犯天父",因分别褒为东、西、南、北诸王[2]。而其实践,可以追溯到太平国革命准备时期,洪秀全以其原名火秀[3]犯天父"爷火华"圣讳而改名。"诏明"于戊申年(1848)冬,而于太平天国壬戌

---

[1] 本文集编者按,此文发表时,作者署名"祁龙威、吴良祚"。

[2] 《天命诏旨书》,《中国近代史资料丛刊》第二种《太平天国》(以下简称《太平天国》)一,第67—68页,其后经1856年"杨韦事变"和1857年石达开出走之后,天王即称"圣"了。戊午八年十一月十七日的《晋天燕朱雄邦致英国全权使额尔金照会》,已有"真圣主天王"云云。

[3] 韩山文:《太平天国起义记》,《太平天国》六,第838页。

十二年（1862）旨准颁行的《太平天日》追记其事，假托天酉年（即丁酉年，1837）"升天"受天父之命："尔名为全矣。尔从前凡间名头一字犯朕本名当除去。尔下去凡间，时或称洪秀，时或称洪全，时或称洪秀全，尔细弟之名与尔名有意义焉。"[1]此即避讳改名、空字之例。考其时间，不可能在1837年，因当时洪秀全还不知道"上帝圣讳爷火华"，更无从先知其"细弟"杨秀清与洪秀全同名，预示"禾王、禾乃俱是天国良民之主"[2]，而当在癸荣年（即癸卯年，1843）洪秀全读《劝世良言》，劝人拜上帝之后，至迟于丁未（1847）九月廿六日去象州打甘王庙之前，因冯云山《甘王庙题壁诗》有"该处人民如害怕，请从土壁读天条"[3]之句。而十款天条中的第三条，规定"皇上帝本名爷火华，世人不可妄题"[4]云云。

定都天京之前，太平天国避讳改字之可考者，还有国改国，魂改䰟，王改狂（王姓改黄），丑改好，卯改荣，亥改开，鬼改魁等。

现存最早的两部太平天国印书，《幼学诗》辛开元年初刻本[5]和《太平礼制》辛开元年初刻本[6]，国字均已作国，可见太平天国金田起义建国之初，即改国为国。《太平诏书》壬子二年初刻本[7]中，《原道救世歌》作国作䰟，而《百正歌》《原道醒世训》和《原道觉世训》仍作国作魂，这说明《太平诏书》所收洪秀全早期论文原稿都是作国作魂的，壬子二年在戎马倥偬之际汇刻成

［1］《太平天国》二，第638页。

［2］　北京大学文科研究所、北京图书馆编：《太平天国史料》，第87页。

［3］《太平天日》，《太平天国》二，第650页。

［4］《天条书》，《太平天国》一，第78页。

［5］《太平天国诗文钞》，德国柏林普鲁士国家图书馆藏本排印。

［6］《太平天国印书》，德国柏林普鲁士国家图书馆藏本影印。

［7］《太平天国印书》，德国柏林普鲁士国家图书馆藏本影印。

书,未及全部改为新造的国字、讥字,癸好三年重刻本才通统改正过来。

随着洪秀全在东乡登极和永安封王,王字遂成必须避讳之字。张汉《鄂城纪事诗》:"贼头伪号僭称王,凡遇琅琊改姓黄。更是新奇真可笑,每书王字定书狂。"[1]说的正是这个时期的情况。前者我们从洪秀全的中表王盛均家族全体改姓黄氏参加起义的史实得到证明[2]。后者则壬子二年初刻的《天条书》和《太平诏书》[3],除"正用"外,凡遇王字改作狂,如君狂、侯狂、文狂、后狂、狂者之类,可为例证。

带有迷信色彩的亥开、丑好、卯荣之讳改,以及鬼宿改魁宿,当在天历颁行之时。据罗尔纲同志考证,天历之创制在辛开秋冬之间,而其颁行,是在壬子二年岁首[4]。《天命诏旨书》三年重印本[5],"辛亥七月十九日"之"亥"字漏改,可以作为天历创制于辛亥年七月以后之佐证。

太平天国初期,避讳制度比较粗疏,除"天父上主皇上帝"爷火华名讳必须谨避,如"堆火"避火作烧[6],"华夏"改为"中

[1]《太平天国资料》,第39页。

[2] 罗尔纲:《关于〈太平天日〉中"桂县"赐谷村的口碑》,《太平天国史迹调查集》,第344—345页。

[3] 德国柏林普鲁士国家图书馆藏,均见《太平天国印书》影印本。

[4] 罗尔纲:《太平天国史稿(增订本)》,第147页。

[5]《太平天国印书》据法国巴黎东方语言学校图书馆藏本影印,封面题"太平天国壬子二年新刻",而书内收有癸好三年正月二十八日天王诏旨一道,当是重印时所加。

[6]《太平条规》壬子二年初刻本,《太平天国印书》,英国伦敦不列颠博物馆东方部藏本影印。

夏"[1]，并禁人名寓意僭窃，如参加金田团营的首义人员蒙得恩，"本名上升，因敬拜上帝，上字犯讳，改名得天，复因天字崇隆无比，故又改名得恩"[2]之类而外，其天王与诸王姓名均不避讳。现存各种太平天国印书的辛开元年与壬子二年刻本，出现了大量的秀、全、清、朝、贵、云、山、昌、正、达、开及上、老等字，临文不讳，未曾发现例外。地名如《太平军目》中的"太平广西贵县黄旗军帅"旗帜式样，贵字并不讳改[3]。陈徽言《武昌纪事诗》、佚名《武昌兵燹纪略》[4]和张汉《鄂城纪事诗》[5]等清方记载，均未闻有太平军初克武昌时改名之说。"武玱"之改，盖在西征军再克武昌之后。人名如《林凤祥李开芳吉文元朱锡琨北伐回禀》[6]，李开芳不避石达开名讳，禀中"山遥水远""大吉大昌"，也不避山字、昌字，虽然这个报告是直接呈送北王韦昌辉的。

癸好三年二月定都天京之后，洪、杨高高在上，脱离群众，功臣勋旧，封官晋爵，等级森严不可逾越，避讳制度也渐趋严密。

现存《太平天国癸好三年新历》有两种本子，英国伦敦藏本[7]，不但把德国柏林藏本[8]"六月十二丙戌星"中的误字"星"

---

[1]《颁行诏书》癸好三年重刻本，《太平天国》一，程辑影印法国巴黎东方语言学校图书馆藏本排印。

[2]《蒙时雍家书》，《太平天国》二，第756页。封面题"壬子二年新刻"的《天父下凡诏书（第一部）》两种版本，于审判周锡能叛徒案中做记录的仍作"蒙得天"，则其改名得恩，当在壬子二年之后。

[3]《太平天国》一，第121页。

[4] 均见《太平天国》四。

[5]《太平天国资料》著录。

[6]《太平天国资料》，原件著录。

[7]《太平天国印书》，萧辑摄抄本影印。

[8] 北京图书馆有摄影本。此据《太平天国》一，第179页校注。

改正为"心",而且改"清明"为"菁明"。这当是定都天京之后，由于革命地区扩大，历书需求增加，因而在武昌颁行的《太平天国癸好三年新历》的基础上修改重印。这里改"清"为"菁"，是避诸王名讳而改常语之最早直接证据。癸好三年新刻的太平官书，如《太平救世歌》[1]《三字经》[2]《建天京于金陵论》[3]《贬妖穴为罪隶论》[4]，除人名张潮楷、马之沄、刘海珊、周际玱等，疑或分别避萧朝贵、冯云山、韦昌辉讳而改，略如补天侯李俊良本名俊昌、定胡侯李来芳本名开芳、镇国侯卢贤拔本名贤达、灭胡侯黄益芸本名益云，各避北、翼、南王名讳而改之例外[5]，其临文，云、山、昌、正、达、开仍不讳避，"全"字或讳如"六月完成万象泉"[6]，或不讳如"得全生""尽保全"[7]。"清"字则不但文臣奉诏所撰的《建天京于金陵论》凡用均予敬避，如"河菁京口""菁流环绕"[8]等等，即以杨秀清名义发布的《太平救世歌》，也出现了"天下肃菁"[9]之类自讳其名之例。至乙荣五年新刻的《行军总要》，则连成语"拨乱反正"也避北王韦正讳而改为"拨乱反治"[10]了。地名则甲寅四年冬月立的余成用墓碑，籍贯已作"湖北省武玱府大

---

[1]《太平天国》一，萧辑影印本排印。

[2]《太平天国》一，北京图书馆摄影本排印。

[3]《太平天国》一，程辑排印本付印。

[4]《太平天国》一，程辑排印本付印。

[5]《贼情汇纂》卷二，《太平天国》三，第52—54页。

[6]《太平救世歌》，《太平天国》一，第243页。

[7]《三字经》，《太平天国》一，第225页。

[8]《太平天国》一，第256、257页。

[9]《太平天国》一，第243页。

[10]《太平天国》二，第415页。

冶县"[1]，而乙荣五年《湖北武玱郡大冶县监军刘发给黄高道征收粮票》[2]，并改武玱府为武玱郡了。丙辰六年天京事变之后，北王韦昌辉虽已削爵不讳，但己未九年遵改的《天情道理书》，"武玱"仍沿而未改[3]。

丁巳七年新刻的《天父诗》，贬黄以镇为"枉而景"[4]、贬陈宗扬为"陈中养"[5]，则为恶意避讳之例，犹前期之贬直隶为"罪隶"[6]，后期之书咸丰为"狱犴"[7]。太平天国初期，凡国字均作国，如"中国番国"[8]夷齐让国[9]之类，戊午八年新刻的《醒世文》、戊午八年后重刻的《诏书盖玺颁行论》[10]，和"己未遵改"的《天情道理书》，天国，中国之国作"国"，万国、麦西国之国作"郭"，用同音字代。其中《诏书盖玺颁行论》"万郭"凡十一见，但另外三处作"万国"，《天情道理书》也有两处"犹太国""番国"[11]，这是改而不尽。至辛酉十一年后的《资政新篇》修改本，改外国、万国为外邦、万邦，如"自国以至万邦""外邦人技艺精

---

[1] 罗尔纲:《太平天国文物图释》，第111页照片。

[2] 《文物参考资料》1957年第3期，第84页。

[3] 《太平天国》一，第357、371页。

[4] 《天父诗》其六、七十五、八十二，《太平天国》二，第434、444页。其六的"杜"字系"枉"字之讹。

[5] 《天父诗》一百零六，《太平天国》二，第448页。

[6] 《贬妖穴为罪隶论》，《太平天国》一，第283页。

[7] 《诛妖檄文》，《太平天国》二，第622页。

[8] 《天条书》初刻本，《太平天国印书》第一册。

[9] 《太平诏书》初刻本，《太平天国印书》第一册。

[10] 《太平天国》，萧辑影印本排印。首附旨准颁行书目二十八部至戊午八年《醒世文》，而无庚申十年的《王长次兄亲目亲耳共证福音书》。

[11] 《太平天国》一，第308、314、315、362、363页。

巧,邦法宏深"[1],则是同训代字之例。

太平天国晚期,洪秀全为了维系涣散的人心,企图借助神灵以加强皇权。此时避讳字愈来愈多,避讳规定也愈来愈严。例如"主"字,《太平诏书》壬子二年初刻本"君王主治国中",癸好三年修改本作"君长主治国中"[2],是讳"王"而不讳"主"。"己未遵改"之《天情道理书》改"为人主者"为"为人长者"[3],也只是禁止世间"侯长"("君主"的讳改字)称"主"。辛酉十一年正月十三日天王诏旨:"家船田店妄称主,无哥无日实多愆。"[4]

从此经过洪秀全"钦定"的《士阶条例》《前遗诏圣书》和《军次实录》中,翰林院"主事"变成了"司事"[5],"庄主"改为"庄长"[6],而"财主"也写成"财柱"[7]了。辛酉十一年五月十六日的天王诏旨进一步规定:"上帝圣讳爷火华,中华等字一直加。避称炎燢夥伙字,全敬上帝灭妖邪。天兄基督讳耶稣,基督尊号僭称差。耶避称也乎哉字,稣避称苏甦亦嘉。幼主名洪天贵福,见福加点锦添花。桂福省改桂福省,普天一体共爷妈。古今前后爷独一,凡是父辈避称爹。"[8]按太平天国初期不讳"基督耶稣",如乙荣五年三月十六日立的《殿右陆拾指挥功勋段潘懋墓碑》碑文:"孝

---

[1]《太平天国印书》,影印上海市文物保管委员会藏本。

[2]《太平天国》一,第94页正文及第99页校注。

[3]《太平天国》一,第361页。

[4]《太平天国史料》,第119页。

[5]《太平天国》二,第556页。

[6] 据罗尔纲:《读夏鼐〈新旧遗诏圣书及钦定前旧遗诏圣书校勘记〉后记》,《太平天国史料考释集》,第74页。

[7]《太平天国》二,第608页。

[8]《太平天国》二,第685—686页。

子基滔基富立"[1],《贼情汇纂》所记有"国宗提督军务""督造战船""天朝督内医"等官衔[2],《新遗诏圣书》中"耶稣"均直书其名。戊午八年《天王诏西洋番弟》:"朕立幼主继耶稣,双承哥朕坐天都。幼主一半耶稣子,一半朕子迓天麻。"[3]为了给"爷哥朕幼"万世一统的家天下增添一点神圣的色彩,"提督军务"讳改成"提理军务""提统军务",如"提理军务王宗陈"[4]"钦命国宗提掌军务正任翼王府中三旗大军安(略?)杨"[5]"恰天义提统军务英王叔陈时永"[6]之类;《钦定前遗诏圣书·马太传福音书》第三章第十三节改"耶稣"为"救世主",第四章第一节讳"耶稣"名改称"基督"[7]尊号;《钦定前遗诏圣书批解》"新也露撒冷"[8]改"耶"为"也",《钦定英杰归真》几个反问句"何也?"[9]均避"耶"作"也"。既然"天下大哥独一,天兄耶稣是也"[10],而洪天贵福又是耶稣的"半子",那么理所当然要避尊亲讳,于是《救世真圣幼主诏旨》就出现了"和元薴""锦元薴""葵元薴"的称呼,盖取《诗·常棣》棣薴友于之义,讳"哥"为"薴"。

洪仁玕于己未九年到达天京,带来西方资产阶级的先进思

---

[1]《文物参考资料》1957年第9期,第51页,拓本。

[2]《太平天国》三,第56、87页。

[3]《太平天国史料》,第98页。

[4]《太平天国史料》,第181页《领发物单》。

[5]《文物》1959年第5期,第74页。

[6]《太平天国资料丛编简辑》第二册,第124页。

[7]《太平天国》二,第73页。

[8]《太平天国史料》,第86页。

[9]《太平天国》二,第581页。

[10]《贼情汇纂》著录癸好三年的一道天王诏旨,《太平天国》三,第191页。

想。《资政新篇》曾经明确地指出："华火爷乃犹太土音,译即自有者之意。"主张"上帝之名,永不必讳"[1]。可是曾几何时,他就屈从了天王的威权,迁就了天王洪秀全的落后倾向,在其所著《军次实录》中,"爝燎"讳火为燒,"中国花民""以花乱花"改华为花[2],《诛妖檄文》中,华字凡二十八见均加笔作"華"[3]。他在辛酉十一年新刻的《士阶条例》《英杰归真》和《军次实录》中,除避讳全、贵、山、上等字,如"诠(全)能诠(全)智""求富求桂(贵)""珊(山)岳河海""唐虞以尚(上)"[4]而外,还将前代帝王概贬为侯,如"唐玄侯(宗)""明太侯(祖)""唐高侯(宗)显庆四年",改上古传说人物天皇、人皇为"天地人氏",三皇五帝为"三方五氏",改前代官名苏州府知府为"苏州郡知郡",甚而避杨秀清名,改郭璞《青囊经》为《菁囊经》[5]。

太平天国的避讳制度至洪仁玕喧谕发布的《钦定敬避字样》集其大成。《钦定敬避字样》是研究太平天国避讳制度的重要依据。赵烈文《能静居日记》卷二十同治三年七月初五日记,天京城破之后,"见伪书《敬避字样》,称洪秀全之父母为君王父、君王母,其父名镜"[6]。可知曾有刊本颁行。但原刊本迄今未发现。现存转抄本上海图书馆收藏,照片见《太平天国革命文物图录续编》,《太平天国资料丛刊》据抄本排印,《太平天国印书》据原抄

[1] 《太平天国》二,第526—527页。

[2] 《太平天国》二,第602—605页。

[3] 《太平天国印书》,英国剑桥大学图书馆藏本影印。

[4] 分别见于《太平天国》二,第603、609、614、610页。

[5] 分别见于《太平天国》二,第547、610、571、609页。

[6] 《太平天国资料丛编简辑》第三册,第380页。

本影印。抄本封面原题刊行年月已破损，但据其内容和有关资料可以考知，大约在壬戌十二年(1862)。

1.《敬避字样》首录干王洪仁玕谕，其中说："乃今本章文书之内多有未能敬谨遵避者，是以屡蒙圣诏下颁，教导周详，并多操劳圣心，御笔改正，故兄等前曾行谕，令将各样妖荒浮文务须除去，谅尔等久已遵知矣。"这里所说的"圣诏"，当包括上述辛酉十一年正月十三日与五月十六日的天王诏旨，而"前曾行谕"云云，即指干王洪仁玕与幼赞王蒙时雍、忠诚二天将李春发会衔发布的《戒浮文巧言谕》，时间在辛酉十一年四月之后、八月之前[1]。《敬避字样》之颁行上距这些谕旨的发布时间较久。

2.洪仁玕在《敬避字样》颁布时以"钦命文衡正总裁殿前吏部正天僚〔部僚〕领袖顶天扶朝纲干王"名义向全国行文的。吏部天僚、户部地僚、礼部春僚、兵部夏僚、刑部秋僚和工部冬僚，分正、又正、副、又副共二十四名，分别为干王洪仁玕等二十四王之加衔[2]。据罗尔纲同志考证，六部僚之加衔"约在壬戌十二年"[3]，则《敬避字样》之颁行也当在同一时期。

3.《敬避字样》"君王"条：除了天父、天兄、天王、幼主，"余外称列王，凡王姓可添此辇字避之"。此时增封之王尚称列王，未有"王加头上三点以为辇字之封"[4]，可知《敬避字样》的颁行还

---

[1] 据《蒙时雍家书》，蒙时雍当在辛酉十一年四月其父蒙得恩去世后袭爵为幼赞王，而《戒浮文巧言谕》收在《军次实录》殿尾。该书序文写于辛酉十一年八月初六日，故其颁行当在辛酉十一年八月之前。

[2] 王定安：《求阙斋弟子记》卷十附《贼酋名号谱》。

[3] 罗尔纲：《太平天国政体考》。

[4] 《李秀成自述》，《太平天国》二，第831页。

不很晚。

4. 现存太平天国文物有壬戌十二年八月"钦遣开朝王宗洽天义督理诸暨县佐将余（中彬）"发给永思堂灯会的业户执照[1]，如果《敬避字样》已经普颁，恐怕是不会明知故犯不讳"督"字的。

5.《敬避字样》规定："光明：惟光王、明王可用，其其（衍文）余若取名字，加水旁作洸溟字样。"考邓光明于壬戌十二年九月发给石门富户沈庆余护凭所钤印文作"殿前又副掌率扶朝宿卫浙江省天军主将邓洸铭"[2]，而壬戌十二年十一月初六日发给抚天侯徐佩瑗谕上盖的印文作"殿前又副掌率兼扶朝宿卫天军主将邓洸溟"[3]，这当是《敬避字样》颁布之后，新的印文改"洸铭"为"洸溟"，使之合乎规范。

综上考证，《敬避字样》的颁行，在壬戌十二年八九月之后，至迟在这年十一月初六日以前。

《敬避字样》汇集应该避讳的字、词共八十余个。前期避讳字，据《金陵省难纪略》《金陵癸甲纪事略》和《贼情汇纂》卷八等清方记载，以及太平天国文献资料所见，大均四十多个。其中若干，或因不能强记遵行而废，如岁（年）、期（月）、旦（日）；或因被诛、出走、死亡而不复讳，如正、昌、辉，达、开、曾等；或不作硬性规定如德、荣、祐、高、温、贺之类，均已不再列入《敬避字样》。

太平天国的避讳字，大致可以分为三类：

一、宗教避讳字：太平天国革命初期，利用拜上帝教来宣传群众，组织群众，为了建立绝对的革命权威，首先规定皇、上、帝、

---

[1]《太平天国革命文物图录》八十。

[2] 罗尔纲：《太平天国文物图释》，第 195 页。

[3]《太平天国文书汇编》，第 214 页。

爷、火、华、圣、神、老等字必须避讳。后期洪秀全为了利用宗教来继续欺骗群众，加强"君权神授"的宣传借以维护"爷哥朕幼"及"代代幼主"的万世一统，续增避讳基、督、耶、稣等字；规定国、阙、京、都、朝、堂等字，惟天国、圣阙、天京、天都、天朝、天堂可用；国称"天父天兄天王"之国，军将官兵称"天军、天将"，"天官、天兵"；"真圣主""上天受命"的丁酉年改为"天酉"年；"其一切至尊至荣之字，必在天父天兄天王幼主份尚（上）方可称用"。太平天国教义，以上帝为"厾（魏）爷"，"厾是厾爷生"[1]，好人死后灵魂"升天"，天上是没有鬼的，故初期即改魂为"厾"。《敬避字样》进而规定，"鬼"旁改为"人"旁，"凡写魂、魄、愧、魏等字均从人，写作厾、臥、忱、㐩字样。"

二、封建避讳字：前期已避王字及天王、诸王名讳。《敬避字样》中，封建避讳字激剧增加，诸如"圣教""圣训""圣聪""圣哲""圣心""圣怀""圣虑"，还如"圣颜""圣德""圣恩""圣寿""圣阙""纶音""钦定""诏音""御照""俞允""天亶""宸衷""下凡御世""真命""钦命"等等，都只用来崇称天王及代代幼主。列王不得单称"王"；惟天王、幼主与其统下可以"君""臣"相称。除了上帝（当然还有它的"儿子"天王、"孙子"幼主），谁也不得称百姓为"子民"。《敬避字样》还规定国姓"洪"、君王父圣讳"镜"、幼主名"贵福"、王三殿下天光与王四殿下天明的名均须敬避，列王写与信王、勇王（即王长兄、王次兄晋封）逊幼主一抬，规格与东王、西王同等。凡此种种，俨然是封建帝王的"家天下"。此外，《敬避字样》还规定，"师"字惟先师、后师、军师可

---

[1]《钦定前遗诏圣书批解》，《太平天国史料》，第83页。

用,其余避作司帅、司长、司傅;"豫"字只准用于豫王,豫爵改写为"预";"僚"字只用于天僚、地僚之类,其余以"寮"字代:"谕"惟列王与天将可称,其余不可僭用,这些都反映了太平天国晚期等级制度更加森严,封建化的程度日益加深。

三、迷信避讳字:农民由于迷信思想作怪而生种种忌讳,也带到太平天国革命队伍中来。以亥音近害,丑音近醜,卯音近有(粤语作没有解),而改亥为开,改丑为好,改卯为荣等等,属于此类。

《敬避字样》规定了章奏禀报的抬头格式,还再三告诫:"至仙佛妖魔鬼诞僧尼宗庙社稷祠宇等字,总以灭迹销声置而不提为妙。""其三生有幸、前身再世,一切仙佛怪诞之说,不得引为故事。""凡是物类比例之句不得借为丽词,凡祝寿不得用鹤算龟年,亦不得以虎比将及虎威、虎伥、爪牙"等等。其内容之广泛,规定之烦琐,胜似以前的封建王朝。

太平天国避讳制度的执行相当严格,后期尤甚。《士阶条例》"误写避讳字面不合天情者不录"[1],故士子非熟悉不可。《敬避字样》警告"犯与僭者难免倒乱纪纲之诛矣",而且特别强调,"尤其天情至紧者",列王"不得单称王字"。洪仁玕《颁〈敬避字样〉谕》也谆谆告诫:"倘谕后仍不检点,一经勘出,不独奏禀文章概不收阅,而且有蹈故违之咎,致干罪戾也。"所以官员、书士尤其应该"铭心刻骨,并存席右,以便触目惊心,不致偶有差错"。否则,轻者斥逐,如《鳅闻日记》卷下所记,军帅邵憩棠局某"佣书"干犯讳数字忘加草头,咸丰年号不加犬傍,"遂驱逐出局,坐视其冻

---

[1]《太平天国》二,第559页。

馁而死"[1]，重则立杀，像李圭《思痛记》卷下记载，辛酉十一年冬太平军克杭州后，归王邓光明部属造册点名时，有一个兵士与侍王李世贤同名，邓光明"怒其犯讳，立传其馆先生杀之。而降其馆之目"[2]。当时有人之所以抄录《钦定敬避字样》及有关系的三种文件，恐怕也是为了置之席右，经常翻检，以免犯讳的吧。至于民间，如癸亥之作"癸开"，"契券亦必遵用"，否则被乡官发觉，就要受到处罚[3]。钱塘丁葆和《归里杂诗》："叠经兵燹整归帆，故旧重逢絮话喃。不觉草茅忘忌讳，亥开丑好未全芟。"[4]杭州人在太平天国革命失败后，言谈之间还不能完全把亥开、丑好除尽，可以概见太平天国避讳制度严格执行，深入民间之一斑。而黄楚筠《庚申避难日记》同治三年甲子（1864）十二月初三日记，天京陷落之后半年，江苏试场中，尚且"有卷上写'太平天国'者，有污卷面者，不一而足，大都其人总在长毛中作过事"，笔下不慎，异代仍讳，触犯清律，因而"死者甚多"[5]云云。

现存太平天国文书公据中可以发现，在外带兵诸将，如陈玉成、李秀成、杨辅清、李世贤等对有关避讳规定，有遵行，也有临文不完全遵行的。这在某种程度上反映了太平天国后期的离心倾向。这些将领对洪秀全的"一味靠天"，神化自己，大搞家天下，是有抵制的。

《敬避字样》集太平天国避讳制度之大成，集中表现了太平

---

[1]《近代史资料》1963年第1期，第110页。

[2]《太平天国》四，第491页。

[3] 胡长龄：《俭德斋随笔》，《太平天国》六，第761页。

[4]《太平天国资料丛编简辑》第四册著录。

[5]《太平天国资料丛编简辑》第六册，第593页。

天国革命者落后的一面。它是太平天国森严的等级制度的产物，从一个侧面反映了太平天国农民革命政权日益封建化的趋向。

农民是劳动者，又是小私有者，农民反抗地主阶级残酷的政治压迫和经济剥削，但并不代表新的生产力和新的生产关系。农民可以用革命暴力推翻封建王朝的反动统治，然而终究无法摆脱封建主义的束缚。于是乎，洪秀全就在组织起义，动员拜上帝群众为"天下一家，共享太平"的乌托邦而斗争的时候，高吟"明主敲诗曾咏菊，汉皇置酒尚歌风"[1]，以汉高祖刘邦、明太祖朱元璋为榜样，想做近代的农民皇帝；而在太平天国建国之初，也以"凡一概同打江山功勋等臣，大则封丞相、检点、指挥、将军、侍卫，至小亦军帅职，累代世袭"[2]相号召。提出"天下多男人，尽是兄弟之辈；天下多女人，尽是姐妹之群"[3]的平等思想的洪秀全，却又宣扬"生杀由天子，诸官莫得违"[4]，"妻道在三从，无违尔夫主"[5]，"总要君君、臣臣、父父、子子、夫夫、妇妇"[6]，维护封建宗法制度和三纲五常的伦理道德，在波澜壮阔的农民革命高潮中建立的天京政权，颁布了规定平均主义分田法，务求"有田同耕，有饭同食，有衣同穿，有钱同使，无处不均匀，无人不饱暖"的反封建的社会纲领《天朝田亩制度》，同时却又实行一套君主专制制度，高踞在等级阶梯最上层的洪、杨、韦、石，享有政治、经济和生活

---

[1] 韩山文：《太平天国起义记》，《太平天国》六，第869页。

[2] 《天命诏旨书》辛开十月十二日天主诏令，见《太平天国》一，第66页。

[3] 《原道醒世训》，《太平天国》一，第92页。

[4] 《幼学诗·朝廷》，《太平天国》一，第232页。

[5] 《幼学诗·妻道》，《太平天国》一，第233页。

[6] 《王长次兄亲目亲耳共证福音书》，《太平天国》二，第515页。

上的种种特权，他们大搞排场，侍从服役人员都有一千多人。太平天国革命英雄们"起自草莽结盟，寝食必俱，情同骨肉"[1]；进入天京之后，则上下尊卑，等级森严，为了维护等级特权，还制定了一些严酷的律法，凡东王、列王驾出及侯丞检指各官轿出，卑小之官员民士"如不回避或不跪道旁者斩首不留"[2]。参护李凤先就因冲撞了东殿兵部尚书侯谦芳的马头而致"杖责"以致"处决"[3]。燕王府牧马人某甲只为坐门前见了东王的"同庚叔"没有起立，就被处以"五马分尸"的酷刑；而卫国侯黄玉昆在审理这一案件中得罪了杨秀清，以致株连了一些高级官员，结果燕王秦日纲杖一百，兴国侯陈承镕杖二百，卫国侯黄玉昆杖三百[4]。那么，太平天国实行了对君主和尊者的避讳制度，并在壬戌十二年颁布了《敬避字样》，就不是什么奇怪的事了。

太平天国只是没有走完刘邦、朱元璋改朝换代的道路就被中外反动派联合绞杀了。我们探讨太平天国的避讳制度，不是否定太平天国农民革命领导人的丰功伟绩，而是要对他们的落后面从农民阶级的局限性加以说明，从中吸取历史的经验教训。从这点看，对太平天国避讳制度的研究，不是没有意义的。

（原载《南京大学学报丛书·太平天国史论丛（第二辑）》1980年5月）

---

[1] 《贼情汇纂》卷六，《太平天国》三，第173页。

[2] 《贼情汇纂》卷八，《太平天国》三，第230页。

[3] 《天情道理书》，《太平天国》一，第387—388页。

[4] 谢介鹤：《金陵癸甲纪事略》，《太平天国》四，第671页。

太平天国文献学简论

一百多年来，人们对太平天国的文献，进行出版、考订与注释等工作，积累了丰富的经验，值得我们回顾和总结。

一、关于太平天国文献

从反清斗争和内部斗争的需要出发，太平天国曾经印行了大量文件，统称"诏书"。诏书必盖天王金玺，才准颁行。黄再兴《诏书盖玺颁行论》："当今真道书者三，无他，《旧遗诏圣书》《新遗诏圣书》《真天命诏书》也。凡一切孔孟诸子百家妖书邪说者，尽行焚除，皆不准买卖藏读也，否则问罪也。今将真命诏书一一录明，呈献我主万岁万万岁旨准颁行，但世间有书不奏旨、不盖玺而传读者，定然问罪也。"汪芝《诏书盖玺颁行论》："天王因天下人不知天父生养大恩德，并不知救主耶稣代赎大功劳，于是将《旧遗诏》《新遗诏》及天朝一切诏书颁行天下，而又恐天下不知敬信永遵，遂盖以金玺，以诏严肃。"据张德坚《贼情汇纂》："天王有方金玺，三寸六分见方，四面龙文，中刻'旨准'二字，凡批答伪奏章及各伪书皆钤之。"因此，太平天国所印书籍又统称"旨准颁行诏书"。自辛开元年（1851）至庚申十年（1860），太平天国所印各书，一般都有"旨准颁行诏书总目"，前列书目，后注明总数。

太平天国较早的印书数是现在我们所能看到的《幼学诗》，封里所载的"旨准颁行诏书总目"，共有十三部：《天父上帝言题皇诏》《天父下凡诏书》《天命诏旨书》《旧遗诏圣书》《天条书》《太平诏书》《太平礼制》《太平军目》《太平条规》《颁行诏书》《颁行历书》《三字经》《幼学诗》。查以上十三部中，《天父上帝言题皇诏》《旧遗诏圣书》《三字经》等书的封面上都刊明太平天国癸好三年新刻。由此可见，十三部当是癸好三年（1853）初的印书数。其后陆续增多，至庚申十年年底所刊《辛酉十一年新历》所载"旨准颁行诏书总目"，已发展至二十九部。除上述十三部外，还有《天父下凡诏书》（二）、《新遗诏圣书》、《太平救世诰》（原称《太平救世歌》）、《建天京于金陵论》、《贬妖穴为罪隶论》、《诏书盖玺颁行论》、《天朝田亩制度》、《天理要论》、《天情道理书》、《御制千字诏》、《行军总要》、《天父诗》、《钦定制度则例集编》、《武略书》、《醒世文》、《王长次兄亲目亲耳共证福音书》等十六部。

辛酉十一年起，太平天国继续刻印新书，但不再刊列"旨准颁行诏书总目"。有《英杰归真》《军次实录》《诛妖檄文》《士阶条例》《太平天日》《敬避字样》等。

事实上，不列入"旨准颁行诏书总目"的太平天国文献很多。如在定都金陵之后，对东、北、翼三王的章奏，太平天国曾汇编成书。据清将向荣《封呈杨秀清韦昌辉石达开会奏稿本片》，他曾于咸丰四年（1854）闰七月初四日，在长江水战时，从燕王秦日纲的船上，夺获这册会奏稿，其中还包括太平天国的外交文件。张德坚《贼情汇纂自序》说，湘军与太平天国西征军交战时，夺到的文籍"汗牛充栋"。他所选录的一批，很多未编入"旨准颁行诏书总目"。可见太平天国的文献极为丰富，庚申十年"旨准颁行诏书总目"所列的二十九部,实际上只不过是其中主要的一小部分而已。

太平天国文献,是反映这一农民战争的主要资料。清帅曾国藩令张德坚等人编《贼情汇纂》,目的在于弄清太平天国内幕,便于清王朝镇压这次农民大起义。这书最可靠的资料来源,是俘获的太平军的实物,其中包括各种文件。清王朝的上海道吴煦,也从反革命的目的出发,收集太平天国文件。他还教人从外文报纸上回译太平军的通告等件。在吴煦档案里,保存着最早一批从外文回译的太平天国文献。西方资产阶级也为察看太平天国的动向而搜集太平军文件。1853 年,英国外交大臣克拉兰登写给英国香港总督兼驻华特使濮亨(文翰)的信里说:"附来之牧师米赫斯博士所撮录之革命军书籍均极善趣,尚祈代政府转致谢忱。"米赫斯所撰《太平天国教义书籍大要》,包括《天命诏旨书》等十二种文献的提要,现存英国政府的蓝皮书中。这一切,都从反面证明太平天国文献对研究这次农民战争史的重要意义。

二、太平天国文献的编辑和出版

太平天国失败后,大批革命文献被毁灭。直到 20 世纪 20 年代起,才有人从各方面搜集和出版太平天国的书籍和文件。

首先是汇编书籍。

(1)程演生辑八种。

1924 年,程演生于巴黎法国国立东方语言学校图书馆找到了八种太平天国出版物。他对《天父下凡诏书》等三种,拍摄了照片;对《天朝田亩制度》等五种,进行了复抄,编成《太平天国史料第一集》。1926年交由北京大学出版部出版。我国人之得见太平天国原书自此始。

（2）俞大维辑九种。

约和程演生同时,俞大维从柏林德国普鲁士国家图书馆摄回太平天国书籍九种,张元济编入《太平天国诗文钞》第二版。该书原编者罗邕序言:"复承张菊生先生不鄙拙编,取俞大维君在德国图书馆所摄太平文件照片,逐一为之校正增补。"因此,其中《天条书》等八种卷尾均注明"张先生校补本"。《天父下凡诏书》一种后,则有张元济附记。

（3）萧一山辑二十三种。

1932年,萧一山在伦敦不列颠博物馆拍摄了《天父上帝言题皇诏》等二十二种太平天国书籍的照片,又附入国内扬州发现之《英杰归真》,编成《太平天国丛书第一集》。1936年,由南京国立编译馆出版,全部影印,使国内更多地看到了太平天国原书。

（4）王重民辑十种。

1935年,王重民于英国剑桥大学图书馆发现所藏太平天国书籍,比巴黎、柏林、伦敦所藏多十一部。除其中的《英杰归真》一部已在国内发现外,他将其他《资政新篇》等编为《太平天国官书十种》。1948年,由《广东丛书第三集》影印出版。

（5）郭若愚发表的一种。

1953年,上海出版公司出版郭若愚编《太平天国文物图录续编》,其中影印了《钦定敬避字样》的抄本。原件现藏上海图书馆。按,1864年天京沦陷时,曾国藩的幕僚赵烈文看过这书。他在《能静居日记》里写道:同治三年七月初五日,"见伪书《敬避字样》"。但迄今我们尚未看到这书的刻本。

经历三十余年,在前人辛勤积累的基础上,罗尔纲同志编成了《太平天国印书》,1961年,由江苏人民出版社影印出版。1979年,又排印出版。以原书发表先后编次。截至今日,这是最完整的一部太平天国书籍的汇编。

编辑出版太平天国文书的工作,也是从20世纪20年代开始的。

刘复从不列颠博物馆辑录了一批太平天国文书和清方文书等,合编为《太平天国有趣文件十六种》。其中如《忠王致护王书》《忠王致潮王书》等,迄今都仅见于此。1926年,由北新书局出版。

1933年,北京故宫博物院据所藏《李秀成谕李昭寿》等十二种原件,影印出版《太平天国文书》。

1935年,北平研究院影印出版萧一山从英国所辑《太平天国诏谕》,其中夹杂了一批天地会告示。

1937年,北平研究院又影印出版萧一山从英国所辑洪仁玕、李秀成等写给英国人的书信等十五件,称为《太平天国书翰》。

1950年,开明书店出版金毓黻等编辑的《太平天国史料》,其中辑录了向达从不列颠博物馆抄回的大量太平天国文书。

1959年,科学出版社出版了《近代史资料增刊——太平天国资料》。其中初次发表了一批太平天国文书。洪秀全《苏福省减赋诏》、李秀成《谆谕陆顺德麦冬良等》等,是根据明清档案馆所藏的原件或抄件;吴如孝等给美国公使照会等,是根据美国国立档案馆所藏抄件,是由朱士嘉选录的。

也是在前人长期积累的基础上,罗尔纲同志编成了《太平天国文书汇编》。1979年,由中华书局出版。以体例为目次,分诏旨、布告、公文、外事及与外人文书、论序、兵册、馆衙名册和家册、门牌名册附议单、簿记、油盐口粮挥条（附转发油盐通知）、其它，并附录了《李秀成自述》《洪仁玕自述》《赖文光自述》以及李昭寿等对清政府的投降禀帖。全书共四百余件，内容极为丰富。截至今日，这是最大的一部太平天国文书汇编。

与搜集出版印书、文书同时，简又文、罗尔纲等先后收罗太平天国的文物。简著《太平天国之文物》《太平天国泉币考》，罗著《太平天国金石录》《太平天国文物图释》。这些书都为研究太平天国史，提供了有价值的实物资料。

1952年，上海出版公司出版太平天国起义百年纪念展览会编的《太平天国革命文物图录》，内分印信、遗物遗迹、碑刻、文书告谕、公据五类，共八十八件。

1935年，上海出版公司出版郭若愚同志所编《太平天国革命图录续编》，内分钱币、遗物、遗迹、文书告谕、公据五类，共七十六件。

1955年，上海群联出版社出版郭若愚所编《太平天国革命文物图录补编》，内分官书、铜铁炮、遗物遗迹、文书告谕、公据五类，共八十件。

在前人长期积累的基础上，罗尔纲编成了《太平天国文物汇编》，现尚未出版。

以上，简要说明了七十多年来，我国学者对太平天国文献收集出版的几个方面。

三、太平天国文献学

经过七十多年的努力，史学界为中国历史学创造了一门分支——太平天国文献学。它包括辨伪、校勘和注释诸方面。

（1）辨伪

罗尔纲根据自己长期实践的经验，在《太平天国文书汇编》前言中告诫人们："在中国历史上，伪造文件数量得多，以对太平天国文书的伪造居第一位。因此，搜集太平天国文书，辨伪是一件首要的工作。"在这方面，他作出了巨大的贡献。他曾把历年所作《太平天国史料里的第一部大伪书——〈江南春梦庵笔记〉考伪》等八篇文章，编成《太平天国史料辨伪集》，1955年交由三联书店出版。在这部辨伪论文集里，罗尔纲认为要识别太平天国文献的真伪，第一，要对照太平天国的制度来判别真伪。第二，要对照太平天国的史实来判别真伪。例如他在《一篇天地会伪托的〈太平天国敕谕〉》里指出："先说太平天国的制度，这篇敕谕关于制度方面有'定鼎亲王''辅国越公''龙骧上将军''虎奋上将军'等。""考太平天国制度王爵没有亲王之封"，"并没有'公爵'制度。""并无'龙骧上将军''虎奋上将军'等称号。""此外，太平天国印玺文字都用宋体字，不用篆文，使人容易认识。今此谕印玺用篆文，这也与太平天国制度不合。""在太平天国史实方面，考天王洪秀全并无'御弟秀琼'其人。按，《洪氏族谱》，秀全兄弟辈都是'仁'字行，如信王洪仁发、勇王洪仁达、干王洪仁玕、恤王洪仁政等都是。洪秀全本名仁坤，小名火秀。及长，自取别号留'秀'字而另取一'全'字，号曰秀全。这个伪托者不知洪氏族中字号行辈，他因看见天王洪秀全有个'秀'字，推测他的兄弟辈必以'秀'字行，于是就凭空造出一个所谓太平天国天王洪秀全的御弟'定鼎亲王秀琼'出来！又太平天国始终没有用兵收复粤、桂两省的事，而东王杨秀清在天京总理全国军事政治，也从来没有出任征伐的事。今此敕谕说'现着东王杨秀清暨耀武侯何禄统领雄兵，由西江一路收取两粤'，显然是假托的。至于敕谕所叙何禄、张平湖、杨秀滨、李长荣、罗凤仪等，他们的名字都不见于太平天国的记载上，他们也都不是太平天国的人物。"根据上述种种，罗尔纲同志断定，"这篇敕谕是假托太平天国的，而决不是太平天国的敕谕"。

尽管形式有变易，内容也有不同，但是，只要是赝品就经不起用制度和史实来检验，这是这一条规律。最近，我鉴定浙江省博物馆所藏太平天国东阳县南门卒长汪文明抄存的"禀"和"呈"以及"批示"共三十件，其中前十六件是太平天国文书，后十四件是清朝文书，鱼龙混杂，一起被编进了《太平天国文书汇编》。判别二者的方法，就是对照太平天国的制度。其中最主要的两条：第一，前十六件遵守太平天国避讳制度，凡王姓一律改汪姓。后十四件不避改王姓。第二，前十六件称地方官为大人，而后十四件却称"太爷""青天大老爷"，等等，违反太平天国体制。太平天国以"爷"为对上帝的专称，一般禁用。

我将以上意见请教罗尔纲同志，他完全赞同。

不久前，我看到一幅傅善祥的画。印文"丁巳状元"。显而易见，这是赝品。判定的根据就是对照史实和制度：第一，太平天国开设女科一事，出之讹传，女科三鼎甲的姓名是伪书《盾鼻随闻录》和《江南春梦庵笔记》所捏造的。傅善祥是东殿簿书，不是状元。第二，丁巳七年(1857)，傅善祥已失踪。

只要我们严格遵循罗尔纲等前辈提供的以上经验，就一定能够判别太平天国文件和文物的真伪。

（2）校勘

太平天国所印书籍，有初刻、后刻等不同的版本。太平天国文书，也有原件与抄件以及各家抄本的区别。由此产生了对太平天国文献的校勘学。

有的印书是在付印时，就注明版本差异的。如现在看到的《天情道理书》的封面写明"太平天国甲寅四年新刻"，而它的结尾，有"己未遵改"字样。这说明《天情道理书》有甲寅四年（1854）初刻本与己未九年修改本。又如《御制千字诏》的封面写明"太平天国甲寅四年新刻"，而在它的末尾，有"戊午遵改"字样。显见这书也有甲寅四年初刻本与戊午八年修改本。

有的印书，是从附录"旨准颁行诏书总目"的数字反映出版本的差异的。例如，迄今我们看到的《天朝田亩制度》有两种版本：一种是甲寅四年刻本，一种是庚申十年（1860）以后刻本。两种版本的封面都写明"太平天国癸好三年新刻"，表示这书初刻于癸好三年（1853）。但是，甲寅四年本所附"旨准颁行诏书总目"有《天理要论》以上二十一部。《天理要论》初刻于甲寅四年，由此可见，这本《天朝田亩制度》已经不是癸好三年初刻本，而是甲寅四年再版本。庚申十年以后本所附"旨准颁行诏书总目"已有庚申十年初刻的《王长次兄亲目亲耳共证福音书》为止的二十九部。因为"旨准颁行诏书总目"从此以后不再增加了，所以我们不能限定这本《天朝田亩制度》是庚申十年的刻本，而只能断定它是庚申十年以后的刻本。

有的印书，从文字上的差异反映出版本的先后。如《太平诏书》现有两个刻本。一个刻本缺封面，内收洪秀全在金田起义前的三篇著作：《原道救世歌》《原道醒世训》《原道觉世训》。另一个刻本封面题"太平天国壬子二年新刻"，内附"旨准颁行诏书总目"所列有癸好三年新刻的《太平救世歌》为止十五部。内收三文的篇目都已改称为"诏"：《原道救世诏》《原道醒世诏》《原道觉世诏》。由此可见，《太平诏书》初刻于壬子二年（1852）。现在缺封面的那本是初刻本，尚用原始篇名。另一本是癸好三年重刻本，已改洪秀全著作的篇名"歌""训"为"诏"，以适应太平天国体制。

对太平天国印书版本的辨别，前人经历了曲折的道路。例如，萧一山看到不列颠博物馆和普鲁士图书馆所藏太平天国书籍的版本有差别，他误认为英国藏本是初刻本，德国藏本是后刻修改本。郭廷以驳正其谬。《太平天国史事日志》附录说：

> 萧先生有一一贯意见，即德藏本太平文书，均为后刻，英藏则为原本。愚则以为不然。就近已刊行者论，德藏应为初刻。《颁行诏书》既已证明德本早于法本。再证以《太平礼制》，德本刻于太平天国辛开元年，英本则为壬子二年（见《太平礼制》萧先生附记）。《太平诏书》德本作《原道救世歌》《原道醒世训》《原道觉世训》，英本则"歌""训"等字，均改为"诏"（见下）。凡此均可证德本在前。

对太平天国印书不同版本的校勘，是为研究太平天国史服务的。例如，萧一山和郭廷以对《天条书》两种版本校勘上的争论，涉及对洪秀全等革命领袖思想内容变化的研究。《太平天国史事日志》附录说：

> 萧先生谓改正本（即吾人所谓之原本）序言中加商汤、

周文一段,及中国有史鉴可考一段,"是洪氏思想之重要变迁,其踪迹已显然可寻,而以拜上帝为中国古代遗教,秦汉以后,始差入鬼路,用意甚明,惜乎晚矣!"意盖谓洪氏晚年思想转变,谋合耶教与中国固有教义于一,以迁就人心环境。实则萧先生此论,适得其反。洪杨初起事时,其基督教之知识有限,教义认识不清(洪氏最初之宗教知识,实只限于梁阿发之《劝世良言》)。而秀全本人及为之编纂者,又皆幼读经传,久受传统道义熏陶之人,因之行文论事,常用旧有成典,仍带儒家色彩,而不能出其范围(如此宣传,亦较易得人接受,逐渐引以就己)。

这一有益的争论,萧一山是错了,郭廷以是对的。

对于抄本太平天国文献,也必须首先弄清抄的时间。例如,现在我们看到的《钦定敬避字样》,原件乃一抄本,其后附录三种文件:第一,太平天国后期的爵职称谓。第二,一些贺联和春联。第三,一些文牍的样本和底本。顾廷龙老前辈根据此书附录两件"御林工师水七指挥书士"汪克昌的信,断定这是吴县人汪克昌的手笔。但汪死于壬戌十二年(1862),已不能完成这抄本。郭若愚根据"联句稿本中潮王联独多,推测为潮王黄子隆部下的书士所为"。我在他们考证的基础上,做了新的推论:"抄本的三种附件都反映太平天国辛酉十一年、壬戌十二年、癸开十三年的片断,可证它抄于癸开十三年之后。"[1]

---

[1] 详见《社会科学战线丛刊》1980年第2期拙作《关于抄本〈敬避字样〉》。

（3）注释

对太平天国文献进行注释，我们经常注意如下几点：

第一，要有可靠的旁证。例如，曾国藩家藏的《伪官执照清册》中，有"伪真神殿大学士兼理吏部天官事务黄衔官照一张"。我们释"黄"为黄期升，是根据攻克苏州后，幼主升赏官员的一道"诏旨"：

> 今览玕叔本奏，保举护京正主将李春发等员升授各职。朕旨准……黄期升为天朝九门御林真神殿大学士殿前左正史相天义。

第二，综合作出结论。例如，太平天国文献中屡见"恩和"一词：

> 西洋番弟朝上帝，人间恩和在斯乎。[1]
> 改太平天国为上帝天国，更合真理……以正万古孝敬爷之纲常，普天一家，尽归爷哥，世世靡既永远，人间恩和于无尽也。[2]

据此可知，恩和，即恩爱和好之意。查其词出《新约·路加传福音书》："天上荣归上帝，在地太平，人间恩和矣。"

第三，要调查研究。太平天国文献多用广东客家语。因此，要实地调查研究。例如，"桥水"一词，也屡见于太平天国文献：

---

[1]《天王诏西洋番弟》。
[2]《天王改国号诏》。

神爷试草桥水深,如何吃粥就变心。[1]

有时讲杂话,是上帝教朕桥水,使世人同听而不闻也。[2]

在 1976 年中华书局出版的《洪秀全选集》中,我注"桥水"为天机。不准确。后蒙钟文典同志见教,桥水,乃广东客家语,谓计谋,主意。

第四,切忌穿凿附会。例如,洪仁玕在《军次实录》中反对"八股六韵":

岂必拘拘于八股六韵乃为读书乎![3]

迄今专以八股六韵,徒事清谈,抛离实事。[4]

八股,八股文。六韵,试帖诗,一般押八韵,也有押六韵的。但有人误解"六韵"为"六经",用以证实太平天国"改经为韵"之说。这是不能成立的。

对太平天国文献进行注释,不是易事。要有广博的知识,要熟读太平天国的文献,才能广征博引,融会贯通,有所发明。我在注释《洪秀全选集》和 1978 年中华书局出版的《洪仁玕选集》时,均有错误,上述对"桥水"的曲解,不过是其中的一例而已。

（原载《群众论丛》1981 年第 3 期）

---

[1] 张汝南:《金陵省难纪略》引《天王诏旨》。
[2] 《王长次兄亲目亲耳共证福音书》。
[3] 《喧谕读书士子》。
[4] 《论道德才智》。

坚持在马列主义、毛泽东思想
指导下研究中国近代史

——评《从鸦片战争到五四运动》

胡绳同志的专著《从鸦片战争到五四运动》，已经由人民出版社出版。这部书反映作者坚持在马列主义、毛泽东思想指导下研究中国近代史，读后深受教益。

在旧中国，运用马列主义的观点研究中国近代史的著作是很少的。那时，我读过多种从鸦片战争以来的近代史，就其基本内容来说，不外是两类：一类是帝国主义辩护士写的"弱肉强食史"；一类是地主、资产阶级文人写的"内乱外祸史"。他们竭力丑化和攻击太平天国革命、戊戌维新、义和团运动、辛亥革命……目的是反对中国共产党领导下的人民大革命。地主、资产阶级文人总是反对用阶级和阶级斗争的观点研究历史。例如，研究太平天国史五十多年的老专家简又文，曾矢口否认近代中国存在阶级和阶级斗争，否认太平天国是农民反封建的革命。类此谬说，使读者如堕五里雾中，看不清历史的真相。

马列主义、毛泽东思想引导中国革命赢得了伟大胜利，解放了亿万人民，也拯救了历史研究。为了探讨中国革命的规律，毛泽东同志运用历史唯物主义，结合中国实际，作出了一系列科学论断,使人们对于几千年的中国史,特别是对于从鸦片战争起的近百年史,开始重新认识。

毛泽东同志说:"我们是反对历史唯心论的历史唯物论者。"[1]历史唯物论的基本原则,是对阶级社会进行阶级分析,用阶级斗争的观点看问题,以毛泽东同志为首的中国共产党人,找到了近代中国社会的两个主要矛盾:帝国主义与中华民族的矛盾,封建主义与人民大众的矛盾。而帝国主义与中华民族的矛盾,乃是其中最主要的矛盾。中国人民反帝反封建的革命,就是在这两个矛盾的基础上发生和发展起来的。毛泽东同志说:"帝国主义和中国封建主义相结合,把中国变为半殖民地和殖民地的过程,也就是中国人民反抗帝国主义及其走狗的过程。"[2]

只有坚持用阶级斗争的观点解释从鸦片战争以来的近百年史,才能科学地阐明近代中国历史发展的客观规律,用以教育人民,为无产阶级政治服务。在这方面,胡绳同志作出了重大的贡献。

50年代初期,人民出版社出版了胡绳同志的《帝国主义与中国政治》。他抓住了近代中国社会的最主要的矛盾,把极端复杂的历史现象联结起来,充分揭露了帝国主义是中国人民最凶恶的敌人。

此后不久,《历史研究》创刊号发表了胡绳同志的论文《中国近代史的分期问题》。文章沿着中国人民反帝反封建斗争的线索,创造性地提出了三个革命高潮的概念,反映近代中国的进步历史潮流。

---

[1]《毛泽东选集》第4卷,第1452页。
[2]《毛泽东选集》第2卷,第595页。

　　在此基础上，胡绳同志逐步积累研究中国近代史的成果，写成了《从鸦片战争到五四运动》一书。

　　全书除"绪论"外，按照三个革命高潮的观点，分做五编：第一编"鸦片战争和太平天国农民革命"，包括两次鸦片战争和太平天国农民运动，反映第一个革命高潮的起伏。第二编"半殖民地、半封建统治秩序的形成"，从1864年太平天国失败后到中日甲午战争结束，酝酿着中国革命新的高潮。第三编"戊戌维新和义和团运动"，反映第二个革命高潮的起伏。第四编"资产阶级领导的辛亥革命"，反映第三个革命高潮的起伏。第五编"向新民主主义革命的过渡"，这是从黑暗走向黎明的转折点。

　　不容怀疑，自从粉碎"四人帮"，特别是党的十一届三中全会以来，在马列主义、毛泽东思想指导下，我国的历史科学研究得到前所未有的进展。胡绳同志新著的出版，就是一件重要的事实。但是，由于林彪、江青反革命集团"影射史学"的流毒和外国资产阶级思想渗透的影响，近几年报刊上有些文章，背离马列主义、毛泽东思想，抛弃用阶级分析的方法解释中国近代史。在这种情况下，胡绳同志新著的出版，非常及时。早在1951年讨论电影《武训传》时，毛泽东同志就批评有些作者"不去研究自从一八四〇年鸦片战争以来的一百多年中，中国发生了一些什么向着旧的社会经济形态及其上层建筑（政治、文化等等）作斗争的新的社会经济形态、新的阶级力量、新的人物和新的思想，而去决定什么东西是应当称赞或歌颂的，什么东西是不应当称赞或歌颂的，什么东西是应当反对的"[1]。毛泽东同志这一严肃的批评，就是要求坚持阶级

---

[1]《毛泽东选集》第5卷，第47页。

分析。这是研究阶级社会的历史,包括研究中国近代史的方法和原则。这个方法和原则,在胡绳同志的著作中得到了坚决的贯彻。最显著的一点,就是他关于近代史线索问题的重要见解。

什么人代表近代中国历史进步潮流? 近年来史学界存在分歧。一派坚持以阶级斗争为线索,以农民战争、资产阶级运动(包括维新和革命)、无产阶级革命为标志;一派以抽象的"学西方"为线索,提出了"洋务—改良—革命"的新概念。依照后一种逻辑,太平天国革命、义和团运动等农民战争,将从中国近代史的主流中被勾销,取而代之的是封建统治者办洋务。胡绳同志旗帜鲜明地不同意这种逻辑。他在《从鸦片战争到五四运动》的序言里,郑重声明:"本书不认为有理由按照'洋务运动—戊戌维新—辛亥革命'的线索来论述这个时期的历史的进步潮流。"我完全赞同胡绳同志的意见,认为这是符合毛泽东思想,符合阶级斗争观点的。

对于"学西方",必须进行阶级分析,在近代中国历史上,农民阶级、资产阶级维新派、资产阶级革命派都向西方学习,毛泽东同志说:"自从一八四〇年鸦片战争失败那时起,先进的中国人,经过千辛万苦,向西方国家寻找真理。洪秀全、康有为、严复和孙中山,代表了在中国共产党出世以前向西方寻找真理的一派人物。"[1]这里列举的四位历史人物,正是在旧民主主义革命阶段,中国农民阶级、民族资产阶级(包括维新派和革命派)的代表。他们"学西方",为了救中国,代表着历史上进步的潮流。为什么毛泽东同志没有把封建贵族、军阀、官僚搞"洋务"的代表奕䜣、李鸿章、张之洞之流纳入这个行列呢? 正因为这些人不是站在历史

---

[1]《毛泽东选集》第 4 卷,第 1406 页。

进步潮流的正面，而是站在它的反面。

　　问题的焦点，是要用阶级斗争的观点来观察洋务派和洋务运动。不能够因为现在我国引进外国技术设备、搞"四化"，而以今拟古，"美化"洋务派和洋务运动。洋务运动发生在第二次鸦片战争结束后。为了支持清政府"剿平发捻"，外国帝国主义侵略者千方百计地用"洋枪""洋炮"武装清军。攻打江苏、浙江太平军的淮军、湘军使用的是英、法两国推销的武器；防守京津的八旗兵使用的是俄国赠送的武器。于是封建统治阶级的当权者开始分化为两派：一是主张继续"闭关自守"的顽固派；一是呼喊"借法自强"的洋务派。后者更适应外国资本侵略的需要。正如胡绳同志的新书第十章所说："洋务派是在封建地主阶级日益成为帝国主义统治中国的一个支柱的历史条件下的产物。"怎样对待帝国主义侵略？洋务派标榜"以夷制夷"。但正如胡绳同志的新书第十四章所说："他们的所谓'以夷制夷'，根本不是独立自主地利用帝国主义列强之间的矛盾，而是反过来，把自己的生存仰赖于帝国主义列强之间的矛盾。""以夷制夷"的实质是投降主义。洋务派先搞"练兵"，再搞"制械"，于是不仅出现了一批使用新武器的军队，而且产生了少量使用外国机器的工业。这些都是在封建中国所不曾有过的事物，但不能认为这些是近代中国的新事物。两军交战，不能抽象地从物质装备上的"新""旧"来区别谁是新生事物，谁是陈腐势力。难道能说，挥舞"洋枪""洋炮"、拥有近代军事工业的洋务派是新事物，而手持长矛大刀、进行反侵略反封建的农民军反而成了旧事物吗？尽管洋务派从外国搬来了几件"新东西"，但是他们使用这些东西来反对人民革命，阻碍历史前进，因此和顽固派一样，都是社会的衰朽势力，不能代表历史进步的潮流。

在辛亥革命时期,伟大的中国革命先行者孙中山自称是"洪秀全第二",公开声明他继承和发展了太平天国革命的事业;而站在他对立面的袁世凯,却也公开声明自己是曾国藩、李鸿章的继承者。这一生动的对比,极其深刻地揭露了近代中国存在的两条本质不同的历史线索:一条是红线;一条是黑线。由此可见,所谓"洋务运动—戊戌维新—辛亥革命",是完全连接不起来的。

关于中国近代史线索问题的学术见解不同,反映了方法论上的分歧。坚持阶级分析,还是代之以抽象的比拟?这是值得我们讨论清楚的。

胡绳同志的新书,高度概括了丰富的史料,充分显示出"论从史出"的科学特点。例如,关于韦昌辉杀杨秀清是否奉洪秀全"密诏"问题,由于史料不足,而众说纷纭,莫衷一是。有的作者不让人们批评洪秀全,因此强调"密诏"出于乌有。也有的同志走另一极端,肯定"密诏"是事实,从而加重洪秀全的罪责。胡绳同志根据现有史料,不加任何主观臆断,实事求是地论述了"杨韦事变"的经过。他在新书第五章里说:"有的记载说,他杀杨秀清是受了洪秀全的指使,这大概是可信的。他是否利用以及如何利用洪秀全的名义而使谋杀杨秀清扩大为一次大屠杀,则无可考。"这是何等严肃的态度!在胡绳同志看来,只有严格地尊重史料,尊重事实,才能正确地总结历史的经验,为我们今天进行社会主义现代化建设所借鉴。他在《帝国主义与中国政治》的六版序言里说得好:"为了说明只有彻底地从帝国主义的统治和压迫下解放出来,只有彻底地打倒作为帝国主义的工具的中国反动阶级,中国才能有真正的国家的统一、人民的民主和民族经济的发展,为了警惕帝国主义会用这样那样的方法来破坏中国人民的革命，为了指出中国的民族独立只有依靠无产阶级的领导而不能依靠资产阶级的领导来实现，作者当然不需要在写作时丝毫离开历史事实的真相，恰恰相反，越是深入揭露历史事实中的本质的、规律性的东西，越是能说明问题。"他的新书《从鸦片战争到五四运动》，就是本着这种科学精神写成的。

胡绳同志以自己的实践告诉我们，史料不能替代史学，对史料必须作阶级分析。但史学必须掌握丰富的史料，必须尊重史料，做到史论结合。凡搞历史的比拟，对史料采取实用主义，所作出的结论必然是站不住的。

胡绳同志的文笔生动深刻。例如，他用"引狼入室"的成语揭露洋务派"以夷制夷"外交方针的卖国本质。又如，他以"旧巡抚穿上了新都督的外衣"为题，揭露某些反动官僚在辛亥革命的风暴中，为保全实力而投机革命的真相。他又取材鲁迅《阿Q正传》里"不准革命"一语为题，尖锐地揭露了一些冒充革命的官僚、军阀镇压人民起义的罪行。马列主义、毛泽东思想的理论，与丰富的史料相结合，并用生动流畅的语言表达出来，这就是胡绳同志新书的特点。

这本书，当然也还有缺点。在个别理论问题上需要加深。在某些史料考证上尚欠准确。对于这些，建议作者在再版时修订。

本书的印数太少，供不应求，但像《福尔摩斯探案集》之类，却充斥市肆！盼望出版部门予以调整。

（原载《红旗》1982年第2期）

马克思主义与太平天国史学

——兼评简又文《太平天国全史》

一

当马克思主义在西欧诞生的时候,世界的东方刚打响英国侵略中国的炮声。西方资产阶级造成了自己新的对立面。鸦片战争后不久,马克思以极其高兴的心情看到了太平天国农民大起义。他写道:

> 推动了这次大爆炸的毫无疑问是英国的大炮,英国用大炮强迫中国输入名叫鸦片的麻醉剂。[1]
>
> 看起来很奇怪的是,鸦片没有起催眠作用,反而起了惊醒作用。[2]
>
> "对立统一"是否就是这样一个万应的原则,这一点可以从中国革命对文明世界很可能发生的影响中得到明显的

---

[1] 马克思:《中国革命和欧洲革命》,《马克思恩格斯选集》第 2 卷,第 1—2 页。

[2] 马克思:《中国记事》,《马克思恩格斯全集》第 15 卷,第 545 页。

例证。[1]

总之，太平天国运动是东方被压迫民族对西方资本主义侵略的反抗，它推动了全世界反对国际资本的历史车轮，这是马克思主义运用阶级分析，对这次中国农民运动所作出的科学论断。

当时的中国人，还不懂得这个历史的辩证法。在很长一段时间内，也没有一个历史家能够接受马克思主义的观点来研究太平天国的经验。《剿平粤匪方略》一类史书，如驴鸣犬吠，充斥市肆，掩盖着慈禧太后之流勾结外国资本主义侵略者血洗农民运动的真相。

继农民运动而来的中国资产阶级革命派，从太平天国的英雄事业得到力量。孙中山倡议为洪杨平反，他立志做"洪秀全第二"。资产阶级革命党人编写的《太平天国战史》等书，一时如雨后春笋，对推翻清王朝的斗争，起了巨大的鼓动作用。但是，孙中山只是从汉族人民"反满"这个狭隘的意义去理解太平天国，还不能够从反封建反侵略的高度来恢复这次农民战争的本来面目。辛亥革命没有充分发动农民群众，也就失败了。直到新民主主义革命时期，以毛泽东同志为首的中国共产党人，运用马克思主义的原理，分析中国的历史实际，对太平天国作出一系列科学论断，从此，中国才有真正的太平天国史学。毛泽东同志说：

> 地主阶级对于农民的残酷的经济剥削和政治压迫，迫使农民多次地举行起义，以反抗地主阶级的统治。从秦朝

[1]《中国革命和欧洲革命》，《马克思恩格斯选集》第2卷，第1页。

的陈胜、吴广、项羽、刘邦起,中经汉朝的新市、平林、赤眉、铜马和黄巾,隋朝的李密、窦建德,唐朝的王仙芝、黄巢,宋朝的宋江、方腊,元朝的朱元璋,明朝的李自成,直至清朝的太平天国,总计大小数百次的起义,都是农民的反抗运动,都是农民的革命战争。[1]

毛泽东同志又说:

> 自从一八四〇年鸦片战争失败那时起,先进的中国人,经过千辛万苦,向西方国家寻找真理。洪秀全、康有为、严复和孙中山,代表了在中国共产党出世以前向西方寻找真理的一派人物。[2]

诸如上述,毛泽东同志指出,太平天国是中世纪中国农民反封建斗争的殿军,又是近代民族民主革命的序幕。毛泽东思想正确地总结太平天国和其他农民战争的历史经验:农民阶级是中国革命的主力军,但必须在工人阶级的马克思主义政党的领导下,才能发挥伟大的战斗作用,夺取反帝反封建的胜利。这一真理终于被伟大的抗日战争和人民解放战争的辉煌战果所证实。毛泽东思想解放了广大农民,也奠定了太平天国研究的科学基础。事实证明,我国的太平天国史学,是在马克思主义的指引下发展起来的。

---

[1] 毛泽东:《中国革命和中国共产党》,《毛泽东选集》第2卷,第595页。本文所引《毛泽东选集》均为人民出版社1952年竖排本。

[2] 《论人民民主专政》,《毛泽东选集》第3卷,第1474页。

二

但是，马克思主义占领这块阵地，并不是一帆风顺的。也就从太平天国起，中国出现了两派人物：洪秀全、康有为、孙中山，代表着历史的进步潮流；曾国藩、李鸿章、袁世凯，站在历史前进的对立面，代表着时代的逆流。当孙中山逝世不久，某些背叛他事业的人，便公开贬低太平天国，他们公然总结地主阶级镇压这次农民战争的"经验"，出版《增补曾胡治兵语录》等书，用以反对孙中山事业的真正继承和发展者中国共产党所领导的人民大革命。在这种历史背景下，出现了简又文先生撰写的《太平天国全史》。

简先生从 1921 年起，即从事太平天国的史料工作，陆续发展其成果。1938 年，他开始重新编次旧作，撰著《太平天国全史》，先成九章，连载于《大风》杂志。以后将前六章补充修改，另写导言，取名《太平军广西首义史》，是为《太平天国全史》的前七卷，于 1944 年由商务印书馆在重庆初版，1946 年在上海再版。1963 年，《太平天国全史》始在香港出版。全书二十九章，加绪言一篇，共一百八十万字。作者以四十年的功力，辛勤积累资料，撰成巨著，在太平天国史学史上是件大事。但是，由于简先生拒绝接受马克思主义，所以他研究太平天国的成果，就束缚在唯心主义狭隘的领域内，不能成为科学的著作。

简先生撰写《太平天国全史》的立场、观点，见之于《太平军广西首义史》导言中。他坚持资产阶级的"客观主义"，反对马克思主义关于阶级和阶级斗争的理论：

我们既不是满清的臣仆奴才，也不是天朝的圣兵或史官，所以大可不必，尤不应该，站在双方中的哪一方的立场。须记取，我们第一是数千年一脉相传的中国人，第二是中华民国的国民，第三是科学的研究者，就要站在现代中国的学者之立场，去研究、写作、观察，或阅读太平天国的历史。……对于天朝或清方的人物，我们绝无恩怨爱憎，而惟求得是非真假。站稳了这立场，我们便可扫尽私人主观的偏袒成见和情感的爱恶是非，而一是本着科学家大公至正、务求真知的态度和客观冷静慎思明辨的头脑以从事了。如果我们对前人前事不得不一下是非、善恶、曲直、顺逆之判断，自当一本公正不偏之态度及根据确凿不磨的事实以立论，而以我们整个国家民族的利害为前提及人类普遍的道德为标准（如忠勇仁爱信义等）。能如是，则自可以见好说好，见歹说歹，而不流于阿私、偏颇、武断，或过激不平之弊病了。

谁是"阿私、偏颇、武断"的呢？简先生主要指的是马克思。他说：

最近又有些马克思主义的信徒，拿着阶级斗争、农工革命之说，及唯物史观——经济定命论，去观察和解释太平天国史，其错误更大。

简先生认为太平天国运动不是阶级斗争：

我遍寻一切可能有的史料，找不到太平天国内有任何资产的或无产的阶级性质或意识之存在,不知他们究竟如何能断定这是"阶级斗争"?

　　吾认为吾国之所谓士农工商兵之分,只是职业上的区别,而非西洋之所谓"阶级"。

从而他否认太平天国是农民反对地主阶级的起义:

　　岂其以太平军兵员多农民出身,遂称之为农民革命乎?然攻灭太平军之反革命的湘军兵员又何尝不是湘乡一带之农民?分明是农民打农民也。

对于这一场"农民打农民"的战争,简又文先生秉着"大公至正"的态度加以评判,指斥太平天国起义和日寇侵华一样,对国家制造了空前严重的灾难。

　　以予观之,在吾国全部历史中,若连内乱外患合计,以破坏性及毁灭力论,太平天国革命运动仅亚于现今日本侵略之一役耳,其前盖无匹也。

简先生甚至把帝国主义侵华和清政府对外出卖祖国主权的罪责一起算在"太平天国破坏"的账上:

　　自经是役,全国财政已竭,几沦于破产,因而海关制度,举借外债,亦由是而兴矣。再如:在外交上,清廷不惜再签订及履行不平等条约以为交换条件借得外人实力之助(戈

登之"常胜军"及法人助攻太平军），由是使全国陷于次殖
民地之地位者垂九十年。

否定了太平天国，否定了中国人民反帝反封建革命，这就是简又
文先生反对用马克思主义研究太平天国的结果。

三

但是，正如毛泽东同志所说，马克思主义是一种科学真理，它
是不怕批评的。简先生攻击马克思主义的论点是经不起用事实
来检验的。

马克思主义认为，在阶级社会里，没有超阶级的人。从司马
迁、班固到郭沫若、范文澜，都是各个阶级的历史家。如果要求
他们不站在这个阶级或那个阶级方面，为着某一个阶级研究和撰
写历史，那是不可能的。不同阶级的历史家总是从不同的立场对
待历史上阶级斗争的经验。例如司马光编《资治通鉴》，是为总
结历代帝王将相的经验，供赵宋王朝统治人民作借鉴。郭沫若
撰《甲申三百年祭》，是为总结李自成部农民军失败的经验，供中
国共产党领导下的人民革命避免挫折作借鉴。简先生生活在阶
级斗争极其尖锐的岁月里。以中国共产党领导的广大人民为一
方，以帝国主义、封建主义、官僚资本主义为另一方，展开了生死
存亡的大博斗。简先生把太平天国运动当作反面教材，总结洪
杨"破坏"民族元气的教训，弦外之音，叫人们不要拿起武器闹革
命。难道能说，作者没有站在上述阶级斗争的一方，反对它的另
一方吗？

对于战争造成的破坏,马克思主义作了阶级分析。

第一,对于战争,要区别对待。列宁说:"马克思主义作了这种分析,它指出如果战争的'真正实质'在于,例如,推翻异族压迫(这对 1789—1871 年的欧洲来说是特别典型的),那么,战争从被压迫国家或民族方面说来就是进步的。如果战争的'真正实质'是重新分割殖民地、瓜分赃物、掠夺他国领土(1914—1916 年的战争就是这样的),那么保卫祖国的词句就是'完全欺骗人民的'。"[1]区别战争性质的方法是阶级分析。列宁又说:"有各种各样的战争。必须弄清楚,该战争是由什么样的历史条件造成的,是由哪些阶级进行的,是为了什么而进行的。"[2]列宁主义把战争分为两类:"侵略战争即非正义战争,解放战争即正义战争。"斯大林说:"我们反对帝国主义战争,因为它是反革命的战争。但是我们拥护解放的、反帝国主义的、革命的战争……"[3]

第二,要正确对待战争造成的破坏。列宁说:"革命上常常有这样的战争,它们虽然像一切战争一样不可避免地带来种种惨祸、暴行、灾难和痛苦,但是它们仍然是进步的战争,也就是说,它们有利于人类的发展,有助于破坏特别有害和反动的制度(如专制制度或农奴制),破坏欧洲最野蛮的专制政体(土耳其的和俄国的)。"[4]中国有句老话说得对:"官逼民反。"谁负战争破坏的罪

---

[1] 列宁:《论对马克思主义的讽刺和帝国主义经济主义》,《列宁全集》第 23 卷,第 23 页。

[2]《战争与革命》,《列宁选集》第 3 卷,第 2 版,第 70—71 页。

[3]《斯大林给阿·马·高尔基的信(1930 年 1 月 17 日)》,《斯大林全集》第 12 卷,第 154 页。

[4]《社会主义与战争》,《列宁选集》第 2 卷,第 2 版,第 668 页。

责呢？毫无疑问是反动的统治阶级。

毛泽东同志应用马列主义的原理分析中国历史的实际，肯定太平天国运动是被国内外剥削阶级压迫出来的农民反抗战争，是进步的正义的战争。他说："古人说：'春秋无义战。'于今帝国主义则更加无义战，只有被压迫民族和被压迫阶级有义战。"[1]他指出，太平天国是义战。我们虽然没有参加太平天国农民战争，与敌对的双方都无瓜葛，但是我们是拥护正义战争、反对非正义战争的，因此，爱憎分明，自然而然地斥责清王朝和外国资本主义侵略者制造战争破坏的罪责。如果与此相反，要太平天国做国内外反动派的替罪羊，把农民革命诬蔑为"破坏"民族元气的"罪魁祸首"，难道能说，这不是出于剥削阶级的偏见，颠倒了历史上的大是大非吗？

马克思主义曾公开声明，人类从原始土地公有制解体以来，全部历史都是阶级斗争的历史，即社会发展各个阶段上被剥削阶级和剥削阶级之间，被统治阶级和统治阶级之间斗争的历史。"自由民和奴隶、贵族和平民、领主和农奴、行会师傅和帮工，一句话，压迫者和被压迫者，始终处于相互对立的地位，进行不断的、有时隐蔽有时公开的斗争"[2]。中国也不例外，阶级和阶级斗争并不始于资产者和无产者的对立。当太平天国起义时，并非只在资本主义的西欧存在阶级对立，而在半封建半殖民地的中国却没有阶级和阶级斗争。为什么对当时西方资产阶级奴役中国和国内一小撮不劳而获的地主阶级剥削和压迫广大农民阶级的严重情况，简

---

[1] 毛泽东：《论反对日本帝国主义的策略》，《毛泽东选集》第 1 卷，第 158 页。

[2] 马克思、恩格斯：《共产党宣言》，人民出版社 1972 年单行本，第 24 页。

先生竟熟视无睹呢？太平军是农民组成的，它的敌人湘军的大多数也是农民，但后者是地主阶级的工具，怎能说是"农民打农民"呢？显而易见，不是马克思主义的阶级斗争学说不适用于研究太平天国，而是简又文先生惧怕用马克思主义研究中国。

四

正因为简又文先生不接受马克思主义，反对用阶级和阶级斗争的观点研究太平天国，所以他对一系列历史事件，无法作出科学的解释。

例如，马克思曾经指出，鸦片战争激起了太平天国起义，简先生断断争辩，否认这个历史的逻辑。他在《太平天国全史》第二章里说：

> 予以为与其谓太平天国运动是英国的大炮所引起的，毋宁谓是英国的圣经——由马礼逊博士所传来的——所引起的。

简先生的这一论断，是没有事实作为根据的。

第一，在阶级社会里，宗教是阶级斗争的工具。是农民的阶级斗争利用了宗教，不是宗教掀起了农民运动。在基督教进入中国之先，早有农民运动利用道教和佛教的事实。

第二，鸦片战争前后，基督教是作为西方资产阶级侵略中国的工具来到中国的。马礼逊的忠实信徒梁亚发所写的《劝世良言》，劝人"安贫乐道"，忍受生活上的痛苦，追求死后进入虚无缥缈的"天堂",丝毫没有带给中国农民以反抗封建统治阶级的思想。洪秀全等把它接过来加以改造和利用,要求用暴力"斩邪留正",在地上建立起自己梦寐以求的"天堂"。正因为洪杨背离了西方资产阶级所宣扬的"基督教义",所以被西方传教士恶毒咒骂为"魔鬼"。事实证明,英国的圣经与太平天国农民起义是没有因果关系的。简先生又说:

> 《纽约论台》著者马克思,从几万里外评论从来不曾到过,亦从来不知道其真相的中国大事,自不免强拉不相干的事实,贯连一片,误以一前一后发生的两件事即为因果关系,毫无论据,两不凑合,此逻辑上的大错也。

简先生虽然是中国人,掌握太平天国史料比马克思为多,但是由于他不接受马克思主义科学理论,所以他强拉"英国的圣经"与中国农民运动作为前因与后果,正如他对马克思的批评:"毫无论据,两不凑合,此逻辑上的大错也。"其实,关于鸦片战争与太平天国的因果关系,马克思说得再也正确不过的了。

> 运动发生的直接原因显然是:欧洲人的干涉,鸦片战争,鸦片战争所引起的现存政权的震动,白银的外流,外货输入所引起的经济平衡的破坏,等等。[1]

难道这些都不是历史的真相吗?

---

[1] 马克思:《中国记事》,《马克思恩格斯全集》第15卷,第545页。

　　正因为简又文先生不接受马克思主义，否认太平天国运动是农民战争，所以他就无法阐明运动的规律。例如，"杨韦内讧"的发生，绝不是偶然的。马克思、恩格斯说："过去的一切运动都是少数人的或者为少数人谋利益的运动。"[1]他们所指的"过去一切运动"，是概括无产阶级以前的运动，是包括农民反封建运动在内的。农民是封建社会里的大多数，他们要翻身就得解放大多数，就得实行公有制。但是在生产力水平低下的自然经济的基础上，不可能实现公有制，而只可能保持封建制。农民小私有者也绝不能自发地抛弃少数人统治多数人的私有制。农民运动的领袖们在发动起义时高喊："共有共享"；等到起义后，掌了权，便逐步变公有为私有，自己蜕化成为新的封建统治者。因此，农民群众总是不能够从封建压迫下解放自己。为什么农民运动的队伍要发生两极分化，它的成果总是被少数新的封建统治特权人物所篡夺？为什么从陈胜、吴广起义以来的农民运动，都成了地主阶级改朝换代的工具？其原因就在于此。太平天国以极其充分的事实说明了这一点。从群众中来的农民领袖，最终脱离群众成为新的特权人物；原来亲如兄弟的农民领袖集团，因权力斗争而发生火并，最终确立新的封建独裁，这是一般农民运动的规律，太平天国不能超越这个规律。"杨韦内讧"等事件，就是体现这个规律。简先生不懂得阶级分析的方法，也就不懂得农民运动的规律，在《太平天国全史》的"内讧之真相"一节里，他只能从杨秀清的个性来寻找"内讧"发生的根源：

---

[1]《共产党宣言》，第35页。

> 欲明此次内讧之原因,当先推究东王杨秀清之家世、出身、个性、与其在起义前后之种种措施及关系。

其实,在阶级社会里,主要的历史人物只不过是一定阶级的代表。作为农民领袖杨秀清的个性,是受当时农民小私有者的阶级性所支配的。如果没有杨秀清,太平天国的其他领袖之间也无法避免发生"内讧"。当然,杨秀清的个性,对"内讧"有影响,但决定"内讧"的根本原因,不是某个农民领袖的个性,而是小生产者的阶级性。这又是简先生所不能理解的。

五

在《太平天国全史》导言里,简又文先生批评马克思主义指导下的太平天国史研究是没有史料做根据的"空论",其实,这是对马克思主义的曲解。马克思历来重视占有材料,强调研究历史必须从事实出发:

> 研究必须充分地占有材料,分析它的各种发展形式,探寻这些形式的内在联系。只有这项工作完成以后,现实的运动才能适当地叙述出来。[1]

恩格斯也指出,要掌握大量批判过审查过的史料,反对说空话:

---

[1] 马克思:《资本论·第一卷第二版跋》,《马克思恩格斯选集》第 2 卷,第 217 页。

在这里只说空话是无济于事的，只有靠大量的、批判地审查过的、充分地掌握了的历史资料，才能解决这样的任务。[1]

列宁认为，研究历史，不能从个别事实出发，而要从大量事实的总和出发：

如果从事实的全部总和、从事实的联系去掌握事实，那么，事实不仅是"胜于雄辩的东西"，而且是证据确凿的东西。如果不是从全部总和、不是从联系中去掌握事实，而是片断的和随便挑出来的，那么事实就只能是一种儿戏，或者甚至连儿戏也不如。[2]

根据马克思列宁主义的原则，毛泽东同志交给我们一项重要任务：

对于近百年的中国史，应聚集人材，分工合作地去做，克服无组织的状态。应先作经济史、政治史、军事史、文化史几个部门的分析的研究，然后才有可能作综合的研究。[3]

中华人民共和国成立以来，学术界首先编辑出版了大量中国

---

[1] 恩格斯：《卡尔·马克思〈政治经济学批判〉》，《马克思恩格斯选集》第2卷，第118页。

[2] 列宁：《统计学和社会学》，《列宁全集》第23卷，第279—280页。

[3] 毛泽东：《改造我们的学习》，《毛泽东选集》第3卷，第823页。

近代史资料,其中以太平天国史料为最多。如《太平天国资料丛刊》《太平天国史料丛编简辑》《太平天国印书》《太平天国文书汇编》《太平天国文物图录》等,都为太平天国史的研究提供了有价值的资料。特别是正在陆续出版的《太平天国资料汇编》,预定全书共一千万字。如果不是中国共产党坚决遵循马克思主义重视资料工作的有关教导,那么,这样空前的鸿篇巨制的问世,是难以想象的。

简先生虽然自称重视史料,但有时却不加考证,轻易地作出结论。例如,他在批判杨秀清时说:

> 更有一乱伦至谬之事于四年九月初八日发生。其日,天父"恩命王四殿下(即秀清,称天父第四子——简先生注)下凡,继治天下佐理万国之事"。此后杨秀清大权总揽一身。(见《郭志》页三四九——简先生注。)

按此事见张德坚《贼情汇纂》所录杨秀清为祝贺洪秀全添生第四子满月之喜而发给西征诸将的"诰谕":

> 缘蒙天父天兄大开天恩,特差我真主天王降凡宰治天下,兹于九月二十四日,又蒙天父劳心,恩命王四殿下下凡,继治天下,佐理万国之事,真是天朝喜事,重重有加无已。尔等出师在外,未得周知,为此特行诰谕。仰尔国宗暨各佐将转谕各统下官员人等,俱要多多备办奇珍异宝,差派妥员押解回京,以备十月二十四日王四殿下满月之期,天王登朝谢天之用。尔等在外,亦于是日虔敬天父,以报天恩。其余

军务一切，俱要凛遵本军师前回颁行诰谕而行可也。

这里，文意甚明，"王四殿下"与本"军师"绝非一人。《太平礼制》：天王"第四子，臣下呼称：王四殿下千岁"。这个"王四殿下"被郭廷以《太平天国史事日志》误会做天父第四子东王杨秀清。简又文先生未加查对原史料，以误传误，所作结论实际是没有根据的。

简先生在叙述韦昌辉惨杀东王府男女老少后说：

> 独有东王幼子幸得漏网生存，后袭封东王爵。

简氏自注：

> 据《弟子记》载，独杨之第五子生存袭位。又《郭志》页四八八引十年九月卅一日天王诏为幼东王预作九重天廷。可见事实。

按王定安《求阙斋弟子记》误把"王五殿下幼东王"当作杨秀清第五子。其实，幼东王洪天佑是天王第五子，承继杨秀清袭爵幼东王。辛酉十一年起"天王诏旨"所列收文人员的第一位"天佑子侄"，即王五殿下幼东王。如果他是杨秀清第五子，那么，应称"东王殿下"。至于《太平天国史事日志》所引庚申十年九月卅一日天王诏，实系"幼主诏旨"，原文仅言兴建正九重天庭"以备幼东王莅临袭爵之所"，不能据以证明幼东王是杨秀清之子。简先生关于"独有东王幼子漏网生存"之说，实际也是没有根据的。

更有甚者,简先生有时把想象当作事实。例如,他在"内讧之真相"一节里写道:

> 北王之回京也……或得国舅赖汉英之导引,夤夜入官陛见天王,得其许可,诛灭奸党。

这种想当然的说法,怎能冒充做历史的"真相"呢?

马克思主义的历史科学要求理论与史料高度统一。而口口声声反对"空论"的简又文先生所实践的,却是观点与史料的割裂。他对马克思主义发"空论"的批评,实际只能倒过来批评他自己。

六

毛泽东同志说:

> 在很长的历史时期内,大家对于社会的历史只能限于片面的了解,这一方面是由于剥削阶级的偏见经常歪曲社会的历史,另方面,则由于生产规模的狭小,限制了人们的眼界。人们能够对于社会历史的发展作全面的历史的了解,把对于社会的认识变成了科学,这只是到了伴随巨大生产力——大工业而出现近代无产阶级的时候,这就是,马克思主义的科学。[1]

---

[1] 毛泽东:《实践论》,《毛泽东选集》第1卷,第282—283页。

在旧中国的历史学界，由于环境的限制，很少人能够认识到这一点。有些老先生还受各种反宣传的影响，因此惧怕马克思主义如洪水猛兽，这是不足为怪的。随着人民革命的伟大胜利，史学界出现了前所未有的新局面。原来一些在旧社会生活的老专家也如拨云雾而见青天，开始学习和接受马克思主义。其中就有简又文先生的老朋友罗尔纲同志。原来，他们一起用资产阶级"客观主义"的态度研究太平天国史；但在中华人民共和国成立后，罗尔纲留在大陆，继续研究太平天国史，公开批判自己过去的错误，承认"历史乃是阶级斗争的科学"。在《五十年来对太平天国史之研究》一文里，简又文先生惊讶地说："他的思想和方法全变了"，"竟是前后两人。"其实，类似罗尔纲同志的还大有人在。

简先生以半个世纪的时间研究太平天国史，留下了《太平天国全史》等有参考价值的著作，但是由于没有马克思主义理论作指导，所以他不能够使自己对太平天国史的研究成为科学。我们在阅读简氏遗作的时候，首先要记取他留下的这一极其重要的教训。千万不能蹈其覆辙，拒绝学习和应用马克思主义，拒绝用阶级和阶级斗争的观点研究阶级社会的历史，由此重弹"农民战争破坏"等旧调，起有害的作用。我们只有坚持马克思主义的指导，才能把对太平天国的研究不断创新，继续前进，为社会主义事业服务。

（原载《扬州师院学报（社会科学版）》1982 年第 3—4 期）

关于清政府招降徐宝山的经过

徐宝山于 1900 年投降清两江总督刘坤一,汤殿三《国朝遗事纪闻》载其事:

> 徐众至数万,日蠢蠢有欲动意。江督刘忠诚忧之。……缙绅陈重庆……因密陈招抚计,忠诚善之。时徐党有金素之者,往来冠盖间,为巨绅卞氏客,得识陈。陈授意金令说徐,徐听命。陈遂挟徐与之省,而先谒忠诚,约三事:一赦罪,二赏官,三收其徒使效用。忠诚如约而见之,则大奖勉,为易今名,荐今职,并部其众为一军,即今两淮之新胜营。

面对北方如火如荼的义和团运动,插手达成这项刘坤一与徐宝山之间政治交易的地方缙绅,还有张謇等人。《张謇日记》:

> 庚子五月
>
> 八日,卯初至厂,戒敬夫相北方匪警缓急为操纵。

敬夫,沈燮均字。沈系当时南通大生纱厂的经纪人。时张謇惧怕义和团运动波及东南,对他所创办的民族资本主义企业有影响,故戒沈燮均相机办事。《张謇日记》又说:

> 二十一日，闻张、刘合电请剿团匪。匪大恣肆，黄巾、白
> 波再见矣！

在英国唆使下，两江总督刘坤一、湖广总督张之洞联名电总理各
国事务衙门，要求"剿团"。张謇看到刘坤一反对义和团的态度
已明朗，遂赶往南京，帮刘策划，首先献计招降徐宝山。

> 二十二日，见新宁，知大沽口失，陈招抚徐老虎策。
> 二十三日，新宁招抚徐老虎。
> 二十四日，上新宁书，论招抚宜开诚布公，昭示威信，不
> 可使疑，不可使玩。

新宁，地名，此指刘坤一。刘，湖南新宁人。张謇《为招抚徐宝山
致刘督部函》，后辑入所著《政闻录》卷一。这些都表明，张謇是
怂恿刘坤一招抚徐宝山的决策性人物。

当时，东南各省的封建统治者面临"内乱外祸"，他们顽固执
行"攘外必先安内"的反动政策，并把希望寄托在对徐宝山之流
的招抚上。刘坤一复江苏巡抚鹿传霖函云：

> 好在徐老虎业经就抚，内患可以稍纾。

已被慈禧太后逐回原籍的帝党魁首翁同龢给在苏州的门人费念
慈写密信，鼓吹推广离间民间反抗力量的策略：

> 江湖间如无鬼者尚多，以术笼之，可消隐患。

古时,魏有隐士徐无鬼,见《庄子》,此影射徐宝山。

徐宝山降清后,甘心充当反动派残害革命志士的鹰犬。刘坤一致安徽巡抚王之春书云:

> 黄药岩派来投诚效力之徐宝山,当能知兵匪端倪,或可助我搜捕。

据前辈口说,徐宝山为向清政府献媚,曾亲率爪牙追捕他原来的绿林盟友曾国璋。

因此,刘坤一对徐极为信任,甚至把两淮缉私营交徐"整顿"。张佩纶与两淮盐运使柯逢时书云:

> 尊处添营并缉私船归徐宝山整顿,闻已照准。但水陆之权均归一人,深虞降将尾大不掉,且以缉私之船而交新抚之盐枭整顿,亦觉过当。徐不过一枭耳,岘公宠之已过矣!

岘公,刘坤一。刘字岘庄。"整顿",即控制。

由上述可见,以后,在辛亥革命时,淮扬缉私营哗变,摧毁了扬州等地的反动统治,但终于被向革命投机的徐宝山所镇压,这不是偶然的。

(原载《扬州史志资料》1982 年第 2 辑)

太平天国史料拾遗

——读《翁同龢日记》

在苏南，太平天国的史料极为丰富。单是常熟一地，已发现出版的就有悟迟老人柯氏著的《漏网喁鱼集》，黄楚筠著的《庚申十年避难记》，龚又村著的《镜穉轩自怡日记》，陆筠著的《海角续编》《劫余杂录》，南郭老人俞佑莱著的《庚申避乱记》，虞阳避难叟汤氏著的《鳅闻日记》，顾汝钰著的《海虞贼乱志》，徐日襄著的《庚申江阴东南常熟西北乡日记》，谭嘘云著的《常熟记变始末》《守虞日记》，沧浪钓徒著的《劫余灰录》，等等。此外，如《庞钟璐自编年谱》、赵次侯《壬戌乞师日记》等，也有参考价值。我近读《翁同龢日记》，发现其中也提供了不少太平军在常熟活动的资料，可与以上诸书相印证。

翁同龢，常熟人。咸丰六年状元及第，官至协办大学士。同龢力图改革朝政，为戊戌维新运动的主要支柱，因是遭到慈禧太后一派顽固势力的打击而罢官家居，抑郁至死。他的日记始于咸丰八年典试陕西时，迄于光绪卅年病殁前，包罗四十余年朝章国故。其史料价值之高，在近人日记中是无与伦比的。以往史学界只从其中辑录第二次鸦片战争、中法战争、中日战争、戊戌维新等有关资料，但很少有人注意到《翁同龢日记》也为太平天国研究提供了资料。兹就涉及常熟一地者,摘录于后。

咸丰十年太平军攻克苏常,翁同龢在日记中做了扼要的叙述。

> 三月十五日,闻苏州告警。
>
> 四月十九日,两江总督何桂清退至常熟。
>
> 廿八日,闻张玉良兵溃,江阴县于本月十三日失守。
>
> 廿九日,阅邸抄,无锡、江阴、常州先后失守,本月十三日,苏州府城陷,张玉良退至杭州。

其时,常熟的地主阶级尚在负隅顽抗。翁同龢写道:

> 五月八日,闻吾邑尚固守,并出余力克复江阴。
>
> 九日,见邸抄,常熟令周沐润带河勇徐浩等越境收复江阴城。

翁同龢密切注视其家族的安危。

> 五月十一日,得荣侄四月十三日书,眷属分居四乡,惟两侄守庭舍,其时尚未知苏郡失守,但言危急耳。二姊本在常熟,复移居江阴之长泾,长泾离城七十里,或者可保。
>
> 六月廿日,得侄辈五月十三日书云,吾邑团练二万人,每日需饷三千金,壮哉此举也!窃恐难为久计耳。眷属分住各乡,二姊与二姊丈隐于乡僻。

翁同龢等旅京常熟官绅都寄希望于团练大臣庞钟璐。

　　七月初五日，庞钟璐六百里报，六月廿三日在常熟发。

　　八月初四日，作书致庞宝生。

但不久翁同龢即得到太平军攻克常熟的消息。

　　九月初三日，闻庞报，常、昭失守，自请严议。南望乡关，不禁魂断。

　　十七日，阅〔邸〕抄，知常、昭于八月初二日失守。

　　十八日，吾邑福山口为贼所据。

从《翁同龢日记》中，可以看到当时常熟的地主阶级被冲击得死、逃、降等一片混乱的情景：

　　咸丰十一年二月十一日，得南中来信，祥、荣两侄挈全家均到兴化，二姊全家尚在泰州北门，祥患疟未愈。荣信言，贼破城后，杀戮甚惨，吕仲才、丁芝亭、屈小农、江树叔皆死，丁为土民所戕也。云樵在王市，其二子在仆人家中，离散各处。厚斋尚在，人口不全。云亭母子不知所在。俞成甥在张泾，其家尚无恙。钱梅荪之子男逃女殉。亲族中消息不通，不能缕缕。又言：曹和卿、叶敏斋、华钱卿在城设局，为贼董事，狗彘不若矣！此信十二月十日发。

　　七月十四日，逢陆莘培，言家乡失守时事。屈小农（茂曾）骂贼死，屈桂岩（炳丰）父子投河死，管云轩（韶成）全家投河,蒋引之自缢,妇(黄三□)骂贼死,皆烈烈殉难,非死于乱兵也。吴儒卿父子被掳得脱,濒死云。凄凄恻恻,不忍闻也。

至于翁氏家族则也被太平军冲得落花流水。

九月初四日,得荣侄六月十二书,言伊辛苦万状,祥侄得河台札委在兴化办捐,伊长嫂则依钱氏于芝山镇,伊挈眷送其长嫂亦到芝山镇,质衣度日,仍将不给矣。闻二伯母已故,云亭、厚斋尚无恙,云樵尚可自给,怀弟则夫妇俱殉难。览其书,胸次作恶,奈何!

为了地主阶级的利益,翁同龢的父亲大学士翁心存向朝廷献策,力图夺回苏南。

十二月廿日,大人入内递封奏,言南中事,大略谓通秦一带,膏腴宜保;苏常宜及时规复,上海可弃置度外。

直到同治元年底,翁心存已经死去,翁同龢才得到常熟太平军叛变降清的消息。

十二月廿五日,赵价来人,始闻常昭县城收复,贼目钱得胜以城来降也。先君常曰:我欲改放翁句曰:"王师克定江南日,家祭勿忘告乃翁。"今闻此信,为一恸哭。

钱得胜，一名桂仁，太平天国叛徒，以后在杭州投敌。常熟叛变时，他正在苏州。常熟叛军的头子是钱的亲信骆国忠。这人以后跟随李鸿章"剿捻"，在《翁同龢日记》中也有下落。同治七年八月，翁同龢送翁心存、翁同书尸棺回常熟的途中，遇见了骆国忠。

> 廿六日，辰初启行，三十五里，张秋镇，提督骆国忠（良卿，行一，前在吾邑投诚者也）带马队六七百迎于廿里外。

上述说明，尽管大量反映太平军在苏南的资料已被发现，但是拾遗补辑的工作还需继续。

（原载《苏州大学学报》1983 年第 2 期）

"拜上帝"解

"拜上帝",是太平天国革命的最高信条。"天条"十款,列为第一。

《天条书》:

> 第一天条崇拜皇上帝。皇上帝为天下万国大共之父,人人是其所生所养,人人是其保佑,人人皆当朝晚敬拜,酬谢其恩。俗语云"天生天养天保佑",又俗语云"得食莫瞒天",故凡不拜上帝者是犯天条。
>
> 诗曰:
>
> 皇天上帝是真神,朝朝夕拜自超升。天条十款当遵守,切莫鬼迷昧性真。

《天命诏旨书》对"上帝"作了解释:

> 天父上主皇上帝无所不知,无所不能,无所不在,样样上又无一人非其所生所养,才是上,才是帝。天父上主皇上帝而外皆不得僭称上,僭称帝也。

"崇拜皇上帝","不好拜邪神"。从这对矛盾出发,太平天国的领袖们，为广大人民朴素地分清了革命与反革命的界限。金田起义之前，在极其困难的环境里，洪秀全写下了三篇著名的革命文献：《原道救世歌》《原道醒世训》《原道觉世训》，其主要目的就是揭露这对矛盾。

> 噫，吁！敬拜皇上帝，则为皇上帝子女，在世皇上帝看顾，升天皇上帝恩爱，永远在高天享福，何等快活威风！溺信各邪神，则变成妖徒鬼卒，生前惹鬼缠，死后被鬼捉；永远在地狱受苦，何等羞辱愁烦！孰得孰失，请自思之。天下凡间，我们兄弟姐妹，可不醒哉！

群众一醒悟，农民革命的风暴就席卷了大半个中国。

金田起义之后，太平军即用"拜上"的形式发动广大群众。

曾国藩《与湖南各州县公正绅耆书》：

> 约之为兄弟，诱之以拜上。

陈徽言《武昌纪事》：

> 拜上为兵，进贡为民。

张汝南《金陵省难纪略》：

> 拜上即拜上帝，"贼"之省文。

如果没有千百万人民的"拜上"参军,太平军要从广西向南京胜利进军,是不可能的。

人民为什么踊跃"拜上"? 主要因为他们盼望"皇上帝"能降给人民以大福。《天朝田亩制度》:

> 凡天下田,天下人同耕,此处不足则迁彼处,彼处不足则迁此处。凡天下田,丰荒相通,此处荒,则移彼丰处以赈此荒处,彼处荒,则移此丰处以赈彼荒处,务使天下共享天父上主皇上帝大福,有田同耕,有饭同食,有衣同穿,有钱同使,无处不均匀,无人不饱暖也。

显而易见,太平天国所崇拜的"皇上帝",是代表农民群众利益的。人们盼望"皇上帝"所恩赐的大福,就是在封建统治下农民群众梦寐以求的没有剥削、没有压迫、没有饥寒的平均主义生活。

太平天国代表"皇上帝"发号施令的洪秀全、杨秀清、萧朝贵,都是贫苦农民的领袖,革命文献大书特书三人"受命于天"的神话。

《御制千字诏》:

> 丁酉年岁,季春和舒。蒙接升堂,指示根株。命锄务本,芟剔歼除。(1837 年,洪秀全奉天诛妖。)
>
> 甫届戊申,孰降苍穹? 至尊真神,监临其中。清口托题,左辅杨东。(1848 年,杨秀清假托天父下凡。)
>
> 九秋菊绽,基督乘荣。贵婿娇客,右弼精忠。(1848 年,萧朝贵假托天兄下凡。)

在革命初期,太平天国代天操生死大权的就是这三位领袖。《天
父诗》:

> 若是不遵天命者,任从全清贵杖尔。

1852 年萧朝贵在长沙牺牲后,代天发令的剩下了洪、杨,特别
是假托上帝说话的杨秀清,《天条书》规定"七日礼拜颂赞皇上帝
恩德"的祷告词,其中赞美"三位一体"就是宣传杨秀清。

> 赞美上帝为天圣父,赞美耶稣为救世圣主,赞美圣神风
> 为圣灵,赞美三位为合一真神。

"圣神风"和"圣灵",都指东王杨秀清。

革命初期,杨秀清传上帝"圣旨",起了积极的作用。《天父
下凡诏书》(一)记载,1851 年在永安,杨秀清用上帝显圣的形式
揭发叛徒周锡能通敌内应的阴谋,这对于稳定军心、鼓舞士气起
了巨大的作用。在杨秀清的正确指挥下,太平军赢得了进取天京
的巨大胜利。《天王诏西洋番弟》:

> 东王赎病是圣灵,爷爷降托灭妖精。诛了无数死魔鬼,
> 故能如此早到京。

在革命初期,领导集团内部是团结的。杨秀清传上帝"圣
旨",召群众拥护洪秀全。

《天命诏旨书》:

辛开三月十四日　时在东乡

天父谕众小曰："众小认得天父天兄真么？"众小对曰："认得真天父天兄。"天父又曰："众小尔认得尔主上真么？"众小对曰："认得真我主上。"天父曰："我差尔主下凡作天王，他出一言是天命，尔等要遵。"

在革命初期，洪秀全等不把自己与上帝处于并尊的地位。《天命诏旨书》：

辛开十月二十五日　时在永安

天王诏曰："……天父是天圣父，天兄是救世圣主，天父、天兄才是圣也。继自今，众兵将呼称朕为主则止，不宜称圣，致冒犯天父、天兄也。"

这一切，使"拜上"深得人心，皇上帝成了农民群众战斗的旗帜。

但是，到了天京之后，随着领袖的思想行为逐步背离群众，皇上帝也就日益变做少数人扩充特权的工具。

据《天情道理书》记载，杨秀清因参护李凤先得罪了自己的亲信东殿兵部尚书侯谦芳，竟借天父权威，将其"拟成死罪，请旨处决"。

又据《幼主诏书》追记，杨秀清因王次兄洪仁达违反太平天国关于东王集权的规定，不经东王核阅，直接向天王上奏，便传"天父圣旨"，将其锁责。

杨秀清还借"天意"为太平天国领导人搞多妻制辩护。《一八五四年六月东王答英人诰谕》：

> 兄弟聘娶妻妾婚姻，天定多少听天。

1855年，杨秀清忘乎所以，授意部下发表《行军总要》，为自己歌功颂德，竟然自比全能的上帝。该书序文说：

> 今东王亲受天父、天兄默中指授神妙机宜，左辅天王主宰天下，统驭寰区。自金田起义以来，由湖南、湖北、安徽诸省直抵金陵，战胜攻克，马到成功。且闾阎安堵，若忘锋镝之惊；士女归心，共效壶浆之献。非由东王智虑精详，防维周密，训练有素，赏罚至公，断不及此。盖东王具生知安行之资，展经文纬武之略，拨乱反治，除暴安良，功烈迈乎前人，恩威超乎后世。盖其时在运筹帷幄之中，所设规条号令尽善尽美，诚为亘古未见未闻者也。

这实际是1856年杨秀清“逼封万岁”的信号，太平天国领导集团的冲突已经不可避免了。

1856年的“杨韦事变”和1857年的“洪石分裂”，宣告了“拜上帝”的破产。面对这些惊心动魄的事变，人们总是要问，为什么传上帝“圣旨”的杨秀清，竟被上帝的另一个儿子韦昌辉所杀掉了？为什么“奉天诛妖”的救世真主洪秀全，竟然容不得同奉上帝命下凡辅佐他的亲兄弟？“皇上帝”究竟能不能够创造出一个“太平一统”的“天堂”？这一切显示出太平天国信仰的破产。这一切成为革命从兴旺转到失败的致命伤。1859年，洪仁玕在《兵要四则》中深深地慨叹：

> 即我天朝，初以天父真道，蓄万心如一心，故众弟只知有天父兄，不怕有妖魔鬼。此中奥妙，无人知觉。今因人心冷淡，故锐气减半耳！

太平军对"拜上帝"信仰的破产，使敌人拍手称快。沧浪钓徒《劫余灰录》：

> 逆扰半天下，几及十年，而民间恨不能食其肉而寝其皮。而余贼除伪职之外，绝无诚服，常云："天父杀天兄，江山打不通。长毛非正主，依旧让咸丰。"是以肃清易易耳！

为了挽回信仰危机，洪秀全作出了种种努力。他颁发了一系列文件，加强宣传自己"受命于天"的故事。

1859年，太平天国颁行洪仁玕执笔的《己未九年会试题》，对1853年发表的《十全大吉诗》作了解释。这诗有"禾王作主救人善"等句，意谓洪秀全奉天救世。

1860年，太平天国颁行《王长次兄亲目亲耳共证福音书》，用洪仁发、洪仁达回忆录的形式，重新宣布洪秀全"丁酉升天"的经过，重新发表《十全大吉诗》。

1861年，太平天国颁行《英杰归真》，通过洪仁玕同一归降者的问答，对洪秀全"圣主当阳"，重新作了论证。

1862年，太平天国颁行《太平天日》，重新宣传洪秀全"奉天诛妖"和同冯云山向广西传道的历史。

同时，洪秀全深文曲笔解释 1856 年杨秀清之死是出于"皇上帝"的安排，他代世赎病如同耶稣死在十字架上为世人赎罪一样。1858 年《天王诏西洋番弟》：

> 太兄赎罪把命捐，替出世人万万千。东王赎病同哥苦，瘟脱归灵谢爷恩。

1858 年《醒世文》：

> 复命东王赎病主，左辅朝纲乃世人，天父下凡亲降托，大作主张灭妖精，乃师救饥能疗病，乃埋万国得常生，口哑耳聋孔脓出，眼内流泪甚伤情，牵带弟妹归真道，后师特出永垂名。

1859 年《改天历诏》：

> 天历首重孝顺爷……天历二重恭敬哥……天历三重识东王，降托东王是父皇。爷前下凡空中讲，爷今圣旨降托杨。七月廿七东升节，天国代代莫些忘。谢爷降托赎病主，乃埋世人转天堂。

1860 年《幼主诏旨》：

> 今览辅叔本奏，东王舍命顶天，代世赎病，天大功劳，恳造正九重天廷，以备幼东王莅任袭爵之所。朕旨准。今特

> 诏表们、叔们转饬工部官兴工相度,建造正九重天廷,以慰
> 爷皇圣心。

但是,人们都已看到,洪秀全这时劝人"拜上帝",实质上不过是为正在建立的一姓一系的洪氏王朝,涂上一层神圣的油彩而已。

金田起义后,太平天国的国号称"真天命太平天国",以区别于清王朝的假天命。这是出于农民革命的需要。但从1861年起,洪秀全改国号为"天父天兄天王太平天国"。1862年颁行的《敬避字样》,对此作了解释:

> 太平天国,是天父天兄天王开辟之国。
> 天国,独我天父天兄天王幼主太平天国可称。

辛酉十一年四月二十七日《天王诏旨》,反复说明,太平天国是洪氏的"家天下":

> 爷哥朕幼坐朝廷,开辟官兵天官兵,开辟爷哥朕天国,
> 天日总号是太平。
> 开辟尽三子爷人,同世一家莫猜嫌。
> 遵圣旨自获敌门,开辟爷哥朕幼君。

《敬避字样》对君臣称谓也按洪氏"家天下"的观点,作了详尽的规定:

> 君王,前侯不得妄称此二字,唯上帝、基督,君王父、君
> 王母,真圣主,幼主,代代幼主可称此君王二字。
>
> 臣,天父天兄天王幼主统下之人方是臣,前代列侯属下
> 之人不得称臣,概以下字称之。

如上所述,在革命前期,洪秀全严禁部下称己为"圣",以区别天父天兄。自从杀掉了杨、韦,逼走了石达开之后,他便把自己及其子子孙孙拔高到与上帝、基督并尊的地位,他称"真圣主天王",幼主称"真圣天幼主"。《敬避字样》:

> 圣,此字于天父天兄天王幼主代代幼主之外,不得泛
> 用,唯东王赎世人之病,可称圣灵。

但洪秀全的肉身父却也得称"圣"。《敬避字样》:

> 镜,君王父圣讳不准用,凡用可以鉴字代。

显而易见,这时洪秀全劝人"拜上帝",已经失去了农民反封建斗争的意义,不过是为建立洪氏王明,制造"受命于天"的根据而已。正因为这样,所以不得人心。例如,他改国号一事,立即遭到当时主要将领李秀成、李世贤等的坚决反对。"皇上帝"一失去群众,便不再有创造山河海的大本领,最终挽救不了太平天国失败的命运。

正如费尔巴哈所说,上帝是人幻想出来的。人所幻想的上帝的一切特性,实际上就是人自己的一切特性。农民领袖所塑造的

上帝实际就是农民小私有者自己的神圣化。农民反封建运动总是以改朝换代或失败而告终。太平天国宣传"拜上帝",原来出于农民群众反封建的需要,后变做少数领导人扩充权力的手段。由洪、杨所代表的"皇上帝"最初降给太平天国以胜利,但最终又指引它失败。这就是单纯农民战争的悲剧。

（原载《太平天国学刊》第一辑,中华书局 1983 年 3 月版）

《李秀成自述》版本述评

1949 年前，《李秀成自述》已有多种版本流传，其中主要的是两本：

其一是曾国藩安庆刻本《李秀成供》。

清同治三年（1864）李秀成写下了"自述"之后，曾国藩加工删节，抄送清政府军机处。《曾国藩手书日记》：同治三年七月七日，"收李秀成之供分作八、九人缮写，共写一百三十叶，每叶二百一十六字，装成一本，点句划段，并用红纸签分段落，封送军机处备查"。同日，曾国藩奏上《贼酋分别处治粗筹善后事宜折》说："李秀成供词文理不甚通适，而情事真确，谨抄送军机处以备查考。"十二月十三日，他又在《钦奉谕旨分条复陈折》里说：遵旨"将十要十误其它语补抄进呈"。这就是所谓曾抄本《李秀成自述》。其中除"十要十误"外，其他部分迄今尚未在清军机处存档中发现，但有刻本流传。

曾国藩的幕僚赵烈文在《能静居日记》里说：七月七日"中堂嘱余看李秀成供，改定咨送军机处"。七月十日，"中堂嘱重看李秀成供，并分段，将付梓"。《曾国藩手书日记》：七月十一日，"将李秀成亲供及两道恩旨寄皖刊刻"。七月二十九日，曾国藩奏上《补送李秀成供词片》："臣因各处索阅逆供者多，已刊刻一本。"这就是曾制《李秀成自述》安庆本。

这本经过曾国藩删改过的《李秀成自述》,共二万七千八百八十八字。

其二是《近世中国秘史》本《忠王李秀成供状》。

光绪三十年,有一个署名扪虱谈虎客的把曾刻本《李秀成自述》再加删改,交由日本广智书局铅印,全文共二万六千六百二十五字,比曾刻本少一千一百九十三字。罗邕编《太平天国诗文钞》据以翻印。罗尔纲同志从1931年起,开始注释《李秀成自述》时,所依据的也就是此本。它已被删改得不成样子。

为了恢复《李秀成自述》的本来面目,1944年暮春,广西通志馆的秘书吕集义才在湘乡的"曾富厚堂",喜出望外地看到了这个举世瞩目的重要秘本。他穷两日之力,用随带去的北京大学影印九如堂刻本,据以对勘,补抄了五千六百二十多字,并拍摄了照片十五帧,带回广西。这就成了1949年后先后出版的罗尔纲笺证本、梁岵庐整理本、吕集义校补本的来源。1962年,曾国藩的后人在台湾世界书局把《李秀成自述》原件影印公布之后,这些版本便都不能成为研究太平天国史的根据了。

1949年后流传的几种《李秀成自述》版本:

其一是罗尔纲《忠王李秀成自传原稿笺证》。罗氏自序,他根据吕集义到湘乡摄到的四帧照片和抄补的《李秀成自述》,取名"原稿"加注发表。1951年,开明书店一版再版。1952年,神州国光社本《太平天国资料丛刊》据以辑入"诸王自述"中。1954年,中华书局三版《笺证》,张秀民等编辑《太平天国资料目录》时,已断言:"《忠王自述原稿》,久成学术界之谜。今既公布于世,其余二十种版本,几均可废。"其实,罗尔纲氏并未亲见湘乡曾氏所藏原件。对吕集义氏所摄得的十五帧照片,他也仅看到了其中的四帧而已。1954年，梁岵庐氏公布了这十五帧照片，取名《忠王李秀成自传真迹》，由上海出版公司出版。人们始知罗氏"笺证本"还不是《李秀成自述》的真正原稿。1957年，中华书局出版《忠王李秀成自传原稿笺证》（增订本），作为该书的第四版。罗氏说明，这书的一版，二版，三版在版本上有两点错误：（1）由于未看到十五帧全份，使自己无法发现吕集义氏校补本有疏误。（2）罗氏凭自己的判断改动了若干字，以订正《李秀成自述》的"讹漏"，但未加注明。罗氏说："现在为了要改正我以前的错误，特地根据我在桂林从吕集义先生补抄本抄来的补抄本和梁岵庐先生的《忠王李秀成自传真迹》的十五张照片校对，把《忠王自传原稿》重新著录。"其实，"笺证本"的第四版，同吕集义"抄补本"仍有很多出入。

其二是梁岵庐《忠王李秀成自述手稿》。1958年1月，科学出版社出版。梁氏自序："现将'吕抄本'和'笺证本'加以校勘，发现'笺证本'遗漏、讹误和增改之处，约有一百数十处多。……但以'吕抄本'和'自述'真迹照片互校，也不免有笔误之处。我现将整理过的'自述'全文和'自述'真迹照片十五张合在一起出版，借存太平天国比较翔实可靠的史料，即是这本三万三千四百多字的《忠王李秀成自述手稿》。"其实，这本虽校正了罗笺本的错误，但仍同吕氏"抄补本"有不少出入。

其三是吕集义《忠王李秀成自述校补本》。1960年，中华书局影印。1961年，广西壮族自治区人民出版社排印。吕氏首先说明了1944年春他到湘乡抄补《李秀成自述》与拍照的经过，继而肯定了罗、梁两氏的成绩，但他强调指出："最近我将《忠王自述校补本》与罗本，梁本校阅一遍，发觉罗本有错简；梁本误漏之处不少……两个本子都没有标明哪些是被曾国藩删改过的文字，使人一目了然。"于是吕氏便把自己的"抄补本"整理出版。这个本子虽直接从《李秀成自述》原件抄补而来，但也未能全部恢复原貌。吕氏自称："在两天内匆促校补完毕，这就很难保证没有挂漏错误的地方，原稿中别体、讹字被曾国藩改过的，只因时间仓卒不及一一改回。"所以他深切盼望湘乡曾氏所藏的原件尚在人间。

《李秀成亲供手迹》影印本：

曾国藩后人所藏《李秀成自述》原件，自吕集义看过后，下落不明。1950年，湖南省文物保管员调查了湘乡"曾富厚堂"的藏书，"发现他家房屋仍有三进，书藏在第二进楼上，由一王姓老人保管，尚有书十余架，并有一本商店流水账簿一样的书目，从那里面可以看出好东西都已拿走，如书目中《李秀成口供》下便注明'四少爷取去'"[1]。按"四少爷"即曾昭桦。1960年，郭沫若氏为吕集义的《忠王李秀成自述校补本》作序，其中提到曾昭桦已在香港飞往曼谷的途中，因飞机失事而坠死，郭氏慨叹："'自述'原稿如为此人所随身携带，则已可能不复存在于人间了。"但不到两年，台湾世界书局影印的《李秀成亲供手迹》即公开于世。全书约三万六千一百字，共七十四叶。曾国藩批改处与李秀成手迹朱墨分明，确是吕集义见过的原件。然而，该书的影印技术有缺点，使它的原貌受损害。书的首页，原有"若世人肯拜上帝者，无灾无难"云云。"难"字出格，又稍模糊，竟被冲洗掉了。幸而有吕集义氏照片在，罗尔纲同志极其仔细地在新著《李秀成自述原稿注》中，给它补上了。

---

[1]《湖南历史资料》1958年第1期。

　　综上所述，《李秀成自述》一再经过删改，使研究者遭到困难。为了恢复它的原貌，前辈学者特别是罗尔纲同志作出了巨大努力。他几经曲折地撰成的《李秀成自述原稿注》，是迄今《李秀成自述》中最完善的一种版本。

　　1980年罗尔纲同志回顾说："我于1951年1月出版《忠王李秀成自传原稿笺证》。其后一再补充出了三版。到1957年11月，经过进一步增订，又出版增订本。……1958年6月，我回到南京。在编纂太平天国文献、太平天国资料汇编的同时，就依靠大批的史料，进行新注的工作。1962年台湾世界书局影印曾家原稿本出版后，我又把以前所据的广西通志馆抄本改换为影印本。1964年4月，我在南京的工作结束，回到了北京，这部注也完成了。十五年来，我不断在稿上把新发现的史料予以补充、修订。到今年1月，搁下其他工作，集中全力，把这部注再审核一遍，至今始完竣。回首初作注时，已四十九年。古人说白首穷经，我注《李秀成自述》，也从青春注到白首了。"事实正是这样。罗尔纲同志研究《李秀成自述》有两大功绩：鉴定真伪，注释。

　　吕集义从湘乡拍到的照片一发表，即有人怀疑它不是真迹。幸而有曾国藩幕僚庞际云收藏的《李秀成答词手卷》在，其中有李秀成亲笔书写的二十八字。这同吕氏所见湘乡曾氏所藏《李秀成供》是一人的笔迹。罗尔纲同志便据以断定吕氏所见的是真迹。但到了1956年，《华东师大学报》发表的年子敏《评罗著〈忠王李秀成自传原稿笺证〉》，再次提出吕氏所摄照片不是李秀成的手迹，挑起了一场大辩论。年子敏把故宫博物院所藏《李秀成致李昭寿谆谕》与吕集义所摄《李秀成供》以及庞际云所遗《李秀成答词手卷》请法医检验，认为：三件不是一人书写，后两件是同样笔迹。年子敏据以推翻罗尔纲同志已作的结论。他武断:《李秀成致李昭寿谆谕》是真的,其他二件都是假的。罗尔纲撰《笔迹鉴定的有效性与限制性举例》一文科学地给以答复:(1)三件都是李秀成的手稿,但不是在同一环境下书写的,所以笔迹似乎不一样。(2)鉴定湘乡《李秀成供》的前提是确认庞际云所遗《李秀成答词手卷》中李秀成所写的二十八字是真迹。罗氏反问道:如果此件被宣判是出于伪造,那么鉴定《李秀成致李昭寿谆谕》是真迹的依据又是什么呢? 可见年子敏的逻辑是不能成立的。

1979 年,《中华文史论丛》第一辑发表的荣孟源《曾国藩所存〈李秀成供稿本〉考略》一文,从字数问题怀疑这稿本不是李秀成的手迹。荣氏认为,曾国藩在信件和日记里,多次提到《李秀成供》的字数,但多寡不一,多至五六万字,少至三四万字,当是撕毁了一部分。而今"细查稿本,叶叶文句相联,中间并无撕毁的痕迹。这就说明这份稿本不是李秀成的真迹,而是曾国藩删改了李秀成真迹之后,又找人誊录的抄件"。这一推测,也缺少充足的证据。总之,台湾世界书局所影印的《李秀成供》是真迹,罗尔纲同志已作了结论。

关于《李秀成自述》真伪问题的争论,主要是由它的内容所引起的。人们看到其中有向敌人乞降语,总认为这不该是李秀成的手笔。对此,罗尔纲同志也未能作出实事求是的答复,他设想的"伪降"说,也是不能成立的。这事早经辩论,本文不再详述。

罗尔纲同志是怎样注释《李秀成自述》的?据《忠王李秀成自传原稿笺证》四版"增订说明",笺证"约有十一项":一、叙事先后倒置;二、史时失确;三、叙事遗漏或简略的地方;四、叙述了表面的现象,忽略内在的实质;五、阙疑的地方;六、记事有误的地方;七、人物和地名;八、专门名词;九、晦隐的史事;十、文

学术论文（下） | 2623

词欠通；十一、方言。以后又有发展。《李秀成自述原稿注》前言说："我注《李秀成自述》，是训诂与事实的考证并重。"他列举"训诂"共十二项：一、太平天国制度；二、太平天国的避讳字；三、太平天国的特殊称谓；四、人物；五、地名；六、事物；七、专门名词；八、特殊的简写字；九、典故；十、词句；十一、方言；十二、乡土称谓。"事实的考证"共十项：一、事实错误；二、时间错误；三、考其有所为而言，以免把假当真的；四、李秀成有意隐瞒的地方须考明的；五、李秀成因避免刺激曾国藩而阙略的地方；六、大事有记而未明，则考明以见其事的；七、有其事已具，博考以详其情况的；八、《李秀成自述》所不载，事宜存录者则补其缺佚；九、事出离奇，须考明是否属实的；十、有事出自扬，须订正的。概括起来，罗尔纲同志做了两项工作：考证史事，解释词语。这是注释史料必不可少的两个方面。

随着不断掌握新的资料，罗尔纲同志不断补充对《李秀成自述》的注释。例如李秀成说："十一年正初，由常山动身，上玉山、广信、河口而行，到建昌屯扎，攻打二十余日未下，外有清军来救，是冲天炮李金旸带兵。"对于冲天炮，《笺证》的一、二、三版，都未注释。四版（"增订本"）始注："冲天炮是李金旸的绰号。"[1]以后罗尔纲同志充分掌握了有关资料，在《李秀成自述原稿注》里便完整地交代了其人其事。

罗尔纲同志是一位虚怀若谷的学者，他谦逊地说："我注《李秀成自述》，是深深惭愧自己的无知的。其中错失的地方，敬请读者多加指教，匡其不逮。"其实，大醇小疵，任何杰出的历史著作都

---

[1]　据欧阳兆：《水窗春呓》卷上。

是难免的。只有不断地订补，才能精益求精，日臻完善。为此，敬提出几点建议，供再版修订时参考。

第一，保持版本的原貌，不可以意改动文字，这是注释史料的一条原则。在个别处罗尔纲同志违背了这原则。例如，《李秀成自述》："即林绍璋革职调其回京。"罗尔纲同志认为革职在前，遂改作"即革职林绍璋调其回京"。其实，不要这样改动，只需在注文中说明。

第二，引用资料，要力求确凿可靠，这是注释史料的又一重要原则。罗尔纲同志也是这样做的，但有个别条需要商榷。例如，1957 年《苏南日报》发表了一首歌颂李秀成的民谣："青竹竿，白竹台，欢迎忠王到苏州来，杀脱张、和两强盗，我伲农民好把头抬。"这首歌显然不是当时的。试问在一百二十多年前，农民怎能唱出阶级阵线分明的歌词呢？罗尔纲同志把它引进《李秀成自述原稿注》很不妥当。

第三，不发议论，也是注释史料的原则。《李秀成自述原稿注》前言说："中国注史书，以裴松之的《三国志注》最著名。我注本书曾参考裴松之的体例。……但裴注杂引诗书，亦时下己意，不免有主观，我注本书则唯有训诂、考证，不加议论。"这是完全正确的。但却有不少处不遵守这原则。例如，在对待洪仁玕与李秀成的关系上，《李秀成自述原稿注》曾多次发议论，扬李抑洪，这完全是不需要的。

对个别词语，没有追溯来源。如："义怒"，罗尔纲同志列举《天情道理书》等太平天国文献，注明："是太平天国文书述上帝，天王、东王发怒的称谓。"但未申述此词来源于梁亚发《劝世良言》。

对个别新资料，尚未引用。如罗尔纲同志说："李秀成所说的天王两个小子，是第三子光王，第四子明王（据戊午八年颁行的

《太平礼制》），其名不详。"其实，天王洪秀全的两个小儿子，一名天光，一名天明，见《幼天王自述》，已经萧一山《清代通史》公布。

所有这些，供罗尔纲同志在修订本书时参考。错误之处，敬求诲正。

（原载《中学历史》1983年第4期）

毛泽东思想是研究中国近代史的指南[1]

——兼评萧一山《清代通史》

毛泽东思想揭示了中国近代史的科学体系

马克思主义揭示了历史唯物论的普遍原理。毛泽东同志说："当马克思、恩格斯把这事物矛盾的法则应用到社会历史过程的研究的时候，他们看出生产力和生产关系之间的矛盾，看出剥削阶级和被剥削阶级之间的矛盾以及由于这些矛盾所产生的经济基础和政治及思想等上层建筑之间的矛盾，而这些矛盾如何不可避免地会在各种不同的阶级社会中，引出各种不同的社会革命。"[2]马克思用这个原理研究资本主义社会，他看出了这一社会的基本矛盾在于生产的社会性和占有制的私人性之间的矛盾。这个矛盾表现于个别企业中的生产的有组织性和在全社会中的生产的无组织性之间的矛盾。这个矛盾的阶级表现则是资产阶级和无产阶级之间的矛盾。这就不可避免地要引起无产阶级的社会主义革命。以毛泽东同志为首的中国共产党人把马克思主义这一原理应用到研究

---

[1] 本文集编者按，此文曾题为《关于研究中国近代史的体系问题》，收入《近代中国资产阶级研究（续辑）》（复旦大学出版社 1984 年版）。

[2]《毛泽东选集》第 2 卷，初版本，第 784 页。

半殖民地半封建的近代中国，找到了这个社会的两个基本矛盾：帝国主义与中华民族的矛盾，封建主义与人民大众的矛盾；其中帝国主义与中华民族的矛盾乃是最主要的矛盾。近代中国的经济斗争、政治斗争和思想斗争，都从属于这两个基本矛盾。毛泽东同志把一部中国近代史高度概括为"帝国主义和中国封建主义相结合，把中国变为半殖民地和殖民地的过程，也就是中国人民反抗帝国主义及其走狗的过程"[1]。在又一处论述中国民主革命的过程时，毛泽东同志说："过程之反帝反封建的民主革命的性质"，"其反面是半殖民地半封建的性质"[2]。这一矛盾过程的两个方面在斗争中互相转化着。中国社会的性质，主要地是由取得支配地位的这一矛盾过程的主要方面所规定的。随着矛盾的主要方面的变化，中国社会的性质也就起变化。还在 20 世纪的 30 年代，毛泽东同志应用马克思主义的哲学观点研究近代中国的实际，就预言："帝国主义处在形成半殖民地这种矛盾的主要地位，压迫中国人民，中国则由独立国变为半殖民地。然而事情必然会变化，在双方斗争的局势中，中国人民在无产阶级领导之下所生长起来的力量必然会把中国由半殖民地变为独立国，而帝国主义则将被打倒，旧中国必然要变为新中国。旧中国变为新中国，还包含着国内旧的封建势力和新的人民势力之间的情况的变化。旧的封建地主阶级将被打倒，由统治者变为被统治者，这个阶级也就会要逐步归于消灭。人民则将在无产阶级领导之下，由被统治者变为统治者。这时，中国社会的性质就会起变化，由旧的半殖民地和半封建的社会变为新

---

[1]《毛泽东选集》第 2 卷，初版本，第 602 页。
[2]《毛泽东选集》第 2 卷，初版本，第 781 页。

的民主的社会。"[1]毛泽东同志的这一科学论断,已经被1949年中国人民革命的伟大胜利所证实。我们中国近代史工作者,就是要学习毛泽东思想关于"两个基本矛盾"的原理,结合丰富的史料,研究和阐明"一个过程的两个方面"在斗争中相互转化的规律,总结中国人民反帝反封建的历史经验,用以教育后一代。正因为这样,所以新中国的史学界历来把毛泽东同志的名言"帝国主义与封建主义相结合,把中国变为半殖民地和殖民地的过程,也就是中国人民反抗帝国主义及其走狗的过程",作为中国近代史的体系,这是符合客观实际的。我们对中国近代史的研究之所以能够逐步成为科学,就是因为有了毛泽东思想的指导,就是因为找到了这个体系。

毛泽东同志曾经不拘一种形式地论述近代中国这一矛盾的过程,例如,有时他说:"帝国主义侵略中国,反对中国独立,反对中国发展资本主义的历史,就是中国的近代史。历来中国革命的失败,都是被帝国主义绞杀的,无数革命的先烈,为此而抱终天之恨。"[2]有的同志仅仅征引了它的前半段——"帝国主义侵略中国,反对中国独立,反对中国发展资本主义的历史,就是中国近代史",便认为这不在"一个过程的两个方面"的范围,从而要求突破上述科学体系而另写出一部中国发展资本主义和帝国主义反对中国发展资本主义的历史来。我认为这是没有必要的。第一,邓小平同志说:"我们要真正地领会毛泽东思想。就一个领域、一个方面的问题来说,也要准确地完整地理解毛泽东思想。"[3]我们

[1]《毛泽东选集》第2卷,初版本,第790页。
[2]《毛泽东选集》第2卷,初版本,第651页。
[3]《邓小平文选》,第40页。

不能够把毛泽东同志用不同语句论述中国近代史的同一原理对立起来。第二,恩格斯说:"以往的全部历史,除原始状态外,都是阶级斗争的历史。"[1]我们不能够把阶级斗争误解为仅仅是政治斗争,而把经济和文化推出了中国人民反帝反封建斗争的领域。第三,如果背离了中国人民反帝反封建斗争的观点来研究中国发展资本主义的历史,其结果将不能够得出正确的答案。关于这一点,本文第三段将作详尽的阐述。

要坚持中国近代史的科学体系

事实已经证明,中国资本主义的发展,是同上述"一个过程的两个方面的斗争"息息相关的。毛泽东同志曾反复论述了帝国主义侵略中国对中国资本主义发展的双重关系。"中国封建社会内的商品经济的发展,已经孕育着资本主义的萌芽,如果没有外国资本主义的影响,中国也将缓慢地发展到资本主义社会。外国资本主义的侵入,促进了这种发展。""还有和这个变化同时存在而阻碍这个变化的另一个方面,这就是帝国主义勾结中国封建势力压迫中国资本主义的发展。"[2]中国人民反帝反封建的斗争,总是在客观上直接或间接地推动中国资本主义的发展。而中国资本主义的发展,又给中国反帝反封建革命带来了新的阶级力量。在19世纪的40—60年代,由于中国资本主义尚在萌芽,中国资产阶级和无产阶级尚未形成,中国革命的主要力量只有农民阶级。

---

[1]《马克思恩格斯选集》第 3 卷,第 423 页。
[2]《毛泽东选集》第 2 卷,第 596、598 页。

因此,爆发了反封建反侵略的农民革命,太平天国是其中的旗帜。太平天国失败以后,中国资本主义发展起来,中国资产阶级走上政治舞台,出现了90年代的戊戌维新和20世纪初期的辛亥革命。资产阶级的运动虽然失败了,但是中国资本主义继续在发展,中国无产阶级逐步形成为独立的政治力量,随着马克思列宁主义传入中国,与工人运动相结合,中国革命出现了新局面,从1919年五四运动起,进入了无产阶级领导的新民主主义革命。农民运动,资产阶级运动,无产阶级运动,正是在半殖民地半封建中国,反映出新的社会生产力和新的社会生产关系——资本主义发生发展的一条红线。

这里所说的资本主义是指民族资本。半殖民地半封建中国的资本主义有官僚资本与民族资本的区别。1947年,毛泽东同志在分析四大家族的国家垄断资本主义时说:"这个资本,在中国的通俗名称,叫做官僚资本。这个资产阶级,叫做官僚资产阶级,即是中国的大资产阶级。新民主主义的革命任务,除了取消帝国主义在中国的特权以外,在国内,就是要消灭地主阶级和官僚资产阶级(大资产阶级)的剥削和压迫,改变买办的封建的生产关系,解放被束缚的生产力。被这些阶级及其国家政权所压迫和损害的上层小资产阶级和中等资产阶级,虽然也是资产阶级,却是可以参加新民主主义革命,或者保守中立的。他们和帝国主义没有联系。或者联系较少,他们是真正的民族资产阶级。在新民主主义的国家权力到达的地方,对于这些阶级,必须坚决地毫不犹豫地给以保护。"[1]官僚资本是帝国主义侵略中国的工具,民族资本

---

[1]《毛泽东选集》第4卷,第1253—1254页。

则是帝国主义侵略中国的对立面。毛泽东同志说："为了侵略的必要，帝国主义给中国造成了买办制度，造成了官僚资本。帝国主义的侵略刺激了中国的社会经济，使它发生了变化，造成了帝国主义的对立物——造成了中国的民族工业，造成了中国的民族资产阶级。"[1]只有放在"一个过程的两个方面的斗争"中去考察，才能看清楚这两种资本在阶级性质上的区别。如果我们背离了阶级斗争的红线，撇开了中国近代史的科学体系，抽象地谈论中国资本，混淆了官僚资本与民族资本的界线，这也将产生原则性的错误。

半殖民地半封建中国的政治和经济的主要特点之一，就是民族资产阶级的软弱性。毛泽东同志反复指出："在某种历史环境能够参加反对帝国主义和反对封建制度的中国资产阶级，由于它在经济上政治上的软弱性，在另一种历史环境就要动摇变节，这一规律，在中国历史上已经证明了。因此，中国反帝反封建的资产阶级民主革命的任务，历史已判定不能经过资产阶级的领导，而必须经过无产阶级的领导，才能够完成。"[2]这也是中国共产党人把民族资产阶级放在"一个过程的两个方面的斗争"中考察得出的结论。

由此可见，毛泽东思想给我们提示的关于中国近代史的科学体系，即"一个过程的两个方面的斗争"，并非仅仅是概括近代中国的政治斗争，而遗漏了对中国资本主义和中国资产阶级的研究。恰恰相反，只有坚持这一体系，我们才能对中国资本主义和资产阶

---

[1]《毛泽东选集》第4卷，第1488—1489页。
[2]《毛泽东选集》第1卷，第259页。

级的研究,有着正确的方向。至于有些中国近代史的书籍,偏重政治斗争,对资本主义经济的叙述比较贫乏,那是某些著作上的缺点问题,我们绝不能够因此归咎于以阶级斗争为红线的科学体系。

评《清代通史》的一章

如果我们不从"一个过程的两个方面的斗争"中去考察经济和文化发展问题,则将复述旧中国资产阶级史家所谈过的某些东西。在这里,摘引萧一山《清代通史》的原文,供大家研究。在"奕䜣之维新事业"一节里,萧氏一则说:"若总理衙门与北洋大臣之设置,语言文字之学习,商情新闻之咨报,皆为维新事业之权舆。"[1]再则说:"'自强以练兵为要,练兵又以制造为先',盖'以中国一切皆胜西人,所不如者兵而已。'中央当局之觉悟如此,地方大吏之建议亦如此,于是维新运动之楔〔契〕机启矣。"[2]萧氏盛赞第一批"维新事业"的创始人。"故此时之所谓洋务,其领导人物,内则奕䜣,外则曾国藩,若文祥则附于奕䜣,李鸿章、左宗棠则附于曾国藩,以此少数之人,应千古未有之大变局,无论其动机为皇统,为民族,均属难能可贵矣。"[3]萧氏还为李鸿章进行辩护:"而国藩卒后,淮军执兵权牛耳,鸿章主持外交近四十年,着着失败。甲午之役,举一切之新式军备而摧毁之,自强运动之美梦以破,此不得不归咎于鸿章之不学无术也。虽然,鸿章抑何尝不努力于新事业以救亡图存乎?在民族遭受苦难,帝国主义三面环攻

[1] 萧一山:《清代通史》卷下第15章《中兴时代之维新事业》。
[2] 《清代通史》卷下第15章《中兴时代之维新事业》。
[3] 《清代通史》卷下第15章《中兴时代之维新事业》。

之时，奋斗挣扎，虽败犹荣，徒为知识所限，腕力所限，业已尽其能事。吾人对自强运动之举，皆不妨作如是观也。"[1]这里，萧一山把历史上的大是大非弄颠倒了。在第二次鸦片战争之后，清政府里一批官僚军阀，内则奕䜣，外则曾、李辈，奉行了一条对外投降资本主义侵略者、对内镇压农民起义的反动路线。在"借法自强"口号下，他们所推行的以军事为中心的"洋务运动"，尽管在客观上也为以后的资产阶级维新提供了某些条件，但从整体来说，它不是导致了中国富强，而是加深了中国的半殖民地化。他们为了"皇统"，危害民族。这和以后民族资产阶级的救亡图存完全是不能比拟的。怎能如萧氏所说奕䜣等人所搞的"洋务运动"是中国维新事业的嚆矢呢？说到李鸿章，他一生站在中国人民反帝反封建的对立面：以镇压太平天国和捻军起家，在中法战争、中日战争中实行投降主义，反对戊戌维新，勾结帝国主义绞杀义和团运动，等等。为什么他要这样做，绝不是由于受知识和能力的限制，而是由于他的大地主阶级的立场所决定的。

萧氏在"维新事业的分期"一段里，对近代中国人的"学西方"做了系统的概述，炮制了一盘"大杂烩"，他说："故自林则徐、魏源经奕䜣、文祥、曾、左、李以迄康有为，对西方文化各有认识，虽程度不同，而救亡图存之案，均偏而不全，甚至有舍本逐末者，宜其效之不彰耳。但此为历史渐变之自然法则，任何突变之事实，皆履霜坚冰，由于积累而成，非一蹴可致也。凡此诸期之维新事业，皆为推动新思潮之张本，亦各有其功绩。自孙中山先生领导国民革命，始能因此基础，统筹全局，于西洋文明之所长，则

---

[1] 《清代通史》卷下第 15 章《中兴时代之维新事业》。

尽量采取,于中国文化之优点,则提倡恢复。此一具体完整之新方案,可谓集维新事业之大成,而由兵工文化实用科学以至法政社会经济,盖无所不包。"[1]从这里,显见萧氏把封建统治阶级办"洋务"与资产阶级维新运动、资产阶级民主主义革命串成了一线,他不谈孙中山在反帝反封建的斗争潮流中继承和发展了洪秀全的革命事业,却抽象地谈"学西方",把孙中山改装成曾国藩、李鸿章等反革命屠夫的继承者。这岂不是颠倒了历史上的大是大非! 接着,萧一山竭力诽谤"五四"新文化运动,咒骂马克思列宁主义在中国的传播,诋毁中国共产党所领导的人民大革命。他说:"于是民国以后,又有'新文化运动'出焉。新文化运动所标榜之口号,为科学与民主,实即三民主义之一部分精神所在耳。国父所提倡之民族主义,除'迎头赶上科学'外,尚有'恢复固有文明'。所提倡之民权主义,除崭新的全民政治外,尚有独创的'五权宪法'。而新文化运动家不知也。因此徘徊歧路,思想庞杂,治丝益棼,游衍不知所归,结果竟为假借马克思之苏俄帝国主义作驱除,致有陆沉之祸,殊可叹矣!"萧一山认为,在"学西方"这条道路上,是有正统和支流之分的,他说:"以故居今而言继维新运动之事业者,应以国民革命为一时期,而不能以新文化运动作代表。新文化运动之内容,为文艺、哲学、经济学,其标榜曰'全盘西化',就表面上观之,似亦轰轰烈烈,对中国社会之影响甚大;但实际上仍是维新运动之一支流蔓衍者耳。"[2]这就是说,继承和发展孙中山事业的,不是领导新民主主义革命的中国共产党,而

---

[1]《清代通史》卷下第 15 章《中兴时代之维新事业》。

[2]《清代通史》卷下第 15 章《中兴时代之维新事业》。

是打着"国民革命"旗帜，干着背叛孙中山事业的人。这就是萧一山颠倒历史是非的实质所在。

为什么萧一山同我们研究中国近代史的结论如此差异，归根到底，是立场、观点、方法上的分歧。他不从"一个过程的两个方面的斗争"中去考察中国"维新事业"的发展，从而得出上述颠倒是非的结论。对于一个资产阶级史家来说，这是不足为怪的。萧一山对中国"维新事业"的研究，也使我们从反面深受教益。我们一定要坚持毛泽东思想所揭示的中国近代史的科学体系，才能真正有所创新，有所前进。至于对萧氏等的资产阶级史学观点，则必须明辨是非，不能苟同。

邓小平同志说："我们必须坚持马列主义、毛泽东思想。""我们坚持的和要当作行动指南的是马列主义、毛泽东思想的基本原理，或者说是由这些基本原理构成的科学体系。至于个别的论断，那末，无论马克思、列宁和毛泽东同志，都不免有这样那样的失误。但是这些都不属于马列主义、毛泽东思想的基本原理所构成的科学体系。"[1]小平同志又说："毛泽东思想不是在个别的方面，而是在许多领域发展了马克思列宁主义。"[2]历史科学，就是其中一个方面。毛泽东同志对于中国近代社会两个基本矛盾及其斗争过程的分析，对于中国资产阶级的研究等等，都是我们必须坚持的基本原理。只有坚持毛泽东思想的指导，才能使我们对中国近代史的研究，不断发展，为建设和保卫社会主义服务。

（原载《扬州师院学报（社会科学版）》1983年第4期）

---

[1]《邓小平文选》，第157—158页。
[2]《邓小平文选》，第40页。

马克思主义是研究中国近代史的指南

马克思主义,是研究人类社会发展规律的科学,是研究中国历史的指南。早在抗日战争时期,毛泽东同志就说:"学习我们的历史遗产,用马克思主义的方法给以批判的总结,是我们学习的另一个任务。"[1]毛泽东同志的这一论述,一直是中国历史工作者的准则。我们研究中国近代史,就要从毛泽东同志著作中,学会马克思主义的方法论。

一

马克思主义创造了科学的唯物史观。恩格斯说:"唯物史观是以一定历史时期的物质经济生活条件来说明一切历史事变和观念、一切政治、哲学和宗教的。"[2]从唯物史观出发,马克思主义找到了决定人类社会发展的两个基本矛盾,生产关系与生产力的矛盾,上层建筑与经济基础的矛盾,而生产关系与生产力的矛盾乃是人类社会任何一个阶段的最根本的矛盾。马克思发现了人类历史发展的辩证法,他写道:"社会关系和生产力密切相联。随着新生产力的获得,人们改变自己的生产方式,随着生产方式即

---

[1]《毛泽东选集》,第499页。
[2]《马克思恩格斯选集》第2卷,第537页。

保证自己生活的方式的改变,人们也就会改变自己的一切社会关系。手推磨产生的是封建主为首的社会,蒸汽磨产生的是工业资本家为首的社会。"[1]就是这样,人类社会经历了原始公社、奴隶制、封建制、资本主义等阶段。随着私有制和阶级的产生,社会基本矛盾表现为阶级矛盾。恩格斯说:"以往的全部历史,除原始状态外,都是阶级斗争的历史。"[2]毛泽东同志即用"阶级斗争"一词来表达唯物史观。"阶级斗争,一些阶级胜利了,一些阶级消灭了。这就是历史,这就是几千年的文明史。拿这个观点解释历史的就叫做历史唯物主义,站在这个观点的反面的是历史唯心主义。"[3]

用唯物史观研究近代中国社会。毛泽东同志从经济基础入手,分析了当时存在着的五种生产资料所有制:帝国主义所有制、封建主义所有制、官僚资本主义所有制,这是占统治地位,阻碍社会生产力发展的三种所有制。还有民族资本主义所有制、个体小生产者所有制。他指出:历史要前进,就必须消灭帝国主义、封建主义和官僚资本主义,促进民族资本主义的发展,解决个体小生产者,变半封建半殖民地的旧中国为民族独立、人民民主的新中国。

对近代中国社会进行阶级分析,毛泽东同志抓住了两个基本矛盾:帝国主义与中华民族的矛盾,封建主义与人民大众的矛盾。其中帝国主义与中华民族的矛盾,是最主要的矛盾。近代中国人民革命就是在这两个矛盾斗争的基础上发生和发展起来的。毛

---

[1]《马克思恩格斯选集》第 1 卷,第 108 页。
[2]《马克思恩格斯选集》第 3 卷,第 423 页。
[3]《毛泽东选集》,第 1491 页。

泽东同志说："帝国主义和中国封建主义相结合,把中国变为半殖民地和殖民地的过程,也就是中国人民反抗帝国主义及其走狗的过程。"[1]这个过程,从1840年的鸦片战争开始,到1949年中华人民共和国成立才基本终结。在此期间,随着中国民族资本主义的产生和发展,代表中国历史进步潮流的阶级力量发生了变化。先是单纯农民运动,继之以资产阶级的变法维新和资产阶级革命,再继之是无产阶级领导的人民大革命。以有没有无产阶级领导为分界,毛泽东同志把近代中国人民反帝反封建革命分为两个阶段:1919年五四运动以前是旧民主主义革命;五四运动以后是新民主主义革命。

以资产阶级为领导的旧民主主义革命都失败了。正如胡耀邦同志在《庆祝中国共产党成立大会上的讲话》中所说:"在近代中国历史上,从鸦片战争到五四运动以前,中国人民为了反抗帝国主义和封建主义,进行了长期的英勇斗争。伟大的革命家孙中山先生所领导的辛亥革命,推翻了清朝皇帝,结束了两千多年封建专制王朝的统治。但是所有这些斗争,都没有找到真正解救中国的出路。"领导人民完成反帝反封建革命的任务历史地落在无产阶级的肩上。近代中国历史的客观规律表明"只有社会主义能够救中国",这是科学的结论。

二

怎样研究中国近代史?唯物论和唯心论的斗争异常激烈。

---

[1] 《毛泽东选集》,第602页。

一部中国近代史，是帝国主义侵略中国的历史。鸦片战争、英法联军、干涉太平天国革命、中法战争、中日战争、八国联军……这是铁一般的事实。然而帝国主义列强却把"侵略"说成了"友谊"，把"扩张"颠倒为"睦邻"。

一部中国近代史，是封建主义压迫人民大众的历史。然而在封建主义文人的笔下，却变作"内乱外祸史"。他们为封建统治阶级对外投降帝国主义，对内压迫人民的罪行辩护，并由此引出"攘外必先安内"的谬论，把矛头直指广大革命人民。

一部中国近代史，是中国人民反对帝国主义及其走狗斗争的历史。毛泽东同志在抗日战争时说："中国人民，百年以来，不屈不挠，再接再厉的英勇斗争，使得帝国主义至今不能灭亡中国，也永远不能灭亡中国。"[1]然而，从帝国主义的文献里，却只看到"野蛮"的横祸。

地主资产阶级都反对用唯物史观解释历史。他们总是否认人类社会新陈代谢的规律，力图用英雄史观曲解中国近代史。例如，北洋军阀直系头目冯国璋，曾在张勋复辟时大发谬论，说什么"自前清以来，凡有极端之举，无一不生反动，蛛丝马迹，前鉴昭然。以亲贵之极端而有辛亥，以革命之极端而有癸丑，以筹安之极端而有丙辰，以国会之极端而有今日。凡当时以为痛快者，必有反动力倚伏其中，如大海回澜，循环不已，所苦者民耳！此数役者，如稍自降心，适可而止，则永远和平，夫岂无术！"[2]在冯国璋看来，只要少数"大人物"不搞"极端"，则革命可以避免，清王

---

[1]《毛泽东选集》，第602页。
[2]《冯国璋往来函电》，《近代史资料》1979年第3期。

朝和北洋军阀便能够万古长存。他们总先否认中国存在阶级和阶级斗争，力图用"客观主义"来曲解近代史。例如，研究太平天国史五十年的简又文曾说："予以为吾国之所谓士农工商兵之分，只是职业上的区别，而非西洋之所谓'阶级'。"他否认太平天国运动是农民革命，"岂其以太平军兵员多农民出身，遂称为农民革命乎？然攻灭太平军之反革命湘军兵员又何尝不是湘乡一带的农民？分明是农民打农民也。"[1]按照简又文的观点，太平天国起义，不仅没有推动历史，相反是"破坏"了民族元气。"客观主义"，实质上是主观主义。

"英雄史观"和"客观主义"都是历史唯心论，毛泽东同志说："我们是反对历史唯心论的历史唯物论者。"[2]在毛泽东思想的指导下，我国的历史工作者，分析批判了形形色色的唯心主义，逐步使中国近代史的研究成为科学。但不幸的是，到了 60 年代，党和国家遭遇"十年动乱"，历史研究被林彪、"四人帮"糟蹋到了极端严重的地步。毛泽东同志曾说："今天的中国是历史的中国的一个发展；我们是马克思主义的历史主义者，我们不应当割断历史。从孔夫子到孙中山，我们应当给以总结，继承这一份珍贵的遗产。这对于指导当前的伟大运动，是有重要的帮助的。"[3]但是，林彪、江青一伙，完全背弃了这一"古为今用"的历史唯物主义的原则，大搞"影射史学"，推销唯心的实用主义。他们不是实事求是地总结历史的经验，供当前无产阶级政治借鉴；而是从他们反党反人民的阴谋出发，以今拟古，歪曲历史，比附现实。他们时而肯定

---

[1]《太平军广西首义史》。

[2]《毛泽东选集》，第 1519 页。

[3]《毛泽东选集》，第 499 页。

一切,时而否定一切,随心所欲地涂改历史,并制造了重重禁区。

粉碎"四人帮"之后,历史学界得到了解放,对中国近代史的研究特别活跃。但是由于实用主义的影响,有些文章仍热衷于搞抽象的比拟,即不问阶级区别,实行以今拟古。有的把现在我国的对外开放,与近代美帝国主义的"门户开放"侵略政策相类比。又有的把现在我国的引进外国先进科学技术,与近代李鸿章之流为镇压农民运动而引进"洋枪""洋炮"相类比。还有的把林、江反革命集团的打、砸、抢罪行,与农民自发的反帝爱国斗争义和团运动相类比。诸如此类,在理论上是唯心的,在政治上是有害的。

三

所以产生这种背离唯物史观的错误,一个很重要的原因,就是混淆了民主革命时期和社会主义时期阶级斗争的状况。在民主革命时,在近代史上,中国人民拿起武器同帝国主义及其走狗进行了生死存亡的大搏斗。阶级斗争,是当时社会生活中的主要矛盾。在民主革命胜利和社会主义改造基本完成以后,我国的社会阶级和阶级斗争的状况,发生了根本的变化。胡耀邦同志在党十二大的报告中说:"党中央反复指出:在剥削阶级作为阶级消灭以后,我国社会存在的矛盾大多数不具有阶级斗争的性质,阶级斗争已经不再是我国社会的主要矛盾。"对于这两个时期阶级斗争的状况,是不能混淆的。正是由于我们在社会主义时期犯了以"阶级斗争为纲"的错误,所以遭到了严重的挫折。同样我们也不能用今天的状况,去类比民主革命时期的问题。一旦抛弃了阶级和阶级斗争的观点,去研究近代史,就必然会犯错误。历史类比之所以不对，其原因，就在于抹杀了事物的阶级差别。例如，为了建设社会主义，我国实行对外开放，这是无产阶级的政策。胡耀邦同志在党十二大报告中说："实行对外开放政策，按照平等互利的原则扩大对外经济技术交流，是我国坚定不移的战略方针。"这跟美国为了侵略中国而提出的"门户开放"政策是有严格的阶级差别的。怎能以今拟古呢！

所以产生这种错误，还有一个重要原因，就是认为编写历史要随着现状而变化，一部近百年的中美关系史，要随着 1979 年中美关系正常化而改写，把"美国侵华史"改成"中美友好史"。毫无疑问，这是实用主义。从 1979 起，中美关系确实发生了变化。胡耀邦同志在党的十二大报告中说："中美两国自 1979 年建交以来，发展了符合两国人民利益的关系。我们一贯希望把这种关系发展下去，认为这对两国人民和世界和平都是有益的。"但是，历史上美国侵华是客观存在的事实，不能随着中美关系的变化而变化。

搞抽象的比拟，有人把它当作历史研究中的创新。其实社会科学创新的前提，只能是坚持唯物论，坚持实事求是，只能是让马克思主义一步一步地占领这块阵地。史学界已经积累了丰富的经验。自从接受了马克思主义，历史学的面貌就焕然一新。如上所述，马克思主义为我们弄清了近代五种生产资料所有制，抓住了两个基本矛盾，找到了一条规律，这样，就使近代史研究从陈旧的唯心主义束缚中解放出来，创造出崭新的成果。如果背弃了唯物论，倒退到唯心主义的泥坑里去，不宣传爱国主义，不宣传共产主义，而奢谈什么"创新"其结果只能是"复旧"。

毛泽东同志曾严肃批评过某些历史工作者"不去研究自从

1840 年鸦片战争以来的一百多年中，中国发生了一些什么向着旧的社会经济形态及其上层建筑（政治、文化等等）作斗争的新的社会经济形态，新的阶级力量，新的人物和新的思想，而去决定什么东西是应当称赞或歌颂的，什么东西是不应当称赞或歌颂的，什么东西是应当反对的"[1]。我们一定要记住毛泽东同志这一指示，坚持以马克思主义为指导，搞好近代史的研究工作，为建设高度的社会主义精神文明作出应有的贡献。

（原载《克山师专学报（哲学社会科学版）》1984 年第 1 期）

---

[1]《毛泽东选集》第 5 卷，第 47 页。

唯物主义的动力论是鉴定近代史
研究中两种"翻案"的准则

　　刘大年同志在《关于历史研究的指导思想问题——评马克思主义"过时"论》一文中，说到近年我国"历史刊物中翻案性的文章相当流行。拿中国近代史来说，几乎所有重要问题都存在分歧，都在讨论和争论。这里面有思想活跃，认识前进，克服过去那种简单、教条的一面，无可否认，也有认识反复，否定以前的研究中比较正确的、合乎马克思主义观点的一面"。怎样用历史唯物主义的原理来区别和分析这两种不同性质的"翻案"？我想这是一件很有意义的事情。

一

　　坚持马克思主义的基本原理，对大量可靠的史料做具体分析，推翻流行的错误答案，得出正确的结论，使历史科学有所发展。这是完全必要的，也是不可避免的。在中国近代史研究中，学术界曾进行过一次带有根本性的翻案。原来，一部中国近代史，被旧史学家写成"内乱外祸史"。他们认为，"内乱"引起"外祸"，人民革命招致外国侵略，实际是同意帝国主义所捏造的"黄祸论"。自从接受了马列主义、毛泽东思想的指导，史学家的答案就起了根本变化，人们开始认识中国近代史的真相，它是一部中国人民反帝反封建的历史。究竟什么是近代中国社会发展的动力？人们也找到了正确的解答。它不是西方恩赐的"文明"，而是中国人民推翻三座大山的革命。至于对中国近代史上的重大事件和重要人物，先进的史家也都重新研究，把颠倒的是非再颠倒过来，还给历史以本来面目。

但是，新中国历史科学的发展是曲折的。不但遭到"十年动乱"的干扰和破坏，而且即使在 50 年代，一些马克思主义史学家，也难免作出某些错误的论断。因此，在粉碎"四人帮"之后，我们必须重新学习马列主义、毛泽东思想，清算林彪、江青一伙在历史研究中所散布的流毒。同时，对有些虽然流行已久，但实际是违背马克思主义基本原理，也是不符合历史事实的，所谓"定论"，也得勇敢地进行翻案。例如，以前史学界包括范文澜、罗尔纲等同志在内，都公认太平天国实行"四大平等"，多数的中国近代史著作，人云亦云，几乎众口一词，当作定论。直到 1979 年，南京举行太平天国史学术讨论会才公开对此翻案。我参加大会发言说：

　　马克思、恩格斯《共产党宣言》说："过去的一切运动都是少数人的或者为少数人谋利益的运动。"他们所指的"过去的一切运动"是概括无产阶级以前的运动，毫无疑义是包括农民反封建运动在内的。农民是封建社会里的大多数，他们要翻身就得解放大多数。但农民是小私有者，不可能自发地抛弃少数人统治多数人的私有制。在自然经济的基础上，他们搞私有制的结果，只可能维持封建制。因此，农民群众总是不能从对封建主义压迫下解放自己。为什么农民运动的队伍要发生两极分化,它的成果总是被少数新的特权人物所篡夺?为什么从陈胜、吴广起义以来的农民运动,都成了地主阶级改朝换代的工具?其原因就在于农民运动最终维持了封建制。太平天国革命以极其充分的事实说明了这个农民运动的历史规律。

过去,由于主观主义的影响,我们给太平天国编造了某些"神迹",也设置了许多禁区。例如,我们历来强调说,洪秀全在起义前提出了政治平等、经济平等、男女平等、民族平等的口号,在起义后把它发展而为彻底反封建的农民革命纲领——《天朝田亩制度》。对凡是与这一观点相反的即使绝对确凿地反映洪秀全等搞不平等的资料,我们也一律不加置信,或曲予解释。这样,就对太平天国史的某些重大问题,作不出科学的结论。其实,对原来的封建地主讲平等,对自己的部下又讲不平等,这本来是农民领袖天赋的双重性格。洪秀全、杨秀清等人哪能例外!他们哪能在自己的队伍里真正实践什么"四大平等"!

对以上观点,我曾举《天朝田亩制度》为证。也在这次会上,我说:

《天朝田亩制度》是太平天国的纲领性文件。它一开始就把革命队伍的待遇作了不平等的规定。它说:"功勋等臣,世食天禄。其后来归从者,每军每家设一人为伍卒,有警则首领统之为兵,杀敌捕贼;无事则首领督之为农,耕田奉尚(上)。"可见,它把全国分为两种人,享受截然不同的待遇。(一)功勋等臣,成为世袭特权阶层。他们连同子孙,既不当兵,又不种田,由国家供养。(二)一般群众,平分土地,战时当兵,平时为农,尽保卫国家和供养特权阶层的义务。由此可见,以往我们强调太平天国实行"四大平等",乃是夸大之词。要实现真正的平等,即阶级消灭,只有无产阶级才能达到。

总之,在坚持以马克思主义基本原理为指导的前提下,我不仅是赞成,而且也努力实践,对某些错误结论,进行翻案。

二

但是,对近年中国近代史研究中出现的另一种"翻案",例如"农民战争破坏论",我是不同意的。众所周知,还在抗日战争时期,毛泽东同志对中国历史上的农民起义和农民战争作了科学分析:

> 地主阶级对于农民的残酷的经济剥削和政治压迫,迫使农民多次地举行起义,以反抗地主阶级的统治。从秦朝的陈胜、吴广、项羽、刘邦起,……直至清朝的太平天国,总计大小数百次的起义,都是农民的反抗运动,都是农民的革命战争。……在中国封建社会里,只有这种农民的阶级斗争、农民的起义和农民的战争,才是历史发展的真正动力。因为每一次较大的农民起义和农民战争的结果,都打击了当时的封建统治,因而也就多少推动了社会生产力的

发展。[1]

毛泽东同志的这一论断，实际就是对旧史学观点——"农民战争破坏论"的批判。当时，宣传太平天国等农民战争"破坏"的，大有人在。钱穆氏在《国史大纲》的"洪杨之乱"一节里说：

> 用邪教的煽惑起事，用流动的骚扰展开，这是安静散漫的农民所以能走上长期叛变的两条路子。可惜这两条路子，开始已注定农民革命的命运，使他们只能破坏，不能成功，除非中途能自己改变。

简又文氏在《太平军广西首义史》导言里说得更严重：

> 以予观之，在吾国全部历史中，若连内乱外患合计，以破坏性及毁灭力论，太平天国革命运动仅亚于现今日本侵略之一役耳，其前盖无匹也。

马列主义、毛泽东思想批判了他们的错误观点，肯定了包括太平天国起义在内的农民战争是历史发展的动力。这是中国历史研究中的一大进步。为什么现在我们又要翻这个案，重弹"农民战争破坏论"？岂非搞理论上的倒退呢？

从马克思主义的观点看，"农民战争破坏论"是完全站不住脚的。第一，要区分战争的性质，我们拥护革命人民的正义战争，

---

[1]《毛泽东选集》第 2 卷，第 595 页。

反对反动派的非正义战争。包括太平天国在内的农民战争是义战。第二，"官逼民反"，制造战争破坏的是封建地主阶级，而不是农民。为什么我们要抛弃马克思主义关于战争的科学原理，转而接受旧中国史家已被驳倒的陈腐观点呢？

三

研究中国近代史，对待中外关系，历来有两种截然不同的观点。

"先进文明"的西方，开发"落后愚昧"的东方。一部中国近代史，是中国人"学西方"的历史。这是陈旧的观点。但以往的旧史学家几乎都是以此作为研究中国"维新事业"的出发点。在他们看来，不管是什么阶级的代表人物，也不管是为了什么阶级的利益，只要他搬来了西方资本主义的"文明"，都应该是在歌颂之列的。

钱穆氏在《国史大纲》的"晚清之变法自强"里，历数清政府的守旧之后说：

> 在此情形下，遂使当时一些所谓关于自强的新事业之创兴，无不迟之又迟而始出现。举其著者，如铁路之兴筑，同治季年直督李鸿章已数陈其利，竟不果行。光绪初，英人筑淞沪铁路，购回毁废。三年始有商建唐山至胥各庄铁路八十里。六年，刘铭传入觐，力言铁路之利，李鸿章又力赞之，而江督刘坤一以影响民生厘税为言，台官亦合疏反对，诏罢其议。十三年，始造津沽铁路一百七十里。明年，李鸿

章倡议自天津接造至通州，朝议骇然。张之洞乃创芦汉干路说为调停。后又中辍，直至二十四年始再定议，三十二年全路始成。又以轮船言之，《江宁条约》后，外轮得行驶海上，《天津条约》后，外轮得行驶长江。同治十一年，直督李鸿章议设轮船招商局。十三年，又疏请，始定议。

上述旧史学观点具备以下特征：不讲社会生产关系，只讲社会生产力。当然，也不讲生产关系与生产力的矛盾及其阶级表现。钱穆说得很明白，不管那些铁路和轮船是为帝国主义或者是为封建主义服务的，只要是新式的交通工具，就肯定它是中国社会的"新事业"。按照钱氏的逻辑，中国社会生产力之所以落后，先是由于清政府的专制守旧，后则由于人民大众的革命。他慨叹地说：

> 其后则激荡益远，于政治革命之后，继之以文化革命、社会革命，于中国内部，不断掀起彻底震荡之波澜。而欧洲之科学与机械，遂终无在中国社会安宁保养、徐徐生长成熟的机会。过激者乃益复推而远之，希望于驱逼中国投入世界革命中求出路。不知社会愈动扰，则科学机械之发展愈受摧抑。而中国社会之所以赶不上近世文化之阶段者，其惟一机括，只在科学机械方面之落后，道在迩而求之远。歧途亡羊，此之谓也。

这里，作者从批判孙中山，到讥讽共产党（"过激者"），不准中国人民进行推翻三座大山的革命。如果我们接受这种陈腐观点，中国的历史科学也就陷入了绝境。

对待东西方的关系，马克思、恩格斯早有论述：

> 资产阶级，由于一切生产工具的迅速改进，由于交通的极为便利，把一切民族甚至最野蛮的民族都卷到文明中来了。……它迫使一切民族——如果它们不想灭亡的话——采用资产阶级的生产方式；它迫使它们在自己那里推行所谓文明制度，即变成资产者。……
>
> 正像它使乡村从属于城市一样，它使未开化和半开化的国家从属于文明的国家，使农民的民族从属于资产阶级的民族，使东方从属于西方。[1]

马克思主义揭示了东、西方关系的真相，即东方民族之所以起而学习西方，目的是对西方压迫的反抗。以毛泽东同志为首的中国共产党人，根据马克思主义的原理，研究近代中国社会的实际，弄清了五种生产资料所有制，揭示了半封建半殖民地的社会性质，找到了两个基本矛盾：帝国主义与中华民族的矛盾，封建主义与人民大众的矛盾，而帝国主义与中华民族的矛盾，乃是最主要的矛盾。这两个矛盾及其斗争，就是近代中国社会生产关系与生产力矛盾的阶级表现。毛泽东同志把中国近代史高度概括为"帝国主义和中国封建主义相结合，把中国变为半殖民地和殖民地的过程，也就是中国人民反抗帝国主义及其走狗的过程"[2]。先进的史学家们，根据这一线索，写出了一部又一部的与《国史大纲》等观

---

[1] 《共产党宣言》。
[2] 《毛泽东选集》第2卷，第602页。

点完全不同的中国人民反帝反封建斗争史。用事实说明,只有中国人民的革命斗争,才能最终解决近代中国的两大矛盾,摧毁陈腐的生产关系,解放社会生产力。毛泽东同志在抗日战争后期说过,"中国一切政党的政策及其实践在中国人民中所表现的作用的好坏、大小,归根到底,看它对于中国人民的生产力的发展是否有帮助及其帮助之大小,看它是束缚生产力的,还是解放生产力的。消灭日本侵略者,实行土地改革,解放农民,发展现代工业,建立独立、自由、民主、统一和富强的新中国,只有这一切,才能使中国社会生产力获得解放,才是中国人民所欢迎的。"[1]毛泽东同志的科学预言,已经被中国人民付诸实践。如果不摧毁帝国主义、封建主义和官僚资本主义,不建设社会主义,而企图解放社会生产力,发展科学技术,而要在世界东方出现一个繁荣富强的新中国,那只能是一种空想。

至于"学西方",毛泽东同志也有所论述:

> 自从一八四〇年鸦片战争失败那时起,先进的中国人,经过千辛万苦,向西方国家寻找真理。洪秀全、康有为、严复和孙中山,代表了在中国共产党出世以前向西方寻找真理的一派人物。[2]

毛泽东同志所列举的近代四位先进人物,正是旧民主主义革命时期农民运动、资产阶级运动的代表。他们"学西方",为了救

---

[1]《毛泽东选集》第3卷,第1102页。
[2]《毛泽东选集》第4卷,第1406页。

中国。为什么毛泽东同志没有把李鸿章列入呢？因为尽管他向西方搬来了一批新东西，但其目的是为封建统治服务的。他把新的生产力纳入旧的生产关系，其结果不是解放生产力，而是束缚生产力。他站在洪秀全、康有为、严复、孙中山的对立面，怎能同他们一样算作"学西方"的一派人物呢？

总之，在观察近代东、西方关系上，旧史学家只看到西方的文明高于东方，因而把抽象的"学西方"作为研究中国近代史的脉络。从他们陈腐的观点中，人们找不到中国的出路。马克思主义者不仅看到西方文明高于东方，而且看到西方奴役东方，因而把人民反帝反封建斗争作为研究中国近代史的脉络。从他们的科学著作中，人们发现了中国前途的光明。两种观点，谁是错误，谁是正确？早已被历史的实践所分辨清楚。难道我们还要翻案，背离马列主义、毛泽东思想的正确观点，转而接近旧史家的错误观点，岂非搞理论上的倒退！

四

胡乔木同志在《关于人道主义和异化问题》一文中提出："究竟什么是人类社会进步的动力？"他作出了明确的答案：

> 历史唯物主义指出，生产力的发展，生产力同生产关系的矛盾，以及在阶级社会中表现这一矛盾的阶级斗争，才是历史发展的动力。

近年史学界的两种翻案，题目虽多，但总是关系到这个带有根本性的问题。这条历史唯物论的基本原理,正是鉴定中国近代史研究中两种"翻案"的准则。例如,否定太平天国"四大平等"说,其结果无非是进一步阐明一条真理:中国农民阶级是反帝反封建的革命动力,但如果得不到无产阶级的领导,斗争就不能够胜利。对《天朝田亩制度》的重新评价,也是为了阐明这条真理。它是农民反封建的革命纲领,但是不彻底的,而且是空想的。太平天国的失败,不是由于《天朝田亩制度》的没有实现,而是由于提不出一个高于它的能够解放农民群众的彻底反封建的纲领。这些都和历史的动力问题有关。翻案是符合唯物主义原理的,所以是正确的。至于"农民战争破坏论",则是完全背离了历史唯物主义的动力论,所以是错误的。有人主张以抽象的"学西方"作为研究中国近代史的脉络,不从两个基本矛盾看问题,要求突破毛泽东同志所启示的"两个过程"(其实是一个过程的两个方面)而另建中国近代经济、文化史的体系;有的还贬低太平天国、义和团等农民运动,要求把对外卖国、对内镇压人民的李鸿章挤进救中国先进人物的行列。……这一切都是不符合历史唯物主义关于动力问题原理的,所以也都是不正确的。

乔木同志在文章中又说:

> 历史唯物主义关于社会进步动力的原理,不仅为人类社会发展的历史所证实,而且在今天和今后仍然是促进我国社会主义建设的强大的武器。社会主义社会的发展,同以往人类社会历史的发展一样,仍然离不开社会生产力的发展,离不开生产力和生产关系、经济基础和上层建筑在一定条件下的矛盾,仍然需要在科学地认识和正确地解决这

些矛盾中前进。

我们一定要坚持以历史唯物主义关于社会进步动力的原理为指南，研究历史特别是中国近代史，研究现状，认识将来，才能使我们的历史科学，不断发展，不断创新，为建设社会主义精神文明和物质文明，作出应有的贡献。

（原载《扬州师院学报（社会科学版）》1984 年第 2 期）

西捻军最后一战与戊戌维新的伏笔

——读《翁同龢日记》

近阅《翁同龢日记》。在同治七年（1868）七月上旬，他缕记着西捻军失败的经过。

> 初二日，早晨，李鸿章六百里加紧捷报。少顷闻捻匪悉数荡平，惟张总愚未得，或云投河，或云自尽矣。（此报廿九日德州发。）军机见时即贺喜。
>
> 初十日，晨入而李鸿章红旗六百（里）加紧报至。退闻张总愚逆尸已获矣。
>
> 十一日，捻匪既平，策勋懋赏。

在农民大起义失败，清王朝"喜庆"的日子里，翁同龢却反常地波动不安起来。就在初十日，他写道：

> 夜，辗转不寐，百端交集。

接着，他补记了当天在弘德殿教皇帝读书时，那位无权的小皇帝同翁师傅的一段对话：

上曰："张逆已擒,尚有何贼?"对曰："甘肃回匪未靖,且新疆久为回匪所据矣。"上曰："此不足虑,所虑者盖在肘腋之地耳!"意盖指欧逻诸种也。并论及将帅逗挠玩法,词色俱厉。可贺也。

这里,充分流露出君臣们都在为清王朝面临外国侵略和内政腐朽而忧虑。在"平定发捻"之后,清政府向何处去?《翁同龢日记》揭开了这个有识之士共同关切的问题。

一、从《翁同龢日记》看西捻军最后一战

翁同龢是同治和光绪两朝皇帝的师傅,官至协办大学士户部尚书军机大臣,长期经理内政、外交,阅历深广。《翁同龢日记》始咸丰八年六月,迄光绪三十年五月,内容极为丰富。正如张元济写的跋文所说:"四十余年大事,粲然具备。"齐思和、邵循正等史学前辈已将有关部分选录入《第二次鸦片战争》《中法战争》《中日战争》等资料丛刊中,但很少人注意到《翁同龢日记》对研究太平天国史也有可供参考的资料。兹选录几条为例:

咸丰八年七月廿三、廿四日,翁同龢出京赴陕西典试途中记太平军北伐经山西时事:

询诸土人,癸丑年,贼窜山右时,破平阳、洪洞,入赵城界,离城十五里,折而东窜。

次日又记:

> 巳刻次平阳府,府治临汾县,古冀都也。……平阳城坚
> 而大,居民寥落,癸丑之难,难死者七千二百余人。

同治三年六月,太平天国失败,李秀成被俘写下"亲供"后,翁同龢于十一月十五日即在北京看到,他写道:

> 阅伪王李秀成供词,从修伯[1]假得者也。

所有这些,都为太平天国史研究,提供了真实的资料。

此外,翁同龢还从他的五兄同爵信中,得知捻军在河南等地活动的情况。

> 同治四年正月初二日……得五兄腊月十一日汴梁书,
> 次日启行,将由汝宁道信阳以达武昌,……书中言,许州戒
> 严,贼约六七万,在鲁山、宝丰之间。

对同治七年西捻军进迫京津附近及在山东失败的经过,《翁同龢日记》所提供的资料,则更是珍贵。其中很多是官方文牍所不见的。例如:

同治七年正月十三日记保定被围警报:

> 二鼓,宝生[2]信来云,保定于十二日寅刻被围,边马达
> 固安云云。亟访之,谈至亥初,彻夜未眠。

---

[1] 朱学勤,字修伯,与翁同龢为换帖兄弟。时充内阁侍读学士。
[2] 庞钟璐,号宝生,与翁同龢同为常熟人,时充礼部侍郎。

嗣后,连续记北京戒严情形:

> 十四日……见彰仪门外有负枪兵南去。
>
> 廿三日……连日城内八旗兵各按地段列械驻扎,查夜亦勤。
>
> 二月初三日……闻神机营复派马队。又见橐驼驮帐房甚多,云赴故城驻扎。

对西捻军神奇的活动,《翁同龢日记》也有所反映。

> 二月初六日,……贼窜河间,将窥天津,我兵折回者甚多。
>
> 三月十一日……闻贼捻于廿三日南渡滹陀,以遗物饵我兵勇,遂得脱去,众约三千。(又闻窜至卫辉,伐济源之竹以为枪。)
>
> 四月初三日……闻捻扑东昌不得渡,回窜及吴桥、东光等处。郭宝昌前受重伤,陈振邦阵亡,战皆不利,如何如何!
>
> 初七日……醇邸云,贼扑天津,距城十二里,诸军皆落后,惟潘鼎新、郭松林缀贼,李鸿章在开州,左宗棠在大名,现派神机营三千至王庆坨一带驻扎。
>
> 十三日……来军报络绎,迄未知贼众何向?闻尚占葛沽等村。
>
> 五月廿三日……得袁小午信,言捻匪出没难击状。

《翁同龢日记》暴露了清政府在"剿捻"军事上种种虚弱的

内幕。

第一，内廷分歧。

（同治七年）正月十五日……夜诣宝生处。闻醇邸连递封奏，请带兵赴易州，与枢廷议不合。

第二，探报失实。

正月十六日……朱修伯云，易州无贼，神机营探报误以陈国瑞兵为贼耳！

十九日……神机营探报，贼于十六日陷祁州城，而十七日官相报无之，疑讹传也。修伯云。

第三，军纪腐败。

二月初六日……仆人曹喜家在大汲店，被害甚惨。伊归省，行至涿州南，见难民遍野，露处号呼，而官兵抢掠之酷，又倍于贼，万口同声，似非无据。

第四，兵力不足。

五月初十日……见宋伟度与云孙书，大略言：寇众万人，真战者三之一。我兵十之，或袭其辎重，或掩其边马，遂以大捷报；河防自减河至连镇者，有左军控扼。金承恩、杨鼎勋、陈济清亦分驻，自连镇至临清四百里沙圩甫立，仅有张树声练军二千余名，所赖者水深盈丈耳。自临清至章（秋）〔丘〕二百余里，皖军、东军、豫军三万余分布力单，且黄流淤塞后无滴水，仅恃新筑之圩，殊不稳固云云。

上述可见，如果西捻军不是在战略上犯了错误，孤军深入敌人心脏地区，加上东捻军已经失败，使清政府能够把各路军队调集起来打击它；那么，最后的胜败，还难以判定呢！《翁同龢日记》反映西捻军最后一战的史料很翔实，但未辑入《捻军》资料丛刊。聂崇岐前辈编《捻军资料别集》，也仅选录了两条。这是需要补充的。

二、戊戌维新的伏笔

自从太平天国失败后，清王朝面临的仍是"外患内忧"交错的局面。

其时，外国侵略者的魔爪已经伸到腹地，激起了人民的反抗。翁同龢于同治三年十二月十八日，记下了一件发生在他家乡的惊心动魄的事实：

江苏麻庄地方有汉夷互斗，汉民死者三人，夷人被传死者两人焉。奉旨：通饬州县不得延阁致死。

太平军虽然已经失败，但是原来被清政府利用的湘军裁撤后却反戈一击，"兵"变为"匪"。《翁同龢日记》：

> 同治四年八月廿日……得五兄七月廿七日长沙书,述湘中散勇滋事情形甚备。

> 同治五年八月十四日……得五兄六月廿七日长沙信,迟极矣!(澧州一带大水,哥老会滋事。)

而当时慈禧太后及其羽党的反动统治却日益腐朽。对此,翁同龢深感不满和忧虑。这种心情,不时从他日记的字里行间流露出来。

> 同治六年二月廿六日……中涓某者,京师卖浆者子也。入宫为储秀宫首领,有宠,颇豪富,其厮养皆曳罗绮,稍稍与诸王侯贵人往来矣。

> 五月廿六日……自本月十七日起,宫中土木之工繁兴,春杵邪许之声如海潮音,或云长春宫添造戏台,无稽之言,不敢凭也。是日,内务府大臣于未刻叩头,意者工将毕,赏赉之。

> 三十日……有呼冤于乾清宫陛者(南书房厨子太监也),声极厉,上为之动容。捆出交内务府矣。闻一知州(候选直隶州杨廷熙)上封事,有十不可解。

> 十一月廿七日……上至,绝未言火事,膳后乃徐云:"昨见烟否?此宫内失火,勿向外人道也。"

翁同龢目击这些宫廷黑幕,不能无动于衷。于是他和同治皇帝的亲叔叔醇亲王奕譞深相结纳,称颂奕譞是"国家柱石之臣"。他们意味深长地在一起怀念道光皇帝及其爱国的母亲:

同治五年四月十六日……醇邸言道光朝旧事甚悉。又言宣庙晚年每披军报必不怡良久。一日问孝和睿皇后安，适嗫夷占定海，上强为慰藉，太后厉声曰："祖宗创业，尺土一民皆艰难缔造，何今日轻弃之耶！"上长跪引咎。呜呼！恭俭孝仁，宣庙之德超轶前古矣！

就在西捻军兵及京都的紧急时刻，同治七年二月十六日，翁同龢等要求皇帝加入听政：

是日，与醇邸、倭相[1]、徐老前辈连衔封奏，请上于召对枢臣时入座。疏稿余与荫翁参酌。午间，醇邸来，言恭邸传懿旨，照议行。择日于本月二十一日起。上于帘前入座。

他们都在盼望，同治皇帝一朝亲政，能够大有作为，实行外抗侵略，内革弊取。但他们还都意识不到，要实现这目的，只有变法维新。当时还没有这样的条件。只是在三十年以后，又一个翁同龢的学生，被资产阶级维新运动的浪涛推向前台的光绪皇帝，在名义上掌握了政权。到那时，翁同龢才能够演完他平生最为精彩的一幕——主持没有成功的戊戌维新，而匆匆地被慈禧太后赶下了政治舞台。这一切，绝非偶然。读者可以从他在同治初年的日记中找到伏笔。

（原载《历史教学》1984 年第 2 期）

---

[1] 倭相，指大学士倭仁，也是弘德殿师傅。

初论扬州学派对史学
研究的贡献

清代，扬州学术繁荣，名家辈出。"扬州学派"以经学显，成为吴、皖经学的巨大分支。他们揭帜"广经"，兼治史学。扬州史学不仅推衍吴、皖考据学余绪，而且在思想内容与编纂体例上，都有开拓之功。本文述其梗概，包括指导思想、治学方法和研究范围。

一、"广　经"

清代，朝野咸标榜经学，以为经学而外非学。宋明崇尚理学风靡几百年，而顾炎武一言否定之，谓"理学即经学"。但清儒亦深知穷经不足以经世，由是钱大昕等倡议读史，然而不敢蒙"离经背道"之嫌，于是章学诚倡言："六经皆史。"也就是说，经学即史学。扬州学人则衍段玉裁"广经"之说，把史籍列为重要研究对象。其代表为宝应人刘恭冕。他以"广经"名其读书室，称所著书为《广经室文钞》。他阐明段氏之意谓："太史公作《史记》，备列古今兴废之迹，以论其得失，而《八书》尤足与《礼经》相辅。"《史记》当补列为经。"孟坚《汉书》，乃断代作史者之祖。后世史家，咸禀其法。故后世皆以马班并称。"此亦当补列为经。"温公《通鉴》，备列古今之政事，乃古代论治之书也。其所论断，悉取法于《春秋》，足以善善恶恶，儆戒百世。"[1]《通鉴》也当补列为经。其言虽仍囿于"以史隶经"的陈腐观点，但是已拓宽了研究的领域，把几部史籍名著列入学习的重要书目，促进了史学的发展。

二、考 史

清儒治经的主要手段是考据。他们读史也是首重考据，其代表作有马骕《绎史》、钱大昕《二十二史考异》等，前者辑补古代史，后者辨正史籍的版本与内容。扬州学人精心考史，著述甚多。较早有宝应王懋竑，他著《读书记疑》十六卷，其中半数属于考史，对《国语》《后汉书》《南史》《北史》，都著工夫。宝应人成蓉镜，曾考订古代历法，著《尚书历谱》《春秋日南至谱》《汉太初历考》三书，有助于对古代天文学的研究。他考史的成果，尚有《春秋世族谱拾遗》《史汉骈枝》《宋州郡志校勘记》等。兴化任大椿从戴震习考据，治三礼、小学，而以余力考史，作《吴越备史注》二十卷，以精博著称。江都汪中，考据精密，能融会贯通，其考史之作有《春秋列国官名异同考》《宋世系表》，后书无刊本，但有自序辑入《述学》中。仪征刘文淇祖孙三世，均长于考据，文淇作《南北史注》《旧唐书校勘记》，其孙寿曾也作《南史校义集平》传世。

纵观扬州学人考史之作，主要是考证记载的同异，校勘版本的是非，辑补遗佚，注释音义。有专治一史或一科的，也有泛及诸书的。这些都是乾嘉考据学的前波和后浪，表现出扬州学人治史

---

[1] 张舜徽：《清代扬州学记》，第47页。

的方法,但这绝非他们的目的。

三、方志与历史地理

扬州学人治史以经世为职志,其重要成果之一,是对地方史志与历史地理的研究。

江都汪中撰《广陵通典》十卷,始春秋,迄杨吴。世人公认此书为扬州史的杰作。他又作《秦蚕食地图表》和《金陵地图考》,皆未成书。但从汪喜孙所撰年谱中,可见其规划南京历史地图的大略。全书共二十卷:《国朝江南省城图》第一,《国朝江宁府图》第二,《秦汉地》第三,《吴建业》第四,《晋宋齐梁陈都城图》第五,《晋宋齐梁陈丹阳郡》第六,《晋地图》第七,《宋地图》第八,《齐地图》第九,《梁地图》第十,《陈地图》第十一,《隋蒋州城图》第十二,《唐昇州城图》第十三,《南唐都城》第十四,《南唐地名》第十五,《南唐金陵尹》第十六,《宋城郡邑》第十七,《元建康路图》第十八,《明南京图》第十九,《历代水道图》第二十。

甘泉焦循,也留意扬州史志,著有《北湖小志》《邗记》《扬州足征录》等书。

宝应刘台拱,撰《宝应图经》;又撰《胜朝殉扬录》,补叙明清之交史事。

仪征刘文淇,著《楚汉诸侯疆域志》和《扬州水道记》,前书考一代列国疆域,后书叙一地川流脉络,对历史地理学和方志学,都作出了贡献。

扬州学人,特别是汪中,留下了治扬州史的规范:其一,考明舆地之沿革,驳正了时人以古广陵在浙江的谬误。其二,称颂人民爱国的传统，叙述李庭芝、史可法等捍卫扬州的经过，盖有深意。

四、学术史

扬州学人重视学术史，其主要成绩有以下诸方面：

第一，总结前人学术思想。其突出的事例是王懋竑的《朱子年谱》。自宋以来，理学分朱、陆两派，明清之际，两派激烈争辩，顾炎武等把明代之亡，归咎陆王。王懋竑为朱熹辩诬释谤，并对朱学去芜存精，用力二十余年，四易其稿，撰成《朱子年谱》。其书尊朱排陆，彻底否定了王守仁《朱子晚年定论》援朱入陆的观点。在此之前，已有三家撰朱熹年谱。先是朱门弟子李晦，辑录其师言行。至明嘉靖时，李默加工修补，另成一书。清康熙间，洪珵又对李默之书进行订补。其书深受王学影响，为清初学者所诟病。自王懋竑《朱子年谱》出，始满足了时代的要求。

第二，开拓对"子学"史研究的领域。其杰出的代表是汪中对荀子、墨子、老子等历史的研究。原来，人们以为传孔子学说的，在战国时只有孟轲，由是孔孟并称。汪中所著《荀卿子通论》及《荀卿子年表》，论证了荀卿传经之功；《墨子序》和《墨子后序》，考明了墨子的年代，澄清了儒家强加于墨子的罪名，驳正了"杨朱墨翟"并称的传统谬误；《老子考异》，辨明了老聃、《老子》作者、老莱子不是一人。汪中罗列确凿的证据之后，断言孔子所问礼的是老聃，"其人为周守藏之史"。写道德之意五千余言的是周太史儋，其人在孔子后。至于语孔子"去子之骄色与多欲，态心与淫志"的，则是老莱子。这三人都有"老子"之称，所以历来混为一人，"实则三人不相蒙也"。如上所说，汪中敢于冒"非经背圣"之嫌,坚持实事求是的原则,否定流传已久的错误。这种精神,值得后人继承和发扬。

第三,评述当代学术流派。其系统之作有甘泉江藩所撰《国朝汉学师承记》和《国朝宋学渊源记》。按学分汉、宋,乃清代学术史上一大特点。最早,顾炎武否定宋明理学,强调理学即经学。元和惠氏祖孙继起,认为汉人注释经书,得孔孟真谛,大力隆汉而贬宋,由是汉、宋之壁垒始严。江藩受学于惠栋弟子余仲林、江声,尊崇汉学,深知汉宋脉络,又好治史。正因为具有这两方面的因素,所以江氏能够撰成《国朝汉学师承记》一书。在自序里,他对清儒为什么提倡汉学和自己为什么写书,作了说明:

> 藩绾发读书,授经于吴郡通儒余古农、同宗艮庭二先生,明象数制度之原,声音诂训之学,乃知经术一坏于东、西晋之清谈,再坏于南、北宋之道学,元明以来,此道益晦。至本朝,三惠之学盛于吴中,江永、戴震诸君继起于歙,从此汉学昌明,千载沉霾一朝复旦。暇日,诠次本朝诸儒为汉学者,成《汉学师承记》一编,以备国史之采择。[1]

汪中之子喜孙作跋,进一步阐明江氏著此书之宗旨及其意义:

> 国朝汉学昌明,超轶前古,阎百诗驳伪孔,梅定九定历算,胡朏明辨《易》图,惠定宇述汉《易》,戴东原集诸儒之大成,袞然著述,显于当代,专门之学,于斯为盛。至若经史

---

[1]《国朝汉学师承记》,第5—6页,中华书局1983年版。

词章金石之学，贯穿勃穴，靡不通擅，则顾宁人导之于前，钱晓徵及先君子继之于后，可谓千古一时也。若夫矫诬之学，震惊耳目，举世沿习，罔识其非。……恶莠乱苗，似是而非，自非大儒，孰有能辨之者！吾乡江先生博览群籍，通知作者之意，闻见日广，义据斯严，汇记经生授受之诣，辑为《汉学师承记》一书。[1]

《汉学师承记》，略以时间顺序编次，始阎若璩，迄凌廷堪。黄宗羲、顾炎武虽为清儒鼻祖，但由于他们汉、宋兼取，所以被列在最后。扬州学人得在本书立传的有任大椿、程晋芳、李惇、汪中、刘台拱等。其述任大椿云：“子田与东原同举于乡，于是习闻其论说，究心汉儒之学。”述程晋芳：“君始为古文词，及官京师，与笥河师、戴君东原游，乃治经，究心训诂。”述李惇：“与同郡刘君台拱、王君念孙、汪君中友善，力倡古学。”述汪中：“君治经宗汉学，谓国朝诸儒崛起，接二千余年沉沦之绪，通儒如顾宁人、阎百诗、梅定九、胡朏明、惠定宇、戴东原，皆继往开来者。亭林始开其端；河洛图书至胡氏而绌；中西推步至梅氏而精；力攻古文者，阎氏也；专治汉《易》者，惠氏也；及东原出而集大成焉。拟作《六儒颂》，未成。”述刘台拱：“君学问淹通，尤邃于经，解经专主训诂，一本汉学，不杂以宋儒之说。”以上所引，说明了扬州学派与皖派的密切关系，也说明了他们隆汉贬宋的治学特点。

但是，由于清政府标榜程朱，所以江藩也不否定宋学，故又撰《国朝宋学渊源记》。其在《附记》中说：“近今汉学昌明，遍于寰

---

[1]《国朝汉学师承记》，第134页。

宇，有一知半解者无不痛诋宋学。然本朝为汉学者，始于元和惠氏，红豆山房半农人手书楹帖云：'六经尊服郑，百行法程朱。'不以为非，且以为法，为汉学者，背其师承，何哉！藩为是记，实本师说。"[1]同时，江氏也反对宋学内部党同伐异的门户之见，他认为："昔朱、陆会于白鹿，象山讲'君子小人喻于义利'章，听者泣下，朱子深为叹服，谓切中学者隐微深痼之病。象山云：'青田亦无陆子静，建安亦无朱元晦。'观二子之言，可见其廓然至公，无一毫私意存乎中矣。阳明之学，不过因陆子之言而发明之，其后为王学者，遂视朱子为仇雠，朱学之徒又斥陆、王为异端。而攻击者并文成之事功亦毁之，甚至谓明之亡，不亡于朋党，不亡于寇盗，而亡于阳明之学术。吁！其言过矣！"[2]因此，他编次《宋学渊源记》，对门户之论，一概删除。

五、科技史

清代汉学家重视天文、数学，很多扬州学人对此付出了巨大精力。特别是阮元，他约集焦循等人，编辑出版了我国较早的一部科技史《畴人传》。阮元在自序中，首先说明研究天文、术数的重要意义，他强调"效法乾象，布宣庶绩"，是帝王之要道。"儒者之学，斯为大矣。"阮氏批判俗儒不讲天算，主管天文、气象的官员"株守旧闻"，演算家不凭实验，有的还宣传迷信。他举例指摘说："老人之星，江南常见，而太史以多寿贡谀。发敛之节，终古不差，

---

[1]《国朝汉学师承记》，第 154 页。
[2]《国朝汉学师承记》，第 180 页。

而幸臣以日长献瑞，若此之等，率多错谬。又或称意空谈，流为虚诞，河图洛书之数，传者非真，元会运世之篇，言之无据，此皆数学之异端，艺术之杨墨也。"为了端正研究科学技术的方向，所以他"掇拾史书，荟萃群籍，甄而录之，以为别传。自黄帝以至于今，凡二百四十三人，附西洋三十七人，大凡二百八十人，厘为四十六卷，名曰《畴人传》"。他取"畴人"为书名，源于《史记》。其在凡例中说："学问之道，惟一故精，至步算一途，深微广大，尤非专家不能为。《太史公书》：'畴人子弟分散。'如淳注曰：'家业世世相传为畴。律年二十三，传之畴官，各以其父学，所谓专门之裔也。'是编以《畴人传》为名，义取诸此。"而对违背科学知识的旁门左道，奇谈怪论，一概不录，例如，他指出："《新唐书》载李淳风逆知武氏之乱，《宋史》载刘义叟预知辽主之亡，此类当是传者之过，即或有之，亦是别为一术，并非九数所能推测，若因其步术之精而牵连及之，适足起无识者无穷之惑，是编一律删除，庶体例更为纯一。"[1]

《畴人传》的特点，在于"网罗古今"，"融会中西"，它在编写中国科技史的历史上，处于重要的地位。但是，阮元、焦循等人对西方科技史的发展，犹如隔山相望，实际所见甚寡，他们坚持"西法实窃取于中国"之说，用陈旧的中法，评议新颖的西术。这是受时代限制的结果。

---

[1] 以上均引自阮元：《畴人传》自序及凡例。

六、古代社会学

在扬州学派之中，真正接触西方，用资产阶级的历史理论，研究中国古代社会的，当首推仪征刘师培。刘是清代扬州学派的殿军，其著作对扬州学术做了总结。他在《南北学派不同论》里盛赞戴震之学以后说："戴氏弟子舍金坛段氏外，以扬州为最盛。""盖乾嘉道咸之朝，扬州经学之盛，自苏常外，东南郡邑，莫之与京焉。"刘氏概括扬州经学之盛，有两大特点，也是优点。

第一，融会贯通。如评介阮元说：

> 阮氏之学，主于表微，偶得一义，初若创获，然持之有故，言之成理，贯纂群言，昭若发蒙，异于恒饤猥琐之学。

第二，发明新意。如评介焦循说：

> 所著《周易通释》，掇刺卦爻之文，以字类相属，通以六书九数之义，复作《易图略》《易诂》，发明大义，条理深密，虽立说间邻穿凿，然时出新说，秩然可观，亦戴学之嫡派也。[1]

刘氏具有扎实的汉学基础，他继承和发扬了扬州学派的两大优点，并接受了西方资产阶级的进化论，提出了研究中国古代社会的一系列新观点。他透过古文字的结构，探究中国"人群进化"

---

[1] 以上并引《刘申叔先生遗书·南北学派不同论》。

之迹,虽间有穿凿,但发凡起例,大大地拓开了当时史学界的眼界。如《论中土文字有益于世界》一文说:

> 人群之始,货力不私,共财于群,民无私畜,农牧利兴,斯制渐失,此社会学家所公认之说也。今观中土文字,玄田为畜释之,许书以田畜释之,又畜蓄义同,义为蓄聚,且积私二字,文均从禾,则民私其财,始于农牧起兴之后,此可考者一也。草昧之初,婚礼未兴,男女之防未严,夫妇之名未立,故血胤相续,咸以女不以男,母统之兴,先于父统,此社会学家所公认之说也。今观中土文字,女生为姓,得姓之字,均从女形,姚、姬、姜、嬴,斯其最著,则古为女统,益以有征,此可考者二也。太古之时,类聚群分,咸以图腾示离合,及游牧制兴,种类不同,以旗区别,标识既符,遂成部属,此亦社会学家所公认之说也。今观中土文字,族训矢锋,从矢从㫃,为旌旗之游,则古人以旗表民,民属一旗,即为同族,近今满蒙,犹存此制,故引申其义,即为氏族之称,此可考者三也。宗法之始,由族制扩为部族,酋长之制,即由家长而成,父即家君,君即国父,此亦社会学家所公认之说也。今观中土文字,君字从尹,而古籍恒以尹代君。尹字从又,象持杖形,父为家长率教者之称,文亦从又,以表持杖之形,则国家起源,基于家族,此可考者四也。[1]

在《政法学史序》中,刘氏借助训诂学推阐古代君主之始云:

---

[1] 转引自张舜徽:《清代扬州学记》,第 192—193 页。

上古之时，众生芸芸，无所谓君主也，亦无所谓臣民也，其推为一群之长者，则能以饮食饷民者也，能以兵力服民者也，并能以神鬼愚民者也，又当此之时，君主即民庶中之一人，故君群互训。

自注：

《韩诗外传》《白虎通》皆训君为群，即《左氏传·闵二年》所谓"天子曰兆民也"。又林、烝二字，古籍皆训为众，而《尔雅》独训为君，以此知古人之称君字也。与称国家团体无异。

刘氏重视古代生产工具的发展，他作《工艺学史序》云：

生民之初，与万物俱生，己身而外无长物，其所持以为用者仅手足齿牙而已。然手足齿牙不克自奉自卫也，由是假物以为用。而器具之用，咸因经验而发明。上古之民由狩猎进为游牧，故饰材辨物，亦以动物为滥觞，牛以易中，羊以供膳，而用物所资，不外骨角羽革。……及游牧易为耕稼，伐林辟莱，渐知植物之用，其为具至少，为用亦至简，一曰草器，二曰瓠器，三曰竹器，四曰木器。……自木器发明之后，而森林灌莽之间，风火相摩，寝以生火，圣人仰观俯察，而火之术渐次发明。火利既修即知合土，而抟埴之工以兴，瓦器之用逆与土器并崇。然当此之民，渐知用石。……及轩辕御宇，舍石用铜，而冶铁之用，亦由异域输华，特三代之时制铜为器，铁器之用未宏，厥后舍铜用铁，而冶铸之术愈精。是动物之用先于植物，植物之用先于矿物。

刘氏还进一步推论工艺发展的原因说：

> 且凡礼之初，始于饮食。观器训为皿，皿为食器，引申之而器为用物之统称。艺训为种，义同播谷，引申之而艺为工技之总称。是则百工之业，起于饮食之微。

刘氏也试图探讨阶级与君主专制政体的关系，其在《政法学史序》里说：

> 又黄帝之时，战胜苗族，抑为黎民，因种族而区贵族，此阶级制度所由兴也。阶级制度既兴，由是为君者握统治之权，为民者尽服从之责。

所有这些，都道前人所未道，有朴素的唯物史观，在当时是难能可贵的。人们尝论近代中国历史学发展的动力，是中国人民的民主主义革命。从刘师培在辛亥革命前夜的史学论著中，可以得到证实。他写《政法学史序》的最终目的，则是为了反对君主专制：

> 及暴秦削平六国，易王为帝，采法家之说，而饰以儒书，愚锢人民，束缚言论，相沿至今，莫之或革，此则中土之隐忧也。

刘氏写《工艺学史序》的最终目的，也是为了发展中国的科技，谋求国家富强：

> 吾观东周之时，公输作木鸢，欧冶铸剑器，学趋实用，奇技竟兴，岂得以淫巧目之哉！秦汉以降，士有学而工无学，卿士大夫高谈性命，视工艺为无足轻重，此工学之精所由逊于皙种也，能勿叹哉！[1]

辛亥革命之后，刘师培虽然在政治上已走向下坡路，但是，他所撰次的《中国历史教科书》，迄今仍有一定的参考价值。刘氏拟订了崭新的凡例：

> 中国史书之叙事，详于君臣而略于人民，详于事迹而略于典制，详于后代而略于古代，今所编各课，则与旧史稍殊，其注意之处，约有数端，试述之如左：
>
> 一、历代政体之异同
>
> 二、种族分合之始末
>
> 三、制度改革之大纲
>
> 四、社会进化之阶级
>
> 五、学术进退之大势
>
> 今日治史不专赖中国典籍，西人作中国史者详述太古事迹，颇足补中西之遗。今所编各课，于征引中国典籍外，复参考西籍及宗教社会之书，庶人群进化之理，可以稍明。

---

[1] 以上引文均见《刘申叔先生遗书·周末学术史序》。"皙种"，白种。指欧美列强。

其内容，也颇有精辟之见。如第二十二课《古代之学术》中的《实用学》一节，论太古数学的发展云：

> 上古实用学计分三派：一曰数学，民知结绳，即知记数。盖物生有象，象而有滋，滋而有数。上古之数，只有奇偶，奇偶相加，其数为三，故记数止于三。厥后以指计数，指止于五，故数亦止于五。及黄帝臣隶首作算数，而数学稍明。然上古之民削骨为牌，以记算法相加之数。嗣削竹为筹，用以记数。至于虞代，始用律度量衡，而垂复作规矩准绳，皆数学施于实用之证也。及大禹治水，复以勾股之形，定山川高下，此即测量学之基也。

刘氏一再说明了科学发展基于实践的真理：

> 古学基于物理，故学由实验而得。
>
> 盖古代学崇实际，故一切学术，咸因经验而发明也。[1]

在当时，读了刘氏的书，人们可以冲破"天命论"等所散布的迷雾，开始见到古代社会的梗概。对于思想解放和史学发展两方面，刘师培的研究成果，都有促进之功。

---

[1] 以上引文均见《刘申叔先生遗书·中国历史学教科书》第 1 册。

结　语

　　人们对于社会历史的认识，总是随着时代的发展而发展的。上述清代扬州学人对于历史学的研究，无疑已经跨越了两个时代。汪中、阮元所代表的是封建时代。刘师培所代表的是资产阶级时代。他们的研究成果，都是我们批判继承的珍贵遗产。但是，无论是乾嘉诸老，还是资产阶级革命家，都不可能科学地回答一个历史学的根本问题：人类社会发展的真正动力究竟是什么？只有到了无产阶级时代，马克思主义才提出了历史唯物主义的基本原理，即生产力的发展，生产力和生产关系的矛盾，在阶级社会中则表现为阶级斗争，乃是历史发展的真正动力。从新民主主义革命起，在历史唯物论的指引下，扬州史学出现了飞跃。我们一定要在史料考据上努力超过汪中、阮元、刘师培等人，跟着时代的车轮前进，坚持马克思主义的基本原理，创造出史学研究的新成果。

（原载《扬州师院学报（社会科学版）》1985 年第 4 期）

为创建新时代的"扬州学派"而努力

——培养研究生的初步经验

太平天国史的老专家罗尔纲同志曾经鼓励和鞭策我们，要继承和发扬"扬州学派"的优良学风和传统，创建新的扬州学派。我和同事们是以此作为培养研究生的努力方向的。

"扬州学派"是清代学术界的一个流派。清学术史上的一大特点，是隆汉贬宋。汉学家认为，读古书必以汉人的训诂为准，不采宋人空谈心性之说。而汉学又分吴、皖两派，吴派唯汉必尊；皖派后起，主张择善而从，实事求是。扬州学派受皖派影响较深，他们遵循皖派鼻祖戴震的"必由字以通其辞，由辞以通其道"之教，重视掌握语言文字，重视对天文地理、典章制度、术数、动植物等的研究，所以基础牢固，知识宽广，汪中、阮元、焦循以及刘师培等扬州学派的巨头，都是这样。这种博学而则通的学习方法，应该说对于我们今天的学习仍是有所启迪的。我们在安排研究生的教学计划时，注意到了这点。专业课之外，设置了一系列辅助课和专题讲座，例如文字学、训诂学、历史地理、文史工具书、宗教史等等。公共课之外，有的研究生还学习第二外语。

扬州学派重视总结经验，研究学术史。例如，汪中拟《六儒颂》，江藩编《汉学师承记》，刘师培作《南北学派异同论》，其目的都是为指明学科的发展趋势，以便学者起承先启后的作用。我在指导研究生学习专业课时，也吸取这一经验，首先给他们讲述我以及同道前辈多年来研究太平天国史的情况和取得的成就，以此引导研究生探讨太平天国史学的发展、经过，总结前人的经验，以便做好学习起步的准备。

扬州学派擅长考据，重视目录、版本、校勘、辨伪、注释等各方面的基本功。今天我们培养出来的研究生，同样必须具备这些深厚的功底。因此，我除要求研究生学习这方面的知识外，还注意了培养和提高他们运用这些知识去进行研究太平天国史的能力。为达此目的，我给他们讲授《太平天国"旨准颁行诏书总目"考略》《太平天国印书封面考略》《"太平天国印书"版本考略》等有关太平天国史料目录版本方面的专业知识，还举例传授研究生在校勘、辨伪、注释、标点等方面的方法与经验，例如，我为他们讲《〈平贼纪略〉校记》，是举例说明对太平天国史料校勘的方法，即以本书校本书和以他书校本书，发现矛盾，解决矛盾。这种方法正是扬州学派熟练使用的方法。又如，我为研究生讲《太平天国词语释文举例》，对太平天国使用的专门词语进行解释，采取以下方法：一、列举所见文献，寻绎其意义；二、广征前人解释，择善而从。这也是沿用扬州学派对古书集解的方法。研究生学会了这些方法，他们阅读太平天国史料就有深度。例如，张德坚《贼情汇纂》一书，是记载太平天国前期典章制度的基本资料，学术界都相互征引，深信不疑。只有荣孟源前辈曾指出这书个别记载有失误。现在经过我的研究生进行细密校勘之后，发现该书不仅有记载失实与他书不合之处，而且在同书各卷也多自抵牾，特别是对所举的一些数据往往前后矛盾，必须加以考核。这样，他们就不仅熟悉了《贼情汇纂》，而且能够有选择地引用其内容。再如，英国人呤唎写的《太平天国革命亲历记》，也是研究太平天国史的一部重要资料。郭廷以前辈曾发现其部分内容不合事实，但人们往往以为这是出于呤唎记忆的个别失误。现经我的研究生进行细密据勘，断定呤唎在该书所记"亲历"的内容乃系作者虚构，而该书之所以具有较高资料价值，乃因呤唎征引了二十几种英文档案和书刊。现在，我们正在追踪这些英文资料，以便开拓研究太平天国的史料来源。由上述可见，学会扬州学派也就是乾嘉学派的考据学，有助于我们加深对太平天国史料的研究，有助于我们嚼碎旧史料、发掘新史料。

但是，我们绝不能够局限在扬州学派的脚下盘旋而要前进一大步。扬州学派代表着两个旧时代，汪中、焦循、阮元等所代表的是封建时代，刘师培所代表的是资产阶级时代，他们都不可能科学地回答一个带有根本性的问题，即人类社会发展的真正动力是什么？只有到了无产阶级时代，马克思主义才科学地作出了答案：生产力的发展，生产关系与生产力的矛盾，在阶级社会中则表现为阶级斗争，乃是历史发展的动力。根据这一唯物史观的基本原理，先进的历史家们肯农民战争是封建社会发展的动力；但是，地主、资产阶级却宣扬"农民战争破坏论"。在抗日战争后期，学术界研究太平天国史，即有"动力"与"破坏"这两种观点之争，至今仍有反复。我要求研究生们认真学习唯物史观，重视学术界的这一重大理论分歧，用马克思主义给以剖析。半个世纪以来，研究太平天国史的经验充分证明，背离了马克思主义，抛弃了阶级分析，不是拥护正义战争，反对非正义战争，而是采用"客观主义"解释太平天国史，对战争双方各打五十棍，其答案必然导致"太平天国破坏论"。我要求研究生在阅读旧中国的某些史学著作时，汲取这一教训。由此可见,对史料进行精密考证,是重要的,这是清代扬州学派的优良传统,我们必须继承;而学习和运用马克思主义的唯物史观,对史料进行正确的解释,则尤为重要,这是清代扬州学派所做不到的,但我们能够做到和必须做到。只有这样,才能创建新的扬州学派,培养出适应建设社会主义需要的研究生。

扬州学派敢于翻案,例如汪中敢于为墨翟翻案,认为"杨墨"并称,乃系儒家对墨子的诬蔑。他又否定古广陵在浙江的谬说,与当代权威学者的观点相对抗。近年,我经常和研究生们讨论学术界出现的两种"翻案":一种是坚持唯物史观的基本原理,分析大量可靠的史料,推翻流行性的错误结论,创造出新的科学结论来,这是真正的创新;另一种则是背离唯物史观,重弹早已被否定了的旧调,例如"农民战争破坏论",这是名为"创新",实则不自觉地在复旧。我们要创建新的扬州学派,在研究领域内要像汪中那样敢于推陈出新。但时代不同了,我们不仅要考据精审,而且要坚持唯物史观。

在选择毕业论文题时,我们也吸取了清代扬州学派的经验。他们往往对老的课题作出新的总结。另一些学者则寻找新课题,开拓新领域。我的八位研究生都已经或正在选定自己的论文题。有的对老课题进行总结性的研究,有的找到了新课题。已毕业的一位研究生所写的《太平天国政区地名考》已辑入由中华书局出版的《太平天国学刊》第四辑,这实际是给太平天国史补白的一篇地理志,是前人所没有来得及深入研究过的课题。

我指导硕士学位研究生,四易寒暑,初有经验,概括起来是两点:不偏重专题研究,首重基本功;不偏重资料,首重理论。略述如上,盼得同行专家的批评指正。

(原载《江苏高教》1986 年第 3 期)

太平军三进扬州及东捻军最后一战[1]

太平天国运动十四年,其势力席卷大半个中国。太平军先后攻克六百多个城市,古城扬州就曾被太平军先后攻取三次。第一次是咸丰三年(1853),这次占领的时间最长,从四月至十二月。第二次是咸丰六年,太平军一举攻破清朝的江北大营,再度占领扬州。最后是咸丰八年,太平军三进扬州。

太平军三进扬州,冲击扬州的封建秩序,拯救贫苦人民,在历史上留下了记载。尽管有的史料出于反动文人的手笔,但还是曲折地反映了当时的一些情况。

扬州位于南京下游,为长江与大运河的交汇处,是拱卫南京的重镇,也是两淮食盐集散地,无论从军事、交通,还是从经济等方面看,攻取扬州都是必要的。因此,在定都天京后,为巩固新政权,太平天国的领袖们便立即派遣将领林凤祥、李开芳、曾立昌等进军扬州。咸丰三年四月一日,太平军攻取扬州城。

在太平军攻取扬州前夕,扬州大盐商江寿民,受地方政府委托,曾以"犒师"为名,欲软化农民革命军,因之扬州有"江寿民,办酒软红头(太平军头缠红巾,故称之为红头),一共办了二百桌,办在南门大观楼"的民谣。可是,太平军并未上当。清政府也曾

---

[1] 本文集编者按,此文发表时,作者署名"祁龙威、祁汉生"。

欲派兵将太平军阻于扬州城外，未料太平军前锋一到，清兵即溃，清将朱占鳌被击毙。漕运总督杨殿邦、两淮盐运使刘良驹等欲兴兵拒太平军于扬州城南的瓜洲一带，未遂。又屯兵三汊河，最后退守五台山。当太平军攻下扬州城，杨殿邦一群丢盔弃甲，狼狈北逃。时有乡民以歌戏谑之云："漕督八十三，驻扎五台山，船头向北不向南。"

太平军一进扬州城，"先至各衙署搜官帑，劫囚狱"，杀官济民，劳动人民纷纷响应，"良民不肯为旅帅，为司马，为百长，市井无赖及蛮横仆妇，喜充之"，一个个"蓄发包黄绸，扬扬意得"。

太平军初进扬州，不仅摧毁了清朝的秩序，建立了劳动人民的政权，而且还制定了一些政策制度："男为男馆，女为女馆，潜以兵法部勒"，"诸馆林立，有一技皆收录"。

太平军的所作所为，赢得了广大劳动人民的拥护和响应。在扬州臧毂的《劫余小记》中就有这样的记载："董三妾子，一村农耳，当军务倥偬之际，州县未启征，凡佃人田者，亦思抗租不纳，豚酒莅盟，推董为首。"这反映了清军控制下的农民，在太平天国运动影响下掀起的抗租运动。可见对当时太平军与清军之间的搏斗，人心向背是显然的。为此，清军对劳动人民进行了残酷的镇压。书中所言："勇目孙德富等所获首级，有白发垂垂而耳环眼分明者。岂老妇人亦叛党耶？"足以证明清军的惨无人道，以至连地主阶级内部也有人对此表示不满了。

太平军初进扬州，在运司衙门设立指挥部（运司衙门是清朝设在扬州的"两淮盐运使司"的衙门，现在扬州市政府东大院内），以四望亭为瞭望台，密切注视敌人动静。有扬州民谣为证："四望亭，三层阁，站在亭上探马脚（清朝官服，衣袖似马蹄形，故群众称清军为"马脚"）。马脚到，吹号角，打得清军往回跑。扬州城有红头军，吓得清兵不敢到。"

太平军进入扬州后，清政府加紧了争夺扬州、包围天京的部署，先后建立了江南大营、江北大营。江南大营由钦差大臣向荣率清兵万余驻南京孝陵卫。江北大营由钦差大臣琦善（鸦片战争中与英人签订《穿鼻草约》的卖国贼）率一万七八千人屯兵扬州城外，攻扬州西门、北门。

五月，林凤祥、李开芳为了捣毁清政府的巢穴北京，奉命率师北伐。曾立昌留守扬州。将指挥部移到"盐政旧署"（此处曾是清王朝巡检御史驻扎扬州的机关，今新华中学校址）。十二月，赖汉英又奉命增援扬州，但因清军加紧围攻，城内缺粮，难能接应，终于在十二月二十六日，曾立昌等突围撤出扬州，暂驻瓜洲。

对于这一段历史，《广陵史稿》作者这样写道："猫尽食鼠，鸦雀亦枪毙无孑遗。甚且煮钉鞋底，煨牛皮箱。人情汹汹，殆无生理。"这说明了太平军撤出扬州的原因是缺粮，不是战败。尽管如此艰难，但太平军撤走时，还是很有秩序的。《广陵史稿》又说："贼鸣锣谕众云，大队即刻往南京，凡兄弟姊妹愿去者随行，不愿去者听。""贼复鸣锣谕众云，愿去者自随行，不愿去者如湖南、（湖）北、江西、芜湖之口音，固遭大兵之杀戮，即扬郡新兄弟姊妹亦难免大兵之荼毒而奸淫，自示之后，兄弟姊妹愿投金陵速出徐凝门登巨舟，终不愿去之人，勿以未尝相强而贻后来之怨悔也。至是，从贼者如归市矣。"

清军占领扬州后，其江南、江北大营形成了对天京的夹攻之势。因此，要确保天京，太平军首先就得攻破江南、江北大营。

于是，咸丰六年（1856）三月，太平军将领秦日纲、李秀成率军与陈玉成里应外合,一举攻下镇江,而后连夜调集船只,由金山渡往瓜洲,直取扬州。在瓜洲至扬州一路,太平军与清军展开激战。单是土桥一战,清将领成明所部五百人全军覆没,二百九十五人毙命。直到秦日纲军南下一个月后,成明才带残兵败将返回瓜洲,将战场上的清军尸骨集中埋于孟庄荒地。并为部下树碑撰文,此碑石至今仍在瓜洲渡。太平军将士势如破竹,所向披靡,交战之后,清军仅剩千余,在钦差大臣托明阿带领下逃至蒋王庙。四月五日,太平军再度占领了扬州府。抓贪官,杀酷吏。江北大营的总头目、钦差大臣托明阿也为之而革职。

太平军二进扬州,又一次引起敌人百倍仇视和疯狂的反扑,清政府连忙调集各路人马将扬州城团团围住,江南大营首脑向荣也派人渡江接应。四月十七日,清大臣德星阿乘秦日纲西进出击清军的江北大营、留守太平军正集中"讲道理"的机会,攻进扬州城,扬州再度失守。此后,秦日纲等率太平军由仪征往镇江,攻破清巡抚吉尔抗阿大营,回援天京。在天京城外,秦日纲与石达开两路配合,六月十九日,攻破江南大营,清军溃散。向荣深夜逃命到淳化镇,走句容,退丹阳,狼狈不堪,不久就被革职,忧愤而死。

两月之内,太平军连破清军的江南、江北大营,解了天京之围,其他各路也纷纷获胜,将太平天国运动推向一个军事上的全盛时期。

自从咸丰三年(1853)太平军定都天京之后,天王洪秀全便逐渐不理朝政,东王杨秀清集军、政、教三权于一身,随着军事上的胜利,杨秀清的政治野心也日益膨胀,最终酿成骇人听闻的天京事变,杨秀清等两万余太平军将士惨遭韦昌辉的血腥屠杀。之后,洪秀全对辅政的石达开表示怀疑,任用两个庸碌无才的哥哥左右牵制,迫使石达开率十几万精兵出走。这一系列事变对太平天国运动,无疑是一大挫折,成为由盛转衰的转折点。同时太平天国的内讧也给清军带来喘息和组织反扑的机会。江北大营、江南大营重新建立,再次形成对天京的围困之势,镇江、瓜洲等相继落到清军手中,天京岌岌可危。为了确保天京,太平军再次渡江北上。

咸丰八年(1858)九月二十七日,太平军二主将陈玉成、李秀成率两路大军互相配合,前后夹攻,先后打败江南援兵冯子材军、江北钦差德星阿军,又破江南大营、解了天京之围。德星阿登船窜扬州,太平军紧追不舍。十月九日,李秀成率军第三次占领扬州城,清军不战而逃,德星阿逃往邵伯。

然而,太平军第三次进扬州,时间是短暂的。因为扬州城的粮食供应主要来自东北边的里下河一带,而这些地方都在清军手中,太平军占领的只是一座孤城,难以长期驻守,加之守城的太平军相对于围城的敌人而言,实属寥寥无几。因此,在清军将领张国樑的反攻下,扬州于十月二十一日第三次失陷。

太平军在扬州的三进三出,足以证明扬州在战略上的重要地位。即使在太平天国运动失败后,太平军余部坚持与清军周旋、搏斗,双方仍将扬州作为军事要地。

同治三年(1864),天京陷落后,太平军将领赖文光率部与捻军紧密配合,并成为捻军的首领,坚持与清军作战,后来被清军沿运河设防圈制河东,连战连败,赖文光从山东南走,同治七年(1868)来到扬州。这时的东捻军在数倍于他们的敌人的围追堵截下,虽已战败疲惫,然仍有较大声势,不失英雄骁健的本色,在扬州与敌人展开了悲壮的最后一战。

赖文光为首的东捻军是一支骑兵队伍,没有水兵,因而也未能控制水上交通要道，如运河口湾头、长江口瓜洲，加之路途不熟，最终被奸民骗至扬州东的湾头，前有运河挡道，后有吴毓兰率淮军断其退路，而失败于同治七年（1868）一月。赖文光被俘英勇牺牲在扬州城北的老虎山。

东捻军在扬州时间虽短，却给扬州人民留下了难忘的印象。

同治七年（1868）一月五日上午，东捻军经过仙女庙镇，一家花粉店内正坐者一老一少。捻军中有个青年欲索取店内幼童的新马褂，猛然一个老者冲进来，"啪"的一掌，击在那青年脑后，喝声"走"，就留下马褂而去。随后，赖文光过来了，只见他穿白袍，骑白马，佩长剑，面白皙，有须，像书生一样，旗上写着"太平天国遵王"，走在队伍最后。

仙女庙的老人们还说，"赖文光不杀老百姓"，"他的部下向老百姓要饭吃，是用金钱与衣服换取的"。

在扬州人民的心目中，赖文光是个英勇儒雅、忠贞不屈的人物。有位老人说，"赖文光是个文人，吴毓兰劝他投降，被他坚决拒绝了"，并"要吴毓兰快快把他杀掉"。从这里可以见其忠贞、壮烈。

赖文光的被俘牺牲，引起了淮军内部的激烈争功，最后演变为吴毓兰与主帅李鸿章之间的不睦达数十年。吴毓兰死后，扬州地主阶级为追怀他"击捻"有功，特上书要求为之建祠。当吴公祠（今工人文化宫所在地）落成之时，李鸿章为作碑文，还斤斤争辩："呜呼！赖逆于君何爱？愿以凶悍百战之余命，且暮知必死，曾不先自戕死，不推锋斗而死，独甘心屈膝降君就死，若项王之以头为故人德也者；且官军昼夜追击，彼方疲奔，铤走之不暇，犹暇为文檄以舒愤恨，其孰谁信之？"这段碑文实际是否认了吴毓兰俘获赖文光的"首功"，但从反面证实了赖文光的英勇不屈，东捻军在扬州与敌人最后一战之艰苦卓绝。

扬州人民将世代缅怀为推翻封建王朝而战斗的勇士们——太平军、东捻军。

（原载《扬州史志》1987 年第 1 辑）

关于发展历史科学的
几点意见

历史研究必须明确解决目的问题,观点和方法问题,指导思想问题。《中共中央关于社会主义精神文明建设指导方针的决议》(以下简称《决议》)对此都做了明确的论述。它是我国发展历史科学的指南。

一

自古以来,人们从事历史研究,总是为当时的政治服务的。孔子作《春秋》,为使"乱臣贼子惧"。司马迁作《史记》,为待五百年一次的"王者"起。司马光撰《资治通鉴》,朱熹撰《通鉴纲目》,是在不同的历史条件下,为巩固和维持赵宋王朝的统治。到了近代,资产阶级革命党人借编写历史书为推翻清王朝造舆论,正如章炳麟《洪秀全演义序》所说:"洪王朽矣,亦思复有洪王作也。"在科学的基础上,中国共产党人提倡历史研究为革命服务。抗日战争期间,毛泽东在给一位历史工作者的信里曾说:"如能在你的书中证明民族抵抗与民族投降两条路线的谁对谁错,而把南北朝,南宋,明末,清末一班民族投降主义者痛斥一番,把那些民族抵抗主义者赞扬一番,对于当前抗日战争是有帮助的。只有一点，对于那些‘兼弱攻昧’‘好大喜功’的侵略政策（这在中国历史是有过的）应采取不赞同态度，不使和积极抵抗政策混同起来。为抵抗而进攻，不在侵略范围之内，如东汉班超的事业等。”毛泽东在致郭沫若的一封信里又说：“你的《甲申三百年祭》，我们把它当作整风文件看待。小胜即骄傲，大胜更骄傲，一次又一次吃亏，如何避免此种毛病，实在值得注意。倘能经过大手笔写一篇太平军的经验，会是很有益的。”马克思主义者要求历史研究为革命服务，不仅是体现在总结经验，提供借鉴，而且还体现在研究历史规律，为革命指明道路。在近代，由于列强的侵略，封建政权的腐败，使中国成为一盘散沙，劳动人民没有一点自由和民主，多少仁人志士摸索救国救民的道路，但最终都失败了。“只有社会主义能够救中国！”这就是先进的中国人研究近百年史规律得出的科学结论。

林彪、“四人帮”歪曲历史，颠倒是非，搞影射史学。这与中国共产党一贯提倡的，建立在科学基础之上的，历史研究为现实服务，是背道而驰的。自从党的十一届三中全会以来：学术界批判了林彪、“四人帮”的影射史学，把历史研究重新引上了“古为今用”的正确轨道。《决议》的发表，进一步指明了历史科学发展的航向。《决议》指出：“要采取多种形式，帮助广大干部和群众特别是青年逐步深入地理解马克思主义世界观和社会发展规律，理解我们民族的光辉历史和革命传统，理解百多年来我们民族的深重灾难和反帝反封建的英勇斗争，理解当代世界的进步、矛盾和人类的前途，以提高民族的自尊心、自信心和自豪感，把思想建立在科学基础之上。”搞好历史研究，就必须坚持这个正确的航向。在现阶段，历史研究必须为巩固和发展安定团结的政治局面，反对资产阶级自由化思潮，为建设社会主义的两个文明服务。

二

　　古代的历史家，都把"神"当作历史发展的动力。到了近世，资产阶级改用"进化论"解释历史，但仍然找不到历史进化的规律。直到马克思主义的唯物史观诞生之后，才给予科学的答案，即生产力的发展、生产关系与生产力的矛盾及其在阶级社会里表现而为的阶级斗争，乃是人类社会发展的动力。

　　在旧中国，一些历史家往往把近代中国历史的变化，归结为少数大人物行动的得失，例如把清王朝覆灭的原因，归结为慈禧太后与光绪皇帝"母子失和"所引起的一系列事变的结果。新中国史学界接受了马克思主义，才正确地解释近百年史发展的原因，乃是由于帝国主义和中华民族的矛盾、封建主义和人民大众的矛盾。只有中国人民的反帝反封建斗争，才是历史发展的动力。林彪、"四人帮"把一部中国人民大革命史篡改为上帝"创世纪"，把片言只语当作宗教教条叫人信奉，实际是以唯心论冒充唯物论，对历史科学践踏到了无以复加的地步。近几年来，史学界重新探讨了历史发展的动力问题。《决议》重申了中国人民的革命斗争是近代历史发展动力的观点："中华民族是有悠久历史和文化的伟大民族，在古代文明史上长期处于世界的前列。在近代，由于封建制度的腐朽和帝国主义的侵略而落后了。辛亥革命、五四运动和中国共产党领导的人民大革命，带来了中国历史的巨大变化。新中国的成立，在社会主义基础上开始了伟大的中国文明的复兴。"

从这里，我们可以得到启示，研究阶级社会史，包括研究中国近代史，一定要坚持唯物史观的动力论，即人民群众的革命斗争推动了历史的发展，正确地阐明历史的规律，才能引导人们走历史的必由之路。

历史研究必须正确地解决对历史遗产的批判继承问题。马克思主义者历来主张不要割断历史。对待历史遗产采取批判、继承和发展的马克思主义原则。即使是对历史上的剥削阶级，马克思主义者历来主张实事求是。正如周恩来在关于昆曲《十五贯》的讲话中所指出的："不要以为只有描写了劳动人民才有人民性，历史上的统治阶级中也有一些比较进步的人物。""在旧社会，劳动人民身上有不少好东西，但在统治阶级中的一些人身上也有好的东西。尽管我们对整个封建的剥削制度是否定的，但他们有些制约的办法也还有可取之处。"

林彪、"四人帮"肆意糟蹋关于批判地继承的马克思主义原则，用形而上学否定辩证法。他们时而否定一切，说什么封建统治阶级中的对外抵抗派比投降派更坏，清官比贪官更坏；时而肯定一切，从秦始皇到资产阶级革命家，都给戴上了"法家"的桂冠。这样，就造出了种种自己都无法解决的矛盾。例如，明代的海瑞被当作"清官"打倒，但与他"志同道合"的张居正却被捧作"法家"而受到表彰。究竟什么是应该批判的？什么是应该继承的？人们被弄糊涂了。历史研究也就不成其为科学。

《决议》在论述社会主义道德和社会主义民主时重新表述了关于批判地继承的马克思主义方法论。《决议》指出："社会主义道德作为人类文明中道德发展的新境界，它必然要批判地继承人类历史上一切优良道德传统，并要同各种腐朽思想道德作斗争。"

《决议》说:"在人类历史上,在新兴资产阶级和劳动人民反对封建专制制度的斗争中,形成民主和自由、平等、博爱的观念,是人类精神的一次大解放。马克思主义批判地继承资产阶级的这些观念,又同它们有原则的区别。从根本上说,资产阶级民主是为维护资本主义制度服务的,社会主义在消灭阶级压迫和剥削的基础上,为充分实现人民当家做主,把民主推向新的历史高度开辟了道路。"

这里启示我们,对待文化遗产,必须遵循马克思主义关于批判地继承的原则,一分为二,进行研究,只有这样,才能把它发展到新的高度,为社会主义服务。

三

唯心史观宣传英雄创造时势,否定人民群众革命斗争的作用,歪曲农民起义、农民战争为"叛逆"、为"破坏"。在旧中国的史籍里,盈篇累牍都是宣传这类观点。直到马克思主义的唯物史观传入中国,历史学才发生带有根本性的变化。由于中国共产党的谆谆倡导,我国的历史学界接受了马克思主义,使历史研究发生了划时代的改革。这是从旧中国过来的历史家们所记忆犹新的。

一些旧史书将一部中国近代史歪曲为"内乱外祸史"。不是外祸激起"内乱",而是"内乱"招致外祸。从洪秀全到共产党,为救中国而奋斗的爱国主义者竟被诬蔑为"内乱"的"叛逆"。而慈禧太后、李鸿章、袁世凯等卖国主义者却被粉饰为"忍辱负重"的"英雄"。按照这种荒谬的逻辑,中国人民只能永远沦为帝国主义及其走狗的奴隶。自从历史学界学会用马克思主义观察和解释问题，这些被颠倒的是非才重新颠倒过来。人们才认清了从鸦片战争以来的一部中国近代史，乃是中国人民反对帝国主义及其走狗的历史。中国历史科学发展的事实告诉我们，历史研究必须坚持以马列主义、毛泽东思想为指导。离开了这个指导思想，历史研究就会走到斜路上去。

《决议》强调指出："坚持以马列主义、毛泽东思想为指导，是我国社会主义现代化事业的根本，也是社会主义精神文明建设的根本。""我们的理想建设、道德建设、文化建设、民主法制观念建设，都离不开马克思主义的指导，离不开马克思主义的理论建设，毫无疑问，坚持以马列主义、毛泽东思想为指导，也是我国历史科学的根本。"不管是研究古代史，还是研究近现代史，都离不开马克思主义的指导。老一辈的马克思主义史学家郭沫若、范文澜等同志，都是在马列主义、毛泽东思想指导下，为新中国历史科学的发展，立下了不朽的功绩。

马克思主义倡导理论联系实际。我们不可能从马克思的著作中，找到他研究中国历史的现成结论。坚持以马克思主义为指导，就是要以马克思主义的立场、观点、方法去研究中国历史的实际，作出科学的结论。

马克思主义是不断发展的。历史科学也是这样。但是，历史科学的发展，只有在坚持马克思主义基本原理的指导下，才得实现。如果背弃了马克思主义基本原理，那么，史学理论就会走回头路，就会重复旧史学家的错误论点。《决议》指出："把马克思主义当作僵死的教条，是错误的；否定马克思主义的基本原则，认为马克思主义'过时'而盲目崇拜资产阶级某些哲学和社会学说，也是错误的。"

我们不可能从某些资产阶级学说中找到替代马克思主义唯物史观的"新"的史学指导思想。"客观主义"、折衷主义、抽象比较法等，并不是什么"新鲜"的东西，而是早已被马克思主义否定了的陈旧的错误理论。对我国历史科学的发展不可能起积极作用。以马克思主义为指导与学术民主是一致的。只有坚决执行"百花齐放、百家争鸣"的方针，我国的历史科学才能在马克思主义指导下，不断地有所创新，有所前进。在《宪法》规定的范围内，实行自由讨论，会正确发挥马克思主义对历史科学的指导作用。

以马克思主义为指导，并不排斥非马克思主义者研究历史的成果。郭沫若研究中国古代社会，吸取了王国维等的考据成果。范文澜研究《文心雕龙》，继承了黄侃等人的训诂业绩。这样做，有助于发展马克思主义历史科学。

我们坚信，在《决议》精神的正确指导下，全国历史学界包括港台的专家、学者在内，将团结起来，分工努力，合作共进，一定能把我国历史科学发展到新的高峰，为"振兴中华，统一祖国"作出贡献。

（原载《江海学刊（文史哲版）》1987 年第 2 期）

文人相重，合作共进

—— 太平天国研究史上的佳话

　　1986年7月，到北京，叩谒罗尔纲先生起居。当回顾半个多世纪太平天国史研究的发展时，罗先生盛推简又文氏有开拓性、郭廷以氏的功力深厚。对同辈学者推美让功，这是罗先生的盛德，也是老一辈太平天国史家的光辉传统，值得我们继承和发扬。

　　简又文氏说得好，太平天国史研究者为了一个发展科学的大目标，应该不搞"文人相轻""自相残杀"，而搞"文人相重""分工努力，合作共进。"[1]对同辈学者，简氏都一一誉扬各自的功绩。如说："对于发现及整理太平史料至为努力，及至有成绩者当首推铜山萧一山（非宇）教授。"又说王重民"于发掘各种最有价值之第一手原始史料外，复有详细的说明，其贡献于太平史研究之功绩亦甚大矣"。其评谢兴尧，肯定"为最初以科学方法研究太平史之一人"。评罗尔纲，其"研究成绩要以整理太平史料（包括考证工作，辨别真伪，纠正错谬，注释文件等）为最大最佳"。评郭廷以，"对于太平天国史曾做了不少特别辛勤的工作，故有特殊优异的成绩"。简氏赞扬郭著《太平天国史事日志》为"百年来研

───────────

[1]　简又文于民国二十四年九月为谢兴尧著《太平天国史事论丛》写的序文。

究太平史之伟大的创作"[1]。

萧一山氏也是这样。他在抗日战争时写道：对太平天国史研究，"以简又文先生留意最久，今方注力以作太平天国全史，前数章已陆续发表于《大风杂志》，体例详明，取材丰富，允为杰作，惟尚未完成耳"。他盼望简氏早日撰成此书。对其他同辈的著作，也分别予以肯定，他说："谢兴尧先生作《太平天国史论丛》，郭廷以先生作《太平天国历法考订》，均对太平天国史事有所阐述，而罗尔纲先生之《太平天国史纲》，似不失为简明可诵之作。"[2]

在共同研究过程中，他们之间的和谐相处是值得赞扬的。

其一，不垄断资料。

例如，在20世纪40年代，简又文与罗尔纲两氏联袂到紫荆山区实地调查太平天国史，罗尔纲将萧盛远《粤匪纪略》等珍贵资料毫无保留地提供给简又文[3]。

其二，不抢先发表新的发现。

还在30年代，萧一山从戈公振《中国报学史》得悉许地山曾在英国牛津大学图书馆抄录洪仁玕《资政新篇》，后到牛津，即访得其书，摄影以归，编入《太平天国丛书第二集》，交商务印书馆出版。会王重民氏从英国剑桥大学图书馆得见另一本《资政新篇》，也摄影归国，由谢兴尧氏撰写题记，分期刊登于《逸经》半月刊。王氏又拟单行本，旋闻萧氏的出版计划而中止。其后，《太平天国丛书第二集》因遭日本侵略战祸而未能出版，王氏始将《资

---

[1] 简又文：《五十年来太平天国史之研究》，此文刊入《香港大学开校五十周年论文集》。

[2] 萧一山：《近代史书史料及其批评》，此文辑入《非宇馆文存》卷四。

[3] 《五十年来太平天国史之研究》。

政新篇》刊入《太平天国官书十种》[1]。

其三，相互支持出版论著。

简又文办《逸经》和《大风》，发表了一批同辈发掘的新史料。他将谢兴尧的著作《太平天国史事论丛》介绍给商务印书馆，编入《史地小丛书》出版。简氏还为之作序。萧一山也给简著《太平军广西首义史》作序。萧氏主编的《经世》半月刊，也公布了不少同辈学者的文章。

此外，他们在著作中相互吸收各自的研究成果。例如，郭廷以曾大量引用简又文所实地调查的资料，编撰《太平天国史事日志》，肯定"简先生之调查，亦有其价值"[2]。简又文也大量征引《太平天国史日志》，编撰《太平天国全史》，誉之为"权威之作"[3]。

在共同研究中，总是会产生不同的见解，他们往往公开讨论，相互切磋。兹举数事为例：

（一）关于《天条书》和《太平诏书》两种版本先后问题的讨论

《天条书》和《太平诏书》，都是太平天国颁发的重要文献。已发现德国普鲁士图书馆藏有一种版本，内容征引不少孔孟经书，又发现英国不列颠博物馆藏有另一种版本，内容比较简略，已把大段引文删掉了。萧一山判断英馆所藏是初刻本，德国所藏是后刻本[4]。其后，王重民、郭廷以先后提出异议，列举事实证明，萧

---

[1] 萧一山：《资政新篇序》，载《非宇馆文存》卷五。

[2] 郭廷以：《太平天国史事日志》上册，第5页。

[3] 简又文：《太平天国全史序》。

[4] 萧一山：《太平天国丛书第一集》。

氏把二者弄颠倒了,德藏本应是初刻本,英馆本乃是后刻本[1]。

(二)关于"天历与阴阳历对照表"问题的讨论

我国学术界最早受日本汉学家田中萃一郎博士的影响,错误认为天历干支与阴历干支一致,天历星期与阳历星期一致。谢兴尧撰《太平天国历法考》附"太平新历与阴阳历对照表",即推衍田中之说。郭廷以从大量资料发现,天历干支比阴历干支、天历星期比阳历星期,均提前了一天,他撰《太平天国历法考订》,驳正田中的错误,并批评了谢氏的著作。

(三)关于《江南春梦庵笔记》真伪问题的讨论

《江南春梦庵笔记》,出现于光绪元年,由上海《申报》馆印行,署名沈懋良撰。沈自称于武昌被太平军所掳,受蒙得恩宠信,居蒙处十余年,所记多离奇,谓得自蒙得恩云云。谢兴尧氏见而震眩,特撰文介绍,盛赞此书为"直接可信",可以证明许多平日不能够解决的问题[2]。萧一山、简又文、郭廷以诸氏也征引其书。但是,他们逐步发现《江南春梦庵笔记》不可信之处甚多。如简又文发现该书所记太平天国文武官职各分九品,此绝非事实[3]。萧一山力驳《江南春梦庵笔记》谓幼主为赖汉英之子的荒谬。因此,萧氏对此书是否信史,表示怀疑。他指出:"然《笔记》所记太平事实,史家谓颇多重要之点,而为他书所无,若此,则未免为

---

[1] 王重民的意见,见所著《记普鲁士国立图书馆所藏太平天国文献》。载王氏:《图书与图书馆论丛》。郭廷以的意见,见《太平天国史事日志·引用书目》。

[2] 谢兴尧:《读〈江南春梦庵笔记〉跋尾》,载《太平天国史事论丛》。

[3] 简又文:《太平天国典制通考·官职考》。

信史之累矣。"[1]以后，罗尔纲氏从书中伪托蒙得恩的身世发现矛盾，遂断定这是一部"大伪书"。原来，沈懋良自称是长期在蒙得恩身边的人，而对蒙得恩于辛酉十一年死去竟是无知，该书胡说甲子十四年蒙得恩还在天王宫值宿，真是"见鬼"[2]。

所有这些讨论，都正常地反映了太平天国研究发展的规律，所谓"前修未密，后者转精"，正是学术前进的标志。在讨论中，学者们的关系仍然是融洽的。批评者还欢迎反批评，不强迫他人接受自己的意见。例如，郭廷以对天历与阴阳历的对照问题，就欢迎谢兴尧反驳。他说："谢先生专攻太平天国史有年，此文用力颇勤，彼此虽所见不同，但仍为学问上的同好。如谢先生及其他学者能予以指正或补充，作者无不竭诚欢迎。"[3]

以上种种，正是老一辈专家创建太平天国史学的好风格。这是在太平天国史学史上应该大书特书的。当兹庆贺罗先生治学60周年的时候，让我们重温太平天国史学史上的佳话，继承和发扬老一辈"文人相重，合作共进"的光辉传统，以推动太平天国史研究的不断发展。

（原载《文史杂志》1987 第 3 期）

[1] 萧一山：《太平天国诏谕·救世真圣幼主诏旨跋》。
[2] 罗尔纲：《太平天国史料辨伪集》。
[3] 郭廷以：《太平天国历法考订序》。

太平天国史料拾遗

——读《湘绮楼日记》

　　研究太平天国史的人们,都参阅王闿运《湘军志》。而很少征引他的《湘绮楼日记》。前人编《太平天国资料丛刊》《太平天国史料丛编简辑》等书,也未从《湘绮楼日记》选辑有关内容。其实这书保存着不少有价值的史料,可供太平天国史研究者参考。

　　王闿运曾在曾国藩幕府,对湘军与太平军争夺长江中下游的战事比较熟悉。事后,又多方访问,记下了太平军的英雄事迹。如说陈玉成保卫安庆之战云:"灵川刘生谈军中旧事,言陈玉成以数十万之众援安庆,人结如饼,炮轰旋合,苦敌十夜而解,自此贼败矣。不求战略而虐用甚众,未有不败,况狗盗乎!"[1]王氏对太平军不从战略上打败敌人,而徒凭勇敢硬拼的批评是有道理的。他曾把两军胜败之故,归结为智略上的差距:"洪寇势大,非稍用智略不定。今之曾李,少胜洪陈,因收其功,亦非天幸。"[2]

　　王氏日记暴露了湘军内部的矛盾重重。如说曾国藩所部对人民的骚扰:"十里至油湖,以须两渡觅舟溯潢口,驿馆寂然,旧垒弥望。居人言,官兵过无不扰民,曾军与僧军同横,惟胡抚军差戢

[1]《湘绮楼日记》同治十年正月十三日。
[2]《湘绮楼日记》同治十年二月七日。

耳！"[1]又关于李续宾排挤蒋益澧一则云："陈总兵来，言涤庵忌蒋香泉，陷之鲁港，为寇围，蒋登望楼吹角而寇退，遂告归，胡抚留之，蒋遂大骂。使留此人，无三河之败也。"[2]所有这些，都是官书所掩饰不载的。

清政府的公牍都说湘军大将刘松山是在"剿围"时督战中炮而死的。但王闿运的日记却说出了它的真相："与桂六谈刘松山，故其马夫也。自云：'必不负老王大人，如违誓，红炮子穿胸死。'后以营中洗炮推枪子误伤，果穿胸焉。桂六送丧还。"[3]"老王大人"，指王鑫，老湘军统领。刘松山系其部将。

《湘绮楼日记》始写于湘军镇压太平军之后，大量反映了湘军将领胜利后的腐朽。如说湘乡"将富兵横"之状，王氏预知难免军阀割据之局云："校《五代史》二卷，观其将富兵横，矛戟森森，与今时无异，恐中原复有五季之势，为之槌杌。予去年过湘乡城，如行芒刺中，知乱不久矣！"[4]王氏指出，湖南危机四伏："张兵备言，省城浮冗，一年不如一年，米贵至六百一斗，诸县岌岌然。又言耒阳游兵劫杀事。"[5]他讥评地方官僚骄奢无度："看戏者唯见王抚妻绿舆垂帘而至，婢妪以百数，何用多人自随！如此至人家，又作何安插？此辈殊不解其礼体。向见慈安太后吊四公主，女官宫监十许人耳！"[6]"王抚"，王文韶，时为湖南巡抚。愈至清

---

［1］《湘绮楼日记》同治十年二月四日。

［2］《湘绮楼日记》光绪五年三月廿八日。

［3］《湘绮楼日记》光绪十三年十月廿三日。

［4］《湘绮楼日记》同治九年正月十六日。

［5］《湘绮楼日记》同治九年五月十六日。

［6］《湘绮楼日记》光绪三年三月十八日。

末,王闿运愈觉湘军的"武功",已走向了它的反面。《湘绮楼日记》说:"近日人情诡谲,迥非卅年前风气,乱不久矣! 湖南为天下朴俗,败坏至此,武功太盛故也。"[1]

读《湘绮楼日记》,宜与王氏的其他著作相参看,可对当时史事,更加明晰。如清将和春、张国樑统率的"江南大营"被太平军击溃,两江总督何桂清从常州逃奔上海后,世传权臣肃顺听王闿运之谋,建议清帝以曾国藩署江督,接办东南军事。王闿运在成都的日记里曾力辟其证:"季怀问:曾涤丈督两江,为予荐之于肃裕庭;又言六云身价三千金,皆了无其事,何世人之好刻画无盐也!"[2]季怀,薛福保,时为川督丁宝桢幕客。六云,王闿运妾。关于曾国藩调督两江的内幕,从《湘绮楼诗》的《独行谣》可以找到详尽的答案。其中有句云:"匡肃始谋帅,关防落东流。"王氏自注:"时议皆谓江督宜任曾侍郎,贵近臣不愿也。予闻肃云,初欲举曾,而军机大臣匡源奏对言,今日江南糜烂,非独何桂清不能定,曾国藩亦不能定,然何练习,且可观后效。上乃责何恢复。言者论不已,始命曾开府于东流。"可见,曾国藩之取代何桂清任江督,乃是清政府内部斗争的结果,并非一谋士的一言之力。

《湘绮楼日记》始清同治八年(1869),迄民国五年(1916),中间稍有断层。全书反映了将近半个世纪的史事。其中牵涉最多的,乃是与作者直接相关的湘军战史。本文略举数例,以见大概。

(原载《扬州师院学报(社会科学版)》1987年第3期)

---

[1]《湘绮楼日记》光绪十八年八月廿六日。
[2]《湘绮楼日记》光绪五年二月七日。

略论古籍辨伪

——读《困学集》一得

辨伪，是古籍整理方面的一项极重要的工作，清代学者留下了极宝贵的经验。兹举阎若璩揭露《伪古文尚书》为例，略论清儒辨伪的方法；并介绍罗尔纲先生是怎样成功地运用这些方法，揭露假太平天国史料《江南春梦庵笔记》的。其事具见于他所著《困学集》。

一、总结前人发现的破绽

《尚书》，相传有三千多篇，孔子删定百篇，其序目见于《史记》。西汉时，伏生传今文《尚书》二十八篇。别有孔安国献从孔子宅壁所得古文《尚书》，较今文多十六篇。其书于晋永嘉间已佚。东晋时，忽然有个叫梅赜的献上古文《尚书》及孔安国所作传——注文，较今文多二十五篇。唐陆德明据以作《释文》，孔颖达据以作《正义》。由是知识界治《尚书》者，都据梅赜本，著为功令。宋时，吴棫、朱熹始疑其书非真。元吴澄著《书纂言》，仅注今文，谓东晋晚出之书不足信。明梅鷟著《尚书考异》，明白指斥梅赜所献是伪书。清初，黄宗羲作《授书随笔》，进一步揭露东晋伪《书》。他"授书"的对象即阎若璩。同时,姚际恒作《古今伪书考》《九经通论》,也给阎氏以影响。沿着前人发现的线索,阎氏下决心弄清真相,沉潜二十余年,终于撰成《古文尚书疏证》,定下了铁案。

《江南春梦庵笔记》出现于清光绪元年,由上海《申报》馆印行,署名沈懋良撰。沈自称于武昌被太平军所掳,受赞王蒙得恩宠信十余年,所记多离奇,谓得自蒙得恩云云。史学家朱希祖、谢兴尧均见而震眩,以为"信史"。萧一山辑《太平天国丛书》,据以考释太平天国文献。简又文撰《太平天国全史》与《太平天国典制通考》,郭廷以编《太平天国史事日志》,也都征引其书。但是,学者们逐步发现该书不可信之处甚多。简又文曾指出,《江南春梦庵笔记》所记天王洪秀全的诞辰等,绝非事实。萧一山力驳《江南春梦庵笔记》谓幼主为赖汉英之子的谬说。萧氏对此书是否信史表示怀疑。他说:"若此,则未免为信史之累矣。"沿着他人所发现的线索,罗尔纲先生下了巨大功夫,终于发表《〈江南春梦庵笔记〉考伪》[1]一文,彻底揭露这是一部大伪书。

二、充分揭露矛盾,抓住作伪的铁证

阎若璩充分揭露了古文《尚书》梅赜本与孔壁本的一系列矛盾,诸如:

第一,篇数不合。

《汉书·艺文志》说:"鲁恭王坏孔子宅,得古文《尚书》,孔

---

[1] 《困学集·辨伪举例》。

安国以考二十九篇,得多十六篇。"《汉书·楚元王传》也说:"逸《书》十六篇,天汉之后,孔安国献之。"古文篇数之见于西汉者如此,而梅赜所上乃增多二十五篇,阎氏指出:"此篇数不合也。"

第二,篇名不合。

汉儒传孔壁古文《尚书》者杜林、马融、郑玄。据郑玄说,古文较今文增多者乃是:《舜典》《汩作》《九共》《大禹谟》《益稷》《五子之歌》《胤征》《典宝》《汤诰》《咸有一德》《伊训》《肆命》《原命》《武成》《旅獒》《冏命》,共十六篇。而东晋梅赜所献《尚书》,无《汩作》《九共》《典宝》等篇。"此篇名之不合也。"

第三,内容不合。

《汉书》:"司马迁从安国问故,故《尧典》《禹贡》《洪范》《微子》《金滕》诸篇多古文说。"许慎《说文解字》:"其称书孔氏。"可见,《史记》《说文》皆据孔安国所献古文《尚书》。但阎氏以二书所引与梅赜本相校,"又甚不合"。

阎若璩从孔安国传,终于抓住作伪的铁证。

(1)一人异说,梅赜所献《书传》,不是孔安国手等。

《论语》曾征引《尚书》"虽有周亲,不如仁人"句,孔安国注:"亲而不贤不忠,则诛之,管、蔡是也。仁人谓微子、箕子,来则用之。"但梅赜所献《尚书·孔传》却说:"周,至也。言纣至亲虽多,不如周家之少仁人。"阎氏诧异:"其诠释相悬绝如此,岂一人之手笔乎!"

(2)梅赜所献《孔传》,有孔安国死后才设置的郡名,孔安国怎能预见及此并写入了《书传》!

据《汉书》,金城郡,汉昭帝所置。孔安国卒于武帝时。而梅赜所献《尚书·孔传》:却有积石山在金城西南语。于是阎氏断言：此"岂非后人作伪之证乎！"

由上述可见，梅赜本《尚书》，绝非孔壁古文；所附孔安国《书传》，也出后人伪托。

罗尔纲先生据太平天国文献与《江南春梦庵笔记》核对，揭露大量矛盾，也终于抓住了作伪的铁证。原来，那个自称长期在蒙得恩身边的沈懋良，对蒙得恩的情况却几乎是无知。

（1）蒙得恩明明有子，连外国官员都见到过赞嗣君蒙时雍。而《江南春梦庵笔记》却说蒙得恩有三女，"无子"。

（2）蒙得恩于辛酉十一年死去。而《江南春梦庵笔记》却说甲子十四年天京失陷前几天，蒙得恩还在天王宫值宿。真是见鬼。

铁证如山，书的作者不是长期在蒙得恩身边的书生，而是一个伪造太平天国史料的骗子。

罗先生彻底揭露《江南春梦庵笔记》作伪的手法：

其一，捏造假象。如说幼天王是国舅赖汉英前妻所生子，天王后赖氏原是赖汉英继室，等等。

其二，篡改文献。如把天王两篇《改历诏》并成一篇，并把"九月初九哥降节，靠哥脱罪记当初"的后一句篡改为"亦朕降世记当初"，以证成天王洪秀全诞生于九月初九的谬说，等等。

三、出现反复，只能使真伪愈辨愈明

当阎若璩公布《古文尚书疏证》后，震撼了学术界，但也有人表示异议。毛奇龄撰《古文尚书冤词》，使此案一度反复。然而毛奇龄的巧辩并无确据，他不能一手掩盖梅赜本作伪的马脚。乾嘉时期的朴学巨子吴派鼻祖惠栋著《古文尚书考》，皖派健将程廷祚著《晚书订疑》，段玉裁著《古文尚书撰异》，都申阎斥毛。此案遂成定论。

当罗先生揭露《江南春梦庵笔记》为大伪书之后，史学界也有反复。但是，随着对太平天国史研究的深入，相信罗说的人越来越多，并从中学会辨伪的方法，有的同志也在这方面作出了成绩。

在史籍真伪问题上，罗先生的态度是科学的。真的就是真的。例如对湘乡曾氏所藏《李秀成供》，尽管异说纷纭，但是，罗先生坚持这是真迹。假的就是假的。例如对《江南春梦庵笔记》[1]，尽管波澜起伏，罗先生力斥这是伪书。这就叫作"实事求是"。值得我们学习。

（原载《书品》1987年第4辑）

---

[1] 参阅《困学集·笔迹鉴定举例》。

懿王蒋有福考

从太平天国己未九年末起,天王诏旨之前开列着一个接旨者的名单。

朕诏和甥、福甥、玕胞、达胞、玉胞、秀胞、恩胞、贤胞、辅胞、璋胞、万佺、天将、掌率、统管、尽管、神策朝将、护京神将、六部、主、佐将内外众臣知之。

幼主诏旨同样有这一名单:

朕诏和表、福表、玕叔、达叔、玉叔、秀叔、恩叔、贤叔、辅叔、璋叔、万弟、天将、掌率、统管、尽管、神策朝将、护京神将、六部、主、佐将内外众臣知之。

到了辛酉十一年四月间,这个名单变了,其中多了一批王亲国戚。

朕诏天佑子佺、和甥、福甥、和元佺、利元佺、科元佺、瑞元佺、锦元佺、栋梁婿,文胜婿、万兴亲、玕胞、葵元佺、达胞、玉胞、秀胞、雍佺、贤胞、辅胞、璋胞、万佺、天将、掌率、统管、尽管、神策朝将、护京神将、神使、六部、主、佐将暨普天大下,同世一家,所有众臣民知之。

同年五月所颁诏旨,接旨者的人数又有增加,在洪瑞元之后,加入现元、瑭元;洪锦元之后,加入钰元、釚元,皆天王之侄。例如六月二十八日幼主诏旨:

朕诏佑弟、和表、福表、和元萼、利元萼、科元弟、瑞元、现元、瑭元弟、锦元萼、钰元弟、釚元弟、栋梁妹夫、文胜妹夫、万兴王亲、玕叔、玉叔、秀叔、雍弟、贤叔、辅叔、璋叔、万弟、天将、掌率、统管、尽管、神策朝将、护京神将、神使、六部、主、佐将及众良臣知之。[1]

上述太平天国后期高级官员,除"福甥"(幼主称"福表")外,其他已都有姓名可考。"福甥"究是何人?前辈学者一直没有明确的答案。

查庞际云所藏《李秀成自述别录》,在"曾国藩手书问词及庞际云注录李秀成答语"中,有追问太平天国后期亲贵下落的一条:

幼东王、幼西王、懿王蒋有福、信王洪仁发、巨王洪和元(廿余岁)、崇王洪利元(十七八岁)、元王洪科元、长王洪瑞元、见王洪现元、唐王洪瑭元、同王洪珊元、次王洪锦元、定

---

[1]《太平天国》二,神州国光社1952年版,第675页。

王洪钰元、汉王洪釴元(以上年过十岁)、金王钟万信(廿多岁)、凯王黄栋梁(小)、捷王黄文胜(小),干王洪仁玕(十七人在城内,洪仁玕在江西)。以上十八人,十六日破城时均在城内否?知其下落否?[1]

我在《洪秀全选集》注释中,据此判断,天王诏旨所称"福甥"(幼主诏旨称为"福表"),即懿王蒋有福[2]。近年续得资料证成此说。

考王定安《求阙斋弟子记·贼酋名号谱》有"京内正总监懿王禧千岁","失名"。其实即蒋有福,他列名在东、西、南、北四王之后,王长兄、王次兄之前。洪仁发任"京内又正总监",洪仁达任"京内副总监",洪仁发的长子巨王洪和元任"京内又副总监",都居其下。只有蒋有福才有这样尊贵的地位。

又考《北华捷报》第五二四号(1860年8月11日)发表的艾约瑟与洪仁玕在苏州的问答:

现共有十一个王:一、天王;二、西王的继承者萧有和;三、东王的继承者萧有福;四、干王洪仁玕;五、翼王石达开;六、英王陈玉成;七、忠王李秀成;八、赞王蒙得恩;九、侍王李世贤;十、辅王杨辅清;十一、章王林绍璋。[3]

这是庚申十年夏秋之交,天王诏旨尚未出现幼东王"天佑子侄"时的情况。据此可知蒋有福即萧有福,当是萧朝贵次子。以故他

[1]《太平天国》二,第841页。

[2]《洪秀全选集》,中华书局1976年版,第60页。

[3] 顾长声:《传教士与近代中国》,上海人民出版社1981年版,第88页。

列名萧有和之下,天王称之为甥,幼主称之为表。

按,萧朝贵与父异姓,西王父蒋万兴,见之于庚申十年攻克苏州后论功行赏的幼主诏旨:

> 蒋万兴为天朝九门御林开朝王亲,爵同南,赐天府称殿。[1]

再见之辛酉十一年二月二十一日天王诏旨公布的印文:

> 天父天兄天王太平天国顶天扶朝纲西王父蒋万兴。[2]

又见之于近年广西发现的道光二十四年《建造佛子路碑》:

> ……蒋万兴……以上助钱三百文。[3]

由于蒋万兴与萧朝贵父子异姓,所以萧朝贵两子异姓,一从父姓萧(萧有和),一从祖姓蒋(蒋有福),分承两家香火,蒋有福又称萧有福。这一切都可以从旧社会广西民间的风俗得到解释。

简又文认为王定安《弟子记》所说"懿王",列名东、西、南、北四王之后,乃系翼王之误[4]。其实《弟子记》从太平天国后期规定,列翼王石达开于干王洪仁玕之后,懿王与翼王不是一人。

---

[1]《太平天国史料》,开明书店 1950 年版,第 104 页。

[2]《太平天国文献史料集》,社会科学出版社 1982 年版,第 7 页。

[3]《太平天国学刊》第一辑,中华书局 1983 年版,第 261 页。

[4]《太平天国典制通考》上册,第 62 页。

大伪书《江南春梦庵笔记》云："和甥"为幼东王杨有和，"福甥"为幼西王萧全福[1]。则完全是虚构之词。

（原载《太平天国学刊》第四辑，中华书局 1987 年 7 月版）

---

[1]《太平天国》四，第 433 页。

怎样深入研究太平天国史？

——太平天国与中国近代化笔谈

中华人民共和国成立以来四十年，太平天国研究是史学界的热门，成果累累。近年，有些同志忧虑史学发生危机，也忧虑太平天国研究已经走到了穷途末路。于是经常提出令人寻思的问题，"怎样深入研究太平天国史？"我的答案是：（一）在史料上，要比前人更深入地下功夫；（二）在理论上，要正确联系时代实际。

一

任何一门学问，总是能够不断进展的。对先秦的语言文字，历代学者都付出了巨大精力来进行研究，然而一直没有宣告终结。对于《诗经》，汉之毛、郑，宋之朱熹，用力可谓勤矣！然而他们还没有把"三百篇"完全解释清楚，使后来的训诂家无事可做。例如，"终风且暴"之"终"，汉、宋学者都望文生义，曲解为终日。到了清代王念孙，他据先秦古籍，综合大量"终……且……"联用的实例，并据"因音以求义"的准则，断定"终风且暴"，即既风且暴，终、既乃一声之转。这样，才把诗意说通了。对太平天国史的研究，也是这样。尽管萧一山、简又文、郭廷以等在史料方面下了巨大功夫，然而他们还留下不少问题，由罗尔纲先生来解决。为什么《李秀成自述原稿注》成了罗先生的不朽之作？主要因为在这本书里，对某些史料的考证，其功力远远超越了诸同行。例如，《李秀成自述》记太平军永安突围之役说："姑苏冲是清朝寿春兵在此把守。"简又文《太平军广西首义史》推测"寿春"为人名，为旗员。其实，寿春是安徽地名，清代设总兵率绿营驻屯于此。太平军起义后，曾由两江总督奏调寿春镇兵一千人往广西"协剿"。见《剿平粤匪方略》。罗先生据《方略》以注《李秀成自述》，纠正简又文的曲解，把"寿春兵"解释清楚了。这正是对太平天国史料研究深入的反映。要做到这一步，就必须博览群书，像大海捞针一样，下细密功夫，发现问题，解决问题。

对史料不下苦功，是无法推进太平天国史学的。即以注释为例。我近见新版曾国藩一幕僚的信多通。其中一件发自湖北武昌之东的樊口，写于咸丰十一年二月三十日，自题《上使相书》。书中有"恭辞后"，"回帆东下"等语。编者不经考证，贸然加注："使相指曾国藩。"核之时间、地点，均有抵牾。查曾国藩于咸丰十一年二月尚不能称"相"。要到同治元年正月，清廷才授曾国藩协办大学士。从此，朋僚始称之为"相"或"中堂"。再查其时曾国藩驻军安徽。樊口在其西，沿江上游。如发信人与之晤面后回至樊口，应称"回帆西上"，不应反称"东下"。事实证明，这个"使相"不是曾国藩而是钦差大臣大学士湖广总督官文。时驻武昌。发信人于咸丰十一年二月二十三日给湖北巡抚胡林翼的信说，他曾从汉阳于"十一日过江，入城谒阁督师"。这就是他在"回帆东下"前晤见官文之确证。从他的其他信函得知，他于二十二日离武昌东下，二十四日回抵樊口，直到三月，一直待在樊口，未去安徽晤曾国藩。证据确凿，这条注释是张冠李戴，把收信人弄错了。何以至此，归根到底，乃是对史料未下艰苦功夫。类似这样，怎能把太平天国史研究引向深入！

<h2 style="text-align:center">二</h2>

"史学所以经世"。其实，别的科学也是这样，只有扣上时代的脉搏，科学才能推陈出新地发展。即如对古代文字语言学的研究，高邮二王也并未到达顶峰。其后章炳麟、刘师培等引用西方资产阶级社会学的进化论重新研究小学，用以解剖中国古代社会，申陈民族大义，使知识界从传统观点中解放出来，为推翻封建清王朝作好了舆论准备。再后，章炳麟的大弟子吴承仕等，接受了马克思主义的唯物史观，科学地解释中国古文字，启发知识分子，投身抗日救亡，使小学又一次获得了新生命。太平天国史研究也是这样。在民主革命和中华人民共和国成立初期，太平天国史研究之所以能够蓬勃发展，主要因为跟上了反帝反封建的步伐。现在，我们仍然要使太平天国史学为时代服务，为当前建设现代化服务。

但是，历史研究联系时代实际，必须正确。要防止以今例古、防止在理论上搞简单化。在这方面，我们是有经验教训的。还在抗日战争时，由于理论上的幼稚，有些好心的学者，极力赞美太平天国所宣扬的农民小私有者平均共产主义的幻想，当作是科学社会主义的萌芽。其实，从马克思主义观点看，这二者是背道而驰的。区分它们的标准在于是否发展社会生产力。农民的平均主义阻碍了社会生产力的发展，而科学社会主义则是要高速度发展生产力,到了中华人民共和国成立初期,学术界又把共产党领导下的农民运动与太平天国起义相附会,把洪杨等人描绘过高,似乎他们是早期无产阶级的领袖,强调他们实行了"四大平等"。这些都是脱离马克思主义理论,也是不合事实的。以男女平等为例,洪杨等人要人民群众实行一夫一妻制,而自己却搞多妻制。在分配社会财富上,也是两种待遇。他们要群众过艰苦的平均主义生活,而自己却搞骄奢淫逸的特权主义。所谓"四大平等",实际是子虚乌有。从马克思主义观点看,农民小私有者有双重性,他们在遭受压迫时,有朴素的平等观,要求实现平均主义;但一朝社会地位变化,高高在上时,又追求自己的特权。太平天国之所以内讧,所以灭亡,主要就是因为少数领袖扩张特权的悲惨结果。

以往研究中的失误教训我们,史学联系时代实际必须正确。我们务必科学地总结历史经验,供当前借鉴。切忌曲解历史,以今例古,搞实用主义。总之,在理论上不下苦功,也是不能够推进太平天国史学的。

现在,学术界都在寻找新课题。"太平天国与中国近代化",是联系实际的新课题。要使这方面的研究得到开拓性的成果,同样要在史料和理论上下苦功,否则总是深入不下去的。只要在史料和理论上下功夫,即使对老的课题,我们也能写出新的文章来。"山重水尽疑无路,柳暗花明又一村",只要学者们刻苦努力,太平天国史的研究工作一定能够跟着时代而前进。

(原载《宝鸡师院学报(哲学社会科学版)》1989 年第 2 期)

吴煦家藏两册太平天国
文献影印本正误

　　1953 年春，从杭州原清苏松太道吴煦后人家里，发现两册太平天国文献：《太平军目》（缺封面）和《太平救世歌》。其后作为珍贵文物，由中国革命博物馆收藏。罗尔纲《太平天国文物图释》公布了《太平救世歌》的封面。郭若愚《太平天国革命文物图录补编》（以下简称《文物图录补编》）辑录了《太平军目》的"诏书总目"叶和正文 5 叶；《太平救世歌》封面、"诏书总目" 1 叶和正文 3 叶。南京太平天国历史博物馆编《太平天国印书》（以下简称《印书》）辑录了《太平军目》（缺封面）和《太平救世歌》的全部。诸书都说根据吴煦家藏本（即中国革命博物馆藏本）原件影印，但却有明显分歧。《文物图录补编》本《太平军目》的"诏书总目"共有 13 部，《太平救世歌》的"诏书总目"共有 15 部。《印书》本与此相反，《太平军目》的"诏书总目"共有 15 部，《太平救世歌》的"诏书总目"共有 13 部。为何如此分歧？令人困惑不解。最近，我才弄清真相，原来，《印书》把两种太平天国文献的"诏书总目"插叶交换错了。《印书》的排印本也没有更正。张冠李戴，贻误读者，必须订正。

一、关于"诏书总目"

考太平天国出版的书籍，统称"诏书"，"诏书"必盖天王金印，上刊"旨准"二字，故又称"旨准颁行诏书"，见《诏书盖玺颁行论》。辛开元年（1851），太平天国开始编印书籍。从癸好三年（1853）起，太平天国印书一般都在卷首插叶附刊"旨准颁行诏书总目"，书口简称"诏书总目"。张德坚《贼情汇纂》："凡贼中伪书首一章必载诸书名目。"迄今所见，最少的共有13部：《天父上帝言题皇诏》、《天父下凡诏书》(一)、《天命诏旨书》、《旧遗诏圣书》、《天条书》、《太平诏书》、《太平礼制》、《太平军目》、《太平条规》、《颁行诏书》、《颁行历书》、《三字经》、《幼学诗》。其后陆续增多。14部即13部加《新遗诏圣书》。15部即14部加《太平救世歌》。最后增至29部。太平天国刻书所附"诏书总目"数量的陆续增多，是有规则的。

（一）随着新版书的增多而增多。凡列入29部的新版书所附的"诏书总目"，必包括以前出版诸书和本书。

（二）随着重印时间"诏书"总数的增多，凡重印诸书所附"诏书总目"，也比该书初版时为多。弄清这些规则，有助于研究吴煦家藏两册太平天国文献影印本所附"诏书总目"的张冠李戴问题。

二、国内外收藏《太平军目》和《太平救世歌》的概况

（1）《太平军目》，是专载太平军组织制度之书。初版于壬子二年（1852），封面都题"太平天国壬子二年新刻"。张德坚《贼

情汇纂》谓：太平天国"曾刊伪《太平军目》一册，以一军为例，
全刻五百两司马，前列军帅、师帅、旅帅，后列卒长，每一卒长之
下，刊两司马四人，尚无东西南北之分及刚强伍长、冲锋伍卒诸
名色，千篇一律，满纸皆卒长、两司马字样，不知其军制者，无不
开卷茫然。嗣俘得续改《军目》，眉目较前清楚"。现存《太平军
目》的最早刻本，已是《贼情汇纂》所录"续改"之本，英国牛津
大学图书馆藏一册，封面题"太平天国壬子二年新刻"，无"诏书
总目"，可证是壬子刻本。另一册封面也题"太平天国壬子二年
新刻"，但附录"诏书总目"共有13部，可证已是癸好刻本。又
一本缺封面，附录"诏书总目"也共13部。伦敦英国图书馆（原
不列颠博物馆，下简称"英图"）藏两册。一册封面也题"太平天
国壬子二年新刻"，但附录"诏书总目"共有15部，可证已是癸
好刻本，且比牛津所藏癸好刻本的印刷时间为较后。另一册封面
也题"太平天国壬子二年新刻"，但附录"诏书总目"共有24部，
其最后一部为乙荣五年（1855）新版的《行军总要》，卷末有"戊
午遵改"朱戳。可证这已是乙荣重印本。"戊午（1858）遵改"时
书匠即在乙荣版上铲刻，以故未改换"诏书总目"插叶[1]。英国
剑桥大学图书馆藏两册：甲本与英图癸好后刻本同，乙本与英图
戊午修改本同。柏林普鲁士国立图书馆和巴黎国家图书馆各藏
《太平军目》一册，版本不详。综合萧一山、王重民、王庆成等提
供的资料，可以确知海外所藏《太平军目》，有壬子刻本、癸好先
刻本、癸好后刻本、乙荣重印戊午修改本。萧一山据伦敦不列颠

---

[1]　英国图书馆藏的《御制千字诏》（"戊午遵改"本）也类似这样。封面
题"太平天国甲寅四年新刻"，附录"诏书总目"24部，可证是乙荣重印本，
卷末有"戊午遵改"朱戳。见萧一山：《太平天国丛书第一集》。

博物馆所藏癸好后刻本影印入《太平天国丛书第一集》。《太平天国》据"萧辑本"排印。《文物图录补编》所影印的吴煦家藏《太平军目》,附录"诏书总目"13 部,乃是癸好先刻本,与牛津藏的一本同。

（2）《太平救世歌》,是杨秀清的著作。内容包括序及七言长歌三首,历述受命下凡,匡扶天王救世,并劝世人敬夫、忠君、孝父母云云。由于东王对下的文告称"诰谕",故《太平救世歌》后改称《太平救世诰》。现存癸好初刻本较多。封面题"太平天国癸好三年新刻",附录"诏书总目"共有 15 部。牛津大学藏三本,英国图书馆藏两本,剑桥大学、华盛顿国会图书馆各藏一本。另有甲寅四年（1854）刻本。北京图书馆藏一本,封面题"太平天国甲寅四年新刻",文句与癸好本稍异[1]。剑桥大学藏一本,封面也题"太平天国癸好三年新刻",但附录"诏书总目"共有 21 部,其最后一部为甲寅新版的《天理要论》,可证已是甲寅刻本。书名已改"歌"为"诰"。以上据萧一山、罗尔纲、王庆成和日本学者山本达郎提供的资料。萧氏据不列颠博物馆所藏癸好本影印入《太平天国丛书第一集》。《太平天国》据"萧辑本"排印。《文物图录补编》影印的吴煦家藏《太平救世歌》,附录"诏书总目"15 部,与"萧辑本"同。弄清这些,有助于订正《印书》的失误。

---

[1] 太平天国刻书,封面一般都题初版时间,重印时不变。但有的重版书,封面即题重版时间。如现见《幼学诗》的封面有题辛开元年新刻、壬子二年新刻、癸好三年新刻三种版本。这本《太平救世歌》封面题甲寅四年新刻,并非怪事。

三、《印书》失误的铁证

《印书》辑录的《太平军目》所附"诏书总目"共有 15 部，与罗尔纲先生写的跋语不合。罗文明明说："这一个本子与伦敦不列颠博物馆藏本的内容、形式、叶数都相同，惟'诏书总目'此本共十三本，伦敦藏本则为十五本。"显然可见，这里的"诏书总目" 15 部插叶，不是属于"此本"《太平军目》的。

《印书》辑录的《太平救世歌》所附"诏书总目"共有 13 部，与罗先生箧间一套吴煦家藏《太平救世歌》的照片不合。这套照片所附"诏书总目"明明共有 15 部。显然可见，《印书》的那叶"诏书总目"是被弄错了的。罗文起同志在中国社会科学院近代史研究所找到又一套《太平救世歌》的照片，注明据中国革命博物馆藏本（即吴煦家藏本）摄影，其中插叶"诏书总目"共有 13 部。她断定，这就是《印书》失误的祖本。至于照片插叶是被谁移花接木弄错的，则已无从追查。

以往，我相信《印书》是不会错的。因此，对《太平救世歌》附录"诏书总目" 13 部，作了种种"例外"的解释。其一，《太平救世歌》新版在《新遗诏圣书·马太传福音书》刊行之后[1]。按例，《太平救世歌》所附"诏书总目"应包括《新遗诏圣书》。欧美所藏《太平救世歌》附录的"诏书总目"都是这样，独《印书》所辑的属于"例外"。其二，凡列入"旨准颁行诏书总目"二十九部

---

[1] 癸好三年印的《天命诏旨书》《颁行诏书》《太平天国癸好三年新历》所附"诏书总目" 14 部，有《新遗诏圣书》，无《太平救世歌》。可证《太平救世歌》的颁行较后。

的太平天国文献所附"诏书总目",按例应包括本书在内。海外发现的多本《太平救世歌》都是这样,独《印书》所辑者也属"例外"。以往,我与诸生讲论太平天国文献时,曾做了以上解释。现已明白,这些都是以讹传讹。此事教训我们,对影印的书籍也必须严格校勘。影印本不一定都是忠于原件的。

《文物图录补编》对《太平军目》的考释有失误。编者说:"此叶诏书总目列旨准颁行诏书十三部,可以考知此书是为太平天国壬子二年初印本。"其实,正因为此书附录"诏书总目"共有13部,其中已有《天父上帝言题皇诏》等多种是癸好三年的新版书,可以考知这一本《太平军目》已是癸好三年的重印本。在此一并予以订正。

（原载《浙江学刊》1989 年第 5 期）

坚持在马克思主义指导下
发展太平天国史学

马克思主义，是历史科学的指南。积一百多年的经验证明：只有坚持在马克思主义指导下，才能发展太平天国史学，为民主革命服务，为社会主义服务。回顾太平天国史研究漫长而又曲折的过程，毫无疑问，是有重要意义的。

一

当马克思、恩格斯在欧洲发表《共产党宣言》时，中国正处于农民大起义暴风雨到来的前夜。东西方在时代上的隔离，使洪秀全、杨秀清无法倾听"全世界无产者联合起来"的伟大声音，然而马克思主义的创始人却清楚地看到太平天国运动是鸦片战争激起的被压迫民族对国际资本侵略的反抗。马克思写道：

> 推动了这次大爆炸的毫无疑问是英国的大炮，英国用大炮强迫中国输入名叫鸦片的麻醉剂。[1]
> 看起来很奇怪的是，鸦片没有起催眠作用，反而起了惊

---

[1]《马克思恩格斯选集》第2卷，第1—2页。

醒作用。[1]

马克思说"对立统一"是否就是这样一个万应的原则,这可从太平天国革命"对文明世界很可能发生的影响中得到明显的例证"[2]。

但是,在封建专制主义统治下的中国,史学界还不懂得马克思揭示的这个不可抗拒的历史的辩证法。《钦定剿平粤匪方略》等一类史书,只可能站在历史潮流的反面,颠倒是非。曾经统兵进攻太平军的湖广总督官文为杜文澜所纂的《平定粤匪纪略》作序,他把太平天国兴亡的因果,归之于"天命"。太平军之所以兴起,是由于"承平日久,民物滋丰,数穷理极,天道也"。而太平军之所以由盛而衰,是因"天运循环,平陂往复"。他把清政府镇压农民起义之所以得逞,归功于咸、同两朝之"庙算"。"夫鬼方之克,非傅说力,高宗力也。车攻马同,非方召申甫力,宣王力也。""此书出荒陬遐澨,白叟黄童皆可按籍而仰文宗显皇帝之经营,彪炳星日。皇上所以绍开泰运,人才所以效命朝廷者,一展卷而恍然置身揖让于两阶干羽间也。"他们之所以编纂这类史书无非是为了"恭纪圣功而昭来许"。显而易见,这是为维护封建专制主义服务的。

继农民运动而来的中国资产阶级革命派,从太平天国的英雄事业得到力量。孙中山等革命党人给太平天国重新评价,借助编写太平天国的斗争史,为"驱逐鞑虏"制造舆论。他们的政治目

---

[1]《马克思恩格斯全集》第 15 卷,第 545 页。
[2]《马克思恩格斯选集》第 2 卷,第 1 页。

的是鲜明的。正如章炳麟《〈洪秀全演义〉序》所说："洪王朽矣！亦思复有洪王作也。"但是，他们只是从汉族人民"反满"这个狭隘的意义去理解太平天国，还不能够提到反封建反侵略的高度来总结这次农民战争的历史经验。

当孙中山逝世之后，某些背叛他事业的人，便恣意贬低太平天国。他们公然出版《增补曾胡治兵语录》等书，妄图重演清政府镇压这次农民战争的历史，反对中国共产党所领导的人民大革命。在这样的政治背景下，一些史学家拒绝接受马克思主义，反对用阶级斗争的观点解释太平天国史。他们标榜"客观主义"，既承认孙中山所表彰的洪秀全的民族革命，又斥责太平军对社会的"破坏"。当抗日战争处于严重关头，国内顽固派正在制造反共舆论时，有位史家发表文章说："以予观之，在吾国全部历史中，若连内乱外患合计，以破坏性及毁灭力论，太平天国革命运动仅亚于现今日本侵略之一役耳，其前盖无匹也。"他由此论断，太平天国起义不曾推动历史前进，反而促使中国倒退。"自经是役，全国财政已竭，几沦于破产，因而海关制度，举借外债，亦由是而兴矣。再如：在外交上，清廷不惜再签订及履行不平等条约以为交换条件借得外人实力之助（戈登之"常胜军"及法人助攻太平军），由是使全国陷于次殖民地之地位者垂九十年。"到旧中国行将崩溃时，有一本史学名著把"农民战争破坏论"，扩展而为"一切革命破坏论"。在作者看来，近代中国历史前进之动力，是李鸿章、张之洞及其后人的引进西方文明，而他们遭到了两种阻力：先是清政府守旧；后是日益兴旺的人民闹革命，包括辛亥革命和共产党领导的新民主主义革命。显而易见，这一类史学著作都是为摇摇欲坠的大地主阶级大买办阶级的反动统治服务的。在旧中国的史学著作里,不是没有值得我们接受的遗产,问题在于某些作者拒绝运用马克思主义的观点。因此,使他们做不出科学的结论。这一教训,我们必须记取。

二

为我国历史科学奠基的是马克思主义与中国实际相结合的毛泽东思想。毛泽东说:

> 在很长的历史时期内,大家对于社会的历史只能限于片面的了解,这一方面是由于剥削阶级的偏见经常歪曲社会的历史,另方面,则由于生产规模的狭小,限制了人们的眼界。人们能够对于社会历史的发展作全面的历史的了解,把对于社会的认识变成了科学,这只是到了伴随巨大生产力——大工业出现近代无产阶级的时候,这就是马克思主义的科学。[1]

马克思主义创造了科学的唯物史观。恩格斯说:

> 唯物史观是以一定历史时期的物质经济生活条件来说明一切历史事变和观念、一切政治、哲学和宗教的。[2]

从唯物史观出发,马克思主义找到了决定人类社会发展的两

---

[1]《毛泽东选集》第 1 卷,第 282—283 页。
[2]《马克思恩格斯选集》第 2 卷,第 537 页。

个基本矛盾,生产关系与生产力的矛盾,上层建筑与经济基础的矛盾,而生产关系与生产力的矛盾乃是人类社会任何一个阶段的最根本的矛盾。随着私有制和阶级的产生,社会基本矛盾表现而为阶级矛盾。

用唯物史观研究中国,毛泽东指出:"封建社会的主要矛盾,是农民阶级和地主阶级的矛盾。"[1]农民起义和农民战争是历史发展的动力。1840年鸦片战争以后,中国一步一步地变成了一个半殖民地半封建的社会。在分析近代中国社会的矛盾时,毛泽东指出:"帝国主义和中华民族的矛盾,封建主义和人民大众的矛盾,这些就是近代中国社会的主要的矛盾。当然还有别的矛盾,例如资产阶级和无产阶级的矛盾,反动统治阶级内部的矛盾。而帝国主义和中华民族的矛盾,乃是各种矛盾中的最主要的矛盾。"[2]中国的民主革命是在这些矛盾的基础上发生和发展的。太平天国起义爆发在鸦片战争之后,中国刚从一个独立的封建社会沦为半殖民地。这就决定了它仍然是一次单纯农民运动,而又成为民主革命的先驱。我们研究太平天国史,是从这里出发的。

只有用毛泽东思想分析研究太平天国史,我们才能够正确地回答谁负战争破坏罪责的问题。对于战争,要进行阶级分析,要区别压迫阶级的非正义战争和被压迫阶级的正义战争。战争破坏之罪,应归之于压迫阶级的非正义战争。毛泽东说:"古人说:'春秋无义战。'于今帝国主义则更加无义战,只有被压迫民族和被压迫阶级有义战。"[3]他指出,太平天国是义战。战争破坏的罪

---

[1] 《毛泽东选集》第2卷,第595页。

[2] 《毛泽东选集》第2卷,第601—602页。

[3] 《毛泽东选集》第1卷,第158页。

责,当然归之于内外反动派,怎能归之于农民群众!

对于"学西方",也必须进行阶级分析。要区分爱国主义的"学西方"和投降主义的"学西方"。在当时的西方资本主义列强与灾难深重的中国之间,不仅有经济文化上的发达与不发达的差距,而且还有压迫民族与被压迫民族的区别。所以爱国主义者的"学西方",是为了救中国,为了对西方侵略的反抗。而投降主义者的"学西方",其目的与效果都与前者如南辕北辙。毛泽东说:"自从一八四〇年鸦片战争失败那时起,先进的中国人,经过千辛万苦,向西方国家寻找真理。洪秀全、康有为、严复和孙中山,代表了在中国共产党出世以前向西方寻找真理的一派人物。"[1]我们怎能够把李鸿章一流也划进这个先进的行列呢?

要用马克思主义辩证法的观点,对待反动派"学西方"所起的双重作用。毛泽东说:"矛盾着的两方面中,必有一方面是主要的,他方面是次要的。其主要的方面,即所谓矛盾起主导作用的方面。事物的性质,主要地是由取得支配地位的矛盾的主要方面所规定的。"[2]李鸿章等勾结西方列强,引狼入室,镇压太平军,当然是坏事。但在客观上又给中国输入了一些新武器——洋枪、洋炮。这就是矛盾的两个方面,而前者是主要方面。"然而这种情形不是固定的,矛盾的主要和非主要的方面互相转化着,事物的性质也就随着起变化。"[3]在一定条件下,坏事会变成好事。即如中国人民把洋枪洋炮接过来打击了内外反动派。但肯定后一阶段的好事,应当归功于人民,不应当归功于反动派。

---

[1]《毛泽东选集》第4卷,第1406页。
[2]《毛泽东选集》第1卷,第297页。
[3]《毛泽东选集》第1卷,第297页。

在中华人民共和国成立前后，毛泽东反复劝导知识界要用唯物史观研究和解释中国历史。1948 年 11 月 24 日，他在看了吴晗的《朱元璋传》之后，写信鼓励作者说：

> 先生似尚未完全接受历史唯物主义作为观察历史的方法论。倘若先生于这方面加力用一番功夫，将来成就不可限量。[1]

1950 年 8 月 29 日，毛泽东在《致陈寄生》书中强调指出：

> 惟觉中国的历史学，若不用马克思主义的方法去研究，势将徒费精力，不能有良好结果，此点尚祈注意及之。[2]

中华人民共和国成立后，在毛泽东思想指引下，我国史学界的面貌一新，对太平天国史的研究，更如雨后春笋，蓬勃发展。

三

1951 年 1 月 11 日，为纪念太平天国起义 100 周年，《人民日报》发表社论，充分肯定这次农民运动反封建反侵略的伟大历史意义，歌颂太平天国爱国主义的英雄业绩，并分析其失败的原因，乃是由于"内讧"和外国干涉。社论根据唯物史观的基本原理，指出《天朝田亩制度》所提出的平均社会主义方案，虽然反映了

---

[1]《毛泽东书信选集》，第 301 页。
[2]《毛泽东书信选集》，第 386 页。

农民群众反封建的土地要求，但由于违反了生产力发展的历史规律，所以"这种空想的农业社会主义的思想，在实质上乃是带有反动性的"。这就在理论上划清了停滞在自然经济状态的小农的空想社会主义与奠基在大生产基础上的科学社会主义的界限。这些正确论断，阐明了研究太平天国史的马克思主义理论体系。在社论的推动下，大批歌颂太平天国反封建反侵略以及揭露外国干涉等的论著相继发表了。在土地改革和抗美援朝等伟大斗争中，这些论著教育了人民，为建设和保卫祖国服务。

与此同时，学术界研究太平天国史存在"以今例古"的偏向。有的作者把在共产党领导下农民翻身的现实生活，去套百年前的太平天国。有人造作歌颂李秀成的"民谣"，其中一首说："毛竹笋，两头黄。农民领袖李忠王，地主见了他像见阎王，农民见了赛过亲娘。"很显然，这是现代人的作品。但有的作者却引进了中学历史教科书。有的史家还把太平天国起义美化过了头，比之于无产阶级革命，强调洪杨实现了"四大平等"。其实，这是农民小生产者所不可能做到的，也是背离历史真相的。这些不是实事求是的错误论点，曾流行一时，但也有人表示异议，有待于通过学术讨论来解决。

马克思主义提倡以科学研究为基础的大胆探索和自由争论。在遵守宪法规定的原则下，"实行学术自由，创作自由，讨论自由，批评和反批评自由"。毛泽东把它概括为八个字"百花齐放，百家争鸣"。在这一方针指引下，太平天国史学不断获得发展。

不幸的是，到了60年代后半期和70年代上半期，林彪、"四人帮"制造了一场惨绝人寰的浩劫，使我国的历史科学包括太平天国史研究，几乎遭到了毁灭。林彪、"四人帮"不是搞"古为今用"，而是搞"影射史学"。1965年，他们利用对李秀成是否叛徒问题的讨论，大搞政治阴谋，为陷害一大批革命老干部制造舆论。1974年，"四人帮"又阴险地发动"批孔"，强行划分洪秀全反孔与杨秀清尊孔，使太平天国史再一次遭到践踏。林彪、"四人帮"搞文化专制，对一大批研究太平天国史的同志实行法西斯专政。

1976年10月，人民一举粉碎了"四人帮"，恢复了马克思主义对历史研究的指导地位，太平天国史学获得了前所未有的进展。第一，解放思想，打破禁区，人们敢于实事求是地重新评价太平天国史的一些重大问题。例如，太平天国究竟有没有实行"四大平等"的问题。第二，海内外学者频繁交流，使人们大开眼界，从而促进太平天国史学的发展。

但是，到了近年，伴随着"马克思主义过时论"而来，太平天国史研究又在一定程度上走了回头路。有些被马克思主义早已推倒的僵尸，如"农民战争破坏论"等，却又变作"新角色"再度登上史坛。特别是在"学西方"这一问题上，有的观点是极为错误的。他们认为，不管是什么阶级抱着什么目的，只要引进了一些"洋人"的东西，也不管主要产生了什么后果，就被歌颂为中国"前进"的动力。此类观点，背弃了马克思主义，为"全盘西化论"造根据，怎能为社会主义祖国服务！

上述正反两方面的经验，极其深刻地向我们提出了一个头等重要的课题：必须坚持在马克思主义指导下，发展太平天国史学。

四

如上文所说，我们既不能够捏造历史，把洪杨等人打扮成马克思主义者,也不能够超越历史实际,苛求洪杨。但是,我们必须以马克思主义为准则,分析和总结太平天国兴亡的历史经验,供当前和今后借鉴。

太平天国究竟为什么失败?洪杨等农民领袖为什么不能防止"内讧"和战胜外国干涉?如果单用"没有无产阶级领导"一句来回答,是不能够满足要求的。我们必须运用马克思主义的基本原理,来考察和分析这次农民运动兴亡的规律。

马克思、恩格斯划清了无产阶级运动和过去一切运动的界线。《共产党宣言》说过,只有无产阶级的运动,才是为绝大多数人谋利益的运动,而"过去一切运动都是少数人的或者为少数人谋利益的运动"[1]。要为大多数人谋利益,就得实行公有制,这是农民小私有者所做不到的。因此可以断定,马克思、恩格斯所说的"过去一切运动",包括了农民反封建运动。农民阶级是封建社会里被剥削的大多数,他们要翻身,就得解放大多数,就得实行公有制。但在生产力水平低下的自然经济的基础上,不可能建立社会主义,而只能维持封建制。农民小私有者也绝不可能自发地抛弃少数人统治多数人的私有制。农民运动的领袖们,在台下时高喊"共有共享",等到上台后,有了权,便逐步变国库为私库,自己蜕化成为新的封建专制主义者。因此,农民群众总是不能够从封建主义压迫下解放自己。为什么农民运动的队伍要发生分化,它的成果总是被少数新的特权人物所篡夺?为什么从陈胜、吴广起义以来的农民运动,都成了地主阶级改朝换代的工具?其原因就在于此。太平天国革命以极其生动的事实说明了这一点。从

---

[1]《马克思恩格斯选集》第 1 卷,第 262 页。

群众中来的农民领袖，最终脱离群众成为新的特权人物。原来亲如同胞的农民领导集团，因为权力斗争发生火并，最终确立新的封建独裁。这是一般农民运动失败的规律，太平天国革命不能超越这个规律，其特点是，由于遇到的敌人比较强大。因此，走在改朝换代的半路上，就悲惨地被中外反革命的联合势力所镇压了。

我国的农民占总人口的大多数。毛泽东说："中国的革命实质上是农民革命。"[1]中华民族要解放，就得要解放农民，就得实行公有制，就得靠无产阶级的领导。由此可见，如果没有中国共产党，如果不走社会主义的道路，中国就得不到解放。这是无可改变的客观规律。

马克思主义强调人心向背的重要性。"得人者兴，失人者崩。"太平天国以极其充分的事实证明了这一条我国自古以来传诵的真理。当这场农民运动走向下坡路时，太平天国领导层中较有远见的洪仁玕即敲起警钟："即我天朝，初以天父真道，蓄万心如一心，故众弟只知有天父兄，不怕有妖魔鬼。此中奥妙，无人知觉。今因人心冷淡，故锐气减半耳！"到天京沦陷，国破家亡的悲惨时刻，身困囚笼的李秀成又不胜慨叹："此是我家人心不齐之故。"太平天国用鲜血换来的教训是多么深刻啊！

（原载《江海学刊》1990 年第 5 期）

---

[1]《毛泽东选集》第 2 卷，第 663 页。

试论从鸦片战争开始的
中国近代化

鸦片战争,是中国从一个独立的封建社会,进入半殖民地半封建社会的起点,也是近代化的开端。在马克思主义指导下,研究鸦片战争开始的历史,对于正确认识中国近代化是有重大意义的。一个多世纪以来,特别是在最近十年内,人们热衷于讨论中国近代化,然而对于中国近代化的认识,却有巨大的分歧。要分清此中的大是大非,必须以马克思主义为指导,研究鸦片战争开始的历史。

一

对于近代化,我国学者有一个从片面到全面、从表象到实质的认识发展的过程。在新中国诞生之前,统治思想界的观点,只是片面和表面地从经济和文化的资本主义化来理解中国的近代化。人们认为,从鸦片战争起,古老的"天朝",面对资本主义列强叩关而入,引起一连串的巨大震荡。列强与中国之间,存在着经济上与文化上发达与不发达的差别,一部中国近代史,是从这里出发的。老一代史学家几乎都把中国近代史的发展线索,归结为少数大人物的"学西方"。这就是:林则徐、魏源开其端,奕䜣、李鸿章踵其后，继之而来的是康有为的变法维新，又继之而来的是孙中山的建立民国。但是，人们学了马克思主义之后，逐渐发现上述观点带有片面性和表面性，应当从全面的和实质的方面看待中国近代化。其关键是首先要正确认识资本主义列强与中国的关系。事实证明，从鸦片战争起，资本主义列强与中国之间，不仅有经济、文化上的发达与不发达之分；而且还存在着压迫民族与被压迫民族的区别。近代中国的一切事变，实际是从这里出发的。为了民族生存，中国人民开展反抗资本主义列强侵略的斗争，推动了社会的近代化，催生了新的社会经济形态（民族资本主义）、新的阶级力量（民族资产阶级和工人阶级）和新的思想意识（民主主义与社会主义）。如果用阶级斗争的发展来表示中国社会的近代化，那就是在从 1840 年到 1949 年间，先是农民反封建反侵略运动；继之而来的是资产阶级维新和资产阶级革命；再继之是工人阶级领导的新民主主义革命，其前途是实现社会主义。这也就是中国近代史的真正基本线索。

为了挽救民族危机，中国人民当然要把西方资本主义国家的文明接过来。鸦片战争的炮声一响，开明的地主知识分子魏源即倡议"师夷人之长技以制夷"。在农民起义的队伍里，具有世界知识的政治家洪仁玕提出了学习西方资本主义制度的《资政新篇》。随着民族资产阶级的诞生和发展，康有为发动的戊戌变法与孙中山领导的辛亥革命先后登上历史舞台。他们都是要把西方的资产阶级民主搬到中国的大地上。等到中国工人阶级从西方接受了马克思主义，中国革命便转向了社会主义。我们必须把上述爱国主义者的"学西方"与另一些搞投降主义的"学西方"严格区别开来。如果只从片面和表面看问题，那么，林则徐、魏源与奕䜣、李鸿章的向西方学习"船坚炮利",并无二致。但是,只要从全面和实质看问题,我们就能够把林、魏等人的救亡御侮与奕、李之流的引狼入室划分泾渭。后者所推行的所谓"近代化",其实是半殖民地殖民地化。

鸦片战争开始的一部中国近代史充分证明,有两条互相对立的"近代化"道路:一条是爱国主义者走过的道路,先是资本主义化,最后转向社会主义;另一条是投降主义者走过的道路,表面是资本主义化,实质是半殖民地殖民地化。要区分这两种近代化,必须学习马克思主义。

二

马克思主义发现资本主义制度造成的两种对立。首先是在一国之内,资产阶级压迫无产阶级与其他劳动人民,构成阶级对立。接着是在国际范围内,某些民族压迫其他民族,构成民族对立。在《共产党宣言》里,马克思、恩格斯深刻地揭示了经济文化发达的西方与东方不发达国家之间的不平等关系。

> 资产阶级使乡村屈服于城市的统治。正像它使乡村从属于城市一样,它使未开化和半开化的国家从属于文明的国家,使农民的民族从属于资产阶级的民族,使东方从属于西方。

从鸦片战争起,资本主义列强与中国之间的关系,就是属于这种不平等关系。这种关系是由资本主义的所有制造成的。马克思在《论波兰》的演说中指出："因为现在的所有制关系是造成一些民族剥削另一些民族的原因。"

　　基于本国资产阶级的利益，西方列强对东方的不发达国家发动了侵略战争。马克思在《对华贸易》一文中说："商人们由于切望扩大交换范围，极易于把自己失望归咎于这样一种情况，即认为野蛮政府所设置的人为措施阻碍了他们，因此，可以用强力清除这些措施。正是这种谬见，在我们这个时代里，使得英国商人拼命支持每一个答应以海盗式的侵略强迫野蛮人缔结商约的大臣。"正由于鸦片贩子们的强烈要求，英国资产阶级政府发动了1840—1842年的侵华战争。马克思在《鸦片贸易史》中历叙英国商人对中国进行万恶的鸦片贸易的事实之后说："中国政府在1837年、1838年和1839年采取了非常措施，这些措施的顶点是钦差大臣林则徐到达广州和按照他的命令没收焚毁走私的鸦片；造成了第一次英中战争的起因。"他在《新的对华战争》一文中又说："英国人曾为鸦片走私的利益而发动了第一次对华战争。"事实充分证明，马克思对鸦片战争发生的历史背景和英国发动战争的侵略目的所作的揭露，是千真万确的。这就是说，随着资本主义的发展，世界划分为经济文化发达的西方与不发达的东方，于是出现了西方侵略东方的民族压迫，出现了掠夺战争。鸦片战争，就是其中的一次。

　　鸦片战争开始了资本主义列强压迫中国的历史，继之而来的是列强所发动的一连串的侵华战争：1856—1860年间的第二次鸦片战争；1884—1885年间的中法战争；1894—1895年间的中日战争；1900—1901年间的八国联军侵华战争；从1931年"九一八事变"开始的，1937年"七七卢沟桥事变"全面爆发的，直到

1945年才结束的中日战争。还有一些小规模的局部性的战争，如发生在1903—1904年间的英国侵略中国西藏的战争。

为了分割和再分割中国的权利，资本主义列强在中国的土地上相互厮杀。有的是直接出兵交战，如1903—1904年间的日俄战争。有的是唆使走狗哄斗，如北洋军阀混战。

资本主义列强还支持中国的反动派为镇压人民革命而进行残酷的战争。其中最大规模的一次，便是从1946—1949年间，美国出钱出枪支持国民党打共产党的战争。这实际也是一个民族压迫另一个民族的战争。

所有这些资本主义列强发动的侵华战争，难道还不足以说明，列强与中国之间不仅有经济和文化上的发达与不发达的差别，而且存在民族压迫的对立关系吗？所有这些残酷的战争，从民族压迫的实质来说，都是鸦片战争的继续。

资本主义列强对中国实施民族压迫，不可避免地激起中华民族的反抗。就在鸦片战争后不久，马克思高兴地看到中国发生了农民运动的大风暴——太平天国起义，他在《中国革命和欧洲革命》一文里即英明地断言："推动了这次大爆炸的毫无疑问是英国的大炮。"他又说，"英国用大炮强迫中国输入名叫鸦片的麻醉剂"，"历史的发展，好像是首先要麻醉这个国家的人民，然后才有可能把他们从历来的麻木状态中唤醒似的"。事实正是这样，随着民族危机的加深，中华民族反抗国际资本侵略的救亡运动，一浪高过一浪。太平天国农民起义失败了，中日甲午战争之后为了反抗国际瓜分，资产阶级旨在建立君主立宪的戊戌变法和农民武装反抗"洋鬼子"的义和团运动，先后兴起，这些运动失败了，《辛丑和约》之后，资产阶级为"建立民国"而掀起了辛亥革命。辛亥革命只推翻了帝制，但没有把列强侵华的势力赶出去。于是从1919 年五四运动起，在工人阶级领导下，开始了新民主主义革命，终于在 1949 年赢得了历史性的胜利，建立了社会主义新中国。当年 10 月 1 日，毛泽东在北京天安门城楼上向全世界庄严宣告："中国人民从此站起来了。"这就是说，在中国大陆上，从鸦片战争起，资本主义列强所加给中华民族的枷锁，已经被人民革命所砸碎了。

所有从鸦片战争以来中华民族反抗国际资本侵略的事实，也足以说明，资本主义列强与中国之间，存在着尖锐的民族对立。研究一百多年的中国近代化，怎能不从这一严重的事实出发呢？

三

在《共产党宣言》里，马克思、恩格斯科学地阐明了，在西方资产阶级侵略下，东方民族被迫实行资本主义化的历史的辩证法：

> 资产阶级，由于一切生产工具的迅速改进，由于交通的极其便利，把一切民族甚至最野蛮的民族都卷到文明中来了。……它迫使一切民族——如果它们不想灭亡的话——采用资产阶级的生产方式；它迫使它们在自己那里推行所谓文明制度，即变成资产者。

毛泽东总结鸦片战争以来的历史经验，对马克思主义的经典，作了疏证。他在《唯心历史观的破产》一文中说：在这个改造世界的过程中，"西方资产阶级需要买办和熟习西方习惯的奴才，不得不允许中国这一类国家开办学校和派遣留学生，给中国'介绍了许多新思想进来'。随着也就产生了中国这类国家的民族资产阶级和无产阶级。同时并使农民破产，造成了广大的半无产阶级。这样，西方资产阶级就在东方造成了两类人，一类是少数人，这就是为帝国主义服务的洋奴；一类是多数人，这就是反抗帝国主义的工人阶级、农民阶级、城市小资产阶级、民族资产阶级和从这些阶级出身的知识分子，所有这些，都是帝国主义替自己造成的掘墓人，革命就是从这些人发生的"。这就决定了有两类人，搞两种中国近代化。少数洋奴为投降资本主义列强而搞资本主义化，实质上是使中国走向半殖民地殖民地化。广大志士仁人为了反抗资本主义列强而搞近代化，先由民族资产阶级领导的资本主义化，没有成功，即没有能够把资本主义列强的侵略势力赶出去，也就不能够摆脱半殖民地化的灾难深渊，最终由工人阶级领导，走社会主义道路，才赢得了划时代的胜利，为中国近代化的大发展，扫清了障碍。"只有社会主义能够救中国"，这就是从鸦片战争以来，一百多年中国近代化得出的结论。

中国近代史上，出现爱国主义与投降主义两种对立的近代化，也出现了两种性质的资产阶级：官僚资产阶级和民族资产阶级。正因为这样，所以即使是单讨论中国资本主义化时，不能够一概而论，而要区分其性质。其分水岭就在于是投降还是反抗资本主义列强的民族压迫。官僚资产阶级分子，也就是毛泽东所斥责的"洋奴"。从鸦片战争起，在东南沿海已经出现，以后逐步形成阶级，并在政治上有他们的代理人。他们搞了一大批资本主义的工业，筑铁路，挖矿山，开轮船……从表面看，他们是中国近代化的"元勋"。但是，从本质看，他们力图把中国变做资本主义列强的附庸，压迫民族资本主义，所以不曾真正起促进中国近代化的作用，而且相反阻挠了中国近代化，也就是阻碍了中国社会生产力的发展。因此，从作为代表一种生产关系的阶级来说，我们早已加以否定。不过，其中的个别人特别是知识分子，不是固定不变的。在走了一段曲折的道路之后，他们觉醒过来，背弃官僚资产阶级，转向民族资产阶级，有的甚至投奔无产阶级。其转化的主要标志，就是从依附资本主义列强转变到反抗列强侵略。我们不能够根据少数人的转变而肯定官僚资产阶级是民族资产阶级的先驱。官僚资本主义阻挠了中国近代化，但在客观上也不得不给中国近代化提供某些条件。这是矛盾的两个方面，前者是主要方面，后者是次要方面，主要方面确定事物的性质。我们不能够根据其所起的客观进步作用，而肯定官僚资本主义的进步性质。从鸦片战争以后，比洋奴晚一点，中国逐步出现了民族资产阶级。在反抗外国资本主义所强加的民族压迫这一点上，他们与官僚资产阶级划清了界线，在近代中国，民族资本主义是新兴的生产关系。民族资产阶级是先进的阶级。他们要求中国资本主义化，并为此而进行奋斗。但是，中国的民族资产阶级比较软弱，没有充分依靠广大工农的力量以反抗资本主义列强的侵略，所以戊戌变法和辛亥革命都没有成功。等到中国工人阶级担当革命的领导之后，就决定了中国近代化的前途不再是资本主义而是社会主义，由此可以进一步认清，在近代中国，官僚资产阶级搞资本主义化，实际是半殖民地殖民地化。民族资产阶级搞资本主义化，但没有成功。

鸦片战争以后，在中国，还出现了资本主义列强直接发展的一大批资本主义的工业、交通、商业……并建设了若干资本主义化的大都市,例如鸦片战争结束时被割占的香港和五口通商之一的上海等。这些都不是中国近代化的成果而是列强侵略中国的产物。只有当它们回归祖国之后,才能为中国近代化、现代化服务。这是坏事变成了好事,而且是中国人民付出了巨大的代价才得来的。我们绝对不可以把坏事当作好事,从而颂赞外国殖民主义是恩赐中国近代化的"救主"。

四

在前几年,学术界讨论中国近代化异常热烈,其中出现了一些值得商榷的观点。

其一,割裂中国近代化的全过程,认为中国近代化就是资本主义化。

其二,不区分资本主义的性质,认为只要是资本主义,就是中国近代化的成果。

其三,混淆爱国主义与投降主义的界线,认为凡是引进"西方文明",就是中国近代化的"功臣"。

其四,把坏事当作好事,认为如果没有鸦片战争和《南京条约》,没有割让香港和五口通商,中国的对外开放就不知要推迟多少年?

所有这些观点,都背离了一个严重的事实,即马克思主义所揭示的,从鸦片战争起,资本主义列强与中国之间存在着残酷的民族压迫。这些错误观点所赞美的中国近代化,实质上是从鸦片战争开始的中国半殖民地殖民地化。这些错误观点传播的客观结果，使人们不仅对社会主义的美好前景表示犹豫，而且对民主革命的光辉历史也发生怀疑，因为殖民主义者是恩赐中国近代化的"救主"，洋奴是中国近代化的"功臣"，那么，从鸦片战争起，中国人民浴血献身，以反抗殖民侵略者及其走狗的压迫，岂非无的放矢！于是一切大是大非都被颠倒了，侵略被说成"友谊"，投降被说成"救国"，殖民地被肯定优于社会主义……这样，就使人们的爱憎也颠倒了。于是在殖民侵略者新的攻势面前，人们就将有被解除反抗的思想武装的危险。

但正如马克思所揭示的，"看起来很奇怪的是，鸦片没有起催眠作用，反而起了惊醒作用"。历史会重演这个辩证法。相信一百五十年前鸦片战争的炮声，会使人们重新震醒过来。林则徐、关天培等的爱国主义精神，会鼓舞人们继续前进。马克思主义的有关论述，会再次武装人们的思想。这对于振兴中华和统一祖国，必将产生深远的影响。这也是海内外同胞共同的愿望。

（原载《扬州师院学报(社会科学版)》1990 第 4 期）

搜集近代史资料发凡

对近代史资料进行搜集，前辈学者积累了丰富的经验，我也在实践中学到了一些方法。概括起来，不外有两个方面：一是调查采访；二是藏书摸底。

调查采访

（一）实地采访

抗日战争中，史学前辈简又文曾在广西太平军首义地区，进行采访，所得史料甚夥，有文献，如《金田韦氏家谱》《蒙时雍家书》；有金石，如翼王石达开庆远白龙洞题诗石刻；有大量古老传说。其后编成《金田之游及其他》，交商务印书馆出版。此事开调查近代史料的先河。

50年代末、60年代初，扬州师范学院历史系的部分师生，为采集《辛亥革命江苏地区史料》，走遍了清末江苏的十一府州之地，到处访寻当事人或其后裔，从而得到大量资料。例如，我们先在扬州，见到了钱伟卿老人。他曾经做过程德全家的西席教师。程德全是清朝最后一任江苏巡抚。武昌起义，上海响应，程德全随机应变，在苏州搞"和平光复"。钱伟卿回忆了此事的大略，并告知我们，程德全的长子世安尚在苏州。之后，我们经苏州市政协副主席汪东的介绍，找到了生活潦倒的程世安，喜出望外地从他家看到了程德全遗下的一大批档案。程世安虽出身纨绔子弟，但性情忠厚，慷慨地让我们抄录了程德全的电稿等尚未发表过的珍贵资料。又如，为了搜集江浙联军攻克南京的史料，我们访问了在当时联军总司令部参赞军机的茅乃封。原来，我们从《近代史资料》得知，茅乃登、茅乃封兄弟，都是江浙联军的高级军官，中华人民共和国成立后都在南京养病。国际著名的桥梁工程专家茅以升，就是茅乃登的儿子。但当我们访问他们时，茅乃登已物故。茅乃封尚矍铄，他须眉如画，手托水烟筒，绘声绘色地为我们讲述革命联军击败张勋所部辫子兵的经过。再如，为了搜集"千人会"农民起义的史料，我同四个学生，走到常熟、无锡、江阴三县边区的王庄，深入起义发生的农村，调查访问，见到参加过起义的鱼景湖等老人，后将他们所提供的材料，写成《千人会起义调查记》。胡绳同志撰《从鸦片战争到五四运动》一书时，曾征引了这篇调查报告。

（二）及时采访

向有关人采访近代史料，必须及时。否则有些老人便不易再见。60年代初，为了笺释《张謇日记》，我得到了陈叔通、章士钊、溥仪、启功等老前辈的帮助，现在除启功同志尚健在外，其他都已辞世。陈叔通提供了关于张謇在辛亥革命爆发前到北京活动的实况。其时陈老也在北京。章士钊收藏其岳父吴保初遗下的资料甚夥。吴保初是淮军大将提督吴长庆之子，与谭嗣同、陈三立、张华奎等齐名，称"四公子"。张謇曾作吴长庆幕客，其后，在帝后党争中，与吴保初同属帝党。我笺释张謇在义和团运动时的日记，说明帝党密谋把光绪帝接到江南，即征引了吴保初的《北山楼集》等。末代皇帝溥仪介绍我在中国历史博物馆看《郑孝胥日记》，又在劳动出版社看《载沣日记》。郑孝胥是大生纱厂的股东，与张謇同搞立宪公会，他的日记可与《张謇日记》相参证。启功同志给我看了翁同龢和盛昱给他曾祖溥良的每一封信，我从而得到确证，张謇之所以出任崇明书院山长，总因翁同龢的关照，才得到江苏学政溥良的提携。其时，张謇正屡应会试不第，极不得志。以故翁同龢为谋一栖身之所。盛昱和溥良都是清宗室中倾向帝党的清流派。从这些信件，也可以窥见当时朝廷分派的迹象。

有的史料，往往失之交臂。我在青少年时，曾北面师事国学巨子吴江金松岑。金先生，名天翮，字松岑，是辛亥革命老人，曾与章太炎、邹容等同在爱国学社抵掌谈革命。冯自由《革命逸史》有关于金天翮等酿金刊《革命军》的记载。金先生与我等讲论学术之暇，尝回忆爱国学社故事。其时金先生管庶务。一日，为起草《驳康有为论革命书》，太炎先生借庶务办公室伏案构思，金先生因事外出，即将太炎先生反锁在内，以防歹徒偷窃。约两小时后启门，见太炎先生正在挥毫，竟忘午餐云云。当时只当故事听过，未作记录，也未请问有关爱国学社的其他革命遗事。1946年先师逝世，柳亚子挽联有云："弱冠记从游，革命风云黄歇浦。"黄歇浦，即黄浦江。联语即指爱国学社事。到此时，我始追悔，但已无及。1964年春，在北京，得山东大学王仲荦教授的带领，见到了李根源老前辈。在30年代，李根源曾与章太炎、金松岑结为兄弟，号"岁寒三友"。王仲荦是章门高弟，我系金氏门人，以故李老见面极欢。我欲询以关于被曹锟驱逐出京后，大总统黎元洪偕李氏自北京至上海秘密约晤张謇等事，但因李老盛情命希泌世兄陪往市肆午饭，只得约日后再谈，不意不久李老逝世，对这重要史料，竟无从再行采访。

（三）跟踪采访

1952年，我在常州，从史致谔的后人处，见到他遗下一批档案。史致谔字士良，清溧阳人。道光十八年进士，历官江西广信等地知府。同治元年，由左宗棠奏荐为浙江宁绍台道。他勾结美英法侵略者，从太平军手中夺取了浙东。同治三年，史致谔以"原品休致"，后终老常州。我所见到的是他与外国侵略者的往来信函和给曾国藩、左宗棠等的公牍。我又在常州市图书馆看到石印的《阳湖史氏家藏左文襄公手扎》。这些都有史料价值。历史事件发生在浙东，但史料却随着当事人的转移而保存在常州，由此使我学会了跟踪采访。

就在常州，我购到了一册木刻本谢兰生《思忠录类选》，其中有鸦片战争史料。先是，从范文澜著《中国近代史》，得知谢兰生著《思忠录》，其书反映中英在浙江的战事。又知谢兰生字原庵，江苏武进人，曾任浙江县丞，亲历鸦片战争。于是我在常州向谢氏后人查访《思忠录》，不得。有一天偶然在街头旧书摊购到《思忠录类选》。原来谢氏先在浙江编《思忠录》，后归常州刻《思忠录类选》，以故于百年之后，在常州还能觅得后一种。齐思和教授编《鸦片战争》（《中国近代史资料丛刊》之一），1954年初版以后，始知我有此书，托人向我借阅，并编入了《鸦片战争》再版本。

有的史料往往因故转移了收藏地点。1956年，我在扬州工作，得悉故乡常熟发现了《龚又村自怡日记》的誊清本，其中反映大量太平军在苏南活动的史料。但等我放假回常熟时，则该书已被人卖给了北京图书馆。是年冬，我奉调至北京九三学社中央机关工作，居住西四颁赏胡同，距北京图书馆甚近，星期日和每晚都前往看书,几乎无间寒暑。我首先在善本室找到了《龚又村自怡日记》,发现龚又村不是冬烘学究,而是一个交游官绅,颇具政治头脑的人物。他又勤于写日记,所记并不限于苏南一隅亲历之事,他还摘录外地重要新闻,如关于英法联军侵华片断和清政府公布的《陈玉成供词》等。我主要依据了龚又村提供的资料,撰成《太平天国后期的土地问题》[1]和《从〈报恩牌坊碑序〉问题略论当前研究太平天国史工作中的偏向》[2]二文,揭露在后期太平军内部存在着严重的阶级斗争。这在当时对学术界产生一定影响。罗尔纲先生之所以知道北京图书馆藏有此书,也因听了我的介绍。

(四)广泛采访

采访近代史料,并不局限于以上几种情形,应随时随地注意搜集。1953 年在常州时,我曾在旧货摊上购得 1901—1902 年间的《汇报》,其中反映义和团运动失败后,各地农民群众反对清政府摊派庚子赔款斗争的史料甚多。其后,我又参考《广宗县志》等书,撰成《论景廷宾"扫清灭洋"起义》一文,发表于 1956 年的《文史哲》。以往,人们仅从章太炎《驳康有为论革命》知有景廷宾"扫清灭洋"起义,但不知其始末。我文虽很不完善,但初次公布了起义的经过。事隔将二十年,以石田来子为团长的日本近代史学者访华团莅扬访晤我时,犹问我发表此文时几岁了?可见此文在日本史学界留下了影响。但如果没有《汇报》等史料,我就无从下笔。

60 年代初,我在扬州旧书店偶然得殷兆镛《殷谱经侍郎自定

---

[1]《中国近代史论文集》,中华书局 1979 年版。

[2]《太平天国史论文选》,三联书店 1981 年版。

年谱》。殷兆镛字补金，谱经其号，江苏吴江人。道光二十年进士，官至礼部侍郎，其自编年谱二卷，由其后人于光绪间刊印，流传甚少。其中记录亲见亲闻的英法联军侵入北京时，火焚圆明园等真相。我购得此书时，正值齐思和教授编《第二次鸦片战争》，作为《中国近代史资料丛刊》之一种。我即提供有关资料，以故编者在前言中提到我曾给予帮助。但此书于1978年出版时，齐先生已作古人。读后不胜感怆！

图书摸底

（一）图书馆摸底

1954年，罗尔纲前辈指导南京市太平天国史料编纂委员会在南京图书馆颐和路书库对太平天国史料进行摸底。从这年4月开始，到9月底完成。南京图书馆颐和路库藏图书共有70多万册。他们对清道光后的史部、子部、集部、丛书、杂志、报纸、函牍、档案等，都一册一册地、一页一页地去翻阅。摸底的结果，计搜集得到有关太平天国资料的刻本、稿本和抄本931种，方志730种，合共1661种。罗先生写了《南京图书馆太平天国史料摸底记》，此文留给我们以珍贵的经验。

50年代末、60年代初，我曾在故乡常熟图书馆，对太平天国和辛亥革命的资料进行摸底，得到了一批未刊的稿本和抄本。兹举两例：

《锡金团练始末记》一册，抄本。卷首有作者华翼纶自序。卷末朱笔题记："据湘芙夫人所藏原稿校一过。"华翼纶，苏州府金匮县荡门镇人。太平军初起，华翼纶充当清总兵长瑞的幕客，随军在永安等地反对太平军。1860年，太平军攻克苏常时，华翼纶以在籍革职知县组织团练顽抗。后伪降太平军，伺机"内应"。清代，无锡分无锡、金匮二县，故所记称《锡金团练始末记》。书中反映了当时阶级斗争复杂尖锐的状况，又透露了太平军内部英、忠两王不和等消息，颇有史料价值，但尚无刊本。旋经我加注交《近代史资料增刊——太平天国资料》发表。

《棣秋馆日记》两册，稿本，用宝文斋红格纸书写，常熟徐兆玮撰。徐字少逵，号虹隐，光绪进士，官翰林院编修。清王朝被推翻前夕，他从北京归乡。常熟光复，徐兆玮以绅士被举为民政副长。所记辛亥革命史事颇翔实，我节录一部分编入《辛亥革命江苏地区史料》。但徐氏日记所包含的史料，并不限于辛亥革命。

（二）博物馆、档案馆摸底

1959年，我在无锡市博物馆对辛亥革命史料进行摸底，在有关无锡的资料之外，意外地发现章士钊为赵声刊行的革命宣传品——《歌保国》的原件。先是，我们仅从《辛亥革命》（《资料丛刊》）所辑录的章士钊《赵伯先事略》中得知章曾为赵声刊《歌保国》千份，由革命志士携往武汉新军中，秘密散发云云。《歌保国》揭露外国入侵，清政府卖国的滔天罪行，号召人民起而保国。文辞慷慨，大类陈天华的《猛回头》《警世钟》。但陈天华的著作早已风行于世，而赵声的《歌保国》却失传。我在外地见此珍物，即录入《辛亥革命江苏地区史料》。

1962年，在南通市档案馆，我看到了《张謇日记》的后半部。先是，从张孝若所写的《南通张季直先生传记》中，我得知张謇有日记。但一直未见。仅节录《啬翁自订年谱》入《辛亥革命江苏地区史料》。但《年谱》实据《日记》压缩，有的已失真，且有疏误。尽管《日记》的前半部流落海外，一度未能与后半部合璧，然而《日记》的精华却在后半部，其中包括张謇从状元及第直至逝世的历史。其间经历甲午中日战争、戊戌政变、义和团运动、辛亥革命、五四运动等重大事件。但是《张謇日记》高度概括，兼有故意隐晦之处，必须为作注脚。之后，在史学界同仁的帮助下，我广征资料，笺释了这半部日记，使读者从一个侧面看到近代中国社会的变化。

（三）私家藏书摸底

近代史资料大量散在私人处，要留心搜集。在50年代，我从常熟收藏家曹君菊生处，抄得陆筠《海角续编》。其中专门记载太平军在常熟史事，可供参考之处不少。我加注后交请邵循正教授编入《近代史料笔记丛刊》中，由中华书局出版。到了80年代，曹君已殁，我回常熟，会见初中时代的老同学沈传甲，他熟悉地方掌故，藏有陆筠的另一册笔记——《劫余杂录》（因从借抄，发现所记可补《海角续编》之缺，遂发表于《扬州师院学报》，作为"太平天国史料拾遗"）。

60年代，我在北京得识中央文史馆的王益知先生，从他箧间看到不少近人信稿。这些未刊函件对我笺释张謇日记，提供了珍贵的资料。如我在《帝党与戊戌变法》一文中所引的汪大燮《致莅砯六兄妹倩书》，其中反映宫廷斗争的秘史，其价值不在《热河密札》下[1]。

（四）对大部头书摸底

举数书为例。

---

[1]《戊戌变法》，巴蜀书社1986年版，第360页。

《翁同龢日记》是一部极有史料价值的近人日记。它始于咸丰八年,迄光绪卅年,包罗四十余年朝章国故。史学界以往只从某种辑录第二次鸦片战争、中法战争、中日战争、戊戌维新等资料,其实这仅是沧海之一粟。书中其他近代史料十分丰富。如我的《西捻军最后一战与戊戌维新的伏笔》一文[1]所引的《翁同龢日记》中关于捻军的史料,即为他书所不载,也为聂崇歧等前辈所遗置的。

王闿运的《湘绮楼日记》,也是大部头日记。它始于同治八年,迄民国五年,中间稍有断层。全书反映了将近半世纪的史事,其中牵涉最多的,乃是与作者直接相关的湘军反对太平军的战史。但前人编《太平天国》与《太平天国史料丛编简辑》等都未从中选辑有关内容。我在《太平天国史料拾遗——读〈湘绮楼日记〉》[2]一文中曾略举数例,以见大略。

近年由岳麓书社出版的《郭嵩焘日记》,经咸丰、同治、光绪三朝,首尾三十七年,书中涉及湘军组合、洋务争议等,作者亲历的史料相当丰富。我曾征引其书写成《从〈湘军志〉毁版到〈湘军记〉撰成补证》[3],但对其他方面的史料,尚未及摸底。

几点经验

(一)要虚心请人指点

藏书摸底,要得人指点。60年代,为搜集《〈张謇日记〉笺注》

---

[1]《历史教学》1984年第2期。

[2]《扬州师院学报(社会科学版)》1987年第3期。

[3]《书品》1989年第1期。

的有关资料，我跑到上海图书馆，得乡前辈瞿凤起指点，在该馆善本室看到张謇与徐乃昌和汪康年的一批未刊信稿。瞿是大藏书家铁琴铜剑楼的后人，时在该馆工作，熟悉馆藏。又得江苏省教育厅长吴天石的指点，从中华书局编辑部见到张謇在甲午中日战争时致翁同龢的一批密信。吴是南通属县如皋人，关心乡邦文献。

（二）要作好充分准备

为搜集某一方面的近代新史料，必先熟悉这一方面的已刊之书，否则面对一批文献，我们就辨别不清其中哪些是新资料、哪些不是新资料。例如，1986 年夏，我的两位研究生到北京第一历史档案馆翻阅有关太平天国的清军机处存档，因在事前未对《清实录》《东华录》《筹办夷务始末》《剿平粤匪方略》等先下功夫，所以面对一大堆奏章上谕，就只能全部抄录。其实，其中大量已刊入以上诸书。我们一定要像王重民前辈在英国剑桥大学图书馆搜集《太平天国官书十种》那样，必先熟悉程演生在巴黎、俞大维在柏林、萧一山在伦敦以及国内蒋复璁在扬州已发现的太平天国文献，然后才能判别剑桥所藏之中有十种是以上诸人所未见过的。

（三）要仔细深入

在这方面，萧一山前辈留下了正反两方面的经验。

1932 年，萧一山在伦敦不列颠博物院搜集太平天国文献，不仅翻遍"书目"，而且深入书库，检到"书目"漏载的癸好三年五月一日杨秀清、萧朝贵会衔诰谕，后编入《太平天国诰谕》。但是，在牛津大学图书馆，萧一山却极为疏忽，遗漏了一大批太平天国文献。先是，他从戈公振的《中国报学史》得知许地山曾在牛津抄过洪仁玕的《资政新篇》，于是萧氏前往牛津摄制了一份《资政新篇》的照片,但他不知牛津还藏有十二种太平天国颁行的书籍,而且包括不同的版本,有的还是其他馆藏所不见的。荣孟源前辈在《历史笔记》中提到《太平天国癸好三年新历》的版刻问题时说,牛津藏本之一的癸丑之"丑"尚未改"好"。这就是向达发现的一册孤本。我国学者对牛津所藏太平天国文献的发掘工作,萧一山未仔细深入,以后由向达、王庆成继续进行。

我在少年时,受清人全祖望搜辑明末史事的影响,喜爱历史文献,每对其名作《梅花岭记》,流连讽诵,深感全氏去明未远,故能实地采访史可法为难扬州等遗事,我们可仿效其所为,搜集整理近代史料。但其时正值中日战争烽火连天,奔命不遑,无暇及此。直到新中国成立后,我始能逐步实现少时愿望。倏忽四十余年,积累点滴经验,联缀成篇,发凡起例,目的供青年学子参考。至于专门研究近代史料之书,则已有荣孟源前辈遗著《史料和历史科学》在,学者可睹观焉。

(原载《近代史资料》总 78 号,中国社会科学出版社 1991 年 2 月版)

整理近代史资料述评举例

对近代史资料进行整理，在前辈学者研究的基础上，我也略有所见，兹分章举例，以供参考。

一、确定体例

将搜集到的近代史资料整理成书，首先要根据内容确定体例，不能强为分割。以太平天国史为例，从中华人民共和国成立迄今，已编辑出版了《太平天国》（《近代史资料丛刊》之Ⅱ）和《太平天国史料丛编简辑》两大部丛书，从体例来说，前者优于后者。《太平天国》以史料来源与史料体例相结合的形式，分四部分：第一部分"太平天国史料"。其中先"官书"，后"文书"，附"金石"和"天地会文书"。第二部分"清方记载"。第三部分"外人记载"。第四部分"专载"。其中包括《向荣奏稿》和《乌兰泰函牍》，附《赵惠甫年谱》。这样编纂，比较科学。《太平天国史料丛编简辑》所收史料，从内容看，不外是综合性和地区性的两类记载。如果按此分为两大类，各依时间和地区编次，则能够体现历史的联系，但本书却采用文体分类，分为"专著""记事上""记事下""时闻""文书""诗歌"六部分，从而不能显示历史内容的相互关系。并且，有的资料包括几类文体，使编者难于处理，便加以分割。如把《粤匪杂录》里的《粤氛纪事诗》拆到"诗歌"部分，把天地会文件拟编入本书之外的另一书，其余编入"时闻"。这样便破坏了史料的原貌。但是，另外有的资料，却只能按文体分类编辑。如《吴煦档案选编》，是按内容分类："太平天国资料"；"会党活动及农民抗漕斗争资料"；"中外交涉及资本主义列强侵华资料"；"清政府财政经济资料"。这样分类割断了某些资料的连续性。例如，有些函牍所包括的内容是多方面的，编者从其篇幅较大的方面确定类别，因此往往发生来信在此类而复信在彼类，而且复信先出，来信后见，使读者一时摸不清事件的首尾。因此，我曾建议还是按体例分类：奏稿、函牍、探报、日记、账册等，再将每类按时间顺序编次，这样也便于查检。

二、辨别真伪

辨伪，对于整理古籍来说，十分重要。清代学者积累了大量的经验。特别是阎若璩的《古文尚书疏证》一书，对流传唐、宋、元、明数代的《古文尚书》，考定为东晋梅赜所伪造。此事震动学界，影响深远。老一辈史家运用这些经验，对近代史料辨别真伪作出贡献。如萧一山作《石达开真箧伪书考》、简又文考定《石达开日记》是赝品、罗尔纲揭露《江南春梦庵笔记》是大伪书，这些都在史学界留下了不可磨灭的影响。总结其主要经验，不外是发现史料内容与史料来源的矛盾，抓住作伪的铁证。例如，《江南春梦庵笔记》的作者沈懋良自称是身居太平天国赞王蒙得恩身边十二年的人，所记皆得自蒙得恩。但是，他对蒙得恩的生平却是无知。根据天王诏旨等证明，蒙得恩于太平天国辛酉十一年死去,但《江南春梦庵笔记》却说蒙得恩于甲子十四年还在天王宫值宿,岂非见鬼! 在 50 年代,我在扬州见到了一幅赖文光藏汉砚的拓本,砚侧有赖文光题字,当即作为新史料发表于《光明日报》"史学"版。旋经荣孟源前辈撰文指出这是赝品。因为荣老发现史料内容与史料来源有矛盾。最突出的一点是赖文光署爵"平天贵",与太平天国的官制不符。还有其他破绽。60 年代初,我在镇江搜集辛亥革命史料时,找到一篇镇江革命军光复浦口的专记。收藏者将此作为当时镇江商会负责人的回忆录向我提供。但从史料的内容看,文章作者是当时镇军的一位指挥军官,叙事不是商人手笔。令人生疑,但无确证可资订正。直到"十年动乱"后,我才从镇江历史博物馆陆九皋馆长处发现一篇李竟成的遗作军事日记,与以前发表的那篇《光复浦口之战》内容雷同,仅是人身称谓不同。查李竟成是镇江人,参加清新军,秘密加入同盟会,武昌起义后,自上海率敢死队到镇江,策动驻军起义,后又率军光复浦口,曾与张勋部清军苦战,留下这篇日记。李竟成死后,有些遗稿为其戚某某所得。纪念辛亥革命五十周年时,李戚受市工商界某一耆老嘱托,代撰回忆录,不意此人竟将李竟成日记窜改以应。这也属虚构史料。幸而原稿尚存,被陆馆长发现,由我发表于《扬州文史资料》第 1 期,以资辨正。

三、区分性质

有些史料,鱼龙混杂,编者必须仔细区分其性质。例如,浙江省博物馆藏原抄件著录太平天国东阳县南门卒长汪文明所藏的"禀"和"呈"以及"批示"共三十件。太平天国历史博物馆以之

辑入《太平天国文书汇编》。但据内容判断,这批文书的前十六件确是太平天国文书,而后十四件乃是清朝的地方公牍。理由是:

第一,前十六件遵守太平天国避讳制度,凡王姓一律改汪姓。如汪熙坎、汪开发、汪朝云、汪昌余、汪朝满、蒋汪氏等人,没有王姓。而在后十四件中却没有汪姓,只有王姓。如王樟寿、王熙传、王有寿、王熙局等。而这四人在《太平天国文书汇编》收录的《太平天国辛酉年九月东阳县南门卒长所管门牌草底》和《太平天国壬戌十二年东阳县南门卒长汪文明所管门牌册底》中,可以查到都曾改汪姓。

第二,这批文书的前十六件称地方官为大人。而后十四件却称"太爷"或"青天大老爷",违反太平天国以"爷"为上帝专称的体制。

还有一些其他迹象,都足资证明这三十件文书是包括两个朝代的公牍,不能一起编入《太平天国文书汇编》,必须区分其性质。其后王兴福同志等编辑的《浙江太平天国革命文物图录选编》,就仅收录了前十六件,而把后十四件删去了。

还有,如广东人民出版社出版的《洪秀全集》,内容甚富,但嫌混杂。本书辑录了《十款天条》《太平天日》《天朝田亩制度》等,作为洪秀全的著作,嫌无确证。本书又辑录了一些从英文回译之件,这些就与洪秀全的手笔有别。我已建议编者在再版时把它区分开来。

四、排比先后

对上谕、奏折、公牍、函电等,在整理时必须排比其先后,把年月日考证清楚。昔王闿运曾訾议《骆文忠奏稿》"内有误编者,盖其家唯案时月,不看年份之故"[1]。在近代史资料中,这类颠乱之书不少。如吴云的《两罍轩尺牍》,共十二卷,反映太平天国史事甚富,但所编时间顺序不清,使读者难于检寻其脉络。《太平天国史料丛编简辑》选录了其中的十二通,也未加改订。所录第一通《致冯林一宫允桂芬书》,据《两罍轩尺牍》卷二,内容是据亲身经历驳正冯桂芬所著《松江府志》。如云:"大著谓华尔率中西勇各数百名攻松江克之。其时华尔为英、法所制,不欲出面,所带西人仅八十名耳。(原注:常往来松、沪之间,克复时正在上海,得信赶回。帮华尔约束西人者,人皆呼为"黄胡子",事犹历历在目。)记事贵简,原不能详叙,惟此事弟身在行间,知之最悉,华尔亦同一幸获,并未有西兵数百之多也。偶读大稿,纵笔及之,姑备它日为佚事张本可也。"可见此信在太平军失败后写的。而所录第十二通《复李某》,据《两罍轩尺牍》卷十二,内容是秘密策动混入太平军的李文炳"内应"。其写信时间当在太平军攻克苏州之后不久。这些信件的时间顺序颠倒,应重新排比。

又如在中日甲午战争时,身任军机大臣的翁同龢与他的门生张謇之间,有一批商议时局的信件。翁同龢的信先发表于《翁松禅致张啬庵手书》(石印本),后选录入《中国近代史资料丛刊》之一的《中日战争》,近年又附录于《张謇存稿》,都未按时间顺序得到正确排比。在60年代,中华书局从陆史一抄到了张謇在甲午战时与翁同龢的信。我在《张謇日记笺注》中,曾将翁、张信件和两人日记进行对勘,为之考定日期,排比先后。兹节录小部分,以

---

[1]　见《湘绮楼日记》,光绪七年闰月四日记。

就正于同好。

《张謇日记》

光绪二十载,太岁在甲午,四十二岁

六月

六日,闻朝鲜事,言人人殊。上常熟师书。

笺注:此信为陆史一抄《张謇致翁同龢密信》(以下简称《密信》)十九件中第一件,原抄件无月日,兹从内容考定。其略言:"朝鲜事起以来,宣南士大夫所闻,言人人殊。甚者至谓日本兵逾万,早据汉城……而中国之兵,狃于庆典,不开边衅,翱翔海上……其曹者乃谓朝鲜已无事。无从确探,至用愤闷。姑就所闻,策划其事,私于左右,以备采择。"其中论兵事,主张主动出击日本本土。论饷事,主张拨用慈禧太后六十寿辰庆典款及私储二千万云云。

十三日,上常熟书。

笺注:此即《密信》第二件,原抄件无月日,兹据内容考定。其略云:"前以不得东事确状,不胜愤激,粗有陈说,不复知其过当否也。昨稍得闻一二,奔走上谒,值师未归,所欲陈吐,无由上达,谨中前说未竟与更应求慎者, 毕其愚。"其中主张:一派海军游弋海上,伺隙进攻,使日本"不敢分兵扰我边海"。二大发陆军,分道援朝鲜。三起用刘锦棠督师,"以剂湘淮之平"。《翁文恭公日记》:"十四日……张季直函论东事。"当即此函。其复信见《张謇存稿》附录翁信第十五件,但标点有误,兹订正。原文云:"北舰尚可用,南船殆虚设,俟细考。旅顺分营,顷亦建此议。湘刘之起,众未谓然,当再陈也。昨失迓,甚歉。"原件也无年月日,核之当是光绪二十年六月十四日所书。

十七日，上常熟书。

笺注：《密信》无十七日信而有十九日字样，兹考定，此乃翁接信日期。按此函末云："中夜大风雷雨。"核之《翁文恭公日记》，十六夜大风雷雨，十七夜雨达旦，十八夜云阴，十九夜晴，可证张函只可能写于十七日，《张謇日记》不误。《翁文恭公日记》："十九日……得张季直论东事函。"当即此信。张信所注日期，当是翁注明的接信日期。但因尚未见手稿，无从以笔迹论证。张函大意：一令刘永福防台湾，相机东击日本。二于陈宝箴、陈湜二人中择一为台湾巡抚。三令旅顺防兵即进平壤。四吴大澂不知兵，勿调令督师。翁复信见《张謇存稿》附录翁信第十一件。原文云："所示磊磊大策，人谓觊其间者可赞一二，不知非也。最后二条极是。明晚得暇，能来一谈耶？名顿首。十九日。"

二十一日，诣常熟师。

笺注：张謇应翁函约而来。《翁文恭公日记》："二十一日……张季直来，饭而去。"

二十七日，上常熟书。

笺注：此为《密信》第六件，原注："二十六日。"据《日记》，张謇于二十六日朝贺光绪帝生日时，得悉日本海军袭击中国运兵船。故此信提议，明发谕旨，对日宣战。

二十八日，上常熟书。

笺注：此为《密件》第七件，原注："二十七日。"《日记》当因补记时误差一日。函内预言淮军卫汝贵不能战，所部将遇敌即溃。其后果验。

七月

二日，上常熟书。

笺注：此为《密信》第八件。内称将于二、三日后上《治兵议》。

四日，天津焦某寄来朝鲜图。

笺注：按本日翁有信致张云："牙军殆哉，忧心如捣。元山检地图不得，极闷。……初四晚。"见《张謇存稿》附录翁信第十三件。牙军，指牙山所驻清军。元山，也是朝鲜地名。本日未刻，张与翁书云："顷得天津局刻朝鲜图。"见《密信》第十一件。《翁文恭公日记》："初五日……张季直函送地图。"

从上例可见，对此类信件，如不考定其写作年月日，则读者无法从中了解历史人物活动的真相。

五、交代版本

整理史料，必须交代所据版本，对稿本、抄本、刻本以及胶卷等，都必须一一交代明白。如太平天国文献，有程演生据巴黎东方语言学校图书馆所藏而编辑的《太平天国史料第一集》，萧一山据伦敦不列颠博物馆所藏而编辑的《太平天国丛书第一集》，王重民据剑桥大学图书馆所藏而编辑的《太平天国官书十种》，等等。国内诸书即据以翻印。有的交代很明白，如《太平天国》在所录太平天国书籍之后，都交代据某家辑本排印，有时还交代据另一家辑本校注。但《太平天国印书》却不是这样。它一律不声明此据"程辑本"或"萧辑本"或"王辑本"，等等；而是直接注明原件收藏处。这就不够确切。如萧辑《太平天国癸好三年新历》，于正月三十一日之前各叶均照英馆原件影印，余皆抄录仿刻。对此，《太平天国》是交代明白的。但《太平天国印书》却只交代:"原刻本英国伦敦不列颠博物馆东方部收藏。"这样,就使读者误认为全书都据英馆本影印,岂非失真。

江苏人民出版社出版的《江浙豫皖太平天国史料选编》(以下简称《选编》),富有史料价值,但其中把两种早有刻本的史料当作仅有传抄的珍本介绍,也属失考。

其一,谢兰生的《军兴本末纪略》四卷,清同治年间有木活字本,四册。见张秀民、王会庵合编的《太平天国资料目录》。《选编》据美国耶鲁大学所藏抄本的复制件标点、注释排印。核其内容与国内刻本并无歧义,但编者却谓:"惟目前国内尚未发现这个原抄本。"此非事实。按郭廷以曾见谢兰生《军兴纪略》,"记咸丰五年以前军事。"[1]是否即此四卷本的第一卷,则待考。

其二,《史氏家藏左宗棠手札》,光绪年间已有石印手迹本,原名《阳湖史氏家藏左文襄公手札》。50 年代,我在常州见到此书。1955 年第 3 期《历史教学》发表我的《关于太平天国革命时期浙江地区武装干涉者的几个问题》一文,曾征引过这批信。《选编》据绍兴市文管会所藏抄件的转抄本排印,据介绍似乎也是初次公布,但核其内容,乃即从石印手迹本抄下来的。

六、严密校勘

史料校勘,十分重要。昔湖南选刻《曾国藩日记》片段,把曾国藩称赏的薛福成误作薛福辰。薛福成讥为失校。见《庸庵文外编》。兹分类举例,以见校勘的重要。

---

[1] 见《太平天国史事日志·引用书目》。

对稿本、抄本，需要严密校勘。例如《平贼纪略》是南京图书馆藏的抄本，内有文字讹误。《太平天国史料丛编简辑》将全书录入时，曾加校勘，但有失误。其中有"张玉良驻锡"一节：咸丰十年四月"初五日，张提督亦退无锡，驻崇安寺。……饬道员史保悠、武弁郑魁士、水师曾秉忠驻守高桥，江宁知府郑济美营双河口至钱桥，锡金守备蒋志善各路巡哨，开西门听民出入"。"郑魁士"，当是"郑国魁"之误，但编者当改不改。我在《〈平贼纪略〉校记》一文中已加考证，其时郑魁士早官实缺提督，不当称为"武弁"。有大量资料证明，隶候补道史保悠的武弁乃是郑国魁而非郑魁士。又有"逆众割稻"一节云：同治二年九月二十八日，"（郭）松林复进西仓，毁梅村贼营，夺获稻船数十只，生擒贼目李生香，毙伪航王唐正财，忠逆由茅塘桥来援，松林饬吴建瀛破西仓，亲败忠逆退茅塘桥老巢，松林受伤，乃返"。这里本无误字，而编者却改"亲"为"新"。这是不当改而改。

对一书不同的抄本，需要互校，辨明是非。例如，罗尔纲前辈在所著《太平天国文物图释》里，对《庚申避难记》有一条注释："按佚名《庚申避难记》是一部未刊的笔记，现有两种抄本：一种是南京市太平天国史料编纂委员会抄的祁龙威抄本，又另有一部是陶运百藏的抄本。祁龙威抄本所录咸丰十年十一月初六日太平天国谕各业户、各粮户造册收租完粮布告，不仅本条年月日分明，其前后日次亦分明，而陶运百藏抄本此条则窜乱在咸丰十年十一月日记里面。这一条记事窜乱了一年，对研究太平天国的土地问题关系极大。但祁龙威抄本在咸丰十一年九月二十六日记里缺录贺天侯布告，陶运百藏抄本则著录有此布告，故此处引文据祁龙威藏抄本著录，而据陶运百藏抄本补录贺天侯布告。"此事的实际情况是这样的。1952年，我回到故乡常熟县的港口镇（今属张家港市）探亲，邻右给我看一本"长毛日记"。这是当时一个私塾教师的日记，他命塾童誊清，所以封面有"先生撰"字样，未留姓名。我发现此书有史料价值，即将原抄本寄给南京市太平天国史料编纂委员会请罗先生审定。不久，该会抄了一本，并将祖本退回给我。我旋将该书寄回故乡，交给一位姓叶的乡干部收存。所以，此书并无"祁龙威抄本"，只有太平天国史料编委会据原抄本的转抄本。如果其中脱去了贺天侯布告，乃是南京转抄时的疏忽。至于陶运百于何时也抄了一本则我不知。现在此书已据南京转抄本刊入《太平天国史料丛编简辑》，但不知其祖本尚在我乡否？

将稿本抄录，必须仔细校勘，以免差错。例如，南京太平天国历史博物馆将吴煦档案选抄了一部分，后由江苏人民出版社出版为《吴煦档案选编》。其中辑录了吴煦与军机章京朱学勤之间的密信。朱学勤是恭亲王奕䜣的心腹，别号"黄螺山房主人"。"螺"，古人写作"蠃"，所以在吴煦档案中，曾多次出现"黄蠃山房主人"或"黄蠃主人"，笺纸印有"黄蠃山房"字样。吴煦亲笔签注："黄蠃山房主人为户部主政军机章京朱。"信中所言，皆属机密内幕。而抄者失察，竟误作"黄蠃山房主人"，排印时也未予校正。

对胶卷或照片也需校勘，否则也会发生差错。例如吴煦档案中有两册太平天国文献：《太平军目》和《太平救世歌》。郭若愚《太平天国革命文物图录补编》据以影印了《太平军目》的《诏书总目》一叶和正文五叶；《太平救世歌》封面、"诏书总目"一叶和正文三叶。南京太平天国历史博物馆《太平天国印书》据以影印

《太平军目》(缺封面)和《太平救世歌》的全部。两者声明的祖本相同，但影印件却有明显的差异。《文物图录补编》本所辑《太平军目》的"诏书总目"共有十三部；《太平救世歌》的"诏书总目"共有十五部。《印书》本与此相反。《太平军目》的"诏书总目"共有十五部。《太平救世歌》的"诏书总目"共有十三部。随后，又发现有关《印书》的种种矛盾。其一，《印书》所辑《太平军目》所附"诏书总目"共有十五部，但罗先生的跋语却明明说："这一个本子与伦敦不列颠博物馆藏本的内容、形式、叶数都相同，惟'诏书总目'此本共十三本，伦敦藏本则为十五本。"其二，《印书》所辑《太平救世歌》所附"诏书总目"共有十三部，但罗先生箧藏吴煦档案中的《太平救世歌》照片所附"诏书总目"却有十五部。最后，在罗文起同志帮助下，终于查明《印书》本所根据的《太平军目》和《太平救世歌》照片的各一叶"诏书总目"被经手者交换错了。

七、正确标点

标点，对于整理史料来说，也是十分重要。一点之错，意思大变，必须注意。标点史料发生差错的主要原因是对当时的历史不熟悉。兹举数例，以见大略。

对历史人物不熟悉，往往导致标点错误。例如，《第二次鸦片战争》(《中国近代史资料丛刊》中的一种)第四册531页所辑咸丰十年七月十四日《惠亲王绵愉等致钦差大臣桂良等勿准英法军入踞津郡函》，其中有"已函致桂樵光禄等驻扎城外"云云，两处都被错点为"桂樵、光禄"，使读者误认为"桂樵"与"光禄"是二人，其实是一人。焦祐瀛，字桂樵，时任光禄寺少卿，在天津督办团练。该书上页有《惠亲王绵愉致光禄寺少卿焦祐瀛令津郡绅民抗阻英法军入城函》可证。

对典章制度不熟悉，也会导致标点错误。例如《吴煦档案选编》第四辑发表了军机章京胡家玉致吴煦的一封信，其中有"日前吏文以上海缺移咨请简首辅，未据允行"。同书第三辑公布了吴煦的复信，其中有"今诵正初来示吏文请简首辅，未据允行"。两处的标点都是错了。应当将逗号置于"简"字下。胡家玉信说："日前吏文以上海缺移咨请简，首辅未据允行。"吴煦复信说："今诵正初来示，吏文请简，首辅未据允行。"原意是吏部以上海道吴煦因故被褫职，咨请军机处另简放上海道，首辅恭亲王奕䜣未允。这就留给吴煦以复职的机会。如将逗号点在"首辅"下，则违背清代制度。吏部岂能咨请军机处简任首辅？首辅，犹言首相，由皇帝特简，此指当时的首席军机大臣恭亲王奕䜣。

八、审慎注释

注释史料，言必有据，不能望文生义，导致错误。例如，《李秀成自述》记太平军1851年永安突围之役说："姑苏冲是清朝寿春兵在此把守。""寿春"，地名，清设总兵驻防于此，称"寿春镇"，所部即"寿春兵"。而简又文在《太平军广西首义史》里却曲解"寿春"为人名，说什么"守姑苏冲者为满将寿春"。罗尔纲《李秀成自述原稿注》正确解释"寿春兵"为寿春镇兵，据《剿平粤匪方略》卷十六所载咸丰二年八月初六日两江总督陆建瀛奏："前已调派安徽寿春官兵一千名前赴广西"云云，严肃地提供了确凿的佐证。

注释史料，必须细核内容，不能粗心大意，导致错误。近年湖北人民出版社出版的《太平天国资料》系对曾国藩幕僚鄂城王家璧文稿的辑录。此书颇有价值。如王家璧于同治七年正月初四日《致胡莲舫方伯》一信说："夆山之役，文忠师军几不振，得阁下于万难措手之时，集二、三君子为之集饷，为之乞援，及罗、李诸公偕来，军资不乏而楚遂以复。文忠师入奏谓'筹饷之难，难于治军'，审当时情势，似非虚言也。刻文忠疏议者多所删易，殊不可解。"一言道破，胡林翼的奏稿在刻印时，曾经删改。这对史料研究工作者很有帮助。但此书的注释有失误，其原因在于注者未对本书作仔细研究，而轻率命笔。例如，此书辑录王家璧于咸丰元年十二月二十二日《寄唁李仲云黻堂昆季》一信云："丙丁之交，获侍年丈太夫子几杖，饮食教诲，匪伊朝夕。去岁入觐，旋即南归，比虽抠趋，未亲颜色。粤西有事，诏起视师，方谓文忠虽往，公真替人，事权若一，贼不难办，何意经抚不和，动多掣肘，忧劳成疾，继陨大星。遗疏南来，不知者读之流涕，知公如家璧，能无潸然！"按此信是吊唁李星沅的。咸丰元年，李星沅以钦差大臣督师广西，攻剿太平军，与广西巡抚周天爵不和，以致在军事上失败。故王家璧挽联中有"经抚不和"语，其详即见此信的后一页，又见于该书的390—391页。"经"，经略，谓钦差大臣李星沅；"抚"，巡抚，谓署广西巡抚周天爵。而该书注云："经抚不和，经为经武，指提督，时为广西提督向荣；抚指巡抚，时为广西巡抚周天爵。二人不和。"实属疏误。又如，该书200页辑录王家璧于咸丰十一年二月三十日《上使相书》，其中有云："家璧恭辞后，于二十二日始回帆东下，至白浒山阻风一日，二十四日泊敝邑之樊口矣。"按王家璧于是年二月十一日至武昌，谒见钦差大臣大学士湖广总督官文，见该书 195 页所录王家璧于二月十三日给胡林翼的信。据此可证，所谓"使相"，指官文。而该书注云："使相指曾国藩。"核之时间、地点，均有抵牾。查曾国藩于咸丰十一年二月尚不能称"相"。同治元年正月，清廷才授曾国藩协办大学士。再查其时曾国藩驻军安徽，樊口在其西，沿江上游。如发信人与之晤面后回至樊口，应称"回帆西上"。这一切都证明，这个"使相"不是曾国藩而是官文。还如该书 381 页辑录方存之《俟命录》卷一有云："粤匪之乱，其始由周中丞稚圭厝火积薪，但图一日之安；继以郑中丞祖琛仁柔酿祸。"注："周中丞指周天爵，一八五一年时任广西巡抚，曾与太平军作战多次，都遭失败。"这也是错了。按周稚圭是周之琦，先于郑祖琛任广西巡抚。该书 390 页录王家璧对《俟命录》的评语可证："闻粤西乱兆初萌时，周稚圭中丞之琦，曾请严办，而其时夷务方殷，重于发难，遂引疾去。郑中丞祖琛继之，而乱以成。"至于周天爵则字敬修，他署广西巡抚，在郑祖琛任桂抚之后。该书同页又云："兵事之坏，则由周敬修天爵。"如该书注释者能注意及此，则可免以上失误。

（原载《近代史资料》1991 年总 79 期）

《辛亥江苏光复》序

辛亥革命,是在中国共产党出世之前,中国近代史上最深刻的一次民主主义大革命。为了拯救在帝国主义及其封建势力压迫下的中华民族,以孙中山为首的革命党人,前仆后继,英勇斗争,作出了不可磨灭的贡献。

辛亥革命的第一枪打响在武昌,而中华民国临时政府诞生在南京。以故江苏在辛亥革命中的重要地位,不下于湖北。江苏光复的斗争十分复杂,内容十分丰富,有革命党人秘密策动的新军起义,有地主官僚进行的"和平光复",有自发的民变兵变,有革命党与地主官僚联合攻击清军的战争,有革命党与地主官僚共同对农民起义的镇压,有地主官僚、军阀消灭革命势力的事变。

江苏孕育了一大批资产阶级和小资产阶级的革命志士,如赵声、李竟成等人。赵声在其名作《歌保国》中号召说:"我今奋兴发大愿,先行革命后立宪,众志成城起义兵,要与普天雪仇怨。不为奴隶为国民,此是尚武真精神,野蛮政府共推倒,大陆有主归华人。"赵声虽在武昌起义前夜抱恨终天,但是他的同窗好友李竟成等,却实现了他的部分遗愿。镇江军政府的成立,江浙联军攻克南京与浦口,以及各地的光复,为中华民国临时政府的建立,奠定了基础。

一些手握政权兵权的官僚、军阀,为保持原来的封建统治秩序,在革命党人的牵动下,纷纷实行了"和平光复"。清朝江苏巡抚程德全,一变而为苏军都督。不少州县的立宪派绅士,也出任了新政府的首脑。他们蹒跚地走向了革命。

从不同的阶级利益出发,在"反满"和镇压人民暴动这两点上,资产阶级革命党和一些官僚、军阀、绅士结成了脆弱的联盟,江浙联军攻克南京,达到了辛亥革命的顶峰。但到了建立政权之后,革命党和官僚、军阀、绅士之间的合作便破裂了。革命党人最终失败了:镇军都督府被迫撤销,李竟成潦倒终世,新任江苏都督庄蕴宽被阊门兵变所吓走,"洗程会"密谋拥护陈其美取代程德全的斗争失败,北伐先锋团被解散……

江苏的情形,是全国的缩影。正如毛泽东同志所说:"辛亥革命把皇帝赶跑,这不是胜利了吗? 说它失败,是说辛亥革命只把一个皇帝赶跑,中国仍旧在帝国主义和封建主义的压迫之下,反帝反封建的革命任务并没有完成。"其失败的根本原因,乃是由于当时还没有一个坚强的政党,没有充分把人民群众,主要是广大农民发动起来。资产阶级革命党人虽有救中国的积极性,但他们不让民众起来,相反他们向官僚、军阀等旧势力妥协,以至最终把胜利的果实也奉送出去。这个教训是极其深刻的。

在 1961 年纪念辛亥革命五十周年时,江苏人民出版社曾出版《辛亥革命江苏地区史料》。现在,时间过去了三十年,又有新的史料被发现。江苏省政协文史资料办公室、扬州师范学院历史系等单位分别搜得资料二十多万字,内容主要为江苏光复中当事人的回忆材料,以及部分档案、文电、文告等;酌收了国内学者专家对光复的论述,以增加对江苏光复全貌的了解。这部史料由周新国、刘晓宁两同志整理编辑,江苏文史资料编辑部出版,以纪念辛亥革命八十周年。

纪念辛亥革命,研究辛亥革命的历史,这是海内外同胞共同关心的事情。出版这本史料,可以与全国各地及港台、海外的同行交流新的收获,并希望得到他们的指教。让我们共同继承和发扬辛亥革命的爱国主义传统,为实现"振兴中华"的伟大目标而努力奋斗。

祁龙威谨识

一九九一年三月

（原载《江苏文史资料》第 40 辑,1991 年 8 月）

汤寿潜史料零拾

——《郑孝胥日记》摘录并注

辛丑年(1901 年)

正月十四日，"得予培、季直自沪来电云'梅生猝故，即来沪，盼切。植、謇。元'。骇愕不解其故，即作书答之。梅生何至遽逝，吾党为之短气，失一巨子矣！伤哉！"

按，郑孝胥字苏堪，号太夷。甲午中日战后，以江苏候补同知居住南京。旋任上海商会公所参赞。充铁路公司督办盛宣怀谋士。后至武昌，为湖广总督张之洞幕僚。辛丑正月，郑孝胥在武昌得沈曾植、张謇电报，知何嗣焜病死。曾植字子培。謇字季直。"元"，韵目十三元，此指十三日。何嗣焜，字眉孙，一书枚生，或书梅生，武进人。甲午中日战后，在南京与张謇、郑孝胥等交密，主张兴实业，办教育。旋至上海，充盛宣怀幕僚，经营铁路公司，创办南洋公学。辛丑正月，患脑出血，猝卒。是时在泸候孝胥至，同公祭何嗣焜者，沈、张而外，尚有汤寿潜。三人皆与何同受两江总督刘坤一委托，策划立宪。

正月十六日，"夜得督办来电云'梅生猝故，子培、季直、蛰先待见公祭。南洋公学、铁路公司两事无人，应如何办法？敬待驾临商办，再行北上。宣。谏'"。

按,汤寿潜,字蛰先。督办及"宣",皆指盛宣怀。"谏",韵目十六谏,此系十六日的代号。南洋公学,交通大学的前身。郑孝胥即于正月廿一日由长江轮抵沪,会晤沈曾植、张謇。

正月廿二日,"晨往哭梅生。午后,谒督办,始知南洋公学事,众皆举予接办"。廿四日,"午后,往祭梅生"。

按,《张謇日记》:辛丑正月十四日,"作与子培、蛰先公祭梅生文"。十六日,"蛰先至"。十八日,"公祭梅生"。二十二日,"苏堪来"。可见,郑孝胥抵沪时,张、汤对何嗣焜的公祭已毕。张謇、汤寿潜旋去南京,为江督刘坤一策划立宪事。郑孝胥返武汉。

四月十七日,"得盛督办书,商铁厂及南洋公学事,即复电荐汤蛰先"。

按,《交通大学大事记》,郑荐汤,汤不就,改推沈曾植为南洋公学监督。

癸卯年(1903年)

三月廿八日,"汤蛰先来,同至雅叙因,饭毕至张园。方演说广西土匪之乱,王之春欲法兵入粤事,吴稚晖叙身入粤西所历之状。颇动听"。四月二十日,"闻季直来,即往访之。与汤蛰先、赵竹君、季直饭于九华楼"。廿一日,"遂赴樊时勋之约于义昌洋行,季直、蛰先、竹君等皆作座。……夜与季直、蛰先、俞恪士同饮于雅叙园"。廿四日,"晨过子培、季直,同至九华楼,张让三、汤蛰先请午饭"。廿六日,"夜,子培来,同登博爱丸,送季直"。

按,是时张謇将东游日本,考察实业教育,汤寿潜、郑孝胥、沈曾植等均在上海送行。赵凤昌,字竹君,武进人,也是盛宣怀的谋士。樊芬,字时勋,宁波商人,南通大生纱厂最早六董之一。俞明震,字恪士。

丙午年(1906年)

二月初五日，"赵竹君来，汤蛰仙来，皆闻宫中有变"。初九日，"晨答拜瑞莘儒、宋芸子。遂至浙江铁路公司，晤蛰先、巩伯、仲连、让三。有顷，季直、竹君及恽禹九亦至，谈承揽进出货行事，竹君极言其难办"。

按，是时汤寿潜正任浙江铁路公司总理。瑞澂，字莘儒，新任上海道。巩伯，金巩伯。仲连，金仲连。让三，张让三。恽禹九，武进人。以上四人都是工商业者。"宫中有变"，时常传后党阴谋欲害光绪帝也。

八月十一日，"报言学部已奏派张謇、汤寿潜、梁鼎芬、严复、郑孝胥为头等谘议官，陈三业为二等谘议官"。

十月初五日，"至苏路公司，晤王丹揆，出示云帅来函(致予及蛰先、季直、菊生)，捐款一万两于立宪公会"。

按，王清穆，字丹揆，崇明巨绅，光绪庚寅进士，官至直隶按察使，时为江苏铁路公司总理。云帅，岑春煊，字云阶。菊生，张元济。

十一月朔，"过岑云帅谈上海开为杂居地事。小坐即赴愚园。是日为立宪公会第一次开会，会员来宾二百余人，马湘伯、柯贞贤、雷继兴、伍昭扆相继演说毕，会员自行选举会董十五人，予得四十六票为最多。继复由会董十五人至举，予得十四票，应为会长，而张季直、汤蛰先为副会长"。

按，是时民族资产阶级的上层人物，聚居上海，经营铁路，策划立宪，张謇、郑孝胥、汤寿潜为苏、闽、浙三省主要代表，号"张、郑、汤"。立宪公会实际是他们的政治组织。

丁未年(1907年)

九月朔，"汤蛰光邀至浙路公司，晤蒋抑之、汪穰卿，抑之出示调查汉冶萍煤铁事,拟明日集众于商学公议之,使予与蛰先出名"。初三日,"汤蛰先来,同过赵竹君,遂至立宪公会,议汉冶萍公司事,到者十余人,皆赞成"。十七日,"定明日赴汉口,议汉冶萍事。是日复集于商学公会,举代表七人,汤蛰先、蒋抑之、蒋孟蘋、沈新三、苏宝森、刘厚生及予也"。廿三日,"赴汉口晤盛杏荪,谈至暮乃返"。廿四日,"午后,与盛谈联合招股事,四点始返。宋纬臣邀汉口众商议入股皆赞成"。廿五日,"仲弢来谈杭甬路事,电置蛰先"。(蛰先来电云:"请苏公代哭秦庭。")

按,在此次民族工商业者合谋集股开采汉冶萍煤铁矿的活动中,汤寿潜与郑孝胥都是代表人物。但因浙路事,汤未去武汉。蒋抑之、蒋孟蘋,都是浙路公司股董。汪康年,字穰卿。仲弢,黄绍箕字,张之洞幕僚。"苏公",即郑孝胥。"哭秦庭",战国时吴兵破楚,申包胥哭求秦国发兵救楚。比喻向湖广总督张之洞求援。

戊申年(1908年)

正月十五日,"与秦晋华、张雄伯、汤右请同至立宪公会。是日为会员第一次常会,到者四十四人。提议私立法政大学,求开国会,设宣讲研习所三事。蛰先、季直、庸生相继演说,合照相片而散"。

按,法政大学,上海法政学院之前身。庸生,孟昭常字。武进人。

五月廿九日,"拟致宪政编查馆云'北京宪政编查馆王爷、中堂大人钧鉴:近日各省人民请开国会者相继而起。外间传言枢馆将以六年为限,众情疑惧,以为太缓。窃谓今日时局,外忧内患乘机并发,必有旋乾转坤之举,使举国之人,心思耳目皆受摄以归于一途,则忧患可以潜弭,富强可以徐图。……若限期太远,则中间之变态百出。万一外忧内患从而乘之,则所期之事必成虚语。……某等切愿王爷、中堂大人上念朝事之艰,下顺兆民之望,乘此上下同心之际,奋其毅力,一鼓作气,决开国会,以二年为限……’此稿交孟庸生商之季直、蛰先,以立宪会名义发电”。六月初二日,“归过立宪公会,电稿为季直、蛰先各易数语,遂令即发”。十二日,“孟庸生等来,议再发京电。夜拟稿曰:‘……迟疑顾虑,终于无成,实中国积弱之锢习。必先去此习,乃有图存之望。……’”十三日:“孟庸生来,取稿示汤蛰先,稍有增改。予留其所增‘时不可先,敌不我待’二语于‘望’学之下。张季直已赴通州,录稿寄之。定今日发电,明日登报”。

按,清政府旋对立宪运动采取高压政策,在上海的预备立宪公会大为震动,郑孝胥辞会长,汤寿潜则与公会断绝关系。

十一月廿八日,“致书立宪公会,辞会长”。十二月初九日,“汤蛰先以立宪公会所寄与汤之信四函原封寄予,以示不阅告绝之意,其褊佻可笑也。过公会。以信交之”。

己酉年(1909年)

三月十六日,“午后,诣南洋路,蛰先、季直借竹君处宴予及江西监道庆宽小山,庆有纪事录,皆纪庚子联军入都事”。

按庆宽,赵庆宽。摄政王载沣亲信。是时自沪返京,张、汤等托为进言[1]。

庚戌年(1910年)

七月廿一日,“崔文徵送来十九日上谕‘军机大臣呈递开缺江西提学使浙路总理汤寿潜来电据称:盛宣怀为苏浙路罪魁祸首,不应令其回任,请收回成命,或调离路事,以谢天下等语,措词诸多荒谬,狂悖已极。朝廷用人自有权衡,岂容率意妄陈,无非借

[1] 见《啬翁自订年谱》。

此脱卸路事，自博美名，故作危词以耸听，其用心诡谲，尤不可问。汤寿潜着即行革职，不准干预路事，以为沽名钓誉、巧于趋避者戒。钦此'。行时，蛰先谓予曰：'吾月底入都，必闯大乱，或至见杀，无所托君，愿以一诗吊我足矣！'今可不入都，甚善"。

按，"回任"，指清廷令盛宣怀回邮传部右侍部本任。清廷把汤寿潜革职一事，充分暴露了自己打击商办铁路的阴谋，加速了政治危机。

辛亥年（1911 年）

闰六月初二日，"汤蛰先来，谈自京到汉，今夕即行"。

按，是年上半年，为帮助清政府缓解危机，东南三大名流张、郑、汤均由川汉铁路督办大臣端方拉拢入京。李平书《且顽老人七十岁自叙》云：宣统三年正月，"至京，住西河沿中西旅馆，除同乡酬应外，日往汲阳尚书邸。时汤蛰先、郑苏堪诸先生在京，日在陶斋聚谈"。汲阳尚书、陶斋，均指端方。但《郑孝胥日记》仅记在汉口与汤相遇。武昌起义后，张、郑、汤急剧分化，张与汤赞成共和，郑则坚持保皇，从此南辕北辙，汤、郑断绝往来。

附记：1963 年，我得溥仪指点，以近一个月的时间，在中国历史博物馆看《郑孝胥日记》稿本，并摘抄了一部分。"十年浩劫"，抄件幸存。今提供以上片断，加注以供参考。这些零星资料，恰好反映在辛亥革命前夜，汤寿潜作为民族资产阶级的上层代表，积极参加了收回权利和立宪运动。这就为他在武昌起义后被拥戴出任浙江都督作了准备。

（原载《浙江学刊》1991 年第 5 期）

近代史料考证述要

　　梁启超《清代学术概论》推顾炎武为一代宗师。梁氏言："然则炎武所以能当一代开派宗师之名者何在？则在其能建设研究之方法而已。"对顾炎武的治学方法，梁氏"约举有三"："一曰贵创"，即能推陈出新。"二曰博证"，即注重考证。"三曰致用"，即为时代服务。三者之中的核心是考证。其后吴皖、扬州等学派先后继起，考证之功大著，以故梁氏又言："夫无考证学则无清学也。"顾炎武在其名著《音学五书》中，提出了考证的方法："列本证、旁证二条：本证者，《诗》自相证也；旁证者，采之他书也。"其例见于五书之一的《诗本音》。如《周南·卷耳》："采采卷耳，不盈顷筐，嗟我坏人，置彼周行。"按"行"字，今有二音，一在《广韵》十一唐，一在十二庚。顾氏从《诗经》及其他古籍所用"行"字得出结论，谓古代只有一音，按《广韵》分类，当属十一唐。顾氏云："考行字，《诗》凡三十二见，《书》三见，《易》四十四见，《左传》一见，《礼记》三见，《孟子》一见，《楚词》十三见，并户朗反。其行列之行，行止之行，五行之行，同是一音。"顾氏研究古音，识古代语言文字之目的，是为了读经。其后，戴震推衍此理，提出"以字考经，以经考字"之法。同时，汪中等用此法研究古代的典章制度、人物，如释三九，考明老子、墨子的生平等。钱大昕用此法判别史籍记载的同异。使考证之法，伸展及于史学。其末流脱离了经世致用,于是使考据学失去了生命力。以故"乾嘉余唾"遭到了维新思想家的诽议。到了清末,章炳麟等发扬乾嘉考据学,使之为辛亥革命服务。其后,章门大弟子吴承仕又跨前了一大步,他借助考据,宣传马克思主义唯物史观,使考据学达到了新的高峰。当代如郭沫若、范文澜等史家,都是在马克思主义指导下,考证历史。只有坚持马克思主义的指导,我们的史料考证才能实事求是,为社会主义服务。否则就会失误。兹举数事为例。

不接受马克思主义,为旧中国效劳的历史学家,尽管经过考证,搜集了大量有关史料,却得出"农民战争破坏论"。更有甚者,有的史家,扩展而为"革命战争破坏论",从而否定了近代我国人民反帝反封建的大革命。按战争造成破坏,确是有大量史料可考的。但关键在于判断谁负责任的问题。从马克思主义的观点看,战争应区别为正义和非正义两种性质。被压迫阶级和被压迫民族所进行的是正义战争;压迫阶级和压迫民族所进行的是非正义的战争。"官逼民反",造成破坏的,不是农民阶级的正义战争,而是地主阶级的非正义战争。一切破坏,应由封建地主阶级负责。怎能颠倒是非,归罪于被迫自卫的农民群众呢?

林彪、"四人帮"为了篡党争权搞"影射史学"。他们用唯心的主观主义对待史料考证,即对凡是和他们预定结论相反的材料,他们一概抹杀。例如,他们为了证明洪秀全"反孔"而引证《太平天日》中有关斥责孔子的记载,但对其中赞扬孔子的地方,却一笔勾销掉了。这和马克思主义所倡导的实事求是的准则,完全是背道而驰的。

用形而上学进行史料考证,也不能够得出正确的结论。例如,近年有的文章歌颂左宗棠击败外国侵略者的走狗阿古柏的历史功绩，这无疑是正确的。但却由此而归功在此以前左宗棠在浙江为镇压太平军而接受了外国侵略者提供的一批洋枪洋炮，这无疑是错误的。用马克思主义的辩证法看问题，左宗棠勾结外国侵略者，用洋枪洋炮镇压太平军、捻军、回民起义军，都是坏事。但在一定的条件下，坏事可以转化为好事。之后，左宗棠使用这批武器打击了外国经略者，事物便走向它的反面，坏事便变成了好事。我们怎能把后来的好事，归功于以前的坏事，从而为外国侵略者唱赞歌呢！

以上事例，集中说明了一点，即必须坚持用马克思主义的立场、观点、方法看问题，史料考证才能得出科学的结论。

在阶级社会里，统治阶级内当权者公布的记载往往虚伪，而不当权的私家著作却保留真相。如我在前文曾提到，清朝官书夸张华尔及其"洋枪队"于1860年攻陷松江的赫赫"战绩"，冯桂芬据以写入《松江府志》。曾亲历此役的原苏州知府吴云致书驳正说："第一次收复松江，弟与应敏斋、俞乃舟在豆腐浜炮船上者匝月，克复之时，仅有洋人四十余名，余皆炮船上水手与新募勇丁数百名耳。时贼倾巢而出，暗袭上海，城中止留老弱数百名，城门不闭。附近居民到弟舟次通信，于是弟与乃舟诸君商定，派令洋人居前，水陆勇丁居后，潜入其城，各门城垛上俱派洋人数名，协同水陆勇丁把守，枪炮之声不绝。贼闻松江已失，又闻有洋人帮助，恐归路截断，遂急折回，踉跄遁去。是役也，若非松江从此无意中收复，则上海即不失守，其附城一带亦必蹂躏无孑遗矣，此中殆有天也。鄙人奉札持令督队，开复原官，应敏斋之超擢直刺，皆见之章奏，贪天之功以为己有，殊属可愧，而当日之实在情形如此。大著谓华尔率中西勇各数百名攻松江克之。其时华尔为英、法所制,不欲出面,所带西人仅八十名耳。(原注:常往来松、沪之间,克复时正在上海,得信赶回。帮华尔约束西人者,人皆呼为"黄胡子",事犹历历在目。)记事贵简,原不能详叙,惟此事弟身在行间,知之最悉,华尔亦同一幸获,并未有西兵数百之多也。"[1]当时松江人姚济所记与吴云所说大略吻合。同治四年五月廿八日,"黎明,城中被掳之人纷纷东下,传言:郡城于昨夜四鼓经夷兵水勇攻进南门,贼势甚孤,连夜出北门逃去,城门现为夷兵把守,城上已插官兵俞字旗帜。乡人皆呼天称庆"[2]。可见,此役未经剧战是实。"俞"即吴云信中所说的俞乃舟,游击俞斌。

　　同是清政府的官书,也有原始档案与加工产品的区别。江地同志在《关于捻军史的参考资料问题》一文里曾说:"就是在《钦定剿平捻匪方略》这部著作所引用的'上谕'里,编辑者有意删去了一些清廷与外国侵略者相勾结的史实,这是祁龙威同志把这部书和《东华续录》《清穆宗实录》等书所引'上谕'详细勘对之后发现的,我觉得这一点发现很重要,应引起研究者的注意,以免上了反动统治者所写史料的当。"[3]

　　对待出自革命阵营的史料,也不能一律盲从,必须进行考证。例如,从常熟发现的《报恩牌坊碑》。所记当地繁荣的景象,以往人们都据以论证李秀成的政绩。但自从龚又村的《自怡日记》等大量资料被发现后,人们才看到当时常熟被一个叛徒集团所控制,已是满目疮痍,与碑文所记不合。而此碑也是出自叛徒集团之手,他们用以掩护谋叛真相,所记都是虚假的。

[1]《两罍轩尺牍》卷二。
[2]《小沧桑记》上。
[3]《捻军史论丛》,第346页。

以上史料考证三例，也必须从马克思主义阶级斗争观点，才能得到圆满解释。

当然，大量单纯的史料考证，在确凿的根据面前，可以弄清某一事实或校正某一版本等，不一定涉及立场、观点问题。这是在马克思主义以前的史家都能解决的问题。例如，现在国内流传的太平天国所颁行的《天朝田亩制度》有两种版本：一是甲寅四年本；一是庚申十年以后本。我们从所附"旨准颁行诏书总目"的差异来判别两本的先后，并校勘出两本所记官制的差异，这里都不涉及立场、观点问题。但我们不能够停留在这一步，必须进而把前后官制的变化，作为太平天国兴衰的一个折射来研究。这就不能够孤立地观察官制的从简到繁，而要以之与太平天国前后期的政局联系起来，作出结论。这就是马克思主义所教导的，要透过现象看本质。我们必须坚持以马克思主义为指导，使考证的结果升华成为科学的论断。

对待史料书证，必须严肃，做到言必有据，丝毫不能杂以假设。例如，不能借口某些太平军将领有养子，如左宗棠奏李秀成有养子李士贵，便随意断言洪仁玕也有一个养子在外带兵打仗。这种推测，没有根据，连清代的考据家也所不取。为什么阎若璩的《古文尚书疏证》被后学当作考证的典范，而毛奇龄的《古文尚书冤词》不为人所信服呢？就是因为前者凭确据立论，后者不过是逞词锋强辩而已。

史料考证使用推理，也是必要的，但必须有确凿根据。如《太平天国史料丛编简辑》第六册的《清朝官员书牍》中，有《国瑞致□□书》一题，文中说："岱岳功高，云霄望慰，引詹节旆，盼颂交殷。弟权摄戎机，材惭浅陋，所幸光分东壁，即堪指示南针。查逆匪自四月廿四日我军挫败之后,逆焰益张,围城攻圩,肆行无忌,弟迭次接奉寄谕,仰见圣明深以此股发、捻为忧。今幸中堂顾全大局,迅遣雄师入东,刘军门少年英勇,足见知人善任,钦佩奚如。"显然这是在 1865 年"督办剿捻军务"的清将僧格林沁被捻军击毙于山东后,他的"帮办"国瑞暂署"钦差大臣",写给新任"剿捻"统帅曾国藩的。"中堂"即曾国藩,协办大学士。刘军门,提督刘铭传。原函无上款,但从内容可以断定是曾国藩。这样的推论,是成立的。

戴震尝言:学者应当"不以人蔽己",也"不以己自蔽"。我们从事考证,既不能苟同他人的失误,也不应回护自己的过错。还在 50 年代我公布了扬州出现的"赖文光藏砚拓本",承蒙荣孟源前辈撰文严肃指出,这是赝品。此事使我深受教育,我终身感激荣氏教诲。我经常告知青年一代,要他们引以为戒。总之,从事考证,难免失误。只要不固执己见,拒绝批评,失误是可以克服的。

(原载《近代史资料》1992 年总 80 期)

台湾近代中国文献学一瞥

最近,我利用在美国探亲的暇日,得饱览匹兹堡大学图书馆东亚部所藏台湾版近代中国文献,对台湾同仁40余年来所作的贡献,深为敬佩。兹就同我业务密切相关的,举例以见大概。

一、他们公布了一批稀世之珍

湘乡曾国藩的后人,把先人所遗的大量文献,公之于世。

1962年,台湾世界书局影印了举世瞩目的《李秀成亲供手迹》,使世界流行的20余种版本都被作废,使当代两位太平天国史的老专家简又文和罗尔纲不得不修订甚至推翻自己原来的著作。对此书的内容与价值,海内外学界早有评述,这里不赘。

1965年,台湾学生书局影印《湘乡曾氏文献》十册。其内容相当丰富,有大量曾国藩、曾国荃、曾纪泽等的家信,有曾国藩约一年时间的《绵绵穆穆之室日记》,有他对部下"密考"底本和察访的记录,有太平天国忠王李秀成对围攻天京清军的谆谕,等等。其中大量曾国藩的家信都未刊入传忠书局本《曾文正公家书》和《曾文正公家训》,例如他在办理天津教案时与曾纪泽的一批信。曾国荃、曾纪泽的家信和与人书,其中大多数也属初次发表,以往未编入萧荣爵编的《曾忠襄公书牍》和江南制造局刊的《曾惠敏公遗集》,但却富有史料价值,例如曾纪泽于天津教案时与李榕的信,揭露了天津教案交涉的内幕。曾国藩于咸丰元年恢复中断之日记，取名《绵绵穆穆之室日记》，见黎庶昌等所撰《曾文正公年谱》。但宣统元年上海石印的《曾文正公手书日记》没有这段日记。《湘乡曾氏文献》所公布的曾国藩《绵绵穆穆之室日记》，始咸丰元年七月一日，迄咸丰二年六月十二日，正是他日记手稿断层中的一部分。这时，广西已爆发太平天国起义。这一年间的日记，反映出曾国藩正在为以后灭亡太平天国做好精神准备。其中有些重要眉识，曾被《求阙斋日记类钞》和《求阙斋弟子记》所征引，可证王启原、王定安曾见到曾国藩这段日记。只因为是抄件，不是手稿，以故未刊入《曾文正公手书日记》中，而长期未为学术界所应用。忠王李秀成于太平天国壬戌十二年八月给围攻天京清军的谆谕，也是以前尚未公布过的珍贵文献（见文末附件）。

1965 年，台湾学生书局影印了《曾文正公手写日记》，比宣统上海石印本《手书日记》多了两年日记。按曾国藩死后，留下日记手稿 34 卷。曾纪泽委托曹耀湘等编刊《曾文正公全集》时，辑入《求阙斋日记类钞》二卷。此是一个分类选录本。卷上："问学""省克""治道""军谋""伦理"；卷下："文艺""鉴赏""品藻""颐养""游览"。编者王启原言："公供职京朝十有四年，其日记曰《茶余偶谈》，口《过隙影》等篇，半就散伏；其曰《绵绵穆穆之室日记》，每日以八事自课，亦仅有存者。咸丰初载，由衡州治军东征，克武汉，战澎湖，入守章门，凡此数年。随笔记注，均缺失无从检寻。惟自戊午以后，迄于同治壬申二月易箦之日，所自书日记，无一朝一夕之间，无一点一划之苟，则传家之墨宝，希世之奇珍已！"《类钞》就是以这些为底本而分类摘抄的，宣统元年，曾国藩的孙辈委托上海中国图书公司石印《曾文正公手书日记》，由王闿运、唐文治为之作序。此书既不包括仅存咸丰元年下半年与二年上半年之《绵绵穆穆之室日记》,又漏印了道光十九年和二十年的日记手迹。于是读者不知《求阙斋日记类钞》所引的己亥(道光十九年)、庚子(道光二十年)、辛亥(咸丰元年)、壬子(咸丰二年)的内容,其出处何在?1965 年,曾国藩的曾孙辈将所保存的手稿全部交给台湾学生书局影印,补足了以往漏印的两年内容,改名《曾文正公手写日记》(保留王闿运的序文。唐序则被删去,但读者可从《茹经堂文集》卷四看到)。自从学生书局版《曾文正公手写日记》和《绵绵穆穆之室日记》(《湘乡曾氏文献》第六册)相继印行,当年王启原等所见到的曾国藩日记,才全部公之于世。

1965 年,台湾学生书局又影印了《曾惠敏公手写日记》。之前,曾纪泽的日记已出版过两次,但都是片段。其一,曾纪泽奉使西欧时,上海已有人刊行他的日记。《曾惠敏公遗集·文集》卷五,壬午九月二十一日,《巴黎复陈俊臣中丞》:"初出洋时,写日记寄译署,不知沪人何由得稿,公然刷印,奉一册以供一笑。"他看到自己这段日记刊本,还要比写这信早几个月。《曾惠敏公手写日记》:光绪八年正月廿日,"看上海所印予之日记"。据此推断,此书当在光绪七年刊行。其二,光绪十九年,江南制造局刊行的《曾惠敏公遗集》中,有日记二卷,始光绪四年迄光绪十二年,也是一个节录本。这次学生书局始据其手迹全部影印,始同治九年,迄光绪十六年。这是研究近代中国外交史的重要参考文献。

先是,台湾学生书局已影印了赵烈文的《能静居日记》。赵烈文,字惠甫,江苏阳湖人。1832 年生于怀宁,1892 年殁于常熟。妻江宁邓氏,邓廷桢之孙女,日记中称之为南阳君。日记中之发甫,阳湖周腾虎字,系其四姊夫,首倡厘金制。槐亭,衡山陈钟英字,系其六姊夫,撰《平浙纪略》者也。因郭嵩焘、周腾虎之先后推荐,赵烈文得入曾国藩幕,并襄助曾国荃攻破天京,成为湘军大掠金陵和李秀成写供等重要见证人。其日记现存两段。前段《落花春雨巢日记》,始咸丰二年,迄咸丰六年。后段《能静居日记》,始咸丰八年(1858)五月,迄光绪十五年(1889)六月,共54册,系作者手抄。抗日战争中,江南沦陷,其子迫于生计,将《能静居日记》售与汉奸陈群。抗战胜利后,书归中央图书馆,旋移往台湾。学生书局据以影印。按此书富有史料价值,早为学术界所重视,几经节录发表。1917年,《小说月报》第八卷第一、二、三期述载《赵伟甫先生庚申避难日记》。1952年,神州国光社本《太平天国》第八册辑入陈乃乾《阳湖赵惠南先生年谱》,此谱是摘录赵氏日记而写成的。1961年,中华书局出版的《太平天国史料丛编简辑》,据南京图书馆所藏《落花春雨巢日记》稿本和《能静居日记》抄本节选。直至学生书局影印本的问世,读者才能看到《能静居日记》的全貌。一时轰动台湾学术界。《学术季刊》第六卷第二期发表了吴相湘教授的《赵烈文〈能静居日记〉的史料价值》一文。1965年《中华杂志》三卷七、八期连载沈云龙教授的《〈能静居日纪〉作者赵烈文的生平》。他们评述了赵氏日记的内容,并订正了陈乃乾将湘军攻陷天京一事提前了一年等的讹误。这些文章,值得读者参阅。

1967年,台湾文海出版社影印了张謇的《柳西草堂日记》十三册。这事也在海峡两岸引起了轰动。按张謇自同治十二年起,直至民国十五年临终,均写日记。中间因故偶有间断,但基本上是连续的。张謇从随吴长庆驻军朝鲜起,到以后在南通大办实业教育,他的一生与时局相牵连,以故他的日记虽然简略,然而内容极端丰富，并反映了我国老一代的改革开放者所走过的历程。《啬翁自订年谱》以及张孝若写的《南通张季直先生传记》都依据日记。张孝若将其装成 28 册。其后被分散在内地和香港两处。20世纪 60 年代初，南通找到了张謇的日记 15 册，即第 10 册和从 15 册到 28 册，我有幸得先睹，即撰《关于〈张謇日记〉》一文，评述其史料价值，并盼望早日觅到其前半部。拙作刊于 1962 年第 5 期《江海学刊》。是年，江苏人民出版社将此 15 册影印出版。1966年 3 月起，香港一期刊连载《张謇日记钞》，实即据江苏影印本排印者。由是促动了长期沉潜在香港的张謇日记前半部。1967 年，张謇创办大生纱厂的得力助手沈燮均的令孙沈燕谋教授，将其 13 册携至台湾，商请文海出版社影印出版，恢复原名《柳西草堂日记》，此 13 册，系从第 1 册至 14 册，其中缺第 10 册。合之大陆先印行的 15 册，恰符 28 册之总数。

　　台湾出版界影印翁同龢的手迹多种，有《翁文恭公日记》《翁常熟手札》（庞洁公辑）、《翁松禅致张啬庵手书》、《翁松禅手札》（俞钟銮辑）、《翁松禅家书》（周张礼藏）、《翁松禅相国尺牍真迹》等，特别是台北故宫博物院收藏并影印《松禅老人尺牍墨迹》最有意义。此书包括翁同龢致张荫桓的信 105 封，内容反映清季外交史事，弥足珍贵。原由吴永收藏。吴永，字渔川，曾纪泽之婿，1900 年八国联军侵入北京时，正任直隶怀来知县，以迎护帝后西逃著名，《庚子西狩丛谈》，即其口述。吴永女芷青，嫁翁同龢后人翁龄雨，携此翁氏手迹归于常熟，但尚未为人所知。1949 年后，翁龄雨侨居美国，教授爱渥华大学，拟刊印此书而未果。翁龄雨殁后，吴芷青携至台湾。经钱穆教授介绍，1977 年由台北故宫博物院收购，并影印公之于世。

四十多年来，台湾学术界刊印的近代珍贵文献甚多，以上不过略举数例而已。

二、台湾同仁对近代文献的整理与发掘，作出了巨大贡献。这里也结合我的业务范围，举例以示意

其一，精选版本。

台湾同仁出版近代文献，除影印稿本或原抄本外，对有刻本的，一般都影印原刻本。以《曾文正公全集》为例，台湾文海出版社千方百计，求得同治末光绪初长沙传忠书局原刻本影印重新出版。按曾国藩死后，由湖广总督李瀚章等集资，由曾纪泽请曾国藩晚年的幕僚王定安、曹耀湘、杨书霖等，在长沙开设传忠书局，编辑刊行《曾文正公全集》。继而又编刊《曾文正公家书》和《曾文正公家训》。据今人估计，《全集》印刷了一百数十部，由曹耀湘经手陆续分送，流传不广。连郭嵩焘也只拿到了一部残缺的。《郭嵩焘日记》：光绪六年六月二十日，"曹镜初送到《曾文正公全集》一部，其中《鸣原堂论文》《求阙斋读书录》二种尚缺"。朝官之中，如翁同龢于光绪十年尚写信向曾国荃乞书，见《翁松禅手札》。百年以后，中经战祸，此书遂成珍本。文海出版社先获得传忠书局刻木《家书》《家训》，后又商请曾氏亲戚俞大维先生出所收藏传忠书局刻本《全集》，于1972年同时影印。以故此书刊有俞大维的印章。其事具详于曾昭六《〈曾文正公全集〉影印前言》。

但也有的后刻本胜过先刻本，则择善而从。如文海出版社等出版的《江忠烈公遗集》，即是一例。按江忠源的《遗集》，最早于咸丰五年，由其友人冯卓怀、郭嵩焘刊于长沙。共诗85首，编为二卷，左宗植校定。同治二年，其弟江忠濬刊于成都。邓瑶为之补辑奏稿、书札等文章 18 篇，为 1 卷；诗 85 首，为 1 卷；附《行状》等传记资料 1 卷。同治十二年，其子江孝棠又刊于长沙，较成都本增多文 4 篇、诗 3 首。可见《江忠烈公遗集》，是一再增补内容的。从史料价值言，后刻胜于前刻。以故台湾出版界影印了同治十二年长沙刻本。

其二，精心校勘。

台湾同仁对近代文献的校勘工作，也不遗余力。如沈云龙先生以《湘乡曾氏文献》中的曾国藩手迹，与传忠书局刊本《家书》《家训》互校，发现曾国藩有大量家信，未辑入《家书》和《家训》，即使辑入的，也有不少删节。见 1967 年《书目季刊》第一卷第四期所载沈氏《〈湘乡曾氏文献〉读后记》。又如未凉先生的《〈李秀成原供〉校注》。初次揭露了曾国藩亲笔删改的《李秀成供》与曾刻安庆本之间的差异。按曾国藩亲笔删改《李秀成亲供》后，抄本寄清廷军机处，又抄本交其子纪泽。在安庆限三天赶刻。《湘乡曾氏文献》公布了他们父子间有关的信。同治三年七月十四日，曾国藩给曾纪泽："《李秀成亲供》如尚未刻成，可令书局工匠众手赶到，限三日刻成，分两次付五十本来，以便分咨各处。"同年七月二十一日，曾纪泽给曾国藩："《李秀成亲供》须廿四日下午，乃能刻就。"七月廿六，曾纪泽给曾国藩："《李秀成亲供》修饰未能尽妥，且刷四十本呈阅。"可见此件是在极度匆促中刻成的。其中讹漏自难避免。但学术界包括孟森、罗尔纲等前辈，一直以为曾刻安庆本《李秀成亲供》，即曾国藩删定之本。1962 年台湾世界书局影印《李秀成亲供手迹》后，学术界偏重研究曾国藩删改之处，很少人注意到以之与安庆本相校。未凉《李秀成原供校注》告诉人们"此刻本并未悉按国藩删改定者刊行，其中漏刻审改之处甚多","而所有供词眉书、国藩眉批,皆未入同治刻本也"。见台联国风出版社《清史资料》第五辑。

其三,努力发掘。

台湾同仁努力发掘近代历史文献,深入到了国外各个部门。例如吴相湘教授,为搜集有关袁世凯在朝鲜活动的史料,特到汉城抄录《奎章阁文书》。按,《奎章阁文书》中,保存大量原朝鲜王国政府的档案。金昌熙《东庙迎接录》(写本)是其中之一。金昌熙为壬午(光绪八年)朝鲜王室特派迎接官,他专门接待清钦使吴长庆及其随员张謇、袁世凯等。其时吴部庆军正进驻朝鲜,平息朝鲜王室纠纷,杜绝日本觊觎。以往,我为张謇注日记,对其在朝鲜活动不甚了了,也缺乏文献资料,说明他写《朝鲜善后六策》之由来。此次从吴相湘教授的《三韩扶桑所见袁世凯关系史料》[1],找到了《东庙迎接录》中有关张謇的一节,特转录于下:壬午七月二十六日,"见张季直(贡生,名謇),共谈。……张曰:'贵国千言万语,引用人才方能有为,家世之弊最当先破。今日国小民贫,介于俄、日,非有人才,何以自强?深为远虑!拘泥古书,自不通时措;专事洋务,亦触戾人情,此中斟酌,实难其人。'……我曰:'黄遵宪《朝鲜策略》曾读过否?其人何如?'张曰:'曾览悉,大意固好,亦闻其人有志时务者,其素行不知耳。结日本云云,以其身在该国,议论虽不能不如此,亦有未可尽信者。贵国交邻之道如事鬼神,可敬而不可亲也。但不激变生事可矣'"。八月初十日,"我曰:'……此次办理事宜未必尽如大帅本来意向。再明径归,恐或未必还也。天下事瞒不得有心人,弟既有心,大兄勿秘。'张曰:'大帅此行,盖亦有难言之处,弟

---

[1] 见台湾文星书店版吴相湘:《近代史事论丛》第二册。

以大帅相待之厚，不得不同来往，大约月杪可还，然事亦未定。吾料此间若不内修自强，亟图善后方，后将复有事故。既与日人通商，顾其势吾不怪引来泰西各帮以制要挟，然主和之事亦须斟酌古今，较量彼我。此后必马眉叔来，此人有时务才，而心地不光明，乃急迫功名之士，如办理此间，心违古而迎时，失众而败事，却不可不慎！且贵邦人必与相投，为其所愚，只借交涉和好邻邦而已，不顾本原，终昧政体，其于内拂人心，何事可做，诚为可虑耳！李傅相专喜谈洋务，大帅虽其世好姻亲，而意见不相融洽。眉叔为人，能投李相之好者。弟于李相之来，眉叔之去，一一数其迎合之事与我军牵掣之状。昨丁公来，乃无不吻合。故弟申劝乞退之意于大帅。此行还否，不可定耳！如贵国有事，李相坐视，必无出师之理。但使眉叔辈误其事机而已。此次之师赖李相不在，强公得以出力，贵邦人何能知之。此次之师徒为日人捕仇赔款而止。前日大帅论功之时，我坚持不受，大帅耻愤成疾。此行来否不可定，以此为贵邦代筹善后六策，本欲临别相赠，而阵中扰冗，尚未脱稿，若不来，则寻便奉寄阁下。'"

这篇朝鲜人用汉字写的问答记录，与张謇《柳西草堂日记》参看，正是对张謇日记作注释。张謇说：光绪八年七月二十三日，"金石菱昌熙来，吏部参判，此邦之知外务者"。七月二十六日，"与石菱谈，石菱论事甚有识"。八月十一日，"束装，……石菱、云养皆眷眷有不忍舍意"。八月十八日（在天津），"写朝鲜善后六策稿"。只有看了金昌熙的记录，才能了解张謇的日记。这些文献暴露了清政府内部对朝鲜政策的分歧，对研究近代外交史，对研究张謇，均有参考价值。其中"大帅"，即吴长庆。李相，李鸿章。李丁忧回籍，张树声代为北洋大臣期间，遣庆军进驻朝鲜，李旋回任，遂反张所为，使吴长庆不得行其志。眉叔，马建忠。丁公，丁汝昌。

台湾同仁整理发掘近代文献的成果累果，以上也不过是其中数例而已。

三、海峡两岸学术界需要通力合作，共同发展近代文献学。敬提几点建议

（1）加强交流

众所周知，由于50—70年代的历史背景，造成海峡两岸学术上的隔离，所以尽管台湾出版了不少稀世之珍，但是在大陆学术界产生的价值却很有限。例如，《湘乡曾氏文献》出版于1965年，其时大陆正开始"文化大革命"，知识界有谁还从海外寻找曾国藩的遗书！其后"十年浩劫"，虽然结束，一些学术著作和文献资料获得发表，但一时难以弥补其创伤。以致有些名著：1979年北京中华书局版《太平天国文书汇编》、1982年北京中华书局版《李秀成自述原稿注》、1983年湖南岳麓书社版《曾纪泽遗集》等，都未能吸收《湘乡曾氏文献》所提供的新资料。

反过来，也有类似情形。例如由于看不到大陆方面所掌握的曾国藩书信，因而使台湾新版的《曾文正公全集》为之逊色。按文海出版社出版《曾文正公全集》时，大陆已公布了江世荣编的《曾国藩未刊信稿》。台湾同仁极为正确地将之作为《全集》的附录。但不知北京中国社会科学院近代史研究所等处所收藏的曾国藩书信还有很多，其后又由湖南岳麓出版社公布《曾国藩未刊往来函稿》，其中即有曾国藩的信件159件，大部分都未刊入《全集》。如果海峡两岸相互了解情况，经过协商，合编一部新的《曾国藩全集》，这事多好！

（2）对口合作

一部《张謇日记》，人为地分做两半，前半部在台湾，后半部在大陆,两地出版社各自影印。我们盼望,经过协商,使之合而为一。

　　故宫的档案,也分在两地,各自整理和出版。据我所知,台北"中央研究院"收藏着清朝的内阁大库档,台北故宫博物院从1973年6月开始,分辑出版《宫中档》,后者主要是原藏懋勤殿的,从康熙年间以来清帝的御批奏折及附件。其中属于近代的,已出《宫中档光绪朝奏折》26辑。大陆收藏的故宫档数量极多,由中央第一档案馆保存、整理和发表。他们按类分为五大宗,其中也有"宫中档",含义为从各殿收藏起来,不属于军机档。内阁档、内务府档、总理各国事务衙门档的宫廷档案,与台湾"宫中档"的概念不同。从1987年起,联合报基金会国学文献馆又将台北故宫博物院珍藏的咸丰、同治、光绪朝起居注册影印,其中咸丰朝原档有缺损,光绪朝则几年缺佚,不知大陆可有另本可据以补足否? 凡此之类,我们迫切盼望北京和台北的有关部门,克服不相往来的状态,对故宫档案的整理和出版,进行统筹。

　　（3）相互支持

　　沈云龙氏在《〈湘乡曾氏文献〉读后》一文里,说到在台岛觅王定安《求阙斋弟子记》的原刻本将付影印,但仅得一部残缺不全的。按此书刊于光绪初年,共32卷。其中除附录《贼酋名号谱》外,其他皆系记载曾国藩的言行。据沈氏言,他在台湾觅得的那一孤本,缺第二十五卷、二十六卷,内载曾国藩的"家训"。其实,此书在大陆还是容易找到的。罗尔纲等的著作中,多征引此书。我也向南京大学历史系借过《贼酋名号谱》。如果海峡两岸出版界相互支持,此类难题,是能够迅速得到解决的。

　　郭廷以氏的晚年,是在台湾度过的。他的名著之一《郭嵩焘年谱》，是在台湾撰成的。而反映郭嵩焘生平的第一手文献《郭嵩焘日记》稿本在大陆。郭廷以先生未能见到，能无遗憾！按郭嵩焘曾任清廷出使英法大臣，为中国最早的外交家之一。他在出使之初，曾整理赴英途中约50天的日记，送达总理各国事务衙门，旋以《使西纪程》的书名刊行。其后人们从其子焯莹所编《郭氏佚书叙目》中，得知他从道光十八年起，直至光绪十七年去世，均有日记。1980年起，湖南人民出版社始据湖南省图书馆收藏稿本（始咸丰五年，终光绪十七年）点校排印《郭嵩焘日记》，陆续公之于世。但其时已距郭廷以著《郭嵩焘先生年谱》的出版，晚了20年。郭廷以氏亦已逝世，他已不及见矣！如他能见到此手稿，岂非好事！

以上事实，虽仅是近代文献学的一个角落，但却是整个海峡两岸40余年来学术史的缩影。双方隔绝，有百弊而无一利，这是结论。近年，情况有所改善，但还有困难，我们盼望，双方努力，早日结束这种状态，海峡两岸同仁通力合作，在中华民族学术文化史上，写出空前光辉的一页。

附：一件太平天国的重要文书

在台湾学生书局1965年11月影印的《湘乡曾氏文献》总页码5634页与5635页之间，夹着一帧李秀成给围攻天京清军的谕谕，全文如下：

忠王李为

谕谕尔众，明听予言事。照得人民者，中华之人民也，非满洲之人民也。满洲占踞中原二百余年，满虽不薄于汉，汉亦不刻于满，今适满数已尽，故无道之大清，致刀兵之四起，天下分崩，人民离散，正由治入乱、由乱入治之时，是以上天特生真主，临凡治世，业建金陵，非人力，实天意也。中华士子通情达理者，宜早易辙改弦，因何顿忘旧德，剃发为胡，尚不复中原旧制耶！且不自量力，屡犯京都。岂知向荣一犯而泯没终身；德兴阿再犯而身首异处；和春、张国樑三犯而一败涂地，不可收拾。今又欲逼迫我京畿，窥伺我土地，荼毒我人民，思螳臂以当车，欲杯薪而救火。于是我国救困之臣，好义之士，以及强兵猛将，皆欲秣马褥食，与尔等共决雌雄，虽成事悉听天裁，非人力所能逆料。然即昔日之时机，度今时之成败，试思尔国，其能常有天下否？我愿知机应变者早早投诚，倘得惠然肯来，本藩定然录用。一有功绩，即奏我主，恩赐荣襃。大胆而来，定可欣心而处，决无加害之理也。且自与尔国临阵，招来清军者无数，凡尔将官，临敌被擒，本藩颁凭给费，释归者亦不少。其愿在营者，迄今已皆重用。如此厚待尔等，已非一日，谅已见闻，本藩不肯伤害尔等之心，亦可彰明较著矣。及早回头，幸勿裹足，为此特谕，布告咸知。

　　　　　　　　天父天兄天王太平天国壬戌十二年八月

　　按太平天国壬戌十二年（1862），曾国荃等率领的湘军，围攻天京。李秀成调动太平军进行破围战，未能成功。这篇谕谕，就是在这时颁发的。

　　此件中间有三行重复，当是印刷上的问题。

　　由于往时海峡两岸之间的特殊情况，1979年北京中华书局出版的《太平天国文书汇编》，漏收了这件太平天国的重要文书。

（原载《扬州师院学报（社会科学版）》1992年第3期）

"太平天国史料学"三题

《太平军目》版本研究述略

《太平军目》，是概括太平军组织制度的文件，颁行最早，流传较多。对此书版本的研究，《贼情汇纂》编者张德坚，他在该书卷四"伪军制上"，举旱军、水军示例，张氏云："此贼初定军目式也。曾刊伪《太平军目》一册，以一军为例，全刻五百两司马，前列军帅、师帅、旅帅，后列卒长，每一卒长之下，列两司马四人，尚无东西南北之分及刚强伍长、冲锋伍卒诸名色，千篇一律，满纸皆卒长、两司马字样，不知其军制者，无不开卷茫然。嗣俘得续改《军目》，眉目较前清楚，因于旱营各举二军、水营各举一军，著之于篇，以为定式，十军百军皆同，俾览者可以触类而推寻焉。"

近代最早影印《太平军目》的是萧一山。他于20世纪的30年代，据伦敦大英博物馆藏本辑入《太平天国丛书第一集》。封面题"太平天国壬子二年新镌"。萧氏跋："盖即其续改之本也。"见《非宇馆文存》卷六。

最早考证此书版本的是郭廷以。他于40年代末发表《太平天国史事日志·引用书目》。在《太平军目》下说："此书颁行，应在庚戌年（1850），即太平军初起之时，以其既图大举，于军队编制，事先当有一个整个计划[1]。辛开元年必已刻印，以是年在广西督师之周天爵曾见之也。《贼情汇纂》卷四首三页所录之《伪太平军目式》，即其初刻本。壬子二年改镌，内容大异，萧先生所影抄者，盖即其续改之本。但其所附诏书总目中有癸好三年刻之《新遗诏圣书》及《太平救世歌》，则此处影印之本，当为三年之重版本矣。"在这里，郭氏创造了研究《太平军目》版本的方法：第一，据内容包括附录"诏书总目"判断出版时间。第二，从太平天国的其他文献和敌人资料寻找旁证。这也适用于研究其他太平天国印书。郭氏还提供了周天爵曾见《太平军目》的资料线索。

在50年代，从杭州吴煦家中发现了一册《太平军目》和一册《太平救世歌》，后由中国革命博物馆收藏，南京太平天国历史博物馆辑入《太平天国印书》。罗尔纲将已发现的两本《太平军目》进行对校，虽然内容、形式、叶数都相同，"惟'诏书总目'中国藏本共十三本，伦敦藏本则为十五本"。还有若干文字上的差别。罗氏断定这是"两个不同的刻本"[2]。

同时，郭若愚《太平天国文物图录补编》辑录了杭州所出的《太平军目》"诏书总目"一叶和正文五叶；《太平救世歌》封面、"诏书总目"一叶和正文三叶。

到了80年代，王庆成对《太平军目》版本做了深入的研究并在海外发现了新资料，王氏从英文资料中找到了郭廷以的根据，他在《〈太平军目〉和太平天国军制》一文中说："周天爵在一八五一年四月中旬给湖北巡抚一封信，报导他当时在武宣与太平军

---

[1] 梁立泰之入营，即在是年七月，见《贼情汇纂》卷四。
[2] 《太平天国印书》，又见罗著《太平天国史》卷四十一。

作战的情况并说俘获了一本叙述一军编制之逆书。此信抄本为英国驻广州副领事密迪乐派往北京的一名中国人在行经武昌时得到而于一八五一年六月二十五日寄交密迪乐,密迪乐将它译成英文。"兹节录王氏回译之文:"日前得叙述一军编制之逆书一册,与《周礼》司马法同。一师有师帅,一旅有旅帅。""一军凡一万三千二百七十人,较古制一军超出百人以上。逆匪按《禹贡》九级等差之制,分为九军。该逆书专述洪大元帅之第一军,书末载明,所有其他九军悉按此编制。该逆书现已呈送军机处矣。"王氏注明:"见 T. T. Meadows:*The Chinese and their Rebellions*(一八五六),一五六页。当时湖北巡抚为龚裕。"[1]

王庆成又在英国剑桥大学图书馆和伦敦英国图书馆都发现了《太平军目》的"戊午遵改"本。王氏在《关于"旨准颁行诏书总目"和太平天国印书诸问题》一文中说:"其最重要的修改是,此书各版中的'翼王旗长阔俱八尺,内写太平左军主将翼王石'一行,改为'翼王旗长阔俱八尺,内写太平开国军师左军翼王石'。'太平开国军师左军'八字占原来的'太平左军主将'六字地位,系铲板别刻。"此外,附录"诏书总目"二十四部[2]。

在 80 年代末、90 年代初,祁龙威对《太平军目》版本的研究也有所补苴。

祁龙威发现《太平天国文物图录补编》与《太平天国印书》公布的吴煦家藏两册太平天国印书的"诏书总目"插叶有差异。《文物图录补编》影印《太平军目》的"诏书总目"插叶共有十三

---

[1] 以上均见王著《太平天国的历史和思想》,第 220—221 页。

[2] 见《太平天国学刊》第五辑,第 210 页。

部；《太平救世歌》的"诏书总目"插叶共有十五部。《印书》与此相反，《太平军目》的"诏书总目"共有十五部，《太平救世歌》的"诏书总目"共有十三部。《印书》辑录的《太平军目》所附"诏书总目"十五部，与罗尔纲氏的跋语也不合，罗文明明说："惟'诏书总目'此本共十三本。"在查获铁证之后，祁龙威考定《印书》把两帧插叶交换错了[1]。此文又订正《文物图录补编》对《太平军目》考释的失误。郭若愚氏认为："此叶'诏书总目'列旨准颁行诏书十三部，可证此书是为太平天国壬子二年初印本。"祁龙威辩证说："正因为此书附录'诏书总目'共有十三部，其中已有《天父上帝言题皇诏》等多种是癸好三年的新版书，可以考知，这一本《太平军目》已是癸好三年的重印本。"

对王庆成在海外所见《太平军目》"戊午遵改"本把石达开的官衔"左军主将"铲改为"开国军师"这一新资料，祁龙威据太平天国戊午八年颁行的《醒世文》为之考释。该文在追叙南王、翼王的勋绩之时说："南翼军师为佐辅，前导开国扶圣君。"祁龙威断言：这就是戊午八年，洪秀全改封石达开为开国军师的确证，以故"戊午遵改"的《太平军目》要对石达开官衔进行铲改[2]。

对郭廷以、王庆成关于周天爵于咸丰元年已见到《太平军目》之说，祁龙威从清廷档案中找到了确证。原件为署理广西巡抚周天爵给军机处的咨呈（咸丰元年三月初十日录副）。原文云："窃据带兵官贵州平远协副将周凤岐，于大黄江攻抄贼营，搜获逆书一卷，禀呈前来。本署院查阅，皆仿照《周礼》司马之法，旗帜颜

---

[1] 见其所作《吴煦家藏两册太平天国文献影印本正误》，载《浙江学刊》1989 年第 5 期。

[2] 见其所作《石达开官爵考》一文，载《清史研究通讯》1989 年第 4 期。

色均僭拟摹，未便遽行恭进，相应咨呈。"[1]周天爵所咨呈军机处者，当即《太平军目》，可见在未出紫荆山区时，太平天国已颁行此书。由于这一咨呈不见于《剿平粤匪方略》等书，以故尚未被郭廷以等所引证。也可见，第一历史档案馆编辑出版这部《档案史料》是有特殊价值的。

据该书所辑《赛尚阿奏报乌兰泰向荣进攻新墟猪仔峡情形折》（咸丰元年七月十三日录副），有"此次乌兰泰等所获逆书五本，谨附报咨送军机处查覆"[2]等语。又《赛尚阿奏进新墟未甚得手现在前后两路逼近攻剿折》（咸丰元年八月初五日录副）云："前攻猪仔峡并进兵花雷等处，搜获逆书伪示多件，除逆书与前次重复者，由奴才封存外，其伪示等件谨附报送军机处备查"[3]。可证，太平军在出紫荆山区之前，所颁行书籍，至少已有五种。附录于此，以供参考。

《清咸同年间名人函札》校记

《清咸同年间名人函札》一册，太平天国历史博物馆编，档案出版社1992年5月初版。其中包括曾国藩等致毛鸿宾信、曾国藩等致刘于浔信、郭嵩焘致李瀚章信、曾国藩等致何栻信、曾国荃致左宗棠等信，对于研究湘军与太平军战史，具有参考价值。编者花了不少工夫，对于这些信函进行排比、标点和注释，给读者以

---

[1] 见中国第一历史档案馆编《清政府镇压太平天国档案史料》第1册，第285页。
[2] 第2册，第160页。
[3] 第2册，第214页。

很大方便。所感不足的是未对照曾国藩等人已刊的书牍，注明已刊、未刊，并辨析异同，有助于研究这些史料。

按凡例说："本书所收……均系未刊原档。"其实不尽然，本书中的部分信函，是已有刊本的。如本书所辑山东毛鸿宾后人提供的曾国藩致毛鸿宾的信共二十件，其中十五件已刊入清光绪初元长沙传忠书局木刻《曾文正公书札》。本书所辑曾国荃致毛鸿宾的信共二十九件，其中三件已刊入光绪年间萧荣爵编的《曾忠襄公书牍》。本书所辑左宗棠致毛鸿宾的信共七件，其中一件已刊入光绪刻《左文襄公书牍》。郭嵩焘致毛鸿宾的信共五件，其中一件已刊入光绪刻本《养知书屋遗集》。又如本书所辑郭嵩焘致李瀚章的信二十八通，其中第二十通也已见于《养知书屋遗集》，我曾略做校对，有不少收获。

旧刻本往往删节原稿，有时不当，致使原意改变。以本书所辑曾国荃于咸丰十年四月初十日致毛鸿宾的信为例，其中有云："弟于其春暮料理先叔葬事后，闰月初三日由湘起程，二十六日至鄂之二套口易舟而陆，次日抵宿松大营，家兄留住数日，月之初六始抵高桥岭营次。现拟于中旬先分右、中两路进扎集贤关内，开挖长壕，而留左路仍住关外，为防剿援贼之计。"可见此信作于高桥岭军营。而旧刻本把从"宿松大营"之后一节删去了，便使读者误会曾国荃是在宿松写这封信的。

《曾忠襄公书牍》次序凌乱，今得据本书厘正。如曾国荃于咸丰十年四月初十日致毛鸿宾的信，见旧刻本卷一；咸丰十一年正月初九日致毛鸿宾的信，见旧刻本卷五；同治元年七月二十日致毛鸿宾的信，见旧刻本卷三，后两件顺序颠倒。

左宗棠于咸丰十一年六月初一日致新任湖南巡抚毛鸿宾的

信，稿本与旧刻本颇有差异，可相互参证。其中评前任湖南巡抚骆秉章的政绩，稿本云："顷从涤帅处得奉惠书，殷殷以龠翁前事为询，具仰大君子虚怀求治之意。籥门先生之抚吾湘前后十载，惠问既章，武节亦竞，事均有迹可按而知。而其遗爱之最溥者，无如剔漕弊、罢大钱诸事，以利农为足食之谋，以薄税为征商之本，可谓明治体而识政要者矣。至其进退人才皆观其行而试以功，未尝以己意为取舍。而又一出于宽厚之忱，不为已甚，故能容人之短、尽人之长，措湖湘于磐石之安，官绅士民托其庇而不之觉。公试取诸章奏公牍观之，其蹇蹇之操、休休之度，不犹堪复玩耶！吾湘人上于籥公之去，思之；于公之来，喜之，意公之勤施政教以福吾民者，必将与籥公齐或过之也，岂独吾湘之幸哉！"在这里，左宗棠极赞骆秉章，未涉及他人。但在旧刻本《左文襄公书牍》的这一书中，却攻击时人，锋芒毕露。原文云："顷从涤帅处得奉惠书，殷殷以籥公前事为询，具仰大君子虚怀求治之意。籥门先生之抚吾湘，前后十载，德政既不胜书，武节亦非所短，事均有迹可按而知。而其遗爱之尤溥者，无如剔漕弊、罢大钱两事。其靖未形之乱，不动声色，而措湖湘如磐石之安，可谓明治体而识政要，非近世才臣所能及也。湘中财赋不及江浙七郡之一。自军兴以来，内固疆圉，外救邻封，未尝请太府之钱，未尝乞邻邦之助，兵无饥噪之事，民无困敝之虞，局外百端揣拟，莫测所由，孰知其廉慎仁恕之德，足立其本；精诚专一之行，足善其用也。至于援鄂、援黔、援江、援粤、裹粮趋事，师出有功，未尝自伐。以克复袁州、临江两郡，荷花翎之赐；以京察与头品顶戴之加，皆欣跃承受，如叨异数。此又古大臣退让盛节、功不自功，有非寻常所能仿效者。宗棠以桑梓故，勉佐帷筹，九载于兹，形影相共，惟我知公，亦惟公知我。虽以此为媢相所不容，为小人所共构，未敢以此几微变其初度也。外间论者，每以籲公之才，不胜其德为疑。岂不知同时所叹为有德者，固不如籲公；即称为有才者，所成亦远不之逮乎！公今开府吾湘，涤、润两帅均谓公才、公望将有远迈籲公者，宗棠不敢为雷同之论。但求公之志事，一如籲公，则吾侪小人得庇以安，而时局必大有所济，其为庆幸，宁有已耶！"涤、润两帅，曾国藩、胡林翼。媪相指协办大学士湖广总督官文。官文查办左宗棠把持湖南巡抚幕府事，见朱克敬《瞑庵杂识》。左宗棠深恨官文，称之为"媪相"，喻其昏庸。从上述可见，同是一封左宗棠致毛鸿宾的信，左氏存底与毛氏后人保存的手稿如此差异，以情理推测，当是左宗棠在发信时，经过修饰，使语意较为含蓄，而旧刻本据底稿付梓，尚保留锋芒四射的原貌。两者参看，可以了解左宗棠的真实思想。

本书在录稿时，认错了个别行草字。兹举数例：

第 3 页，曾国藩致毛鸿宾信的第三件中有"来示功名之际，稚童包容等语"。"稚童"，当从旧刻本作"雅量"。查岳麓书社1991 年版《曾国藩书信》（二）插叶载此原件照片，"雅量"写似"稚童"，本书移录时遂误读作"稚童"。岳麓书社排印本不误。

第 14 页，曾国藩致毛鸿宾信的第十五件中有"凯章持躬谨伤，驭下有法，不特战守可靠，亦足少挽风气。如其病体全愈，阁下尽可携以赴粤，弟当作书劝驾，粤中为凯章熟游之地，或亦欣然南征。二年以来，阁下所以惠助敝处，至多且大，借此一寸未足云报也"。"一寸"当从旧刻本作"一才"。按毛鸿宾时从湖南巡抚升调两广总督。曾国藩允借部将张运兰（凯章）随赴广东，故云："借此一才"。

第 16—17 页，曾国藩致毛鸿宾信第十七件中有"皖南积骸成葬，人类将尽，而贼势蔓延其间，未有已时，不知上天何恶于皖，造此古今未有之浩劫。而鄙人薄植，适丁斯厄，终极以思，但有悚畏"。"终极以思"，当从旧刻本作"终夜以思"。

第45页，左宗棠致毛鸿宾信的第一件中有"去岁道出襄阳，辱承众盼逾恒"云云。当从旧刻本作"辱承垂注逾恒"。

第63页，郭嵩焘致毛鸿宾信第二件中有"涤公于洋务素非通晓，见其两奏两咨，光明正大，情理兼到，此非别有神妙过人之识，亦明其理而已。鄙意此事终当由涤公主之。前与撰帅办论一节，似当委曲以告涤公，及与洋人交接之始，一画定之"。"办论"当从旧刻本作"辨论"。撰帅，官文。查《郭嵩焘日记》：咸丰十一年十一月十一日，"为中丞拟复秀峰撰帅一信"。所谓"前与撰帅辨论一节"，指此。

本书从原稿移录时误读之字，尚不止此。有的虽无旧刻本可资对证，但据文理可以辨明。如第63页，郭嵩焘致毛鸿宾的信第三件中，有"自揣才力不足任事，疾病侵寻，精气日耗，值艰难征战之秋，无干旋经纬之略"。又，"曾为义、丹两公发明关系大局之义，嘱其干旋"云云。"干旋"，当是"斡旋"之讹。盖移录时误读"斡"为"幹"，又简化为"干"，以至于文理乖戾不通。

有的旧刻本近年已有标点排印本。本书编印时未参考其书，以减少标点等方面的错误。如第173页，郭嵩焘致李瀚章信中有"沅公请处一疏，尊意以为无层次，尤允'急脉缓受'四字。地舆家秘诀，而天道之精，征圣贤之裁，成辅相举，无逾于此。君子得之以治事，而事成亦省多少烦恼。此公之盛诣，鄙人与沅公皆所望尘不及者也"。这里，标点有错，还有讹字。而岳麓书社1984年出版的《郭嵩焘诗文集》不误。原文的读法应该这样："沅公请处一疏，尊意以为无层次，尤允。'急脉缓受'四字，地舆家秘诀，而天道之精微、圣贤之裁成辅相，举无逾于此。君子得之以治事而事成，亦省多少烦恼。此公之盛诣，鄙人与沅公皆所望尘不及者也。"沅公，曾国荃，字沅浦。《郭嵩焘诗文集》系据《养知书屋遗集》标点排印，此见该书 185 页。

本书所辑曾国藩信函，又辑入岳麓书社出版的《曾国藩全集·书信》。照理内容应该相同，但也发现有差异。本书第 1 页至第 2 页，曾国藩致毛鸿宾信的第一件有首尾，开首为"寄云仁兄同年大人阁下"，结尾"年愚弟制曾国藩顿首"。末署"九月五日上请行营"。本书与岳麓本都确定为咸丰八年九月初五日所书。本书第 2 页至第 3 页为两个附片。前一片开首有"再"字，结尾"弟国藩又启"。末署"九月初五日"。本书确定为咸丰九年九月初五日所书。岳麓书社确定为上年即咸丰八年九月初五日信的附片。本书后一附片开首也有"再"字，结尾"国藩再叩"。岳麓书社本尚有头一节，全函首尾俱完，并确定写于咸丰九年九月二十二日。全函云："寄云仁兄同年大人阁下：弟自八月杪到鄂垣，叩思与阁下谋一良觌，慰积年饥渴之思，以江汉远隔，非公莫至；又闻台端宦况萧条，即晋省一行，膏秣酬应之资，亦虞不给，遂不敢奉屈台从东来。倾自鄂回黄，定会师图皖之局。念驰驱江介，相去日远，此后谋一面之缘，愈不可得，因缄商润之宫保，润帅慨然允专缄奉约台斾来黄，俾申积愫。兹专弁迎接大驾，相见伊尔，不复觊缕，统俟倒屣面罄。顺候台安。（以上一节，本书缺。）再，刘星房前辈于去岁秋间双目失明，冬底由苏州回至江西……再问台安。"本书与岳麓书社本《曾国藩全集·书信》的有关篇，都据太平天国历史博物馆所藏曾国藩致毛鸿宾信函的手稿排印，而差异竟如此！本书但有脱简和错简，当复查原稿勘定。

本书的少数注释需要斟酌。兹分类举例于下：

其一，要正确注释古代词语。本书第21页，咸丰九年十一月初二日，曾国荃致毛鸿宾函："弟在巴河送伯氏拔营进黄梅"。"伯氏"下注："曾国藩，字伯涵。"按曾国荃称曾国藩为"伯氏"，犹呼长兄。《诗·小雅》："伯氏吹埙，仲氏吹篪。"非因曾国藩字伯涵之故而曾国荃称之为"伯氏"。

其二，要正确注释典故。本书第154页，同治四年十月十五日郭嵩焘致李瀚章信的附片言河南"剿捻"军事云："豫患方长，曾侯亦极忧之。吏治军政之偷敝极矣！朝廷倚任季札，或恐未足堪之。""季"字下设注："指左宗棠。"按，季札，春秋时吴公子，郭嵩焘以之影射河南巡抚吴昌寿，非指左宗棠，字季高。

其三，要正确注释人物简历。本书第52页，注第三条："刘长佑……同治初年授直隶总督，七年任广东巡抚。"这里有误。按，刘长佑于同治七年罢直隶总督回籍，十年，起用为广东巡抚，又调补广西巡抚。见光绪刻本《刘武慎公遗书》卷首王定安所撰《刘武慎公行状》。

其四，要吸取太平天国文献学的新成果。本书第28页，咸丰十一年三月二十二日曾国荃致毛鸿宾信："建昌之围未解，李金旸率和字营千五百人往援溃退。"注："李金旸是太平军叛徒。时为湘军副将。"按，李金旸原是天地会首领，不是太平军的叛徒。本书注文当是据郭廷以《太平天国史事日志》。郭氏误以为"金旸本系太平军，前在湖南投降"。简又文《太平天国全史》承袭《郭志》之误，也说："金旸本太平军将士，前在湘降清。"罗尔纲《李秀成自述原稿注》始考明了其人其事。罗氏据招降李金旸的湘军大将王鑫一篇禀牍，说明"李金旸本是天地会会员，在湖南起义，称统领元帅,后来叛变投降清朝"。本书编著时,已在《李秀成自述原稿注》出版之后,不应再袭用错误的旧说。

本书尚有少数注释需要提高。

其一,提法不符当时体制。如本书第1页,注第一条:"曾国藩……他曾授礼部、兵部侍郎。两江、直隶总督,封太子太保、武英殿大学士、一等毅勇侯等。"其中"封太子太保、武英殿大学士,一等毅勇侯"一语,提法不合当时官场体制。按,清制,皇帝给予臣下太子太保或少保衔,称加;大学士等官,称授;公侯伯子男等爵,称封。对衔、官、爵不能笼统称封。

其二,内容未针对原文。如本书第5页,咸丰十年正月十五日曾国藩致毛鸿宾信:"袁午帅自权兵符,甚为得手……"注:"袁午帅,袁甲三,字午桥,河南项城人。道光进士。时为漕运总督。"这里未针对原文"自权兵符"语,交代袁甲三于咸丰九年十月,以署漕运总督接署钦差大臣,督办安徽军务。

多年来,太平天国历史博物馆诸同仁膏沐罗尔纲先生的余泽,努力发展罗先生所创建的太平天国文献史料学,卓著劳绩。我对《清咸同年间名人函札》的吹毛求疵,丝毫无损于本书的价值,不过是略供参考,以期精益求精,作更多的贡献而已。

王家璧讥胡林翼奏疏被删易考释

湖北人民出版社出版的《王家璧文稿辑录》,是研究湘军筹饷的重要史料。其中,有同治七年戊辰正月初四日《致胡莲舫方伯》一信,信内评议胡林翼奏疏刻本被删去了重要情节。王家璧愤慨地说:"人知复楚者胡文忠师,而不知文忠师之得以复楚者,其功实在阁下。夵山之役，文忠师军几不振，得阁下于万难措手之时，集二三君子为之筹饷，为之乞援，及罗、李诸公偕来，军资不乏而楚遂以复。文忠师入奏谓'筹饷之难，难于治军'。审当时情势，似非虚言也。刻文忠疏议者多所删易，殊不可解。"此需注释。

按，《胡文忠公遗集》有同治元年刊的十卷本和同治六年刊的八十六卷本。咸丰十一年，胡林翼死后，继任湖北巡抚严树森、属吏阎敬铭等委托胡氏幕僚汪士铎编辑《胡文忠公遗集》，凡十卷，其中奏疏一卷、书牍六卷、批牍三卷。同治元年武昌刊本。同治五年，徐先路、钱卿铢重刊于苏州。此集因删汰过多、为人诟病，于是由其家属辑补编为八十六卷，内奏疏五十二卷、书牍三十一卷、批牍三卷。同治六年，刊于武昌。署湖广总督李瀚章作序，谓其"并寻常章奏笺启尽录无去取"。王家璧所指摘的乃是十卷本《胡文忠公遗集》，编者将咸丰五年九月初一日《整顿诸军援师会剿请敕川省迅筹军饷疏》连附片删去了，附片内容涉及胡大任、王家璧为胡林翼筹饷事。此疏及附片以后补录入八十六卷本。原文云："再，查近年军务情形，筹饷难于将兵，董劝捐输，办理厘金，尤为军需之急务，假手吏胥，弊端百出；非士绅出力，则经理必难得人。昔唐臣刘晏之理财，不用吏胥而用士类，诚为得法。惟是贼踪靡定，风崔可虞，求其不辞劳瘁，不避艰险，随营办事，置身家于不顾者，颇难其人。臣正月由九江回援，即有湖北在籍主事胡大任、王家璧，汉阳府教授贺青莲、举人傅卓然、拔贡生张映芸、文生朱辉宪、湖南增生曾耀业，在武昌、新堤、沙市、簰洲、施南等处，设局劝捐，试办厘金；设厂造修战舰、军装、火药、炮位。当水陆饷缺，船只破损，万难接济之时，主事胡大任等倡率亲友，设法董劝，旋于各市收集厘金，以资军饷，通计费用四万余串之多，实属奋勉出力！可否仰恳天恩？请将在籍主事胡大任、王家璧以员外郎用；胡大任督带乡勇，迭次出力，尤为奋勇，交请赏戴花翎……出自恩施逾格，以劝后来……该胡大任、王家璧二员，结实廉明，应即饬委总司各属捐局厘金局务，庶使商民信服，踊跃急公、官吏不敢染指，市侩不能侵欺，实于军储大有裨益。"

汪士铎编《胡文忠公遗集》十卷本时大录此片，但在《胡文忠公抚鄂记》中曾摘引其文。咸丰五年九月初一日附奏："'筹饷难于将兵，董劝捐输，办理厘金，尤军需之急务。假手吏胥，弊端百出，非士绅出力经理，必难得人。昔唐臣刘晏理财，不用吏胥而用士类，诚为得法。'因保荐在籍主事胡大任、王家璧、贺青莲等，于武昌、新堤、沙市、簰洲、施南等处设局劝捐，试办厘金。设局造修战船及军装、火药、炮位等。"这段引文歪曲了原来的细节：（一）胡大任、王家璧等为胡军筹饷已经多……不始于此类之后；（二）贺青莲不是在籍主事，而是汉阳府教授。

梅英杰《胡文忠公年谱》将此事补叙于咸丰六年底。"先是，湖北军饷久绌，自公九江回援，时在籍主事胡大任莲舫、王家璧孝风等即按扬州例榷商贾货厘，准货值率百分取二，设局于武昌、新堤、沙市、簰洲、施南各处，试办厘金，接济大军饷械，亦颇有效。"但梅氏从未提及胡林翼奏荐胡、王诸人之事。

上述两种第二手资料，对原始情节的反映，均欠正确，值得读者注意。

关于胡大任在新堤竭力搜刮，接济胡林翼军需实况，有其书信为证："中丞大公祖大人麾下：（咸丰五年九月）十六日下午先后接奉手书，并公文三角，诵悉一是。欣知罗翁方伯援军已扫灭崇、通贼氛，师次蒲界，江观察亦大获奇胜……惟罗营需钱孔亟，饷道已通,业经奏请以荆州道府六竿犒师之数许之。任等捧读手谕,不胜代为焦灼。罗军之来急如风雨,荆解之饷难定时日……当与傅立斋孝廉、朱翠岩(即鲁松)广文及堤局诸同事夤夜分途筹借,沿门搜括,呼无不应。无奈新堤民房多被兵勇折坏,富商大贾均未复业,钱无所出,只得请该镇老翁十余人坐守小贸易铺户,接钱即借,任为署券,订于新堤厘局陆续归款,以昭凭信。数日内诸公竭精尽力,累铢积寸,已凑得青蚨三千竿,即请局友朱鲁松驰解六溪口大营,听候指挥,饬解罗营,以副尊诺而励援师。"见《胡林翼未刊往来函稿》。

曾国藩也力表胡大任这段"功绩"。《剿平粤匪方略》卷一百三十七引咸丰五年九月十六日曾国藩奏言:"礼部主事胡大任自贼氛再犯武汉以后,在新堤地方劝捐,安定民心,接济军火,历艰险而不渝。"

王家璧早于咸丰八年三月十九日有《复胡莲舫祠部》信,可相参证。"老兄当吾楚危急存亡之秋,勤事连年,筹饷数十万,接济涤帅、咏师及罗、崔、厚庵诸军,实系东南数省安危,不独关我全楚。鄮侯之功,兄自当之。弟虽小有赞襄,不过撮壤崇山,导涓益海,岂能及兄之万万一哉!"涤帅,曾国藩。咏师,胡林翼。崔,李孟群字崔人。厚庵,杨载福。此信表明,王家璧评议《胡文忠公遗集》十卷本"多所删易",实际是借题发挥,他不仅是为胡大任表功,也是为自己鸣不平。胡大任一直为曾国藩经办广东厘金,湘军攻陷天京后,得到褒奖。见《曾文正公书札》卷二十四《致胡莲舫》。

《胡文忠公遗集》八十六卷本刻成后,曾国藩议其"选多不当,且多代笔"。见赵烈文同治六年八月廿三日《能静居日记》。在《湘军史料丛谈》一文中,我误以为对汪编十卷本的评论,特此订正。

(原载《扬州师院学报(社会科学版)》1993 年第 3 期)

杨秀清给林凤祥等一篇诰谕抄件正误

　　《剿平粤匪方略》录咸丰三年五月初七日军机大臣传给河南巡抚陆应谷的上谕："前据向荣奏，查获金陵城中贼首寄江北伪谕有林凤祥、李开芳、吉汶元等贼目姓名，察其语意，是贼匪后路无援，专以裹胁为事……[1]郭廷以《太平天国史事日志》节引清华大学图书馆所藏向荣遗著《忠武公会办发逆奏疏》抄本，为《方略》作了注释："按所谓向荣奏系指咸丰三年四月二十九日一疏，中有云：'彭福兴……系江宁人，被贼裹胁……不甘从贼，乘间奔赴上游战船中投首，并据呈出贼目伪谕……系伪东王杨秀清等寄给伪丞相林凤祥、李开芳、吉文光（元）三人伪谕。'"郭氏未言这诰谕的内容。其后，向达等编辑的《中国近代史资料丛刊》第二种——《太平天国》公布了《向荣奏稿》，读者始知郭氏所节引的，乃是向荣于咸丰三年四月二十九日所发奏折的附片。其略云："再，臣等近所获奸细，均讯系乘间溷往东坝一路，业经正法。其北窜滁州之贼，除误入六合县一股，已被该县督率民勇焚歼殆尽外，所有窜往滁州、凤阳一带贼情虚实，尚未得知。正在设不法查探间，据杨焕章由兔儿矶水次军营禀解自行投道〔首〕之

---

[1]《剿平粤匪方略》卷三十七。郭廷以《太平天国史事日志》引用时，弄错了这上谕颁发的日期。郭氏误作咸丰三年五月初六日，应是初七日。

彭福兴一名前来,讯系江宁县人,被贼裹胁,遣令扮作乞丐,由临淮进江宁城中送信。渠因有老母、妻子现被拘管。思欲借此入城探闻〔问〕,遂携带贼信投递,又乘间回家看视,领取伪东王等回文,仍装扮乞丐出城。……伊不甘从贼,乘间奔赴上游战船中投首。并据呈出贼目伪谕一函,外用黄绫装封,上写'奉地官副丞相令众兄弟不得阻拦'字样,中装白绫二块,俱有绳〔蝇〕头细字,臣等绎其语气,系伪东王杨秀清寄给伪丞相林凤祥、李开芳、吉文光〔元〕三人伪谕。其中所云'左二军及各军错路兵士,十一日俱各回朝'之语,系指误入六合被歼余匪逃回报信者而言,却将焚杀殆尽一层讳匿不肯提及。又云'现令铺排镇守天京不必县望'等语,系指逃回余匪留在金陵拒守,不能再添贼兵往援,嘱勿等候之意。又云'尔等初十、十一、十二等日所具各禀,至今未曾接到',系因沿途盘诘严密,贼匪信多失落之故。以此观之,滁州、凤阳一带贼匪,并不为多,且无真正老贼在内……良不足怪〔畏〕……谨将贼首所寄信函,照其逆式缮录,恭呈御览。现仍分饬各路文武遇有渡江奸细,随时严密搜察,毋许乘隙窜逸外,所有查探贼情缘由,理合附片具奏。"[1]《向荣奏稿》未抄存这两篇杨秀清给林凤祥、李开芳、古文元的诰谕。简又文《太平天国全史》据向荣所引"左二军及各军错路兵士,十一日俱各回朝"之语,考明由朱锡琨、黄益芸率领的一路太平天国北伐军在六合被火攻挫折回京的经过,并引陈作霖《可园备忘录》为佐证:"(咸丰三年)四月十三

---

[1] 向达等编:《太平天国》七,第135—136页。向荣原奏无题目,《太平天国》编者为取名《请搜察渡江奸细片》,与内容不合。笔者在摘引此处时,校正了一些错字,皆用〔〕表明。

日，见贼多带伤入城者，盖自六合败归，相传为神火所焚也。"[1]
咸丰三年四月十三日，正是天历癸好三年四月十一日，与诰谕是
吻合的。1979年中华书局出版的《太平天国文书汇编》，据故宫
博物院所藏两篇东西王联衔诰谕的抄件排印，于是全文始公布于
世。兹节录如下：

（一）

　　兹于四月二十三日午刻，接阅来禀，称说到处诛妖情
形，既经洞悉。此虽天父天兄权能与我主天王鸿福，亦是尔
等居官颇有胆略能至此也。至于尔等前在初十、十一、十二
等日所具各禀，至今未曾接到。本军师为此特行诰谕，尔等
奉命出师，官居极品，统握兵权，务宜身先士卒，格外放胆灵
变，赶紧行事，共享太平。其左军及右军错路兵士，于初十
日起行，至十一日俱各回朝，现今铺排镇守天京。前时既行
诰谕示知，未识收到否？谕到之日，尔等急速统兵起行，不
必县望。勉之慎之，切切遵谕。

（二）

　　兹于四月二十三日，尔等差来递文之人彭福兴、张大里
等，果是真心。本军师接闻阅尔禀后，即酌议奏旨，蒙恩批

---

[1] 简又文：《太平天国史》上册，第570—571页。简氏据周长森《六合
纪事》叙咸丰三年四月初八、初九两日六合之战后，自注："据《向荣奏稿》，
有彭福兴赴清营自首，呈出东王致李、林、吉谕，有'左二军及各军错路兵士，
十一日俱各回朝'语，即指此事。十一日，即六合大败之次日也。"其实天历
的癸好三年四月十一日，已是农历咸丰三年的四月十三日，不是太平军六合
战败后之又次日。简氏疏于考辨天历与农历之差，应予补正。

准，封他为监军之职，以奖其忠。自今以后，尔等凡要行禀，即交他递送。至到北京之日，即与监军袍帽，光宠其身。各宜凛遵，毋违诰谕。太平天国癸好三年四月二十三日诰谕。

但是，《太平天国文书汇编》未交代这两件诰谕抄本是向荣奏报"贼情"的附件。到了最近，由社会科学文献出版社出版的《清政府镇压太平天国档案史料》第六册，始据故宫军机处录副，将向荣奏片及以上两件太平天国文书一起发表。其中所录《向荣等奏报被胁民人彭福兴携带杨秀清信函自行投首片》，与上录《向荣奏稿》除个别文字差异外，其他相同。附《杨秀清致林凤祥李开芳吉文元诰谕》二件与《太平天国文书汇编》所录者全同。在附件后，向荣说明："以上贼书二件，系用白绫书写，长六寸，宽二寸，用朱点句标曰'奉地官副丞相令众兄弟不得阻挡'。以上十四字书于黄绢之上，绢宽长皆六寸，上盖用朱印，印长五寸五分，宽三寸，印文模糊，难以辨识。伪信二件，即包于黄绢内。"可见，这是由地官副丞相陈容所颁发的。西王萧朝贵已阵亡，但仍由东、西王联衔发令，其实出自东王一人。

对杨秀清给北伐三将的这两件诰谕，向荣奏片的引文与抄件是不一致的。从六合退回天京的部队。引文作"左二军及各军兵士"，抄件作"左军及右军兵士"，向荣引文是对的，诰谕抄件是错的。按太平天国设前后左右中军主将，其下各军以数字编次，金田起义后，设置中一、中二、前一、前二、后一、后二、右一、右二、左一、左二，共十军，见《天命诏旨书》。随着部队的发展，编次的数字陆续增加。如左十四军、后十三军、右十一军、中十五军、前十三军等，先后见之于张德坚《贼情汇纂》所摘录的太平天国文件。

朱锡琨、黄益芸率六军从浦口误走六合,其中有林绍璋部前四军,全师回天京。也见于《贼情汇纂》。据罗尔纲《太平天国史》考证,太平天国北伐军共九军,其中有左二军[1]。由此可见,向荣所摘引的杨秀清等给北伐诸将诰谕之文"左二军及各军"一语是正确的,而故宫军机处所存诰谕抄件作"左军及右军"是错误的,应予订正。

(原载《近代史资料》总 86 号,中国社会科学出版社 1994 年 5 月版)

---

[1]《张维城供》,中国第一历史档案馆藏。

湘军史料杂考(二则)

胡林翼"格言"考源

尝阅《张治中回忆录》,知张氏于 1948 年曾抄胡林翼语规劝蒋介石,其词云:"长官之于僚属,须扬善公庭,规过私室。"唯不详出处。嗣见王之春《椒生随笔》,其中有"严西园语"一则云:"吾楚严西园先生宦秦作令几廿年,官绩循声,治行第一。尝曰:'长官之于属吏,必当扬善公廷,规过私室。'胡文忠称其言之仁,为长官者,宜书绅以自勉焉。"由此可见,张治中氏所引,亦即当时官场中流传的那条所谓"胡林翼格言",实际并非胡氏之语,而是他转述别人之言。但《椒生随笔》也未交代出处。旋读方濬师《蕉轩随录》,从其"读《胡文忠遗集》"一则中也发现此语,字句略有差异:"进贤退不肖,太守之职也。昔楚有严公乐园先生,官秦作守令几二十年,宦绩循声,治行第一。尝曰:'长官之于属吏,必当扬善公廷,规过私室。'仁哉斯言,可为法守。"核之胡氏《遗集》,此乃《抚鄂批札》中《宜昌府禀请将长扬县兴山县分别记功批》的一段原文。王之春抄录有疏误。在胡林翼的《遗集》中,提到严乐园宦绩的不止此批。咸丰十年二月十七日(1860 年 3 月 9 日)《致严渭春廉访》一书中有云:"乐园先生之功在汉中,利及十世,久于其位也。"按胡林翼的遗闻轶事流传不少,记载往往分歧，读者必须考其史源，正其讹误，上述《张治中回忆录》所引的那条对待下属的"格言"，即是一例。

"左宗棠与史致谔手札"流传大略

史致谔，字士良，江苏溧阳人。清道光十八年（1838）进士，官至宁绍台道，借"洋兵"与太平军争夺浙东，在战略利害关系上违背了浙江巡抚左宗棠的意旨，最终以原品"休致"，终老常州。史致谔携归了不少有史料价值的档案，其中包括一批左宗棠的亲笔信件。

光绪二十四年（1898），常州名士刘可毅从史致谔之孙新铭手中看到左宗棠的这批墨迹，特为写了《史氏家藏左文襄公手札后》，其后辑入《刘葆真太史集》中。此文表面调和左氏与史致谔之间的矛盾，如云："文襄顾岭防，顾兰溪，顾龙汤军，先其大者；公之规绍，其小者，要之皆忠于国也。"其实为史致谔辩护。刘文云："文襄之授公甬东也，曰浙中饷源全在宁波海口，是专责以治饷事耳。时淳遂甫复，课威坪之茶，入不足，则攻龙汤、防兰、援岭四军将仰哺甬东。甬东更筹规绍军，则饷益分益薄，而四军者将以饥溃。故文襄书力戒公逾曹江而西，缩地自固，专意储刍荄，资四军。四军者饱腾足恃，得专意岭防，戢金严，然后以余力规绍郡。且兵法使甬军先复绍郡，是裹贼于中，而促之急湘军斗，于形势亦不便。"然而刘氏代史致谔提问："攻绍须军，防曹江不须军乎？防曹江，则甬东无日不危；进攻则甬东可冀一日安，然则规绍之军能已乎？"可以这样说，刘可毅是最早研究这批左宗棠手札的人。其时尚无刊本。刘文末署"光绪戊戌八月"。

其后史致谔后人终于将这批信函刊行。民国元年(1912),著名学者江阴人缪荃孙应史新铭之嘱,撰《〈静香书屋诗钞〉序》,其中有云:"史氏自汉著名溧阳,至静香先生因就姻迁常州,代育名流,又为吾常望……今心铭太守世守规矩,宝藏弗失,前曾印左侯与令祖士良观察手书,今又拟刻此编,可谓贤已!"末署"壬子七月",盖民国元年之作。见《艺风堂文漫存·辛壬稿》卷二。按,心铭即新铭。左侯即左宗棠。此文证明,这批左氏信稿于清末已经刊行。

1952年,我在常州从史致谔的玄孙绍美手中,见到两种未刊档案。其一是宁绍台道致江浙督抚的公牍;其二是史致谔与英法军官的一批信函。这些都是记载外国干涉浙江太平军的珍贵史料,以后由荣孟源前辈选登于《近代史资料增刊——太平天国资料》中。与此同时,我在常州市图书馆看到了《阳湖史氏家藏左文襄公手札》的石印本。1955年第3期《历史教学》发表我的一篇论述外国干涉浙江太平军的文章中曾注明征引了此书。近年,出版界又据绍兴市文物保管委员会收藏的抄件排印了左宗棠致史致谔的这批信,编者并未声叙此前已有石印本,其实也就是抄件的祖本。特为补考这些信件的流传大略,供读者参考。

湘军人物胡、曾、左等的信札,近来发现甚多,对之辨别已刊未刊,这是一项必不可少的考证工作。

(原载《曾国藩学刊》1994年创刊号)

敦煌失宝记恨

——读叶昌炽《缘督庐日记钞》

清末，甘肃省敦煌县鸣沙山莫高窟石室也即千佛洞秘藏文物的发现，轰动世界。它为学术界研究我国古代文明，提供了一座资料宝库。但令人痛心的是，敦煌文物大量流往外国，世界性的敦煌学竟先从西欧兴起。这是我炎黄子孙永远不能忘掉的耻辱。

莫高窟石室是在北宋时被封闭的。内藏大量北宋及其以前人手写的佛经、道经、儒家经籍和其他古书。还有绘画、塑像等艺术品。光绪之季，新旧党争激化、义和团运动、八国联军入侵，相继而来，朝野震荡，京津鼎沸之际，莫高窟石室一夕被看守的王道士意外发现，秘藏文物开始在地方官绅中流散。著名学者叶昌炽是在外国探骊者到来之前，有幸接触到敦煌文物者之一。可惜他未予考索，失之交臂。对敦煌学，叶氏亦未能作出应有的贡献。读其日记。发人深思！评录如下，以飨来学。

文化宝藏，失之交臂

光绪二十八年，叶昌炽以翰林院编修出任甘肃学政。光绪三十年。他视学到了酒泉。敦煌知县汪宗翰给叶昌炽送来了莫高窟的文物。《缘督庐日记钞》：光绪三十年八月二十日，汪粟庵来函。"贻《敦煌县志》四册。朱拓一纸称为《裴岑碑》，细视非汉刻，似《姜行本碑》。[1] 又宋画绢本《水月观音象》。下有绘观音菩萨功德记，行书右行，后题'于时乾德六年岁次戊辰五月癸未朔，十五日丁酉题记'；又大字一行云'节度行军司马金紫光禄大夫检校司空兼御史大夫上柱国曹延清供养'；又三行云'女小娘子宗花一心供养，慈母娘子李氏一心供养，小娘子阴氏一心供养'。其帧仅以薄纸拓，而千余年不坏，谓非佛力所护持耶！又写经三十一叶，密行小字，每半叶八行，行三十三至三十五字不等，旁有紫色笔，如斜风细雨，字小如蝇，皆梵文。以上经象，粟庵皆得自千佛洞者也。"九月初二日，"得敦煌汪粟庵大令书，寄赠莫高窟碑十通，毡墨稍精，前得模糊之本，可以补释"。叶氏于宣统元年定稿付梓的《语石》一书也叙此事："敦煌县千佛洞，即古之莫高窟也。洞扉封以一丸泥，十余年前，土壁倾陊，豁然开朗，始显于世，中藏碑版经像甚夥。楚北汪粟庵[2] 大令宗翰，以名进士作宰此邦，助予搜讨，先后寄贻宋乾德六年《水月观音象》，写经卷子本、梵叶本各二。笔画古拙，确为唐经生体，与东瀛海舶本无异。又诸墨拓中，有断碑仅存两角，上一角存十二行，行自十一字至三字不等；下一角存七行，行自四字以下不等。年月已佚，亦无撰书人可考。惟上一石第九行，有'圣神赞普，万里化均，四邻庆□'云云。赞普系吐蕃君长之号……以是定为吐蕃刻，无可疑矣……可黎可足以后，文字出土者仅此一通耳！穷边荒碛，沉埋

---

[1]《裴岑碑》，汉敦煌太守裴岑功碑。《姜行本碑》，唐碑，亦出甘肃。

[2] 汪粟庵，当从《语石》作汪栗庵。

一千余载，不先不后，自予度陇而始显，得以摩挲之，考订之，不可谓非墨林之佳话矣。"毕生酷嗜碑版的叶昌炽，为发现了一通稀见的吐蕃石刻，竟为之手舞足蹈，而对巨大的敦煌宝藏，却未加探索，当面错过。

当时向叶昌炽赠送敦煌文物并谈论有关奇迹的，还有当地人王宗海。《缘督庐日记钞》：光绪三十年九月初五日，"夜，敦煌王广文宗海以同谱之谊馈……唐写经两卷、画象一帧，皆莫高窟中物也。写经一为《大般若经》之第百一卷，一为《开益经》残帙。画象视粟庵所贻一帧笔法较古，佛象上有贝多罗树，其右上首一行题'南无地藏菩萨'。下侧书'忌日画施'四字。次一行题'五道将军'，有一人兜牟持兵而立者即其象。左一行题'道明和尚'，有僧象在下。其下方有妇人拈花象，旁题一行云'故大朝于阗金玉国天公主李氏供养'。元初碑版多称'大朝'，然不当姓李氏，此仍为唐时物耳。公主，当是宗室女，何朝厘降，考新、旧《唐书》'外夷传'或可得"。对此，时氏后亦未予查考。《缘督庐日记钞》续云：初七日，"夜，敦煌王广文来，云莫高窟开于光绪二十六年。仅一丸泥，焂然扃镭自启，岂非显晦有时哉！"关于千佛洞秘藏启封的时间，学术界有二说：一据民国时人所写《王道士墓志》，肯定为光绪二十五年之事，顾颉刚《当代中国史学》等采其说；一据光绪三十三年《重修三层楼功德碑》，其中有光绪"二十六年掘得复洞，内藏释典充宇。铜像盈座"云云，陈垣《敦煌劫余录》、黄永武《敦煌宝藏》等都同此说。叶氏于光绪三十年述当地人士之言，可为后一说作佐证。

国宝外流，贻恨千古

当地官绅的辗转传播，给外国文化探险家提供了消息。光绪三十三年，匈牙利人斯坦因受英国印度政府的派遣，来中国西北"考察"，到莫高窟，贿通王道士，运走了一批古籍和艺术品。光绪三十四年，法国人伯希和跟踪而来，也贿通王道士，把一大批精品席卷而去。其时叶昌炽已辞官归隐苏州，他得悉此情，深自悔恨。《缘督庐日记钞》：宣统元年十月十六日，"午后，张阖如来，言敦煌又新开一石室，唐宋写经画象甚多，为一法人以二百元捆载去，可惜也。俗吏边甿，安知爱古，令人思汪粟庵"。十二月十三日，"午后，张阖如来，携赠《鸣沙山石室秘录》[1]一册，即敦煌之千佛山莫高窟也。唐宋之间所藏经籍碑版释氏经典文字，无所不有。其精者大半为法人伯希和所得，置巴黎图书馆。英人亦得其畸零。中国守土之吏，熟视无睹。鄙人行部至酒泉，虽未出嘉峪关，相距不过千里，已闻石室发见事，亦得画象两轴，写经五卷，而竟不能罄其宝藏，轺轩奉使之为何？愧疚不暇，而敢责人哉！"

宣统二年，清政府始拨款从甘肃运走所余敦煌经卷，交京师图书馆（北京图书馆前身）收藏。其后，陈垣据以编纂《敦煌劫余录》。但实际仍未"罄其宝藏"。民国三年，斯坦因又来运走了一批。英人所得，亦非畸零。此外，德、俄、美、日等国，也各占有了或多或少的敦煌珍品。

---

[1]《鸣沙山石室秘录》，罗振玉撰。

伯希和来华论学,叶昌炽不识法文

就在清末民初,敦煌学在国际上兴起。对汉学和东方语言有相当功底的伯希和,曾几次向中国学界炫耀自己占有的珍品。因出版家张元济[1]的牵线,叶昌炽同伯希和在上海也见了面,讨论写本陆德明《尚书释文》残帙的价值。《缘督庐日记钞》:民国丙辰六月二十二日,"晨起,案上有书,张鞠生京卿招晚酌,言有法国友人毕利和,即在敦煌石室得古书携归其国者,今来中土研究古学,甚愿与吾国通人相见,能操华语。亦有一函招翰怡,未知其在苫也。六点钟,如约往。陪客尚有艺风、乙盦、张石铭、蒋孟蘋。乙盦与客谈契丹、蒙古、畏兀儿国书及末尼、婆罗门诸教源流,滔滔不绝,坐中亦无可搀言。毕君携照片九纸,云是《经典释文·尧典》《舜典》两篇残帙,唐时写本,未经宋人窜改,可以发梅赜、卫包之伏而得其所从来。然略阅之,以王氏之学为主,马、郑切音多而旧儒音义甚寥寥,是否为陆元朗之书,尚有待于商榷也"。毕利和,伯希和之异译。翰怡,刘承幹,古籍赏鉴家、刻书家,叶昌炽时寄居其上海寓所,为之校书。艺风,缪荃孙。乙盦,沈曾植。《缘督庐日记钞》续云:民国丙辰八月十八日,"得张鞠生书,附至唐写《释文·虞书》残字影片十一叶,据云校卢、黎两刻,多至倍蓰,为初唐真本,并諈诿一跋"。按,伯希和从莫高窟取去的《尚书

[1]《张元济日记》上册第91页载在沪宴请伯利和、沈曾植、叶昌炽、张钧衡、缪荃孙、蒋汝藻,"刘翰怡丁本生母忧,未到"。为1916年7月21日事。又记:"法人伯利和到涵芬楼看旧书。"

王肃注释文》残帙[1]，现藏巴黎国家图书馆，编号3315。起《尧典》"格于上下"句，终《舜典》篇末[2]，伯希和认为它保存了西晋时传本的旧貌，自东晋梅赜献《伪古文尚书》；唐卫包奉玄宗命改《尚书》之古字为唐代的"今文"。宋人又据以改陆德明《经典释文》，旧本之面目全非。虽经清儒阎若璩、段玉裁考证《古文尚书》，卢文弨校刻《经典释文》，但伯希和强调均不如敦煌残篇之能"发梅赜、卫包之伏"。惟中国学者怀疑此非唐写本者不仅是叶昌炽，如胡玉缙作《写本〈经典释文〉残卷跋》，指出此"为郭忠恕改定《释文》，乃北宋人所抄"。见《许廎学林》卷十八。这一残帙及伯希和等的考释，均载《涵芬楼秘笈》中。

《缘督庐日记钞》又云：民国丙辰十二月二十日，"益庵与夒一偕归，其奴带至张鞠生一函，法人伯利和书两本，皆其本国文，旁行草书，非我所习，莫明其宗旨也"。不识外国文字，彼能读我书，我不能读彼书，这是当时中国士大夫的悲哀和耻辱。我们应当记取。

两幅敦煌古画易主与王国维的考释失误

私家的收藏，总是难以持久的。民国六年，叶昌炽死了。他的两幅敦煌古画旋即换了主人。在王国维的名著《观堂集林》里，

---

[1] 卢文弨校核《经典释文》，见《抱经堂丛书》。黎庶昌刻《尚书释音》二卷于《古逸丛书》，杨守敬考定为宋陈鄂据卫包本《尚书》修改之本，非陆氏之旧，见《日本访书志》卷一。

[2] 《尚书释文》(《尧典》《舜典》)照片，见新文丰出版公司所印《敦煌宝藏》第127册，第427—428页。

有一篇《于阗公主供养地藏菩萨画像跋》。其略云："南林蒋氏
藏敦煌千佛洞所出古画一。上画菩萨像，题曰'南无地藏菩萨'。
下有四小字曰'忌日画施'。菩萨旁立武士一、僧一，题曰'五道
将军'，曰'道明和尚'。下层画一女子盛服持香炉，作顶礼状，题
曰'故大朝大于阗金玉国天公主李氏供养'。"核之《缘督庐日记
钞》，盖即王宗海送给叶昌炽的那幅莫高窟古画。两书所录有个
别文字差异："忌日画施"，叶书作"忌日画拖"；"五道将军"，叶
书作"五通将军"[1]。《观堂集林》又有一篇《曹夫人绘观音菩萨
像跋》。其略云："南林蒋氏藏敦煌千佛洞所出古画。上层画观世
音菩萨像。下层中央写《绘像功德记》，左绘男子一，幞头黑衣，
署曰'节度行军司马□校司空兼□曹延□'；女子一，署曰'女小
娘子□□持花一心供养'。记右绘女子二：一署曰'慈母娘子□
氏一心供养'；一署曰'小娘子阴氏一心供养'。记末署'乾德六
年岁次戊辰五月癸未朔，十五日丁酉题记'。"核之《缘督庐日记
钞》，盖即汪宗翰送给叶昌炽的所谓《水月观音象》。惟叶氏见到
尚完豹，而王氏作跋时此画已有缺文。

王氏把这两幅画上的文字与其他有关的莫高窟文献联系起
来，考证北宋初期世袭归义军节度使统治瓜州、沙洲的曹氏世系
及其与于阗国的婚姻关系，以补订《续资治通鉴长编》等的缺误，
并充实罗振玉的《瓜沙曹氏年表》。但王氏未见《水月观音像》
全文，以致有的推论不能正确。如断言曹延□为曹延恭，其实据
叶氏所录全文乃曹延清也。乾德，宋太祖年号，其时敦煌曹氏有

---

[1] 本文集编者按，现查《缘督庐日记》第7册，江苏古籍出版社2002年
10月版，第4601页，即作"忌日画施"；"五道将军"。

延清其人。

王氏书中所称"南林蒋氏",或"归安蒋氏",或"乌程蒋氏",皆指南浔藏书家蒋汝藻。蒋父书箴。曾司典肆于海门,后佐张謇创办大生纱厂,汝藻承父遗志,收藏古籍甚富,颜所居曰传书堂。蒋氏极佩王国维之学术,民国十二年,为刊《观堂集林》二十卷。其中辑王氏为蒋氏所写跋文多篇,如于民国十一年写的《〈永乐大典〉本〈水经注〉跋》等,汝藻,字孟蘋,与叶昌炽亦素稔,见《缘督庐日记钞》。

传说志疑

世人传言。叶昌炽曾商请甘肃藩司将莫高窟秘藏运兰州保存,因无运费未果,乃于光绪三十年三月令敦煌汪知县饬王道士封存。姜亮夫氏以之写入《敦煌》一书。但查《缘督庐日记钞》,不得实据。且叶氏于是年八、九月间才接汪宗翰、王宗海赠送敦煌文物,怎能于三月间已令封存。录此志疑。

(原载《扬州师院学报(社会科学版)》1996年第1期)

为祖国而奉献终身

——读《孙承佩文集》

　　学苑出版社出版的《孙承佩文集》（以下简称《文集》），分四部分：第一部分的绝大多数文章是承佩同志从事新闻工作的作品；第二部分是他主持九三学社中央日常工作时在全国政协等的发言或报告；第三部分是承佩同志早年翻译的进步论著；第四部分是作者担任北京市文化局领导时编的历史剧本。全书记载了一位爱国知识分子，统一战线、新闻文化领域的忠诚战士对祖国的终身奉献。

　　近世的无数志士仁人，都是反对列强侵略和内政腐败的历史产儿。为了拯救灾难深重的中华民族，他们响应中国共产党的号召，奋起革命。在推翻三座大山之后，又服从建设社会主义的需要，从事各条战线的工作。迭经艰难险阻，始终无私无畏，鞠躬尽瘁，死而后已。孙承佩，是其中卓越的一个。

　　1931年"九一八"事变，日本军国主义进攻我国东北的炮声开始了空前严重的民族危机。继之而来的是华北也将告沦亡。在中国共产党的领导下，北平爆发了要求抗日、反对内战的学生运动。其时承佩同志是北平大学法商学院的学生。他积极参加抗日救亡。《文集》的《"一二·九"运动和北平大学法商学院》

等文,记载着笔者峥嵘岁月的开始。

抗日战争胜利前后,正当美式装备的蒋介石反革命军队,向中国共产党领导的解放区和人民军队,磨刀霍霍,发动进攻之际,一度乌云满天,人心惶惶。遵照地下党的指示,承佩同志的两部革命译作非常及时地先后出版,给艰苦斗争中的人民以力量和鼓舞。

一部是翻译的美国著名记者埃德加·斯诺的《战时苏联游记》,这是关于反法西斯大战时苏联的一次生动的报告。"著者不但报导了苏联的胜利,他更完美地报导了胜利是如何争取,如何创造的。"译者启示读者:"读过之后,我们可以深切地体会到'人民战争'的意义,可以深切地知道,苏联的胜利是势有必至,决非偶然,决非幸致。"该书于 1945 年 7 月由中外出版社在重庆初版后。吸引了广大读者。1946 年在北平再版,1947 年东北、华北、华东三个解放区相继出版。此书 1987 年北京华夏出版社再版并流传海外。1996 年,我在美国匹兹堡大学的东亚图书馆,犹见到一册孙承佩翻译的《战时苏联游记》,乃是 1945 年 12 月上海中外出版社的第 5 版本。

另一部是他参与翻译的英国著名记者斯坦因的名作《红色中国的挑战》。该书的英文原本于 1945 年在纽约出版,主要介绍延安及边区的情况。地下党委托承佩同志把它译成中文,1946 年由中外出版社在国民党统治区秘密出版。译者化名"李凤鸣",出版者化名希望书店,再版时改书名为《新中国的成长》,以避国民党宪警的追查。80 年代,新华出版社重印此书,始恢复了初名。

以上两部革命译作,在辑入《文集》时,虽都略去了一些篇幅,但精华具在,光彩依然。此外,《文集》还辑入了另外他翻译的《马克思、恩格斯论美国》、《马克思与工会》（节选）和《列宁论托尔斯泰》等作品，对马列主义的传播起了积极的作用。

承佩同志于 1945 年春参加中国民主同盟。1946 年又参加九三学社。1947 年 2 月在北平，经中共中央批准，承佩同志加入中国共产党。在北平解放前夕，他的职业是新闻记者。1949 年他和胡愈之等人在党的领导下创办《光明日报》，为该报写了一系列社论和新闻通讯。其时，中国人民正进行抗美援朝战争。承佩同志在《回忆〈光明日报〉初期的五年》一文中说："1951 年朝鲜停战谈判开始，我方组织了近 20 名中外记者赴朝采访。我以《光明日报》特派记者身份前往。发回不少通讯报道。1952 年美军在朝鲜进行细菌战。我作为《光明日报》记者再度赴朝采访。""1954 年，讨论朝鲜和越南问题的日内瓦会议召开，我代表《光明日报》参加采访。"《文集》中辑录的《开城谈判中美国的恶霸行为》《科学家在反细菌战线上》《日内瓦会议第一周》等尖锐揭露侵略罪行的通讯，都是承佩同志当年的精心之作。

嗣后，承佩同志调任北京市文化局副局长，兼任九三学社中央副秘书长、宣传部长，兼代《新建设》杂志总编辑。1958 年，他专任九三学社中央秘书长。

1978 年各民主党派恢复活动后，承佩同志又担任九三学社中央副主席。其时，承佩同志已是七十左右的老人了，仍担负着极为繁重的工作。从他在全国政协和九三学社中央所作的系列发言和报告以及《文集》所附的图片看，读者便可以知道承佩同志不仅参加的会议频繁，而且还风尘仆仆，奔走于全国各地。其实这不过是他社会工作的一部分，还有大量活动没有在《文集》里留下记录。

　　九三学社的主要任务是把科技界的中上层知识分子团结到中国共产党的周围，共同把国家建设好。承佩同志非常出色地肩负起这个历史任务。承佩同志一生艰苦朴素、廉洁奉公，勤勤恳恳为党工作。《文集》附录著名书法家启功同志写的挽联，其中有"统战奇勋人共仰""和衷隐德莫能名"等句。这完全是实录。

　　人们不禁要问，承佩同志毕生辛苦，不为名，不为利，他究竟是为了什么呢？答案只有一个，他把一切都奉献给了伟大的祖国。《文集》里有一篇学习茅以升同志爱国主义精神的文章，取题为《忠诚报国，风范常存》。我们的青年一代，读了《孙承佩文集》之后，一定会得到同样深刻的感受，其益无穷。

（原载《民主与科学》1997 年第 2 期）

当代考证学的高峰

——追怀罗尔纲先生

考证，或言考据，是我国传统的治学方法。历史研究者必先占有史料，而考证乃是占有史料的方法，它包括搜集史料、比较史料、归纳史料等过程。

考史之学盛于宋，若司马光撰《通鉴考异》；大盛于清，若阎若璩撰《古文尚书疏证》，钱大昕撰《二十二史考异》；更盛于近世，若梁启超、王国维、胡适、陈寅恪、陈垣等，都是受西学影响的一代名家，而也都善于继承和发扬乾嘉考据。自陈垣逝世之后，海内考证学的耆耇大师推罗尔纲。罗先生以考证治太平天国史，其成就是前无古人的。我私淑罗先生治太平天国史，主要就是学习他占有史料的方法。

一、搜集史料

在旧中国，搜集太平天国史料最有功的，有萧一山、简又文、郭廷以等。中华人民共和国成立后，罗先生继之而起，集其大成。他采取以下方法：其一，广泛征集；其二，实地采访；其三，对图书馆摸底。其中以第三者的收获为最多。

前人也曾从大量图书中进行搜集工作,如清人之从《永乐大典》中辑佚书。罗先生以之搜集太平天国史料,创造了对南京图书馆摸底的壮举。

南京图书馆,一直是我国东南的大图书馆,库藏丰富。中华人民共和国成立之初,又增加了不少珍贵书籍。1954 年,罗先生率同助手们在该馆进行了一次摸底,按库、按架、按排,一册一册地、一页一页地翻检太平天国史料,历时四个多月,计搜得有关资料合共 1661 种。内方志 730 种,其他 931 种(包括稿本和抄本 60种)。其收获之丰是前所未有的[1]。

二、比较史料

对搜集到的史料,必须区别其真与赝、正确与错误以及版本上的是非等,其方法就是比较研究。伪造的太平天国史料不少,贻害匪浅。萧一山、简又文、郭廷以等前辈都在辨伪方面下过功夫,而以罗先生的贡献为最大。这里举他的名作《太平天国史料里的第一部大伪书——〈江南春梦庵笔记〉考伪》为例,以表达罗先生使用比较法辨伪的经验。

《江南春梦庵笔记》初见于清光绪元年上海《申报》馆铅印的多卷本刊物《四溟琐记》,署名"武昌沈懋良撰"。书后有春草吟庐主人跋,首言:"懋良陷贼十三年,相处者又倡乱之巨逆,宜乎其所言源源本本,如数家珍也。"又说:"所载群逆之出处,伪制之详明,又足补诸书所未备。"所谓"倡乱之巨逆",是指太平天国赞

---

[1]　详见罗尔纲:《南京图书馆太平天国史料摸底记》。

王蒙得恩。书中说洪杨离奇的来历时,作者自注:"上皆蒙得恩所言。"由于读者都盼望得到太平军内部提供的资料,所以此书曾使不少人受骗。甚至被辑入神州国光本《太平天国》,流毒更广。"有人根据它来考证太平天国的法律与印行的书籍,有人根据它来考证天朝田亩制度、省制等","也居然根据它来怀疑真实的历史"。揭穿作伪的真相,澄清其恶劣影响,留给后学的深刻的教训,实乃刻不容缓之事。

罗先生师法清儒阎若璩、惠栋等辨伪古文《尚书》的经验,先用真实可靠的文献记载与《江南春梦庵笔记》相比较对勘,揭露大量破绽,特别是他从史料来源和内容之间的矛盾上,找到铁证,判定这是一部伪书。罗先生发现那个自称在蒙得恩身边 13 年的沈懋良,对蒙得恩的生平却是无知。例如,蒙得恩明明有子时雍称"赞嗣君",而《江南春梦庵笔记》却胡诌蒙得恩"无子"。又如,蒙得恩明明于辛酉十一年已经逝世,有"天王诏旨"等为证,而《江南春梦庵笔记》却虚构甲子十四年蒙得恩还在天王宫值宿,岂非见鬼! 由此可见,沈懋良绝非蒙得恩的心腹,而他所提供的史料又从何处得来呢? 于是罗先生又用流行的史料与《江南春梦庵笔记》相比较对勘,发现了作伪者的手法,不外是两种:其一,凭空捏造;其二,篡改文献。于是此事遂成铁案。这是罗先生在考证学史上的一大贡献。

三、归纳史料

归纳史料,弄清事实,这是考证史料的最终环节。罗先生的《李秀成自述原稿注》,就是这方面的杰作。例如,对"冲天炮"的注释，罗先生归纳多种史料，弄清了其人其事。按李秀成说："十一年正初，由常山动身，上玉山、广信、河口而行，到建昌屯扎，攻打二十余日未下，外有清军来救，是冲天炮李金旸带兵。"其后又说："先有冲天炮李金旸带有清兵十余营屯扎阴冈岭，与我部将谭绍光、蔡元隆、郜永宽等迎战，两军对阵，李金旸兵败，其将概已被擒，全军失散，拿其到步……过了数日，发盘川银六十余两，其不受而去江西，后闻被杀。"对冲天炮的捉放，乃是李秀成与湘军交战中的重要事件，而郭廷以《太平天国史事日志》、简又文《太平天国全史》都未弄清其人其事。罗先生据《王鑫遗集》里的一篇公牍查明冲天炮的来历："本是天地会员，在湖南起义，称统领元帅，后来叛变投降清朝。"又据《曾国藩奏稿·李金旸张光照正法片》及南京图书馆所藏左宗棠给曾国藩的一封信，补充说明冲天炮与太平军战败被俘，李秀成释放了他，走归南昌自首，左宗棠认为其人凶悍难制，力劝曾国藩"不用则杀"，当江西巡抚毓科把李金旸解送钦差大臣两江总督曾国藩行辕时，曾借失律罪将李处斩。就是这样，罗先生以半个多世纪的时间，一点一滴地钩稽史料，查明问题，终于把一部太平天国史的事实基本上弄清楚了。这是前人所未能做到的。只有在此基础上，我们才能用唯物史观对这一次农民反封建反侵略的大起义做科学的论述，总结其经验教训，供当代和后人借鉴。

罗先生之所以能够攀登考证学的高峰，其主要原因之一是具有"安贫乐道"的高尚品德。1961年，在武汉举行的辛亥革命50周年纪念会上，当时中国史学会的两位德高望重的领导人吴玉章和范文澜前辈，曾引古语"视富贵如浮云"，勉励同仁潜心绩学，争取丰硕成果，为国家为人民作贡献。罗先生正是具有这种美德。

从 70 年代"十年动乱"后期起，我每到北京，必谒罗先生请益。他的生活条件是朴素的。与邻居合用电话。炎暑季节只用一台立地电扇降温。年届耄耋的夫人还亲操繁重的家务。而罗先生却安之若素，每日坚持几小时对太平天国史的研究工作，从不为功名利禄而萦怀，也从不为休闲享乐而浪费岁月。罗先生逝世了，但他的这种美德，却万古常新，永远激励后学前进！

（原载《近代史研究》1998 年第 3 期）

对开展近代史书评的
几点浅见

书评具有发扬学术民主、推进科学研究的重要功能，也是贯彻"双百方针"的一种形式。开展书评，十分必要。

对历史著作的评议，必须坚持考证学与唯物史观相结合。历史研究的对象是史料。梁启超曾言："史料不具或不确，则无复史可言。"故历史研究者必须占有史料，其科学的方法就是考证，它包括收集史料、比较史料（比较其真与伪、正确与错误等）和归纳史料。这是历史研究者必须具备的基本功。但考证史料，仅是研究历史的初级阶段，历史研究者还必须解释史料，其科学的理论就是马克思发明的唯物史观。这是历史研究的另一基本功。只有具备了这方面的基本功，我们才能找到历史的规律。考证学与唯物史观的共同点是"实事求是"。考证学把历史的现象弄清，唯物史观把历史的本质揭示，这二者的结合，奠定了我国历史科学发展的基础。

众所公认，郭沫若同志最先把考证学与唯物史观相结合。他继承和发展了王国维等学者考证古代史的成果，并最先用唯物史观加以解释，产生了《中国古代社会研究》这部名著。范文澜同志在《关于上古历史阶段的商榷》一文中称赞："郭沫若是世界著名的考证家和历史学家，他用唯物史观的方法，研究中国古代历史,其功甚伟,其影响亦甚大。"这是事实。范老自己也是史学界把传统的乾嘉考证学与唯物史观相结合的先驱者。他的名作《中国近代史》就是这二者相结合的成果,我们开展近代史书评工作。就是要评议某些作品在考证学与唯物史观相结合中的正确与失误。

在结束"十年动乱"之后的1978年5月,在南京举行的一次国际性的太平天国史学术讨论会上,由于批判了"极左"思潮,学术民主空前活跃,人们敢于从史料考证与阶级分析相结合入手,否定以往具有权威性的"太平天国实行四大平等"说。以"男女平等"为例,洪杨实行多妻制,史料确凿,哪有"男女平等"?从理论上说,这也是农民小私有者所做不到的。只有开展这样的认真讨论,评议某些权威性的论著,才能使近代史研究越来越实事求是,越来越成为科学。

"史学所以经世",这是书评的主要着眼点。任何一部上乘的近代史专著,必须是有裨于"振兴中华、统一祖国"大业的科学成果。

爱国还是卖国,一直是近代史上的大是大非问题。任何优秀的近代史论著,必然都是弘扬爱国主义的杰作。有的史学家虽然没有接受唯物史观,但是他强烈爱国,所以也写出了不朽之作。例如,在1943年,第二次世界大战正到决胜阶段,美国有人起意战后不把日本强占的中国领土台湾还给中国,拟划为"委任统治地"。此事激起中国知识界的义愤。1月7日,重庆《大公报》以《中国必收复台湾》为题发表社论,严正声明:"台湾是中国领土。"史学前辈朱希祖奋笔撰《中国最初经营台湾事略》,用确凿的史实为《大公报》社论作注脚,公布于1月9日该报。其后辑入《朱希祖先生文集》。对于章门大弟子之一的朱希祖及其史学成就，我国大陆的青年一代已不太熟悉了，不似海峡对岸的史学界，莫不尊奉朱希祖为已故的耆宿。尽管如此，他的《中国最早经营台湾事略》一文，定会得到海峡两岸学术界的共同赞扬，这是无疑义的。由此可见，在爱国主义和实事求是的基础之上，海峡两岸的史学界求同存异，共同评议一些历史书包括近代史论著，是可能的，也是必要的。

开展书评，有利于改进学风。当前的青年一代中不乏潜心积学之士，然而也有人不耐烦做深入的理论研究和精密的史料考证，急功近利，这是不利于我国历史科学发展的。我深愿通过开展书评来促使学风的改进，鼓励和鞭策一些青年学子努力向前，立志成为新世纪的史学巨子，比章炳麟、梁启超、王国维、胡适、陈寅恪、陈垣、钱穆、顾颉刚以及郭沫若、范文澜等史学界前辈跨前一大步，为发展我国的历史科学做贡献。

（原载《近代史研究》1999 年第 1 期）

爱国主义的佳作

——评刘渭平著《澳洲华侨史》

我国学术界已重视撰写华侨史，随着改革开放政策的日益奏效，越来越显示此事富有现实意义。但写华侨史很不易。作者必先熟悉世界史、中国史和所在国的历史，也必先谙练汉文与所在国的语文，还必须热爱祖国。澳洲爱国华侨刘渭平氏之所以能够撰成一部有价值的《澳洲华侨史》，就是因为他具备了以上难得的素养。

刘氏原籍江苏省南通市。祖桂馨（一山），系大生纱厂的创建者之一，与张謇合作发展民族工业，名垂史册。父光谦（伯襄），于留学法国时，追随孙中山，参加中国同盟会。刘渭平以名门世胄，留学澳大利亚，获悉尼大学博士学位。一度任外交官。旋教授悉尼大学东方学系凡30年，弘扬祖国文化，门多桃李，誉满澳洲。2000年8月起，我侨居悉尼，始与刘氏论交，并读其所著《澳洲华侨史》。作者以大量珍贵资料，详述150多年以来，澳洲华侨的辛勤创业史和他们遭受异族排华之痛的斑斑血泪史以及广大侨胞一片丹心向往"振兴中华"的热爱祖国史。我读后慨叹，深感有幸见此海外华人学者爱国主义的佳作。是书虽已由星岛出版社于1989年3月在香港、台北同时印行，但在大陆尚属稀见。特不揣鄙陋，为撰专文介绍，以飨读者。

一

刘氏自述有云："予以一九四五年六月，初抵澳洲，岁月不居，忽忽已将半世纪。教学之余，致力于澳洲华侨史之研究。网罗旧闻，访谘耆老，惧其散失，随时记录，历时既久，积稿盈箱，而所获图片尤多为国人所未见。退休以来，稍得闲暇，乃略加整辑，始成是书。"全书由 13 篇论文组成：（1）《澳洲的发现与建国》；（2）《中国人是否最先发现澳洲》；（3）《最早到达澳洲之中国人》；（4）《一位早期华侨的自述》；（5）《早期侨社中之名人》；（6）《十九世纪时期之澳洲华侨》；（7）《澳洲之华文报纸与中文学校》；（8）《排华运动》；（9）《白澳政策之起因与发展》；（10）《澳洲华侨之事业与生活》；（11）《梁启超的澳洲之行》；（12）《澳洲华侨与祖国政治》；（13）《太平洋战争后之澳洲华侨》。附录 9 则。其中最值得向国人介绍的是刘氏的名作《谊园记》，也就是全书的终结。其文云："澳大利亚于诸州中发现最迟，建国最晚，但二百年来发展之速一日千里，立国规模灿然具备，此皆由于其朝野上下之勤毅奋发有以致之。我华人于澳洲开创之初，即渡海南来，与他族先民同心协力，胼手胝足，共事建设。澳洲今日之繁荣进步，我华人与有荣焉。一九八八年值澳洲二百周年庆典，新南威尔斯省政府与中华人民共和国广东省政府共谋所以纪念此两国人民合作之史实，乃议于悉尼市建一中国式园林，并委托广州市园林局负责设计规划。期年而园成。园在悉尼市中国城之北，居海港之一端。凿土为池，叠石为山，建亭阁，引流水，又由中国各省觅嘉木异卉移植其间。登临远眺，则长桥卧波，层峦耸翠，间阎扑地，帆船迎风。洵足以纾羁旅之愁思，尽游览之雅兴。而中澳两国人民二百年来之友谊，亦得以借兹园而永垂后世，是兹园之建为不虚矣。因锡以谊园之名而为之记。"此文表明，刘氏具有拳拳于祖国、拳拳于中澳人民友谊的高尚胸怀。正因为这样，所以他能够写出一部充满爱国主义思想的《澳洲华侨史》。

<h1 style="text-align:center">二</h1>

刘氏从深入搜集史料着手。他不辞辛苦，长时间自闭于悉尼之密昔尔图书馆斗室之中，伏案抄录澳洲的报纸。"其中不乏珍贵有用之史料。此项史料大多报导早期华侨对于开发澳洲之贡献及许多可歌可泣之经过。如 19 世纪中期，华侨初抵澳洲从事掘金工作之艰苦情形，及其历次排华风潮中所遭受到之不幸与损失，以及澳洲政府对于华侨待遇有关法令之变迁经过等等。"刘氏所见较早的澳洲华文报纸有：

《广益华报》。该报由华侨孙俊臣于 1894 年创办于悉尼。这是澳洲第一张华文报。

《东华新报》。该报也由悉尼华侨合资创办。创刊于 1898 年。1920 年改名《东华报》。

《爱国报》。该报由墨尔本华侨于 1920 年创办，以团结侨民为侨民谋福利为宗旨。

刘氏还查阅了澳洲的其他多种中英文报纸。

作者也重视老华侨的回忆录。他说："二十余年前，予偶然获得一小册，为粤籍旅澳华侨谭仕沛所著。谭氏为广东省南海

县人。生于 1858 年(清咸丰八年)。以家贫,闻澳洲产金,乃于
1877 年(光绪三年)偕父及弟同赴澳洲。初作矿工,后改业商,因
以致富。1925 年(民国十四年)谭氏年七十一,乃于退休后著此
小册,名为《阅历遗训》。其目的在将其一生奋斗经过告诫其子
孙……谭氏此小册所载乃当时华侨生活情形最正确之纪录。"

对老华侨中某些重要人物如刘光福,作者曾多次向之采访。
"第二次世界大战前后,居住在澳洲的华侨,殆无人不知刘光福。"
作者与之论交长达 40 年,并同住悉尼,时相晤聚。特别是在 1957
年,作者应悉尼大学成人教育部之约主持一中文班,每周授课一
次。学生有澳洲人也有土生华侨。刘光福已年逾花甲,也报名参
加,从不缺课。往往在下课后,作者约之饮茶畅谈澳洲华侨史,中
英文并用,留下笔录。

作者钩稽史料之精审,突出表现在以下二事:

1. 索隐

1861 年 6 月,新南威尔斯省的蓝坪洲(今已易名为杨格)金
矿发生一次欧洲籍矿工的排华暴动,情节极为残酷,而地方当局
视若无睹,先不实力制止,后不彻底追究。"澳洲史家对于该次暴
动之发生,虽有记载,类多略而不详,于华人所遭受生命与财物损
失尤少叙述,以致早期旅澳华侨之血泪事迹淹没不传。"于是作者
钩沉索隐,得见当时《悉尼晨报》新闻记者发自蓝坪洲的通讯多
件,"叙述排华暴动经过颇详,足以证实当时所受之苦难"。

2. 辑佚

本书第 11 篇《梁启超的澳洲之行》,乃是作者精心辑佚的
成果。按,自 1898 年戊戌变法失败后,康有为、梁启超亡命海
外,兴起"保皇"活动。1900 年 10 月至 1901 年 4 月,梁启超有

澳洲之行，鼓动华侨集资支援。达半年之久。但在梁氏的《三十自述》中却只有"居澳半年，由西而东，环洲一周而还"十数字。以故丁文江撰《梁任公先生年谱长篇初稿》说："先生这次游澳的详细情形，很少材料可以参考。"本书作者从当时的《东华新报》辑录得梁氏随行书记罗昌所撰《梁孝廉卓如先生澳洲游记》。所记梁氏行踪止于墨尔本。续之以庞冠山撰《梁启超先生坑上游记》（旧时澳洲华侨称新南威尔斯省中部山谷地带为"坑上"）。此外，该报还载有他人所作梁氏游澳记及其他有关报道。如1901年3月13日《东华新报》刊"孝廉著书"一则，谓梁氏在悉尼"著《中国近十年史论》一书，以扩充同胞之见识。该书条目分作十六章：第一章，积弱溯源论；第二章，日本战祸记；第三章，列强染指记；第四章，新党萌芽记；第五章，今上百日维新记；第六章，后党篡权记；第七章，伪嗣公愤记；第八章，后党通匪记召敌记；第九章，万乘蒙尘记；第十章，东三省沦亡记；第十一章，疆臣误国记；第十二章，列强攻略记；第十三章，帝后实录及人物小传；第十四章，琐闻零拾；第十五章，十年来大事年表；第十六章，中国起衰策。此书合计约二十万字，原欲在本报排印成书。分售众梓友观览。嗣因本馆字粒不能足用，今只排就《积弱溯源论》一篇而已。此篇已有二万字，现拟将此刻成一小本发售远近，以供先睹为快，俟印成当另布告，以便诸君购览也。其余十五篇必待先生附往横滨汇印全书，然后寄来发售焉"。《东华新报》还刊载梁氏游澳诗篇，经刘氏校勘，发现其中有未编入《饮冰室全集》的。所有这些，不仅为梁氏的年谱传记填补了空白，而且为澳洲爱国华侨反对以慈禧太后为首的顽固派绞杀维新运动的正义斗争提供了实录。

《澳洲华侨史》之所以成为信史，就是因为作者做了大量考证工作，占有了一批确凿的资料。

三

一部《澳洲华侨史》，极其生动地反映出近代澳洲广大侨胞与祖国休戚与共的历史命运。

澳洲华侨历来要求祖国政府保护侨民的正当利益。19 世纪后期，澳洲尚未成立联邦政府，中澳尚无外交关系时，饱受排华之痛的澳洲华侨即向清政府提出保侨的请求。本书记载，光绪十三年（1887）两广总督张之洞奏派的委员王荣和、余璀到澳洲宣慰侨民，受到悉尼华侨领袖梅光达等的隆重接待。"当时澳洲华侨对王、余二氏提出两项请求，请彼等代为转达清廷。一为在各地设置领事，专任保侨之职。二为经常派遣军舰前来访问，宣扬国威。"20 世纪 30 年代，为反对"白澳政策"苛律，澳洲华侨曾要求国民政府对澳交涉，以期废除这些不公正的规定。但一次一次国民政府均使侨民失望。其根本原因是当时中国是一个受列强欺凌、贫穷落后的国家，无力保侨，于是澳洲华侨全力支援祖国维新，支援革命，支援祖国抗日战争……具详于《澳洲华侨史》中。

以往，我很不理解，澳洲等地华侨为什么于戊戌政变后积极参加康梁"保皇"活动？今读本书所辑 1900 年 11 月 25 日澳洲侨界代表在欢迎梁启超会上的慷慨陈词，才找到答案。他们目的是保变法成功，以期清政府"励精图治，挽弱为强"，"拯故国生民于涂炭之中，免海外同胞有鱼肉之苦"。本此救国宗旨，澳洲华侨不受历史的束缚，不停顿地随着祖国的进步潮流而前进。继之而来的便是他们支援孙中山民主革命、支援十九路军抗日……

本书又记："旅澳华侨除在澳洲创业外，并由于爱国心情，在祖国创立事业……彼等最大之成就当为在本世纪初，在上海、香港等地创设新式之百货公司，即在中国经济史上将永远留名之'四大公司'。"这就是我等青少年时看到的矗立在上海南京路上的先施、永安、新新、大新四家大百货公司。其营业范围甚广，如先施公司兼营旅馆、饭馆、娱乐场等。永安公司与之同。"由于营业获利，乃又从事纺织业，创立永安纺织厂，由一厂而二厂，而三厂，最后增至五厂之多，为当时全中国最大的纺织业集团。"新新公司则以"推销中华国产"为宗旨，独具影响。

澳洲某些华侨领袖热爱祖国的动人事迹，足为后世典范。本书记：梅光达"虽居异国，但绝未忘记其本身为中国人。临死时，遗命以穿着清政府所赐服装入殓"。盖清政府曾奖给梅氏以军功衔并赏戴蓝翎也。本书作者尝用刘光福的生平事实，塑造了"一个典型的爱国华侨"。"他所爱的是中国，是中华民族，是中国的文化与传统。他虽曾加入国民党，但不愿受党派的拘束，一生言行始终以国家民族为首要。"本书记载，刘光福于"1950年参加中澳协会"。"1959年作战后祖国之行，并首次访问北京。返澳后对于中国文化之热爱更甚。""1964年，刘光福年已七十一岁。悉尼及墨尔本两地华侨为感谢刘氏平时对彼辈的协助，并景仰刘氏为人，乃集款资助刘氏再作祖国之行。"本书作者的另一本著作《小藜光阁随笔》有刘光福一则，也称赞其人"爱国之忱终生不渝，不拘于党系之别，而以国家民族为重"。结语慨叹："世人多称道华侨爱国，若刘光福者，其殆为爱国华侨之典型矣！"我悟得作者的深意,这就是指与祖国同命运的华侨。

《澳洲华侨史》出版后十余年,作者续有所得。我亲见其方补定是书,为祖国文化增色。爱国之忱,耄而弥笃,未知将何所止焉!

（原载《扬州大学学报(人文社会科学版)》2001 年第 2 期）

五十年来太平天国史研究的
一条主要经验——实事求是

从 1951 年全国隆重纪念太平天国起义一百周年掀起太平天国史研究高潮起，到现在已经整整半个世纪。开创太平天国史学的罗尔纲前辈等都已物故。其第二代研究者亦将先后老去。从有利于我国历史科学的成长出发，亟须共同讨论两个值得沉思的问题：（一）为什么五十年太平天国史研究曾经枝繁叶茂盛极一时，而近期却呈现萧条？（二）为什么自罗尔纲先生溘逝之后，当代再无硕大声宏的太平天国史研究泰斗？从这里，我们应当及时总结经验，供后贤借鉴。

一

在中华人民共和国成立初期，国内外激烈斗争的形势，呼唤着太平天国史研究的勃兴。长期以来，中国人民，主要是占全国人口最多的农民，饱受封建地主压迫之苦：1840 年鸦片战争之后，又遭到国际强权的残酷侵略，处于水深火热之中。中国民主革命的伟大胜利，实质是中国共产党领导农民战争的胜利。为保卫和发展胜利果实，在国内全面开展土地改革，在国外进行以弱敌强的抗美援朝战争。就在这时，史学界风起云涌讴歌近世反封建反侵略的太平天国农民大起义,以激发全国人民的斗志,体现了"历史研究为无产阶级政治服务"的正确性。

在崭新的科学理论——唯物史观指引下,史学界的思想获得大解放,大家冲破"粤逆""发匪"等的禁区,勇于重新解释太平天国史。其代表作为《人民日报》在1951年1月11日纪念太平天国起义一百周年而发表的社论。文章充分肯定这次农民运动反封建反侵略斗争的伟大历史意义,歌颂太平天国将士爱国主义的英雄业绩,并分析其失败的原因,乃是由于"内讧"和外国干涉。社论根据唯物史观的基本原理,指出太平天国颁布的《天朝田亩制度》虽然反映了农民反封建的土地要求,但由于小农的绝对平均主义方案不适应生产力发展的规律,所以他们的理想实际是空想。这些论断,大体上阐明了太平天国史研究的科学论点,并为我们建设和保卫新中国提供了借鉴。

当时,中国史学会倡议编辑《中国近代史资料丛刊》。其第二种《太平天国》最先于1952年7月起,由神州国光社陆续出版,共八册。内容分太平天国史料、清方记载、外人记载、专载四部分。对不同的版本,专家作了校勘。对有些译文,经原译者作了修订。是书为太平天国史研究提供了最基本的资料。还有一些新史料的发现和出版。

研究中总是有分歧,往往通过自由争论,求同存异。最突出的事例是对太平天国革命性质的讨论。在史料考证上,则有对曾国藩家藏《李秀成亲供》真伪的分辨等。

综上所述,由于时代的需要,也就是广大人民的真正需要,加上作者的思想解放、资料易得、学术民主等有利因素,一时论著如林,人才辈出,形成了在学术史上罕见的太平天国史研究高潮。

不幸的是，到了 20 世纪 60 年代后半期和 70 年代上半期，我国发生的"无产阶级文化大革命"，使文化科学濒临毁灭。由于这场浩劫是从人们比较熟悉的太平天国史领域打开缺口的，因而对太平天国史及其研究者制造的祸害特别严重。1965 年所发动的对李秀成评价问题的讨论，把一个学术观点问题无限上纲为政治立场问题。对罗尔纲等太平国史研究者进行了残酷的"围剿"。1974 年，又险恶地发动"批孔"，批杨秀清"尊孔"。不久，人们明白，这些都是为陷害一大批共和国元勋而推行的影射史学。因为"文革"是"打着红旗反红旗"，所以经过这一噩梦，使"历史研究为无产阶级政治服务"的正确方向和唯物史观的科学理论都被蒙上阴影。"文革"虽然十年即告"永终"，然而它的严重后遗症——"信仰危机"，却对共和国的历史科学，尤其是太平天国史学，产生了极为消极的影响。

但是，由于时势的推动和学术的内在规律所需求，太平天国史研究的高潮还得继续。

1976 年 10 月粉碎"四人帮"后，国家"拨乱反正"，并实行改革开放政策。于是知识界又一次获得思想大解放。一大批有造诣的太平天国史研究者从消沉中重新活跃起来，继续研究一些重要课题，使之产生结果。当之无愧为一代巨著的罗尔纲的《太平天国史》，即杀青于此时。其他成果累累，诸如茅家琦合江苏内行之力，纂成《太平天国通史》；郭毅生联全国群贤撰《太平天国大词典》及《地图集》；王庆成编《太平天国学刊》；钟文典编《太平天国史丛书》，可谓并驱竞走，各建殊功。对太平天国史的各个角落，几乎都有研究专书问世。若吴良祚之《避讳研究》、张守常之《北伐史》等，皆属功力深厚采山之作。略举数例，用以表明，我国从 20 世纪 70 年代末到 90 年代初,继续出现太平天国史研究的高潮。

经过半个多世纪的努力,太平天国史研究业已相对成熟。从立场观点来说,《人民日报》1951 年 1 月 11 日社论对太平天国农民起义性质等所确定的历史唯物主义基调,已被反复证明,是正确的,是推不倒的。从史料考证来说,对一些重大问题,如《天朝田亩制度》的均产并耕方案没有实施;曾氏家藏《李秀成亲供》是真迹;《江南春梦庵笔记》是伪书,等等,都已铸成了铁案。嗣后,如果没有新的重大的发现,如同王庆成从海外携归《天父圣旨》《天兄圣旨》之类,就很难在太平天国史的纵深处继续获得耸动人心的进展。加之时局变异,人民群众古为今用的兴会也随之变异。于是在靡然从风、畸形发展之后,太平天国史研究相对寂寥,这是不足为怪并不必为之惆怅的。

然而,由于这门学科尚未臻完美无缺,还得更艰辛地继续。怎样继续?我们必先吸取前人特别是罗先生成功的主要经验,即在占有史料上坚持实事求是达到博大精深的地步。但这已非现存第二代人所能冀及,唯有属望于后贤。

二

世无异论,萧一山、郭廷以、简又文、罗尔纲是开创太平天国史研究的一代人物。萧、郭、简都终于海外,我不及见。十余年前在北京,尝侍罗先生从容论三贤功力,罗先生独右郭氏。我以为至当。盖郭氏撰《史事日志》,搜书之多、排比之勤、考核之精,确非萧、简二氏所能及。至于罗先生,则因后半生的有利环境及惊人毅力,遂能在"占有史料"的火候上,远胜其侪辈。

"占有史料"的优良方法是学术界传统的考证学。尽管考证学不能解决立场观点问题,但它却为历史研究奠定了基础。我国历代的史学名家司马迁、司马光……都是考证的高手。清乾嘉时期,考证之学大盛,以之治史学的杰出代表推钱大昕,可惜他虽有志重撰元史,但未竟其业。近世王国维、胡适、陈垣、顾颉刚等受西方实证论影响,再后郭沫若、范文澜等接受唯物史观,一次又一次地把考证学推进到新阶段,可惜他们也都未能独力撰成专史。罗先生毕生以考证治太平天国史,不断随着潮流而前进,他上承乾嘉余绪,早年师事实证派巨子胡适,后半生学习唯物史观,最终撰成《太平天国史》巨著。以故他不仅是当代太平天国史研究的顶峰,而且也是凌驾前人的考证学大师。我们就是要继承和发掘罗先生在太平天国史研究中发展考证学的珍贵经验。否则这门学科的继续前进就难以实现。

从实践经验得知,史料考证有如下过程:第一,搜集,力求完备;第二,比较,包括辨伪、考异、校勘等,力求精审;第三,归纳,包括对书证、物证、人证的钩稽、排比和联缀,力求确实。这三者有时交错进行,不可截然分割。在这三方面,罗先生都达到了博大精深的地步。

第一,创造了搜集太平天国史料的途径。

众所周知,罗先生在 20 世纪的 50 年代,搜集到了一千二百万字太平天国史料。这是郭廷以等所未能做到的。罗先生在《太平天国资料采编·序言》里写道:"这一千二百万字是怎样得来的呢? 计有三条途径:一、向全国各地广泛征集;二、到江苏、浙江、安徽三省搜访;三、在南京图书馆颐和路、龙蟠里两个书库和前苏南区文物保管委员会书库发掘，而以第三条途径为主要来源。"这里，创造了文化史上所罕见的对公家库藏图书摸底。清乾隆时，为编《四库全书》，馆臣们从翰林院残存的九千多册《永乐大典》中辑佚，算是一次大规模图书摸底。当代，罗先生及其助手们在南京，为搜集太平天国史料，进行了又一次的库藏图书摸底。

南京图书馆库藏丰富。1954年时，它的颐和路书库藏书共有七十万册。罗先生率同南京太平天国历史博物馆的同志按库、按架、按排，一册一册地、一页一页地寻找太平天国史料，历时9个多月，计搜得有关书籍合共一千六百六十一种，包括稿本和抄本六十种。

罗先生从以上三条途径搜集到的一千二百万字中精选出一百八十万字，1961年由中华书局上海编辑所出版，即为士林所称颂的《太平天国史料丛编简辑》。

此外，他还继承和发展萧一山等对太平天国文献的搜集成果，编辑出版《太平天国印书》《太平天国文书汇编》，晚年又编《太平天国文献六种》。

综上大略，足够表明，在搜集太平天国史料方面，罗先生的功力，已达到了博大精深的地步。

第二，严格比较太平天国史料的真与伪、正确与错误。

对于搜集到的太平天国史料，必须比较其真伪，萧一山、郭廷以、简又文等都曾从事于此，但都比不上罗先生的全面和深入。这里举铸定两宗著名铁案为例：

（1）鉴定湘乡曾氏家藏《李秀成亲供》是真迹。

按1864年湘军攻陷天京，艰苦撑持后期残局的太平军统帅李秀成被俘，他于囚笼中写下了长篇"供词"，历叙天国史事。曾国藩亲笔删改后，于安庆刻本流传，其真迹则一直深秘在湘乡曾富厚堂。1944年暮春，广西通志馆派秘书吕集义等至湘乡阅看此书并摄影十五帧，由是学术界始见曾氏家藏《李秀成亲供》部分照片。20世纪50年代初，有人否定此件是李秀成手写之本。于是原在广西通志馆工作的罗尔纲氏，在法医的协助下，使用现代技术，对笔迹进行鉴定，确认此为李秀成的手稿无疑。先是，学术界已从庞际云所藏《忠王李秀成答词手卷》见到李秀成的手迹。当李秀成被俘后，曾国藩令亲信幕僚李鸿裔、庞际云面讯了若干问题。《手卷》就是讯问的记录。其中有曾国藩写的问语；有李鸿裔、庞际云分别记得李秀成答语；有李秀成手书的二十八字："胡以晄即是豫王，前是护国侯，后是豫王。秦日昌即是秦日纲，是为燕王。"据庞际云附记，是因李秀成语操土音不可辨，乃令执笔写来的。经法医检验笔迹的结果，湘乡曾氏所藏《李秀成亲供》与这二十八字是出一人之手，由此确证《亲供》是李秀成的真迹。

（2）揭露《江南春梦庵笔记》是伪书。

伪造的太平天国史料不少，学者必须加以揭露，杜绝以假乱真。罗先生著《太平天国史料辨伪集》，作出了巨大贡献。

《辨伪集》的首篇即《〈江南春梦庵笔记〉考伪》。

《江南春梦庵笔记》署名"武昌沈懋良撰"。书后有春草吟庐主人跋云："懋良陷贼十三年，相处者又倡乱之巨逆，宜乎其所言源源本本，如数家珍也。"又说："所载群逆之出处，伪制之详明，又是补诸书所未备。"此言这书提供了一批它书所缺载的太平天国内部史料。书中曾明白交代，与作者相处十三年，谈论大量天国历史的"倡乱之巨逆"，乃是赞王蒙得恩。如述洪杨的离奇来历时声明："上皆蒙得恩所言。"是书初见于清光绪元年（1875）上海《申报》馆铅印的《四溟琐记》。萧一山、郭廷以、简又文等纷纷征引。著名史家朱希祖曾在萧一山辑《太平天国丛书第一集序》中称誉之为"所载事迹，则多正确"。其后竟被翻印入神州国光社本《太平天国资料丛刊》第9册，使谬种流传更广。正如罗先生所说："有人根据它来考证太平天国法律与印行的书籍，有人根据它来考证天朝田亩制度、省制……即使遇到文献具在，记载分明、千真万确的史事，而因为它独有不同的异说，也居然根据它来怀疑真实的历史。"可见这书的以伪乱真，到了极端严重的地步。罗先生师法清儒辨伪的经验，先用已经确定为真实的文献与《江南春梦庵笔记》相比较，揭露大量破绽，特别是从史料来源和内容之间的矛盾上，找到铁证，判定这是一部伪书，罗先生发现那个自称在蒙得恩身边十三年的沈懋良，对蒙得恩的生平却是无知。例如，蒙得恩明明有子时雍称"赞嗣君"，而《江南春梦庵笔记》却胡诌蒙得恩生三女，无子。又如，蒙得恩明明于辛酉十一年已经病死，而《江南春梦庵笔记》却虚构甲子十四年蒙得恩还在天王宫值宿，岂非见鬼！由此可见，沈懋良绝非蒙得恩的心腹，而他所公布的离奇史料也绝非蒙得恩所言。由此可见，此书出于伪托。

由于《李秀成亲供》与《江南春梦庵笔记》的内容都全面涉及太平天国一朝史事，如果不判定前者是真、后者是伪，那么，众多学者对一部太平天国史的了解，就将一直陷入混乱之中。以故罗先生对以上两宗铁案的铸成，其考证之功，博大精深是不可磨灭的。

至于罗先生师法司马光《通鉴考异》、朱熹《韩文考异》，对太平天国史同一事件的不同记载，不同版本，比较确定其正确与错误，则其事甚多，这里不再举例。

第三，详尽钩稽和归纳专题史料，弄清太平天国事实。

兹举《李秀成自述原稿注》对"冲天炮"的一条注释为例，以显示罗先生归纳史料的功夫何等深厚！按李秀成说："十一年正月初，由常山动身，上玉山广信河口而行，到建昌屯扎，攻打二十余日未下，外有清军来救，则冲天炮李金旸带兵。"其后又说："先有冲天炮李金旸带有清兵十余营屯扎阴冈岭，与我部将谭绍光、蔡元隆、郜永宽等迎战，两军对阵，李金旸兵败，其将概已被擒，全军失散，拿其到步……过了数日，发盘川银六十余两，其不受而去江西，后闻被杀。"郭廷以《太平天国史事日志》误会李金旸是太平军叛徒，对其来历不详。简又文《太平天国全史》盲从《郭志》，以误传误。罗先生在《忠王李秀成自传原稿笺证》的一、二、三版，都未注释李金旸为何许人。四版即"增订本"始据欧阳兆熊《水窗春呓》，注："冲天炮是李金旸的绰号。"还不能说明问题，嗣后，罗先生陆续钩稽和归纳有关资料，在1982年出版的《李秀成自述原稿注》里，才原原本本地交代了其人其事。

李金旸，清朝副将（据清咸丰十一年四月廿六日江西巡抚毓科奏），绰号冲天炮，勇悍绝伦（据欧阳兆熊《水窗春呓》卷上）。左宗棠戊午派李金旸带勇至蒋益澧军中，他在"李守备金旸"句下注说："即冲天炮也。有血性，善冲锋，熟悉楚粤边界情形，故遣其来。此子要善驾驭，以之冲锋恐太轻，以之打接则无不胜矣"（见《左文襄公书牍》卷四《答蒋芗泉》）。所以李秀成说他"是勇将有名之人"。李金旸本是天地会员，在湖南起义，称统领元帅，后来叛变投降清朝

（据王鑫清咸丰五年三月初六日《永明剿贼大捷夺获富川县
印信并各件请赍送广西省核收禀》，见《王壮武公遗集》卷
三《禀牍》三）。阴冈岭战败被俘，李秀成释放他，走归江西
省城自首。时狱未定，左宗棠《致曾国藩信》说："江西于李
金旸事，似颇难处。弟意欲其解送散军了之，以除一患。此
辈不用则杀，别无处置也"（原件南京图书馆藏）。后来江西
巡抚毓科把李金旸解到曾国藩处，曾国藩就借失律把他处
斩（据曾国藩清咸丰十一年五月十八日《李金旸张光照正法
片》，见《曾文正公奏稿》卷十三）。据欧阳兆熊说李金旸被
斩未死，后逃为和尚（见《水窗春呓》卷上）。又按李秀成擒
李金旸在太平天国辛酉十一年三月卅一日，即清咸丰十一
年四月初二日（据曾国藩《李金旸张光照正法片》，见《曾文
正公奏稿》卷十三）。这是李秀成未入湖北克瑞州府前四天
的事。此处乃补前事。

在罗先生的著作中，类此归纳史料之例，多不胜举。就是这样，他
如聚沙成山，汇流归海，一点一滴地把太平天国的史事，基本上弄
清楚了。其博大精深，实属当代一人。

我尝窃论，并世从事太平天国史研究诸君，各有成业。但总
不能比罗先生之博大精深。在史料考证上，若语其一曲，智多过
之，但览其全局，则均不能攀其项背。其故安在？一言以蔽之，功
力不足也。

三

昔年我曾作《罗先生赞》，谓其所以博大精深，是由于锲而不舍、从善如流，几十年如一日，才能结此硕果。现在必须补充，还有极为重要的一点，即罗先生终身信奉乾嘉考据学"实事求是"的准则。这是他成功的主要经验。

考证重在证据。胡适《考据学的责任与方法》一文强调说："历史的考据是用证据来考定过去的事实，史学家用证据考定事实之有无、真伪、是非，与侦探访案，法官判狱，责任严重相同，方法的谨严也相同。"他要求"凡做考证的人，必须建立两个驳问自己的标准"，"第一个驳问是要审查某种证据的真实性，第二个驳问是要扣紧证据对于本题的相干性"[1]。只有证据确凿，才能成为定论。罗先生的大量考证成果，都是言必有据，经得起驳问的。他根据《忠王李秀成答词手卷》鉴定湘乡曾氏家藏《李秀成亲供》是真迹，即典型的一例。罗先生所引为铁证的李秀成书二十八字，是真实的。他用以鉴定《李秀成亲供》笔迹，是紧扣的。又如罗先生根据《蒙时雍家书》等太平天国文书，揭露《江南春梦庵笔记》是伪书，也是无可辩驳的，所刊佐证都是真实和紧扣本题的。

考证重证据，绝对不能想当然。《光明日报》副刊第八十八期登载《柬埔寨与我国友好联系》一文，把柬埔寨与我国交往从三国提到了前汉，照寻常说法早了几百年。其论据是引《梁书·海南诸国传》等，有"海南诸国自汉武以来皆朝贡"等语，就断定"柬

---

[1] 台北《文星丛刊》106 号。

埔寨和我国在地理上那样靠近,当时也必定已经发生关系"云云。陈垣在《柬埔寨始通中国问题》一文中严肃批评说:"这样断定,颇与昆曲《十五贯》过于执县令的审判方法相类,过县令说:'看她艳如桃李,岂能无人勾引,年正青春,怎会冷若冰霜?'就判定苏戍娟和熊友兰一定有奸情了。这类判法是不能令人满意的。"[1]智者千虑,难免一失。在罗先生的不朽之作中,尚有个别以"想当然"取代考证之例。其中最有影响的,即"李秀成伪降"说。

按,李秀成在囚笼中向曾国藩乞降,有白纸黑字的《亲供》为证。此本无庸置疑。但罗先生是一位热爱太平天国的学者,他总不愿见到李秀成的晚节不终,因而天真地设想,这是李秀成熟读了《三国演义》,因而学姜维伪降魏将钟会,伺机策动钟会反魏,以图复汉的故事,志在复兴太平天国。罗先生作此推测并写进论文,是可以的。但因为没有真实和紧扣本题的证据,就不能成为考证的结论。早经学术界反复搜索,所谓"李秀成伪降"说,是言之无据的。我们不能因噎废食,为反对"文革"搞影射史学,别有用心地批判李秀成"晚节不终";转而重申虚构的"伪降"说。这是背弃了"实事求是"的准则。然而对此学术问题,仍容许继续深究。

1977年,北京大学西语系有一位名叫俞大缜的退休女教授,辗转向罗先生提供了关于李秀成劝曾国藩称帝的传说:

> 我的母亲曾广珊,是曾国藩的孙女。我的外祖父名曾纪鸿,是他的次子。精通数学。死得早。我的母亲于同治十一

---

[1]《陈垣学术论文集》第2卷。

年壬申二月二十七日出生在当时的两江总督衙门内。听说在她出世前不久曾国藩已死去。抗战期间，我一直在重庆沙坪坝旧中央大学外文系教英文。胜利后，于1946年秋，离开重庆，到北大西语系来任教，路过南京，探望母亲。有一天，她在卧室内和家中少数几个人聊天，有人提起母亲出生的地方说两江总督衙门就是现在的国民政府（伪），过去是天王府。大概因提到天王府，就提到李秀成。大家随便闲谈，我没有注意具体内容，我已记不起了。事后母亲亲口对我说："李秀成劝文正公做皇帝，文正公不敢。"当时我没有认识到这句话的重要性，所以没有追问，现在万分后悔。几年后，我读了罗尔纲老先生所著的《李秀成笺证》，才知道曾国藩把一部分李秀成所写的材料毁掉，再把母亲对我讲的那句话联系起来，就悟〔顿〕然大悟李秀成的确是想学《三国》中的姜维。

1981年3月2日，《广西日报》发表了罗先生的文章《一条关于李秀成学姜维的曾国藩后人的口碑》。其中郑重声明："确实不错，这一条曾国藩家人自己说的口碑，正是一条千真万确地证实李秀成学《三国》姜维伪降曾国藩的铁证！"其后，罗先生把这些材料作为《李秀成李容发传》后的"本传考证"，刊入1991年出版的《太平天国史》第五十七卷中。在罗先生健在时，学术界未及再讨论此事。

1997年5月，罗先生溘逝。海内外同仁纷纷撰文追悼，以纪念此一代宗师。在1998年《江苏文史资料》编辑部出版的《纪念罗尔纲教授文集》里，茅家琦兄特别提到《广西日报》公布这一条曾氏家人口碑之事，赞美罗先生能在"文革"惊涛骇浪之后，"坚持真理，顶住巨大压力，表现出惊人的理论勇气。"2000年，朝华出版社出版的《学林往事》，辑入郭毅生兄的《罗尔纲与太平天国史》。其中有"孤怀宏识，为李秀成辩诬"一节说："罗先生本着纯洁的学术道德和坚持真理的精神，重新发表了《李秀成伪降考》，又将自己研究结论和材料写入本书卷57的李秀成传中。""他又在后边的'本传考证'中引述曾国藩的曾外孙女俞大缜教授提供的重要口碑材料，证明李秀成确系伪降。"这些文章正在学术界产生影响。我敢附诸兄之后，对"李秀成伪降"说作进一步探究。曾氏后人那一条口碑，即使是真实的，也只能用以证明李秀成劝曾国藩做皇帝。若径以之作为李秀成伪降以图复国的铁证，则仍属想当然。至于俞教授"顿然大悟李秀成的确是想学《三国》中的姜维"，则是她自言读了罗先生《忠王李秀成自传原稿笺证》中的"伪降"说而联想的结果。由此可见，我们在追怀罗先生史德的同时，尚需为其所提出的"李秀成伪降"说继续查据。此事涉及历史考证的方法问题。

四十多年来，我私淑罗先生以考证治太平天国史。在占有史料上功力单薄，深愧无成，补牢已晚。但垂鬘不敢背离罗先生教我的乾嘉考证学的准则——实事求是。我之所以颂赞罗先生鉴定《李秀成亲供》是真迹、揭露《江南春梦庵笔记》是伪书等的丰功伟绩者原因在此；所以不敢苟同《李秀成伪降考》者也在此。相信年轻一代同行必能继承和发扬罗先生的这条成功的主要经验，即在史料考证上坚持实事求是的准则，以便达到博大精深，把太平天国史研究推向新世纪，开创新局面。

（原载《清史研究》2001年第3期）

"朴学"浅说

一

"朴学"一词，早见于《汉书·儒林传》。伏生再传倪宽见武帝，语经学。武帝说："我始以《尚书》为朴学，弗好。及闻宽说，可观。乃从宽问一篇。"清儒钱大昕《仪礼管见序》也有"独《仪礼》为朴学"[1]之言。盖谓质朴之学。

清儒反对宋明理学家"空谈心性"，提倡穷经博古，客观征实之学，号为"朴学"。由是"朴学"被赋予了新的含意。翁方纲《自题校勘诸经图后》云："我今既知朴学之有益，博综考订。"[2]

清代朴学由顾炎武、阎若璩于顺治、康熙间开端，由惠栋、戴震于乾隆间发扬光大。洪亮吉《邵学士家传》云："迨我国家之兴，而朴学始辈出，顾处士炎武、阎征君若璩首为之倡，然奥窔未尽辟也。乾隆之初，海宇太平，已百余年，鸿伟傀特之儒接踵而见，惠征君栋、戴编修震，其学识始足方驾古人。"乾隆之际，朴学鼎盛，惠栋、戴震相继成为一代宗师。汪中为李惇撰墓志铭云："是

---

［1］ 钱大昕：《潜研堂文集》卷二十四，江苏古籍出版社1997年版，第373页。

［2］ 翁方纲：《复初斋文集》卷六，《续修四库全书》本，上海古籍出版社2003年版，第408页。

时古学大兴,元和惠氏、休宁戴氏,咸为学者所宗。"[1]由是乾隆以后的朴学,即被称为"惠戴之学"。惠戴学者研究的主要对象是儒家的经学,以及研究经学的工具小学。嘉庆时,阮元《拟国史儒林传序》总结乾隆时的经学成就说"惠栋、戴震等精发古义,诂释圣言"[2]云云。他又为王引之撰《经义述闻序》说:"我朝小学训诂远迈前代,至乾隆间,惠氏定宇、戴氏东原大明之。"[3]由于读经的需要,牵动了探讨诸子百家、历史、地理、金石、天文、算术、目录版本、鸟兽虫鱼草木等一切诸学,形成了一个空前结实的学术群体。而惠、戴之所以成为宗师,主要因为他们相继发明了兴起一代经学的方法论。

二

乾隆以后的朴学,又名"汉学",以区别并取代"宋学"。这标志一次治经方法论的历史性更新。胡适在《清代学者的治学方法》一文里指出:"汉学这个名词很可表示这一派的共同趋向……就是不满意于宋代以来的学者,用主观的见解来做考古学问的方法。"[4]

在清初,顾炎武已先振臂高呼:"古之所谓理学,经学也";"今之所谓理学,禅学也"[5]。对明季士大夫"空谈心性"发出尖锐的

---

[1] 田汉云:《新编汪中集》,广陵书社 2005 年版,第 480 页。

[2] 阮元:《揅经室集》,中华书局 2005 年版,第 37 页。

[3] 《揅经室集》,第 120 页。

[4] 胡适:《胡适学术代表作》下卷,安徽教育出版社 2007 年版,第 80 页。

[5] 顾炎武:《顾亭林诗文集》,中华书局 1983 年版,第 58 页。

批判，并倡导"读九经自考文始，考文自知音始"[1]的实学途径。但这时尚未划分汉、宋的壁垒，尚未产生"隆汉贬宋"的学术更新纲领。以故朴学尚未汇成潮流。

乾隆时，惠栋振兴"汉学"。程晋芳《周易述跋》云："近者汉学之盛，倡于定宇。"[2]惠氏四世传经，宗法汉学，见栋《上制军尹元长先生书》："栋少承家学，九经注疏粗涉大要。自先曾王父朴庵公以古义训子弟，至栋四世，咸通汉学，以汉犹近古，去圣未远故也。"[3]栋振兴"汉学"的理论见所撰《九经古义述首》："汉人通经有家法，故有五经师，训诂之学，皆师所口授，其后乃著竹帛，所以汉经师之说，立于学官，与经并行。五经出于屋壁，多古字古言，非经师不能辨。经之义存乎训，识字审音，乃知其义，是故古训不可改也，经师不可废也。"[4]栋代人所作《韵补序》也说："孔子殁后至东汉末，其间八百年经师授受，咸有家法，故两汉诸儒多识古音。"[5]

经栋提倡，学者都信从通经必由汉儒训诂。钱大昕为栋撰《古文尚书考序》云："今士大夫多尊崇汉学，实出先生绪论。"[6]

戴震继起，推衍惠栋义理存在于训诂之中的见解，坚持必由训诂以明义理，反对宋学凿空说经。《古经解钩沉序》云："后之论汉儒者，辄曰故训之学云尔，未与于理精而义明，则试诂以求理

---

[1]《顾亭林诗文集》，第73页。

[2] 程晋芳：《勉行堂文集》卷五，《续修四库全书》本，第336页。

[3] 惠栋：《松崖文钞》卷一，《续修四库全书》本，第275页。

[4]《松崖文钞》卷一，第269页。

[5]《松崖文钞》卷一，第272页。

[6]《潜研堂文集》卷二十四，第368页。

义于古经之外乎？经之至者，道也；所以明道者，其词也；所以成词者，未有能外小学文字者也。由文字以通乎语言，由语言以通乎古圣贤之心志，譬之适堂坛之必循其阶，而不可以躐等。是故凿空之弊有二：其一，缘词生训也；其一，守讹传谬也。缘词生训者，所释之义，非其本义。守讹传谬者，所据之经，并非本经。今仲林得稽古之学于其乡惠君定宇，惠君与予相善，盖尝深嫉乎凿空以为经也。二三好古之儒，知此学之不仅在古训，则以志乎闻道也，或庶几也。"[1] 余萧客，字仲林，师事惠栋，著《古经解钩沉》。栋殁后，戴氏撰《题惠定宇先生授经图》，重申必由训诂以明义理，反对凿空说经。"言者辄曰：有汉儒经学，有宋儒经学，一主于训故，一主于理义。此诚震之大不解也者。夫所谓理义，苟可以舍经而空凭胸臆，将人人凿空得之，奚有经学云乎哉？惟空凭胸臆之卒无当于贤人圣人之理义，然后求之古经。求之古经而遗文垂绝，今古悬隔也，然后求之训故。训故明则古经明，古经明则贤人圣人之理义明，而我心之所同然者乃因之而明。贤人圣人之理义非它，存乎典章制度者是也。松崖先生之为经也，欲学者事于汉经师之训故，以博稽三古典章制度，由是推求理义，确有据依。彼歧训故、理义二之，是训故非以明理义，则训故胡为？理义不存乎典章制度，势必流入异学曲说而不自知，其亦远乎先生之教矣！"[2] 松崖，惠栋又字。训故，即训诂。为弥补惠氏汉学盲从古人的缺陷，戴震在思想方法上又提倡反对"株守"。《与王内翰凤喈书》云："六书废弃，经学荒谬……仆情僻识狭，以谓信古而

---

[1] 戴震：《戴震文集》卷十，中华书局 1980 年版，第 146 页。
[2] 《戴震文集》卷十一，第 168 页。

愚，愈于不知而作，但宜推求，勿为株守。凤喈，王鸣盛字。"[1]戴震尝自言，治经与惠栋不同，栋求古，震求是。王鸣盛《古经解钩沉序》云："我交天下士，得通经者二人：吴郡惠定宇，歙州戴东原也。间与东原从容语：'子之学于定宇何如？'东原曰：'不同，定宇求古，我求是。'"[2]

经过戴氏的改进，兴起一代经学的新的方法论便形成了，即由训诂以明义理，既反对凿空说经，也反对株守错误的古注，目的实事求是。

戴震虽不标榜"汉学"，但从其"由训诂以明义理"的方法体系来说，戴学仍属汉学。刘师培《汉学变迁论》云："古无'汉学'之名，'汉学'之名始于近代，或以笃信好古该'汉学'之范围，然治汉学者未必尽用汉儒之说，即用汉儒之说，亦未必用以治汉儒所治之书，是则所谓汉学者，不过用汉儒之训故以说经，及用汉儒之条例以治群书耳，故所学即以'汉学'标名。"[3]戴学就是这样。

三

清代朴学，亦称"考据学"。

朴学首重征实。清儒用以达到实事求是的共同手段便是"考据"，或称"考证"。考证重在证据，故而学者研究问题必先从广泛取证即搜集资料入手；然后进行比较鉴别，辨证据的真伪，辨证据版本不同的是非，辨证据内容的差异；最终归纳确凿证据，得到

[1] 《戴震文集》卷三，第47页。

[2] 王鸣盛：《西庄始存稿》卷二十四，《续修四库全书》本，第315页。

[3] 刘师培：《刘申叔遗书》，江苏古籍出版社1997年版，第1541页。

真实的结论。

考证不始于清代。宋司马光撰《资治通鉴》别为《考异》一书，交代对史料取舍之故。这是我国第一部史料考证的杰作[1]。

考证大盛于清。顾炎武本明陈第之法，考《毛诗》古音"列本证、旁证二条：本证者，《诗》自相证也；旁证者，采之他书也"[2]。于是传统的考证方法，至此始具条例。乾嘉诸儒将之广泛研究四部书，如惠栋等继阎若璩辨东晋本《古文尚书》为伪；戴震等校《水经注》，分清积久混淆的经和注；钱大昕等订历代正史的讹误；汪中等探索先秦诸子；邵晋涵等疏通《尔雅》；段玉裁等注释《说文解字》；王念孙、引之父子解古籍虚字，硕果累累，成绩辉煌。清人喻考证如法官治狱，必须严格遵守律令。章炳麟《说林》下云："昔吴莱有言，今之学者，非特可以经义治狱，乃亦可以狱法治经。莱，一金华之末师耳，心知其意，发言卓特。近世经师，皆取是为法。审名实，一也；重佐证，二也；戒妄牵，三也；守凡例，四也；断情感，五也；汰华辞，六也。六者不具，而能成经师者，天下无有。"[3]

"汉学"与"考据学"，在清代学界看来，是同义语。曾国藩《绵绵穆穆之室日记》于咸丰元年七月初八、九、十日三天的眉识里，论治学有义理、词章、经济、考据四个方面，他解释说："考据之学即今之'汉学'也。"[4]可以这样说，若无考据，则无清代的汉

[1] 傅斯年：《傅斯年全集》第2册，湖南教育出版社2003年版，第42页。

[2] 顾炎武：《音学五书》，中华书局2005年版，第35页。

[3] 章太炎：《章太炎全集》第4册，上海人民出版社1984年版，第119页。

[4] 祁龙威：《读曾国藩〈绵绵穆穆之室日记〉》，《书品》第6辑，中华书局2005年版，第23页。

学，也就是没有朴学。

四

乾隆、嘉庆时，扬州学人向慕戴氏之学，相率用其倡导的"由训诂以明义理"的方法治经。其最典范之作，为刘台拱《论语骈枝》。是书记台拱读《论语》的心得，大多精凿不磨。刘文兴《刘端临先生年谱》引乾隆六十年《丁杰致台拱书》云："顷于金拓田先生处，读大著《论语说》二条，精核绝伦，令人拍案叫绝。如此解'四书'，潜邱之'释地'不足数矣！"盖谓其考证之精，非阎若璩《四书释地》所能比拟。丁氏所见，当即以后刊行的《骈枝》。兹举例以见台拱说《论语》，能言郑玄、朱熹等所不能言。

《八佾》："子曰'《关雎》乐而不淫，哀而不伤'。"因《关雎》一诗，无哀怨之意，所以郑玄、朱熹等对《论语》此章都不得其解，所注"哀而不伤"全凭臆见，"皆回穴难通"。台拱考春秋时，《风》《雅》《颂》皆被于管弦。乐章三诗合一，而以首篇名之。如《文王》《大明》《绵》三篇属一，为两君相见之乐，见于《国语》。而《左传》但言《文王》为两君相见之乐。《关雎》与《葛覃》《卷耳》三篇于乐章属一，见于《仪礼》。而《论语·泰伯》记孔子言"《关雎》之乱"，亦但举其首篇，实包括《葛覃》《卷耳》而言。《八佾》此章也是这样。《论语骈枝》说："《诗》有《关雎》，乐亦有《关雎》，此章特据乐言之也。""乐而不淫者，《关雎》《葛覃》也；哀而不伤者，《卷耳》也。《关雎》，乐配匹也；《葛覃》，乐得妇职也；《卷耳》，哀远人也。哀乐者，性情之极致，王道之权舆也。能哀能乐,不失其节,《诗》之教无以加于是矣!"[1]自乐亡而诗存,汉宋经师皆就《关雎》一诗解《论语》此章,昧于经旨。台拱博考经传,始以《卷耳》:"维以不永伤"释《论语》"哀而不伤",遂发千古之蒙。

台拱说经多类此精湛,盖能遵行戴氏师法,由训诂以明义理。戴门高第王念孙撰《刘端临遗书序》赞之,谓"以视'凿空'之谈,'株守'之见,犹黄鹄之与壤虫也"[2]。

五

由训诂以明义理,读经必先识古字,审古音,以"小学"为根底。这是清代朴学家的共识。正如刘宝楠《问经图序》所说:"然则欲治圣经,先通小学,世有薄小学为不足道者,非真能治经者也。"[3]

清代小学由三方面合成:一是研究字义的《尔雅》学;一是从研究字形入手融会音形义的《说文》学;一是研究字音的声韵学。因古书多同音假借字,学者必须因音求义,故通晓古音尤为重要。这里举例浅说清儒考证古声韵之功。

汉末经师发明反切,以两字切某字之音。反切的上一字为所切字之声,下一字为所切字之韵,于是有声韵之学。清代朴学家考证古韵分部和古声分组,都有辉煌成果。

---

[1] 刘台拱:《刘端临先生遗书·论语骈枝》,《续修四库全书》本,第290—291页。

[2] 王念孙:《王石臞先生遗文》卷二,《续修四库全书》本,第38页。

[3] 刘宝楠:《念楼集》卷六,广陵书社2006年版,第256页。

清儒考证古韵分部，以顾炎武、江永、段玉裁、戴震、孔广森、王念孙、江有诰等七家为主要代表[1]。先后取证于《诗经》等先秦韵文，比较归纳，对《广韵》206部重加组合，得古韵部分，从10部增益到22部。在理论上，他们否定了古有"叶音"说。按，文字的读音古今不同。以故六朝人读《毛诗》已多不谐，有人遂误以为古有"叶音"，即先秦诗人为谐韵而读的变音。朱熹以之写入了《诗集传》，后世遂奉为准绳。顾炎武撰《音学五书》，本明陈第之说，力辩古无"叶音"。他列举确证指出，所谓"叶音"，实古本音。一时遭到了毛奇龄等的围攻。因其说信而有征，故其后为江永、段玉裁、戴震、孔广森、王念孙、江有诰等所接受而成为定论。也由此突破了前人为古韵学发展设置的障碍。

钱大昕创始研究古声分组，撰《古无轻唇音》和《舌音类隔之说不可信》二文，开启了对古声的研究。近人章炳麟撰《古音娘日二纽归泥说》，曾运乾撰《喻母古读考》等，皆继承其学。

按，自有反切，即有双声、叠韵。反语的上一字必与所切之字为双声，下一字必与所切之字为叠韵。古人比较归纳双声叠韵以探讨声的类别和韵的部分。唐季迄宋，知识界逐渐发明以口腔部位的发声，区分牙、唇、舌、齿、喉、半舌、半齿七音定类，每类又以清浊定位，由是产生了为宋元等韵图所沿用的卅六字母，或谓之"纽"。其中唇音八纽：重唇"帮、滂、并、明"，轻唇"非、敷、奉、微"；舌音八纽：舌头"端、透、定、泥"，舌上"知、彻、澄、娘"。经过精心考证，在获得大量确据之后，钱大昕断言：古唇音无轻重

---

[1] 夏炘：《诗古韵表廿二部集说》，《续修四库全书》本，第313页。

之分，"凡轻唇之音古读皆为重唇"[1]。钱大昕又说："古无舌头、舌上之分，知、彻、澄三母以今音读之，与照、穿、床无别也，求之古音，则与端、透、定无异。"[2]这就是说，"知、彻、澄"舌上三母，今读类正齿音"照、穿、床"，而古读类舌头音"端、透、定"（至于"娘"母，则古读类"泥"）。可见古无舌上音，凡舌上音古时皆读舌头音。于是在条例上否定了等韵学者关于古唇舌二音"类隔"之说。所谓"类隔"，即用隔类的声纽切某字。由于古今音变，唇音从重唇分出了轻唇，舌音从舌头分出了舌上，因此，宋人读隋唐唇舌二声的反切，已多非"音和"。如有反切的上一字为轻唇而所切之字却为重唇等，等韵学者谓之"类隔"。舌音也有这种情形。江永《四声切韵表》说："舌、唇二音，古或用隔类切。"经过钱大昕的考证，学者始知古无"类隔"，后人所谓"类隔"，于古实为"音和"。这就为研究古声纽扫除了人为的障碍。

古音明，经传古籍所用的假借字及转语也明，学者便能由此以明其中的圣贤义理。例如，《论语·述而》云："子曰：'文莫，我犹人也；躬行君子，则我未之有得。'"汉、宋经师都不识"文莫"一词为何意。何晏《集解》引孔安国注，释"莫"为无，朱熹《集注》以"莫"为"疑词"，都属缘词生训，牵强曲解，使学者困惑。晋栾肇撰《论语驳》，据扬雄《方言》，谓"文莫"即"侔莫"，乃努力的意思。刘台拱从明杨慎《丹铅录》辑得此条《论语》佚注，并考《说文》《广雅》诸书，用同音假借和双声语转等训诂原理加以论证，谓"文莫"乃"忞慔"之借字，与《毛诗》"黾勉同心"之"黾

---

[1] 钱大昕：《十驾斋养新录》卷五，中华书局 2005 年版，第 125 页。
[2] 《十驾斋养新录》卷五，第 137 页。

勉"，《方言》之"侔莫"等都系一声之转，盖强勉之意。孔子言"文莫犹人"，谓努力犹人。于是使千载之蔽，一旦为之涣然冰释。其后宋翔凤、黄式三等皆从之。

论者尝谓清代考据的最精者在小学，这是事实。

（原载《扬州大学学报（人文社会科学版）》2009 年第 1 期）

清代"扬州学派"旧闻择抄

鲁迅有《古小说旧闻钞》。"旧闻"者,古人旧说也。窃取斯义,以为篇名。附记。

在清季和民国初年学人的笔记和书札等中,颇多清代"扬州学派"代表汪中、阮元、焦循等的遗闻轶事,兹择抄较有意义并真实可信者,聊供扬州文化研究者参考并希同志续为云尔。

一、汪中"以史治经"对日本学界的巨大影响

香港商务印书馆出版的《胡适的日记》载:民国十一年八月廿六日,"日本学者今关寿麿来谈。他送我一部自作的《宋元明清儒学年表》。我们谈甚久。他说,二十年前,日本受崔述的影响最大;近十年来,受汪中的影响最大,崔述的影响是以经治史,汪中的影响是以史治经"。"他又说,崔述过信经。"(第437页)

二、张文虎谓汪中骈文远胜龚自珍所作

上海书店刊行的《张文虎日记》载:同治七年八月十六日,"阅《龚定庵集》,吴晓帆方伯新刊本……龚君文颇自命作者,其

大文似学《淮南》《鹖冠》，小品则出入沈石贤、皮、陆、罗昭谏之间，而尤近沈，似乎高古而未免如东坡之讥扬子云者。无识者以比汪容甫，则天壤矣。"（第151页）按，张文虎为曾国藩幕客，时在金陵书局校书。吴煦，字晓帆，曾署江苏布政使。

三、汪中藏赵孟𫖯摹《急就章》

上海古籍出版社刊《艺风堂友朋书札》录费念慈致缪荃孙书（十六）云："昨又在郎亭斋中假得钮匪石重校定《急就章》皇象本。据汪容甫所藏松雪临本，参以明正统间吉水杨氏石本，于颜师古肊改之字皆为厘正。昨已录一通。"（上册，第317页）按，汪鸣銮，字柳门，号郎亭，光绪间官至侍郎，因卷入帝后党争被慈禧太后罢斥，寓居苏州，好金石文字。汉史游《急就章》为草书家所宗，吴皇象、元赵孟𫖯等皆有临本。孟𫖯，字子昂，号松雪。

四、阮元祝愿"天下太平"

梁章钜《归田琐记》有"天下太平四字"一则云："闻阮元台师在相位时，每于岁除前，用松花绢方笺，篆书'天下太平'，字如秦、汉瓦当体，分贻知好。潘芝轩阁老以四字所出问翰林诸公，皆不能对。师曰：'此五经中句耳。'阁老乃分属军机章京数人，各检一经，始知出《仲尼燕居篇》，云：'言而履之，礼也；行而乐之，乐也。君子力此二者，夫是以天下太平也。'按，四字见经仅此。其见于周、秦间书者，《邓析子·转辞篇》：'圣人寂然无鞭扑之形，莫然无叱咤之声，而家给人足，天下太平。'《吕氏春秋·仲夏纪》：

'天下太平,万物安宁。'《韩非子·忠孝篇》:'天下太平之士,不可以赏劝也;天下太平之民,不可以刑禁也。'其见于汉人笺注者……予以壬寅春引疾解组,以海氛方恶,避居扬州,适吾师亦书此四字见赐。记予以'心太平斋'属伊墨卿书额。翁覃溪师见而讶之,谓予曰:'昔陆放翁以心太平自额所居,人皆谓取《黄庭经》语。然古本《黄庭经》是闲暇无事修太平,陆改修为心,盖当南渡之余,日切中原之望,吾子何取乎尔?'回忆此语已隔三十年。今云台师之书此也,年已七十有九,而予亦六十有八,若曰窃愿我师弟以余年长享太平之福而已。因装为横幅,而记其前后情事如右,俾观者有所考焉。"壬寅,1842年,阮元书此时,英军入侵方亟,所谓"海氛方恶"也。

五、刘师培评阮元学人之诗

江苏古籍出版社影印《清晖山馆友声集》载1919年刘师培与陈中凡信的附笺云:"仪征阮文达公不以诗名,其诗不主一家,不专一格,然长篇均有奇致,律诗迥绝俗氛,盖纯为学人之诗,而以性情为主者也。又五七古各篇多考证之作,与大兴翁氏略同,足审乾嘉间风气。或以文达诗出于香山,然《全集》之中,绝少摹拟之作。"(第189页)翁方纲(覃溪),大兴人。

六、焦循遗稿《道听录》

北京中华书局排印吴庆坻《蕉廊脞录》载"《道听录》手稿"一则云:"焦里堂《道听录》手稿凡二十巨册,中似分类,盖读书随手纪述者。老辈勤学精力过人有如此！其中所记，多国初雍乾间人文集中语。然如《全谢山集》，当里堂时人间尚无刊本，故据以为异闻，今则人人知读《鲒埼亭》矣。"(第162页)按，焦循此稿现藏北京图书馆，广陵书社据以刊版印行一百部。其中杂抄原书，间附己见。如评惠氏父子说《易》有异："半农辩驳旧说，松厓株守旧说也。"

七、"扬州二堂"的出处

北京中华书局排印陈康祺《郎潜纪闻》载"谈天三友扬州二堂"一则云："江都焦里堂循、吴县李尚之锐、歙县凌次仲廷堪，皆邃于经义，尤精天文步算之学，交相契爱，为'谈天三友'，见阮文达《定香亭笔谈》……里堂与甘泉江郑堂藩，皆以淹博经史，为艺苑所推，世有'扬州二堂'之目，见王柳村上舍豫《群雅集》。"(第781页)

(原载《扬州文化研究论丛》第3辑，广陵书社2009年8月版)

阮元遗事辑录(四则)

一、家集书板毁于战乱

《张文虎日记》：同治七年十一月三日，"晤仲衡及阮南江太守恩海，文达公孙也。言及家集书板均遭贼燔，惟《经籍籑诂》板尚存十之八，欲送存书局再谋刊补"。"贼"，对太平军的诬称。书局，金陵书局。

二、积古斋所藏齐侯罍等流归吴云

李慈铭《越缦堂日记》：光绪十六年二月二十日，"阅吴平斋云《二百兰亭斋收藏金石记》……平斋以浙人久官江左，收储甚富。自言所藏皆在扬州寓舍，咸丰癸丑之乱，荡为灰烬。此记皆乱后掇拾所得，其彝器多是阮文达故物，得之扬州荒市者。……先得齐侯罍，亦积古斋物，因自号抱罍子。此记备载释文及文达诸诗跋，并抚刻何子贞所致书，独为一帙。其后又得一罍，遂扁所居为两罍轩，此记尚未及载也。又言平生所收《兰亭》最富至二百余本"。咸丰癸丑，咸丰三年。是年，太平军破扬州。

三、李慈铭谓《揅经室集》佚文《雁荡图记》是伪作

《越缦堂日记》：光绪十七年九月二十日，"为子献勘校阮文达《雁荡图记》，后题道光庚子作于万柳堂。此文不载《揅经室集》中。万柳堂在京师，文达庚子未尝入京也。文中亦多误字。即作书子献，并图还之。"子献，王子献。道光庚子，道光二十年。

四、缪荃孙访学海堂等古迹

《艺风老人日记》：光绪十五年正月十六日（在广州），"游学海堂，谒阮文达公祠。有画像。楹帖云：'公羊注经，司马记史；白虎德论，雕龙文心。'又云：'此地有狮海珠江之胜；其人在儒林文苑之间。'皆文达公撰也"。

光绪十七年四月七日（在济南），"随放舟至会波楼、历下亭一游。小沧浪之'水木明瑟'，会波楼之'鹊华秋色'，皆阮文达笔也"。

光绪二十四年闰月望日（在杭州），"拜恽松云亲家，移行李入藩署，住后乐园。园中有四照楼，正对吴山。有蓬峦轩，阮文达题'宋时秘书省故址'"。恽祖翼，字荪耘，时任浙江藩司。

光绪三十四年三月十八日（在宁波）："往天一阁。阁上'宝书楼'，明嘉靖时题。阁下长联：'承梅涧、柳汀以后，清节名冠世泽永，四明司马；比南雷、东涧之奇，图书泉石高楼仰，百尺元龙。'阮文达撰。又有'天一阁书藏'，亦文达笔。梅叔跋云：天一阁藏原有之书，另辟一藏专收后来书。惜范氏子孙不能体文达之意也。"

（原载《扬州文化研究论丛》第 4 辑，广陵书社 2009 年 12 月版）

读《涧于日记》随笔

《涧于日记》，清季张佩纶著。原由丰润涧于草堂石印，凡四册。1966 年台湾学生书局据清宫藏本，影印入吴相湘教授主编的《中国史学丛书》。佩纶另著文、诗、奏议、书牍，合称《涧于集》。《续修四库全书》据涧于草堂木刻本影印。

《涧于日记》始于光绪四年，迄光绪二十一年，其中有多处断层，特别是缺失光绪十年中法战时佩纶在福建督师败奔等重要实录，极为可惜。然而是书反映晚清朝章国故、世道人心，仍富有史料价值。

一、"宦海浮沉"的缩影

光绪初年，佩纶以翰林院讲官，敢于上疏直言政令得失，正适应深宫"垂帘听政"的皇太后"整饬朝纲"的需要，于是声名极盛。冯煦《蒿庵随笔》卷二有云：光绪之初，黄体芳、何金寿、陈宝琛、张佩纶等，"并在讲幄，国是之利病，人材之良窳，数有建白，朝廷倚之为重"。这段后人所追记之词，可从《涧于日记》得到证实。如光绪四年十二月十二日深夜，张佩纶密疏反对高官子弟不依规章被保荐一事，震惊了朝野。原文云："密缮疏怀之"，"二更后驱车入朝，论大臣子弟不宜破格保荐"。翌日——十三日，军机处即颁"上谕"，肯定佩纶"敢言"。"上谕：翰林院侍讲张佩纶奏《大臣子弟不宜破格保荐》一折。据称四川候补道宝森，系大学士宝鋆之弟，特膺保荐，恐以虚誉邀恩。刑部郎中翁曾桂，系都察院左都御史翁同龢之兄子，并非正途出身，不由提调坐办，而京察列入一等，恐为奔竞夤缘口实等语。所陈绝无瞻顾，尚属敢言"云云。

由于最高执政者对之表示赞赏，于是朝臣交口称誉。《涧于日记》又云：十五日，"孝达邀饭，以予疏太辣，亦颇称其胆"。孝达，张之洞。时任军机大臣的王文韶在自己十三日的日记里写道：佩纶此折"风骨峻增，可谓朝阳鸣凤，无形之裨益良多也"。连翁同龢也在日记里赞叹：十五日，"见张侍讲原折，甚切实，真讲官也！"据《涧于日记》载，光绪五年闰月十八日晨，有人投书张宅说："公直声震天下，九重褒美。海内倾心"。

于是张佩纶一时飘飘然起来，对这种短暂而脆弱的"政治清明"，不禁连声喝彩。是年二月十一日记：山西大旱，吉州知州段鼎耀冒销赈银 4000 两，经国子司汪鸣銮奏参，巡抚等查办属实，"特旨正法"。对此，张佩纶大唱赞歌："大哉圣人！杀一贪吏，足以儆效百僚。"是年十一月初二日记：晤黄体芳，"知其于前月八日召对，圣人求谏綦切，臣下何以上副耶！"

然而建立在封建专制政权基础上的所谓"主圣臣直"的"好景"不长，所谓"同光中兴"正在走向它的反面。据王照口述，王树枏笔录的《德宗遗事》云："前此两太后垂帘，万机实决于廷臣协议，不敢违法。如德州知州赵新捆送安德海于省城，丁宝桢杀安德海，旋保荐赵新升道员，宫中不能为梗。自慈安太后无疾暴崩，而垂帘始变为专制，万事皆隳于冥冥之中。"先是，当咸同之交,慈禧太后赖与恭亲王奕䜣结盟,才得从肃顺等八"顾命大臣"之手夺权。但随着奕䜣柄政日久,与慈禧之间的暗斗便不断加深。光绪八年三月初七日《郭嵩焘日记》转述湘军宿将刘坤一到北京"入觐"时与"天子近臣"翁同龢私下的一席谈话,便预示朝局将变。"岘庄述及近事,相与感喟。言在京为恭邸言:'政府译署两处人才,固可知也。殿下义兼家国,地处亲贤,宜躬任其难,无可诿者。'恭邸唯唯,稍以他语乱之。遂以语翁叔平。叔平曰:'此无他,中不足故耳。'徐曰:'不免有私,上意亦知之。恭邸知上之知之也,相与委顺而已。其心实两相猜,而又故相周旋,愈周旋亦愈猜忌。又稔亲属中才力,无能及者,则亦与委顺而任用之。'"

等到甲申中法战起,奕䜣政府所委任的滇桂前线将帅畏敌败绩,大受舆论指摘,于是慈禧太后便利用清议,严旨撤换奕䜣、李鸿藻等军机大臣。

名重一时的张佩纶,时署左副都御史,在总理各国事务衙门行走。他未与枢臣同日罢官,却中了慈禧一伙"借刀杀人"之计,受命到福建前线督师。及马尾战败,在全国唾骂声中,遭受重谴,革职戍边。《湘绮楼笺启》卷五载王闿运与彭玉麟书,为之解嘲云:"幼樵不辰,身名俱败,然见敌始走,何其勇也!"与张佩纶同交恶运的尚有黄体芳等。

先是,朝廷奖励"敢言":甲申以后,变为打击敢言。光绪十一年十二月二十七日《涧于日记》录邸报:黄体芳奏请开李鸿章会办海军差使,"趋曾纪泽遄归练师"。此奏盖欲削减慈禧所信赖的李鸿章的兵权,触怒了慈禧,"旨以更张乱政,交部议"。光绪十二年正月初七日,张佩纶续见邸报:黄体芳"降调"。也有人敢议论慈禧腐败，不惧打击的。光绪十二年九月初六，张佩纶仍在西北戍所记："子峨来谈，知朱御史一新因劾太监李莲英，牵涉水灾，降主事。"子峨，何如璋。

如上述，读《涧于日记》，如见张佩纶"宦海浮沉"的缩影，也看到了晚清政治的日益衰替。

二、预警日本侵略

张佩纶先娶钱塘朱学勤之女，丧偶后又与李鸿章之女缔姻。学勤字修伯，英法联军入侵北京时，任军机处章京，佐奕䜣留守京师，处理内政外交，深受信用，成为一时炙手可热的人物。神秘的《热河密札》，其受书人即朱学勤，官至大理寺卿，《涧于日记》用汉官名称之为"廷尉"者是也。当同治初年，朱学勤已预警必须防御列强入侵。光绪十七年七月二十二日《涧于日记》云："廷尉有《结一庐杂钞》一册，专记本朝饷项盈虚之数，用意甚深。子涵出都时，写一副本以见贻。其言切实著明，欲边海者省改封存之旧以备西洋，且预防土木奢纵之害。《杂钞》在同治初年，而所见如此，可云远识矣！"学勤二子：长子清，次子涵。佩纶书此，是有感于日本侵略之祸迫在眉睫而发。其时，佩纶已从西北戍所释回，寄居天津直隶总督署，依附其丈人李鸿章。他目击淮军内部文恬武嬉，毫无抗御外敌的准备，而日本对朝鲜和中国虎视眈眈，祸将不测。光绪十九年八月十一日《涧于日记》云："刘香林来。予在翰林，屡论朝鲜君昏后谬，臣下朋党，军政不修，终为日本所吞并。而袁慰廷狃于花房竹添之役，侈然自大，于朝鲜则操之过蹙；于日本，则漠不加意。心以为危。以询香林，香林亦以日本甚贫不足虑立论。予终不谓然。语云：'知己知彼，百战百胜。'徒知日本之贫，而不知中国之苟安姑息，患更甚于日本之贫也。北洋将骄卒怨，合肥老矣，左右又无良佐，徒恃一虚骄尚气之袁慰廷以支吾朝鲜，恐厝薪火上自以为安耳！吾谋不用，尤愿吾言之不验，则中国之福耳！香林既去，为之太息者久之，所谓'曲突徙薪'无人领会也。"刘含芳，字香林，北洋海军鱼雷营统将。袁世凯，字慰廷，时统军防护朝鲜。

翌年，光绪二十年，果如张佩纶所言，日本大举侵略朝鲜，偷袭中国运兵船，清廷仓促应战，海陆皆溃。清议严责李鸿章丧师辱国，波及张佩纶。是年八月十二日《涧于日记》："十一日阁抄上谕：'御史端良奏：请将革员驱令回籍，以免贻误事机等语。革员张佩纶，获咎甚重。乃于发遣回后，又在李鸿章署中以干预公事，屡招物议，实属不安本分。着李鸿章即行驱令回籍，毋许逗留。'"旋经李鸿章疏辩，朱批："仍令回籍，不准在该督署中居住"其实，李疏已申明，张佩纶已经离津南行。他虽再被朝廷废弃，但仍忧国，深虑日本必灭朝鲜。从此，"渤海分其半，北洋无安枕日矣！"其后，所料皆验。

三、重视文化瑰宝

据缪荃孙《艺风堂文·续集》卷五所辑《朱修伯大理〈结一庐文集〉序》云：朱学勤好藏书。当英法联军入侵北京时，怡王府、徐松家等名家藏书多散入市肆，学勤与长子子清多方收购。学勤与子清相继殁后，次子子涵移其佳本归杭州，有《结一庐书目》行世。光绪十九年九月初六日《涧于日记》说："李怡庭愁垣自杭州来，得式如书，《结一庐书目》四本并至。"据缪文又说，其中精华后归张佩纶。佩纶受朱氏熏陶，虽身堕宦海，但尚留书生结习，重视文化瑰宝。兹言二事：

1. 为《永乐大典》流失至国外而愤慨

光绪十五年二月二十一日《涧于日记》："晚与伯行询英国事，知《永乐大典》在其博物院中，书亦不全，且愤且叹！"李经方，字伯行，鸿章长子，时奉派英国归国。按，《永乐大典》为明成祖于永乐年间，以国家力量编的一部巨型类书，共2.2万余卷，合订为1.2万册，内辑大量古籍，尤多宋元佚书。嘉靖帝命臣工抄一副本，至隆庆时始完成。明清易代以后，其副本先藏大内"皇史宬"，后移翰林院。乾隆时，四库馆臣从中辑佚书。嘉庆时，又从中辑补《全唐文》。因已小有残缺，故在事臣工屡求查正本抄补，但无下文。据参与辑补《全唐文》的法式善著《存素堂文存·续集》卷二所辑《校〈永乐大典〉记》和《校〈全唐文〉记》二文所说，关于《大典》正本，乾嘉间已无人知其下落。他看到翰林院所藏每册都著录校官和抄员姓名，故肯定系嘉靖抄本，共2万卷，1万册。其后陆续被窃散失。至光绪二十年，已仅存800余册。是年六月初十《翁同龢日记》"赴翰林院，到大教习任"，"看明抄'四史'不全，《永乐大典》剩八百余册"。《大典》之所以如此大量从翰林院流失，一因朝政腐败，保管不严，又因外国厚利收购中国国宝。王颂蔚《写礼庼遗著》有《送黄公度随使欧洲》诗，他托黄遵宪到英国博物馆搜访被掠《大典》的数目。小注云："《大典》今存翰林院者只八百余册，传闻英人购去储博物院。"读书至此，能不"且愤且叹！"以上可与张佩纶所记相印证。

2. 收藏王念孙校补的段玉裁《六书音均表》

光绪十八年十二月二十九日《涧于日记》云："王怀祖先生古韵当分二十一部。又论《诗》随处有韵,云:《诗补韵》不载。而所谓《诗补韵》不可得见。忽有以《六书音均表》来售者,附录一册,全是《诗》韵,另仍照十七部而分配入部大有更易。后附《经义述闻》论《诗》韵一条,'轨、牡'上考证一条,与《述闻》小异,即《述闻》所谓'初说',段氏大以为是者也。《六书音均表》亦有评改。签题'王怀祖更正本',而书无图记,不知为王怀祖手迹,抑复抄之本? 以索价太昂,力不能有之,乃竭两日之力悉录之《六书音均表》上,从此斋中又增韵书一种矣。亦急景凋年破闷之具也。"翌年,此书仍归张佩纶。光绪十九年十一月十五日《涧于日记》云:"肆估以王怀祖所校补《六书音均表》来售,去年所未得者,今仍归之我,亦可喜也。"

《诗补韵》,即《诗补音》,宋吴棫著,10 卷。见陈振孙《直斋书录解题》。

清儒考证古韵始于顾炎武。他撰《音学五书》,合并"今音" 206 韵之目,定古音为 10 部,举平以该上去入。江永继之,撰《古韵标准》,分古韵为 13 部,入声 8 部。段玉裁再继之,撰《六书音均表》,分古韵为 17 部,入声 8 部。王念孙先读顾、江之书,以为尚未尽善,有所补苴,分古韵为 21 部。后见段玉裁《六书音均表》,发现在分部上多与己见暗合,如"真""谆"之分为二;"支""之""脂"之分为三。段、王虽各自发明,但若合符节。惟在入声的分配上颇有分歧。按,四声之中,入声最少。顾炎武对《广韵》无入之部,古音悉配以入;有入者反之。惟独于 26 辑至 34 乏,仍用旧说。江永倡为"异平同入"之说。段玉裁继之,谓古有"合韵"，入声相同是枢纽。王念孙分 21 部为二类：自东至歌 10 部为一类，皆有平上去而无入声；自支至宵 11 部为一类，或四声皆备，或有去入而无平上，或有入而无平上去，而入声则皆有之。乾隆五十四年，段、王初晤于北京，论韵，念孙劝改《六书音均表》五事，皆关于入声的分配问题，玉裁从之者二，不从之者三。语详《经义述闻》卷三十一《与李方伯书》。

（原载《扬州大学学报（人文社会科学版）》2010 年第 5 期）

书戴逸著《涓水集》后

2009 年 8 月，北京出版社出版了戴逸同志近著《涓水集》。它是作者主持国家清史编纂委员会后的部分工作实录，内容包括对新修《清史》的指导思想、组织工作、专题探讨，等等。读后深受教益。兹就戴兄为指明修纂《清史·朴学志》的方向而于 2005 年 3 月 10 日致本人的一通信，略谈体会，聊当笺释云尔。

先是，2004 年初，正当新修《清史》工程得告全面启动时，扬州广陵书社也在清代文献领域做了一件好事，重新影印晚清名著李慈铭的《越缦堂日记》。此书原来的出版极为曲折。先在民国八、九年间，由蔡元培发起，交给上海商务印书馆影印了它的第二段。元培本遵李氏遗意，拟将第一段删节后发表。后从钱玄同之劝，于民国二十五年，即原稿补印，也就取名《越缦堂日记补》。但第三段即原稿的最后一函被李氏门人樊增祥也为谋梓行而取去。增祥殁后，一时无从究诘此函下落。直到 1988 年才由北京燕山出版社影印行世。读者以很难看到《越缦堂日记》的全豹而抱恨。为满足士林需要，广陵书社决定将三段合一，重新影印全书，力求恢复原貌。我力赞其成，为写《重印越缦堂日记序》。在付印前，将序文稿寄请戴逸学兄教正。他对广陵书社此举极为赞赏，提议将此书列入《国家清史编纂委员会·文献丛刊》。3 月间，国家清史出版组负责人王俊义同志、文献组负责人黄爱平同志偕来扬州，与书社洽商《越缦堂日记》出版的有关问题。戴逸同志特委托其高第黄爱平女士当面敦促，要我负责修纂以乾嘉考据学为中心的《朴学志》。我自惭学术浅陋，又届耄耋之年，深恐有负委任。但鉴于新修《清史》的意义重大，任务紧迫，不得不勉力从事，襄此盛举。旋即请准所在单位扬州大学，成立项目组，向国家清史编纂委员会申请立项，获得通过。是年6月，开始修纂。

2005年3月10日，在审阅了《朴学志·大纲》及部分样稿之后，戴逸同志给我写信，指明修志的航向。原文云：

> 朴学研究的对象主要是古代典籍，但与近代之科学精神有相通处，此其所以可贵也。它从文字声韵等小处、要处入手，质疑推理，重视求证，无征不信，孤证不立，不盲从，不轻信，研精覃思，实事求是，其能开辟清学新境界者即以此故，为近代学者所尊崇者亦以此故。惜以种种客观条件所限，未能推广此种精神与方法，研究自然界与人类社会之真理。希能于《朴学志》中推阐和发扬此种理性之科学精神，俾后来者知所取向。（《涓水集》290页）

在来信的启发下，项目组把清代朴学载入史册，首重阐述它的方法论。清代学界的汉宋对立，集中到一点，是读经方法论的分歧。清代朴学家反对宋儒抛弃了汉经师传授的训诂，凭自己的胸臆"凿空"说经，故而所讲的义理，非孔孟的义理，而是程朱的义理。清朴学家倡导，舍弃宋明语录，为反求孔孟义理而读经。因古经由古文字写成，故读经必先识古字；又因古书多同音假借字，故识古字必先审古音。其说创自清初顾炎武。他《答李子德书》云："读九经自考文始,考文自知音始,以至诸子百家之书,亦莫不然。"乾隆时,惠栋力主恢复汉代经师训诂。他撰《九经古义述首》,强调:"五经出于屋壁,多古字古言,非经师不能辨。经之义存乎训,识字审音,乃知其义,是故古训不可改也,经师不可废也。"于是始立"汉学"门户。戴震继起,进一步阐述义理存乎训诂之中。他撰《题惠定宇先生授经图》,极力发扬惠氏读经必由训诂的理论,谓"若不由训诂而言义理",是凭胸臆"凿空"说经,势必流于"异学曲说",背弃了惠氏的遗教。但惠氏旨在"复汉",而戴氏则谓汉儒也有附会,不能盲从训诂,要求实事求是。于是清代朴学有了完整的读经方法论,即"必由训诂以明义理",既反对"凿空"说经,又反对"株守"旧注,旨在求是。于是清儒评估说经之作也有了客观的标准。王念孙作《刘端临先生遗书序》,赞美刘台拱诂经的精湛,谓"以视'凿空'之谈,'株守'之见,犹黄鹄之与壤虫也"。

在正确读经方法论的指引下,清儒对义理也有精辟的发明。如《毛诗》有"弗躬弗亲,庶民弗信"之言,《毛传》曲解为"庶民之言不可信"。《郑笺》据《左传》《淮南子》《说苑》等引此诗,改解为"民不信上"。胡承珙作《毛诗后笺》,以墨守《毛传》为宗旨,但对此却例外,舍《传》从《笺》,便扬弃了封建的糟粕,吸取了民主的精华。这是胡氏主张"义理求是"的结果。

由于经学以小学为入门,以故惠、戴诸经师都极重视小学。戴震发明了治小学的方法——"以字考经,以经考字"。陈奂《说文解字注跋》引段玉裁自言:"予之注《说文解字》也,盖窃取此二语而已。"其实,乾嘉及其以后的大量经解和小学名著都是此"八字"的产物。

从对经、小学的研究中可以发现，清代朴学与近代科学"实验主义"相通的诸多例证：一是两种态度基本相通；一是思维程序相通；一是使用比较归纳法相通。兹分别言之。

清代朴学与西方的"实验主义"一样，承认事物是进化的。最突出的事例是清儒突破了古"叶音"说的误区，由此创造了一代精益求精的古音学。按，人类读文字的声音历久是有变化的。戴震《声韵考》说："音之流变有古今。"产生在先秦的《诗经》，按"古音"是谐韵的。但以后字音多有变化，宋人按隋唐韵书的"今音"读《诗》已多不谐，遂忖度古人为做诗押韵而读的"叶音"，朱熹以之写进了《诗集传》，遂为数百年学者所尊奉。顾炎武取明陈第之说，确信古无"叶音"，所谓"叶音"，实即古本音。于是炎武撰《诗本音》，江永撰《古韵标准》，段玉裁撰《诗经韵谱》，孔广森撰《诗声类》等等，产生了一代以"三百篇"为主要依据的古韵分部研究。其共同出发点，就是确信古今读音有变化，斥古诗"叶音"说为无稽之读。钱大昕《诗经韵谱序》说："谓古音必无异于今音，此夏虫之不知冰也。"

又按，清代朴学与"实验主义"一样，坚持"无征不信"的态度。"实验主义"区分真理与谬误凭实验，清代朴学判别考据的是非凭证据，其道理是相通的。乾嘉学者著书首重取证。如邵晋涵撰《尔雅正义》，他与友人程晋芳（鱼门）书，预计"取证止少三年"。必须证据确凿，他们才做论断。

清儒考证古籍的过程与"实验主义"的思维程序——以后胡适概括为"大胆的假设，小心的求证"，也是不谋而合的。有的一字之证，经过清儒数代人的反复，从假设到求证，最终获得确证，达到如王引之《经传释辞序》所说的"揆之本文而协，验之它卷而通",才做出结论。如《诗经》里的"匪"字往往用作"彼"字解。《广雅》本之作训:"匪,彼也。"但郑玄笺《诗》:"匪,非也。"读者对之困惑。顾炎武见《左传》引《诗》,杜预注:"匪,彼也。"谓"杜解为长"。于是他在《左传杜解补正》里,作了假设:"匪、彼古或通用。"其后惠栋《毛诗古文》再次假设:"匪、彼古或通用如顾说。"再后,王念孙《广雅疏证》列举更多证据支持顾、惠二前辈的假设,判定《郑笺》误解。至于"匪"何以与"彼"通用? 则因古音相同。钱大昕《养新录》:古无轻唇音,"读匪如彼"。

清朴学家使用的考证方法实即近代西方科学家使用的比较归纳法。如阎若璩判定东晋本《古文尚书》为伪书,就是通过一系列比较得到的结果。按,汉人见到的古文《尚书》已亡于西晋永嘉之乱,而记载"壁中书"的《史记》《汉书》及引用真古文的《说文解字》等汉人著作犹存。若璩以之与东晋本《古文尚书》比较对勘,发现一系列差异:篇数差异,篇名差异,内容差异。由此推断,梅赜所献的是伪书。及至发现所谓"孔安国传"中有安国死后才设置的金城郡,遂找到了后人作伪的铁证。清儒又长于使用归纳法,从归纳若干例证的个性,而后得出其共性。如钱大昕研究古声纽,发现"古无轻唇音",就是从大量今读轻唇音的字,古人皆读重唇音,归纳出的结论。

清代朴学因具有科学性,故所说多不谋而合。朴学家虽各自闭门造车,而往往同轨合辙。正如马瑞辰《毛诗传笺通释·例言》所说:"考证之学,首在以经证经,实事求是。顾取证既同,遂有出门之合。"

清代朴学家都有科学精神,表现为不轻信,但能从善如流。如戴震初不以段玉裁研究古音的创造性成果,分之、支、脂三部为然。旋经取《毛诗》等古籍细加检验，即深信为确。又如王念孙初治古音得二十一部，不言部与部通转。及至晚岁，为郝懿行遗作《尔雅义疏》刊误，对懿行谓郑玄注《礼记·乐记》："天地䜣合"，读"䜣"为"熹"为非，加以否定。念孙指出："文韵与之韵互相转"，"此古音古义不可驳。"可见王氏已接受孔广森"阴阳对转"中之"蒸、之"对转说矣。

　　由于与近代科学相通，清代朴学具有科学性，清代朴学家大多有科学精神，他们治经学、小学等皆有完善和精良的方法，故而能创造出辉煌的成果。但受历史的局限，清儒未能把精力投向探求自然界和人类社会的客观规律，做出更大的贡献。而且在使用考证方法上，有时也犯主观忖度，以假设当作结论等失误。这些经验，值得作史者总结，值得后人借鉴。

（原载《书品》2011 年第 1 辑）

修纂《清史·朴学志》日记

二○○四年

七月五日

国家清史编委会典志组电话告知，申报《清史·朴学志》立项已获准。斯事体大，衰年末学，不胜此任，当努力为之。

阅邵晋涵《南江文钞》。

《续修四库全书》据清道光十二年胡敬刻本影印。凡十二卷。卷十二为《四库书提要稿》，晋涵在四库馆时所撰也。从《史记》，至《明史》。以《四库提要》与之对勘，有全采用者，有小加增删者。《隋书》之后，列目无文。

七月六日

续以《四库提要》校《南江文钞》。

七月七日

阅《南江文钞》。

卷八，《与程鱼门书》、《与吴衣园书》、《与朱笥河学士书》（一二三），均言撰《尔雅正义》的艰苦经过。

七月八日

清史典志组郭成康组长电话，《朴学志》已立项，进入签订合同阶段。

七月十一日

起草《清史·朴学志》凡例。

七月十三日

成立项目组。

快递公司送来合同文本，签字。

组成《清史·朴学志》项目组，祁龙威负责，成员田汉云、陈文和。张连生任秘书。报北京，抄报单位。

七月十四日

扬大校长郭荣在合同文本盖章。与郭成康同志通电话，告以连生夜车入京，送合同及经费预算。

七月十八日

连生自北京归。

七月十九日

修改《清史·朴学志》凡例。

七月二十一日

始阅顾炎武《日知录》。

七月二十九日

收到国家清史领导小组办公室所寄《朴学志》项目组负责人聘约合同，规定任务和报酬。签名盖章后，交连生寄回清史办。告知汉云、文和。

辑《日知录》《说文》等条。

八月四日

国家清史编委会戴逸主任电话商谈撰《朴学志》诸事。突出主流，分定篇目。以时为经，以事为纬。定内容与体例。始写"绪论"即"概述"，总叙一代朴学的兴起、鼎盛、衰落及蜕变，分清初、乾嘉及晚清三期。

拟以"绪论"的第一段叙清初顾炎武、阎若璩创始一代朴学，作为全志样稿，备讨论。

八月九日

项目组商定撰写分工：祁龙威写"绪论"、《小学篇》；田汉云写《经解篇》《诸子篇》；陈文和写《金石篇》《目录篇》《校勘与辑佚篇》；张连生写《考史与释地篇》。另约请朱家生副教授写《天算篇》。要求八月底各自拟定提纲。

八月十日

拟《朴学志·绪论》提纲。

八月十一日

与朱家生同志商谈写《天算篇》事。

八月十四日

拟《朴学志·绪论》提纲毕。

八月十五日

拟《小学篇》提纲。

八月十六日

汉云来，商拟《经解篇》《诸子篇》提纲。

八月十七日

续写《小学篇》提纲。第一章《尔雅学》，第二章《说文学》，第三章《声韵学》。

八月十九日

与连生商拟《考史》提纲。

八月二十日

文和来，商拟《金石》《目录》《校勘与辑佚》诸篇提纲。

八月二十三日

递报告于校党委，为《清史·朴学志》工程已启动也。

收到清史办下达的第一年度经费十万零五千元。（后不悉记。）

八月三十一日

收缴提纲。未交齐。

九月一日

郭成康同志来电话，指导工作。

九月二日

寄典志组以《朴学志》凡例及部分提纲。

九月四日

项目组会议，回顾八月份工作，部署九、十月工作。抓进度。

九月五日

始写前人对清朴学的研究述评。项目组分工：我写中华人民共和国成立前；汉云写中华人民共和国成立后；文和写对史料的整理与出版。

九月十日

续写前作，日数百字不间断。从评述《汉学师承记》到评介胡适的有关论文。

九月十六日

感冒甚剧，坚持续写前作。

九月二十五日

续写前人对清朴学史研究的述评，始评章炳麟《訄书·清儒》。

十月二日

评太炎先生《清儒》毕。此文阐明，清代朴学的主流是惠戴之学。

十月四日

始评梁启超《近三百年学术史》。此书写清朴学的横切面。

十月七日

始评梁启超《清代学术概论》。此书写清朴学的纵线。

梁氏两书表明,一纵一横是写清朴学史的最好方法。

十月十三日

写前人对清朴学史的研究述评毕。

此文后辑入《龙威读书录》(广陵书社 2010 年 3 月版)。其结尾云:"近世学人以论清朴学史而名家者众,其最著影响者厥唯章、梁、胡三大师。章炳麟撰《訄书·清儒》,朴学的源流及其特点明;梁启超著《清代学术概论》《中国近三百年学术史》,研究朴学史一纵一横的方法明;胡适发表《清代学者的治学方法》等论文,朴学的科学性质及其价值明。"此文实为修纂《清史·朴学志》奠基。

十月十五日

阅《洪亮吉集》。中华书局《中国古典文学基本丛书》本。录其有关清初及乾嘉朴学之兴起与鼎盛的评述云:"……迨吾国家之兴,而朴学始辈出,顾处士炎武、阎征君若璩首为之倡,然奥窔未尽辟也。乾隆之初,海宇乂平,已百余年,鸿伟傀特之儒接踵而见,惠征君栋、戴编修震,其学识始足方驾古人。"[1]按,戴震未授编修?

洪氏评述清初及乾嘉的藏书家云:"藏书家有数等:得一书必推求本原,是正缺失,是谓考订家,如钱少詹大昕、戴吉士震诸

---

[1]《卷施阁文甲集》卷第九《邵学士家传》。

人是也。次则辨其板片，注其错讹，是谓校雠家，如卢学士文弨、翁阁学方纲诸人是也。次则搜采异本，上则补石室金匮之遗亡，下可备通人博士之浏览，是谓收藏家，如鄞县范氏之天一阁、钱唐吴氏之瓶花斋、昆山徐氏之传是楼诸家是也。次则第求精本，独嗜宋刻，作者之旨意纵未尽窥，而刻书的年月最所深悉，是谓赏鉴家，如吴门黄主事丕烈、邬镇鲍处士廷博诸人是也。又次则于旧家中落者，贱售其所藏，富室嗜书者，要求其善价，眼别真赝，心知古今，闽本蜀本，一不得欺，宋椠元椠，见而即识，是谓掠贩家，如吴门之钱景开、陶五柳，湖州之施汉英诸书估是也。"[1]

十月十七日

阅朱一新《无邪堂答问》。中华书局本。

录解题：张之洞督粤时，开广雅书院以课士，名其堂曰"无邪"。朱一新曾主斯院，辑与诸生问答之辞为五卷。

录其指摘汉学家之言二则：

其一，《国朝学案小识》书后。汉学家之言曰："训诂名物，治经之途径，未有入室而不由径者。"其言良有功于经学。第终身徘徊门径之间，而不一窥宫墙之美富，揆诸古人小学、大学之教，夫岂其然。

其二，俞恩荣问："相人偶为仁。"答：阮文达此言恐是误读郑注。郑注《中庸》云："仁，人也。读如相人偶之人。"郑注"读如"之例与《说文》不同。《说文》字书，其所举者制字之本义。故"读如"之字，往往义寓于声，可寻声以得义。郑注乃训诂之书，凡"读如"者皆拟其音，非释其义。义则别有训释以明之。段懋堂《周

---

[1]《北江诗话》卷三。

礼郑读考》所立三例至确。

十月二十六日

与连生商改《释地》提纲。

十月二十七日

与文和商改《金石》《目录》提纲。

郭成康同志电话,典志组拟于十二月在扬州开会,统一规格。即允诺承办。

十月三十日

收到国家清史编委会所颁银行卡,月支项目组负责人津贴税后八千余元。即约定分与组员田汉云、陈文和两位各二千五百元,自留三千元。每季度给张连生劳务费五千元,在经费内支付。

十一月二日

至市工商银行,第一次领取津贴,按约分给汉云、文和。(后不再记,另有收据存档。)

十一月四日

要求全组于本月二十日前,完成清朴学史研究综述。

十一月七日

阅刘师培《读书随笔》。

十一月九日

阅刘师培《中国文学教科书》。

所论为小学。第二十四课论四声,据顾炎武《音论》,谓"四声之说起于永明,定于梁、陈之间"。"试即古代言四声之书考之",所列书七种,两种见《南史》,四种据《隋书·经籍志》,惟最后一种《四声等字》据钱曾《读书敏求记》,不知撰人姓名,亦不详卷数。龙威按,《四声等字》乃《四声等子》之异名,系宋时等韵书之一,非南朝人四声书也。刘氏于《读书随笔》中曾言元刘鉴《切韵指南》创十六摄,"摄"之名始此。其实已见于《四声等子》。又按,《四声等子》一卷,有《咫进斋丛书》等刊本。

十一月十日

典志组电话,决定下月来扬,开天文、地理等六项目的座谈会,交流样稿。

十一月十一日

典志组电话,确定会议时间、人数及伙食标准,即请市委宣传部赵昌智部长,代预订新世纪大酒店。

十一月十二日

典志组电话,调整会议内容,改为《朴学志》一家的座谈会,规模不变。

十一月十九日

写《朴学志·绪论》第一段,顾、阎创始清代朴学,备会议讨论"样稿"。

十一月二十日

续写"样稿"。

十一月二十一日

写"样稿"近三千字成。先释"朴学",一名"汉学",又称"考据学";再述顾炎武、阎若璩创清朴学。

十一月二十六日

典志组郭成康组长偕林乾教授从北京来,商谈下月座谈会事宜。当面上交"凡例""提纲""样稿"及部分"研究述评"。与汉云、文和同商谈,督进度。

当晚,郭、林二教授夜车返京。

十二月一日

阅周祖谟前辈《问学集》。中华书局版。上、下册。摘录以下诸文:《陈澧切韵考辨误》《尔雅之作者及其成书之年代》《重印雅学考跋》《方言校笺序》《许慎及其说文解字》《论段氏说文解字注》《书刘熙释名后》《读王氏广雅疏证手稿后记》《广韵校本序》。

十二月五日

阅台湾林庆彰教授《清初的群经辨伪学》。文津出版社印行。

十二月十六日

与毓清移住新世纪大酒店。来新夏教授夫妇、汤志钧研究员夫妇等先后到。

十二月十七日

《朴学志》座谈会。

上午,成崇德、郭成康、陈其泰、王俊义、黄爱平、姜涛等从北京来。即与郭君商定会议日程。

午后,《清史·朴学志》座谈会开会。

致辞:受命以来,夙夜忧虑,深恐衰年末学,难胜此重任,故而向各专家竭诚求助。当与项目组同仁鞠躬尽瘁。

扬州大学党委书记范明、中共扬州市委常委宣传部部长赵昌智分别致辞,表示支持。

国家清史编委会副主任成崇德传达戴逸主任对到会专家的问候。

摄影。

对《朴学志》"样稿"进行审议。

十二月十八日

竟日审议"样稿"。

午后四时，郭成康组长作小结：通过"样稿"。不写泛论汉宋的"学术志"，而是专叙以考据为中心的"朴学志"。

夜，与来新夏、汤志钧二老友等话别，致谢忱。

十二月二十六日

始阅惠栋《松崖文钞》。

《续修四库全书》据刘世珩校刊《聚学轩丛书》第二集本影印。其书实萧穆所辑，分二卷以符栋行状所言之数。

栋倡导治经必由汉学，见以下诸文：

《九经古义述首》："汉人通经有家法，故有五经师，训诂之学，皆师所口授，其后乃著竹帛，所以汉经师之说，立于学官，与经并行。五经出于屋壁，多古字古言，非经师不能辨。经之义存乎训。识字审音，乃知其义。是故古训不可改也，经师不可废也。"

《易汉学自序》："六经定于孔子，毁于秦，传于汉。汉学之亡久矣。独《诗》《礼》《公羊》犹存毛、郑、何三家。《春秋》为杜氏所乱，《尚书》为伪孔所乱，《易经》为王氏所乱。杜氏虽有更定，大校同于贾、服。伪孔氏则杂采马、王之说。汉学虽亡而未尽亡也。惟王辅嗣以假象说《易》，根本黄老，而汉经师之义荡然无复有存者矣……栋曾王父朴庵先生尝悯汉学之不存也，取李氏《易解》所载者参众说而为之传，天、崇之际，遭乱散佚，以其说口授王父，王父授之先君子，于是成《易说》六卷，又尝欲别撰汉经师说《易》之源流而未暇也。栋趋庭之际，习闻余论，左右采获，成书七卷，自孟长卿以下，五家之《易》，异流同源，其说略备……庶后之思汉学者，犹知取证。"

十二月二十八日

与连生商定经费报销原则：专款专用，公私分明，节约。

阅杭世骏《道古堂集》。《续修四库全书》据原刻本影印。录其史学诸有关函件。《与江慎修书》："仆近为《读史匡谬》一书，凡后史证前史之非者都为一例。"《与张曦亮书》："比读陈寿三《志》，窃怪裴世期之《集注》尚有缺焉。因更广采异闻，以增益其所未备。"《古文尚书疏证跋》。《阎若璩传》。

十二月三十日

汤志钧兄寄赠所著《庄存与年谱》。

二〇〇五年

元月一日

与文和商拟《校勘与辑佚》提纲。

一月三日

摘抄《戴震全书》（关于治经方法论）。黄山书社本。

《东原文集》。

《古经解钩沉序》："士生千载后，求道于典章制度而遗文垂绝。今古悬隔，时之相去殆无异地之相远，仅仅赖夫经师故训乃通，无异译言以为之传导也者。又况古人之小学亡而后有故训，故训之法亡，流而为凿空。数百年以降，说经之弊，善凿空而已矣。""后之论汉儒者，辄曰故训之学云尔，未与于理精而义明。则试诘以求理义于古经之外乎？若犹存古经中也，则凿空者得乎？呜呼！经之至者道也；所以明道者，其词也；所以成词者，未有能外小学文字者也。由文字以通乎语言，由语言以通乎古圣贤之心志，譬之适堂坛之必循其阶，而不可以躐等。是故凿空之弊有二：其一，缘词生训也；其一，守讹传谬也。缘词生训者，所释之义，非其本义。守讹传谬者，所据之经，并非其本经。""今仲林得稽古之学于其乡之惠君定宇，惠君与予相善，盖尝深嫉乎凿空以为经也。二三好古之儒，知此学之不仅在故训，则以志乎闻道也，或庶几也。"

《六书音均表序》："许叔重之论'假借'曰：'本无其字，依声托字。'夫六经字多假借，音声失而假借之意何以得？故训音声相为表里。故训明，六经乃可明。后儒语言文字未知，而轻凭臆解以诬圣乱经，吾惧焉。段君又有《诗经小学》《书经小学》《说文考证》《十七部古韵表》等书，将继是而出，视逃其难相与凿空者，于治经孰得孰失也。"

《重刊五经文字九经字样序》："自宋以来，学者于小学不讲。"

《戴东原先生文·与某书》：

"汉儒训诂有师承，亦有时傅会；晋人傅会凿空益多；宋人则恃胸臆为断，故其袭取者多谬，而不谬者在其所弃。"

《戴氏杂录·题惠定宇先生授经图》：

"前九年，震自京师南还，始觐先生于扬之都转盐运使司署内。……明年，则闻先生已殁于家。今徒拜观先生遗像曰《授经图》者。盖先生之学，直上追汉经师授受，欲坠未坠霾蕴积久之业，而以授吴之贤俊后学，俾斯事逸而复兴。……言者辄曰：有汉儒经学，有宋儒经学，一主于训故，一主于理义。此诚震之大不解也者。夫所谓理义，苟可以舍经而空凭胸臆，人人凿空得之，奚有于经学之云乎哉！惟空凭胸臆之卒无当于贤人圣人之理义。然后求之古经。求之古经而遗文垂绝，今古悬隔也，然后求之训故。训故明则古经明，古经明则贤人圣人之理义明，而我心之所同然者乃因之而明。贤人圣人之理义非它，存乎典章制度者是也。松崖先生之为经也，欲学者事于汉经师之训故，以博稽三古典章制度,由是推求理义,确有据依。彼歧训故、理义二之,是训故非以明理义,则训故胡为？理义不存乎典章制度,势必流入异学曲说而不自知,其亦远乎先生之教矣。"

一月十日

以上月座谈录音记录及修改后的"样稿"寄典志组。连生校对甚细密。

一月十一日

阅王鸣盛《西庄始存稿》。《续修四库全书》据清乾隆三十年刻本影印。

卷二十四《古经解钩沉序》言惠戴之学的区别云:"吾交天下士,得通经者二人:吴郡惠定宇,歙州戴东原也。间与东原从容语:'子之学于定宇何如？'东原曰:'不同,定宇求古,吾求是。'嘻,东原虽自命不同,究之求古即所以求是,舍古无是者也。"

《诗经叶韵参补序》谈"叶音"云:"夫'叶韵'也者,六朝人谓'协句',小颜注《汉书》谓之'合韵'。曰叶曰协曰合,一也。其言本无病也,病在不以叶音为本音,而以为《诗》中自有叶音耳。……然自当《唐韵》盛行之时,赖才老之讲明,而世始知有古音,递相推衍,至顾氏而始无遗恨,是考古之功,实自才老始。"

一月十四日

与汉云讨论,治清朴学必读清朴学家原著,"采铜于山"。

一月三十一日

阅王昶《春融堂集》。录其论惠戴之学。

卷五十五《惠定宇先生墓志铭》:"呜呼！自孔贾奉敕作《正义》,而汉魏六朝老师宿儒专门名家之说并废。又近时吴中何氏焯、汪氏份以时文倡导学者而经术益衰。先生生数千载后,耽思旁讯,探古训不传之秘，以求圣贤之微言大义，于是吴江沈君彤、长洲余君萧客、朱君楷、江君声等先后羽翼之。流风所煽，海内人士无不重通经，通经无不知信古，而其端自先生发之，可谓豪杰之士矣！"

《江慎修先生墓志铭》："予友休宁戴君东原，所谓通天地人之儒也。尝自述其学术，实本之江慎修先生。"

《戴东原先生墓志铭》："元和惠先生栋，三世传经，其学信而好古，于荀、虞之《易》，郑、孔之《礼》，何休《春秋》，旁搜广摭，发明古义。东原见于扬州，交相推重也。"

《詹事府少詹事钱君墓志铭》："惠君三世传经，其学必求之《十三经注疏》暨《方言》《释名》诸书，而一决于许氏《说文》，以洗宋元来庸俗鄙陋。君推而广之，错综贯串，更多前贤未到之处。"

二月二日

郭成康组长电话，根据戴逸主任意见，将提前交稿计划，商修改部分合同。旋收到典志组《通报》第七期，上刊戴公讲话。不再实行先交长编，再交志稿。改为分阶段志稿、长编一起交。即向项目组同仁传达。

二月三日

阅程晋芳《勉行堂文集》。《续修四库全书》据清嘉庆二十五年刻本影印。

录其评惠氏汉学泥古诸作：

卷一《正学论》（四）："古之学者日以智，今之学者日以愚。古之学者由音释训诂之微，渐臻于诗书礼乐广大高明之域；今之学者琐琐章句，至老死不休，何雅俗大小之不同也。且海内儒家昌言汉学者几四十年矣，其大旨谓唐以前书皆寸珠尺璧，无一不可贵，由唐以推之汉，由汉以溯之周秦，而九经史汉注疏为之根本,宋以后可置勿论也。呜呼!为宋学者未尝弃汉唐也,为汉学者独可弃宋元以降乎!"

卷五《周易述跋》:"近者汉学之盛,倡于定宇,谓《易》有五家:汉、魏、晋、唐、宋,惟汉《易》用师法得其传。不知辅嗣微言,不同于解《老》。凡定宇所尸祝者皆辅嗣既拨之云雾也。……然此采辑颇博,足资搜讨。如以《易》之正道在是,则入于幽谷不复出矣。"

二月八日

农历甲申除夕,始写《朴学志·绪论》第二段,论述乾嘉惠戴之学。

二月十九日

打印《朴学志·绪论》(二)。

二月二十八日

郭成康组长电话,商定于三月十五日、十六日,在扬州开"朴学""西学""思潮"三志座谈会,讨论统一体例与避免交错问题。《西学志》负责人熊月之教授,《思潮志》负责人周积明教授,《朴学志》负责人祁龙威。地点:扬州大学虹桥宾馆。

三月四日

与朱家生同志商改《天算篇》。

三月十日

戴逸主任要求"突出重点"。

戴逸主任对送审的《朴学志》大纲做了批示。他以《经解篇》叙《易》学突出胡渭、惠栋、焦循的创造,叙《礼》学突出凌廷堪、孙诒让的成果为例,要求突出重点,删繁就简,去芜存菁。

三月十五日

三志座谈会。

三志同仁开会，熊月之同志因公请假，派代表列席。郭成康组长主持。祁龙威发言汇报：《朴学志》"以学为主"，以区别于"以人为主"的《儒林传》和"以书为主"的《艺文志》。以"概述"为纲，按清初、乾嘉、晚清三期，总叙一代朴学的兴起、鼎盛、衰落与蜕变的脉络。本着以经学为中心带动其他诸学的体系，分为《经解》《小学》《史地》《诸子》等若干篇，各有小序引出其成果与经验。每篇又按内容需要分若干章，如《小学篇》由《尔雅学》《说文学》《声韵学》三章组成。座谈勾画出《朴学志》的雏形。

三月十六日

上午，座谈处理三志交错问题。

午后，项目组开会，学习戴逸主任于三月十日对《朴学志》写的意见，要求发扬清朴学的科学性，也指出其局限性，总结经验，供后人借鉴。

三月二十三日（在香港）

阅周祖谟前辈为《大百科全书》写的《汉语训诂学》。

三月三十日

与郭成康同志通电话。

寄项目组诸君信，促写作。

四月四日

始写《朴学志·概述》第三段，论述晚清朴学的衰落与蜕变。

四月九日

《朴学志·概述》（三）脱稿。

四月十一日

将《朴学志·概述》三段合一，从头整理加工。

四月十八日

"概述"完稿。

《朴学志·概述》上、中、下三段合篇完成。加注。此稿始撰于扬州,完稿于香港。

四月二十五日

寄《朴学志·概述》稿于扬州,付连生打印。

(五月,有澳洲之行。)

六月一日

与汉云、文和通电话,抓写《朴学志》进度。

六月三日

从香港寄《朴学志·概述》稿与北京清史典志组。

六月十五日

与郭成康同志通电话,知已收到《朴学志·概述》稿。向其报告将于十九日返扬州。

六月二十三日

阅《惜抱尺牍》。《丛书集成续编》本。凡八卷。录其讥"汉学"琐碎者。卷五《与陈硕士》:"惠氏《左传补注》亦自见读书精密处,特嫌其所举太碎小。近世为汉人学者率有斯病。愚意不喜之,觉殊不能逮顾亭林也。"

录其诽薄戴震言义理者。卷六《与陈硕士》:"戴东原言考证岂不佳,而欲言义理以夺洛闽之席,可谓愚妄,不自量之甚矣!"

六月二十五日

阅《复初堂文集》。凡三十五卷,《续修四库全书》据清李彦章校刻本影印。翁方纲不薄考据,但谓考据是为义理,为考据者不当背程朱。见以下诸作。

卷六《自题校勘诸经图后》："考订之学何以专系之经也？曰：考订为义理也。其不涉义理者亦有时入考订，要之以义理为主也。学者束发受书，则由程朱以仰窥圣籍。及其后见闻稍广而渐自外于程朱而骛末者也。是亦因宋后诸家专务析理，反置《说文》《尔雅》诸书不省，有以激成之。吾今既知朴学有益，博综考订，勿蹈宋后诸家之弊，则得之矣。而岂敢转执考订以畔正路乎！"

卷十二《送卢抱经南归序》："予尝自谓抱经校雠之精，用力之笃，惟予知之最详……然予不惟君之精且博是叹，而独叹其弗畔于朱子也。凡校雠家之精且博者皆在南宋，而论乐律如西山，诂字义如北溪，胥于朱门发之。今之学者稍窥汉人厓际，辄薄宋儒为迂腐，甚者且专以攻击程朱为事。虞道园有言，此特文其猖狂不学以欺人而已矣。抱经题跋诸篇，谓世人于朱子因一二未安，而遂并议其全。又于妄生诋如郭宗昌者则昌言排之。宜其校正古今，虚心矜慎，而不蹈流俗之弊也。"

翁氏反对考据家总结前人条例。见下文。

卷十六《书金坛段氏汉读考后》："治经之道，其最宜慎者，缺疑也。其最不宜蹈者，改字也。盱江李氏曰：'郑康成未尝改字。'此后人重康成之勤于诸经，不欲以改字目之也。然而孔氏《诗疏》云：'《毛传》未尝改字。'此一语即以显白郑改字矣。盖当东汉时，师承既非一家，传写亦非一本，其间岂无扶拄须整比者，是以郑君注释时间或有所订正，实亦出于不得已也。今金坛段氏为之发例，一曰读如读若，二曰读为读曰，三曰当为。不知郑君昔时果森然起例若斯欤？抑郑未有例而段氏代为举例欤？……段君之说曰：欲以明圣人之道也。段君试思，今何时乎？今之时非犹郑康成所际师承杂出之时也。士生今日，上承钦定诸经义疏，炳焉如日中天。又下承程朱大儒经义明析之后。即或宋诸儒不甚留意古训故之书，偶有未及详核者，惟当博综汉学以融合之，岂宜复举郑君改字之弊以著为例乎？……是以愚意奉劝善为学者，当博考古今诸家而一以勿畔程朱为职志。"

六月二十三日

收缴《朴学志》本阶段稿件。

七月一日

与文和商改《校勘篇》。商定不以近人归纳的"四校"法，套清儒校勘成果，改为从清儒的校勘经验，总结出"四校"法，即改"以论带史"的写法为"论从史出"。

七月六日

与汉云商改《诸子篇》。商定不写泛论子书思想内容等的"诸子学"，改为专叙清儒对子书考证成果的"诸子考"。于先秦，写《荀子考》（儒家）、《庄子考》（道家）、《韩非子考》（法家）、《墨子考》（墨家）；于西汉，写《淮南子考》。余列目附焉。

七月九日

阅王力教授《中国语言学史》。其中一节论"等韵"。

七月二十一日

整理《朴学志·概述》的资料长编。

七月二十五日

始写《小学篇》的第一章《尔雅学》。

读邵晋涵《尔雅正义》。

八月六日

读王念孙《广雅疏证》。录其释"匪"为"彼"等条。

八月二十日

检王引之《经义述闻》。

八月二十七日

读戴震《方言疏证》及王念孙《方言疏证补》。参阅周祖谟《方言校笺》。

九月十八日

续写《尔雅学》。

阅《抱经堂文集》。凡三十四卷。中华书局 1990 年本。

有关《方言疏证校正》诸文：卷第三《重校方言序》；卷第二十《与丁小雅杰进士论校正方言书》；卷第二十一《答孔撰谷书》："戴君《方言疏证》即校于其书上。又去年曾与丁小雅书论及此，亦附请教。"

十月五日

叙《释名疏证》毕。至此，写《小学篇》第一章《尔雅学》已九千余字。交打印。其中包括：戴震发明研究《尔雅》的理论和方法："以字考经，以经考字。"邵晋涵撰《尔雅正义》。戴震撰《方言疏证》。江声撰《释名疏证》。

十月九日

阅《周礼汉读考》。自序（作于乾隆五十八年）。又见《经韵楼集》卷二。

"汉人作注，于字发疑正读，其例有三：一曰读如读若；二曰读为读曰；三曰当为。读如读若者，拟其音也。古无反切语，故为比方之词。读为读曰者，易其字也。易之以音相近之字，故为变化之词。比方主乎同，音同而义可推也。变化主乎异，字异而义憭然也。比方主乎音，变化主乎义。比方不易字，故下文仍举经之本字。

变化字已易，故下文辄举所易之字。注经必兼兹二者，故有读如，有读为。字书不言变化，故有读如，无读为。有言读如某，读为某，而某仍本字者，'如'以别其音，'为'以别其义。当为者，定为字之误、声之误，而改其字也。为救正之词。形近而讹，谓之字之误。声近而讹，谓之声之误。字误、声误而正之，皆谓之当为。凡言读为者，不以为误。凡言当为者，直斥其误。三者分，而汉注可读，而经可读。三者皆以音为用，六书之形声、假借、转注于是焉在。

"汉之音，非今之四声二百六韵也，则非通乎虞、夏、商、周、汉之音，不能穷其条理。玉裁昔年读《诗》及群经，确知古音分十有七部，又得其联合次第自然之故，成《六书音均表》，质诸天下。今考汉儒注《诗》《礼》及他经，及《国语》《史记》《汉书》《淮南鸿烈》《吕览》诸书，凡言读如、读为、当为者，其音大致与十七部之云相合。因又自喜，述《汉读考》，诒同志，先成《周礼》六卷。

"郑君序曰'其所变易，灼然如晦之见明；其所弥缝，奄然如合符复析'，谓杜、卫、贾、马、二郑之能事也。又曰'犹有差错，同事相违，则就其原文，字之声类，考训诂，捃秘逸'，谓己补正之功也。训诂必就其原文，而后不以字妨经；必就其字之声类，而后不以经妨字。不以字妨经，不以经妨字，而后经明，经明而后圣人之道明。

"点画谓之文，文滋谓之字，音读谓之名，名之分别部居谓之声类。周时大司徒乡大夫保氏所教，外史所达，大行人所谕听者，汉四百年间，憭然众著，魏李登以成书，沿至陆法言等八人犹能知其厓略。夫不言声类，欲言六书治经难矣！"

龙威按，人的"声类"，本系天籁，清儒从《广韵》得其大略，戴震本之作《声类表》。

十月十五日

续写《尔雅学》，写段撰《周礼汉读考》毕。

十月十六日

始写王念孙撰《广雅疏证》。

十月十六日

郭成康组长来扬，了解《朴学志》进程，与项目组座谈，要求按"合同修正本"规定时间，交第一批《志》稿。

十一月二日

戴逸主任一锤定音。

戴逸主任审阅了《清史·朴学志·概述》，寄信典志组郭成康组长，作出评语。原文云："《概述》内容精深，条理清晰；文字为语体，简古通畅。""其阐明朴学之意义、内涵、成绩兼及其弱点局限，有述有议，不足万字，而甚得要领。"[1]此信为《朴学志》的思想内容、文字风格，一锤定音。

十一月三日

为老妻目疾，需至宛平盲人出版社购放大器，随大儿力群赴北京。郭成康组长驱车在机场接。在车上，与戴逸学兄通电话。郭君传示戴公对《朴学志》送审稿的评语复印件。

十一月四日

典志组招饭"无名居"，与戴逸学兄夫妇共晚餐。向戴公请教写《朴学志》诸事。难得此会也。

十一月三十日

写《尔雅学》关于《经传释词》毕，交打印。举例证明王氏考

---

[1] 此信后辑入《涓水集》，第 311 页。

证暗合"实验主义"。

十二月九日

写《尔雅学》关于《尔雅义疏》毕。

读郝懿行《晒书堂集》。《续修四库全书》据光绪十年东路厅署刻本影印。文集凡十二卷。

录其嘉庆十四年六月六日写给阮元的信,自言撰《尔雅义疏》的理论与方法。《再奉云台先生论尔雅书》:"懿行比来修整《尔雅》。窃谓诂训以声为主,以义为辅。古之作者,《释名》以声代声,声近而义同,故《释名》一部,为《尔雅》二三部也。《广雅》以义阐义,义博而文赅,故《广雅》一部,为《尔雅》二三部也。今之所述,盖主《释名》之声而推《广雅》之义。一声通转至十余声,是得《尔雅》十余部也。一义旁推至四五义,是得《尔雅》四五部也。以此证发,触类而通,不似旧人《疏》《义》,但抄撮古书,以为通经守定死本子不能动转。""又适购得《经籍籑诂》一书,绝无检书之劳,而有引书之乐。""即今《释诂》一篇,经营未毕,其中佳处已复不少。亟欲缮写一通,先呈海正,而语多不了。容俟八九月入都时,邸中晋谒,庶几复修请业执经之故事。"

再录其十一月十三日《又与王伯申学使书》:"某近为《尔雅义疏》《释诂》一篇尚未了毕。窃谓训诂之学,以声音文字为本,转注假借各有部居,疏通证明,存乎了悟。前人《疏》《义》但取博引经典,以为籍征,不知已落第二义矣。鄙意欲就古音古义中博其旨趣,要其会归,大抵不外同、近、通、转四科以相统系。先从许叔重书得其本字,而后知其孰为假借,触类旁通,不避繁碎,仍自条理分明,不相杂厕。其中亦多佳处,为前人所未发。如兄淡雅之才,倘谓斯言为是否耶?"

检王念孙《尔雅义疏刊误》。《续修四库全书》据罗振玉刊本影印。凡一百零三条，朱墨分明，确是王氏亲笔。罗氏因为取名《尔雅义疏刊误》。见罗氏题记。志稿举例三条，以见王氏的学术修养深厚。兹录其第三条：《义疏》："《乐记》云'天地䜣合'。郑注：'䜣，读为熹。'非。"念孙指出："文韵与之韵互相转，'䜣'之读为'熹'，亦犹曹公子欣时，《公羊》作喜时也。《韩诗外传》：'景公嘻然而笑，即欣然而笑。'此古音古义不可驳。"

龙威按，清儒考古音始于顾炎武。他分古声类为十部，举平以该上去入。但四声之中，入声最短故最少。以故在隋唐韵书中，有的声类有入，有的声类无入。顾氏谓古四声不同于今四声，今音无入者，古音往往有入；今音有入者，古音往往反是。江永创为"异平同入"之说，始启通转之端。段玉裁继之，谓古有合韵，入声相同是枢纽。戴震作《声类表》，列二平共一入为若干组合。其第二类为"蒸、之、职"类。孔广森分古音为十八部，阴声阳声各九部。他创"阴阳相配，可以对转"论。其中阴声"之"部与阳声"蒸"部对转。王念孙治古音初得二十一部，以有、无入声分为两大类。不言通转如顾氏。从此条对《尔雅义疏》的刊误言"文韵与之韵互相转"看，王氏晚岁也取孔氏"蒸、之对转"说矣。

十二月十一日

促项目组同仁交稿。

续写《尔雅学》，叙《古书疑义举例》。

十二月卅日

致函典志组，请准于春节后，上交第一批志稿八万字。

续写《尔雅学》。

与戴逸学兄信，预计新春写《朴学志》计划。一抓进度，一抓质量。

二〇〇六年

元月二日

与文和商改《校勘》稿。自今日始,每日上午商改一段。

一月五日

改《朴学志·校勘》毕。

一月八日

为汉云核《墨子考》。核其引文是否无误。

一月九日

为汉云核《淮南子考》。

一月十一日

为续写《尔雅学》,读《马氏文通》。

一月十七日

为准备写《说文学》,始温读段玉裁《说文解字注》。

一月二十一日

朱家生同志来,催其交稿。

一月二十四日

交代连生向典志组上交第一批《朴学志》初稿:一、概述(9000字);二、《小学篇》之第一章《尔雅学》(缺最后一节待补,合计21000字);三、《考史与释地》之上篇《考史》(16000字);四、《诸子篇》之《墨子考》《淮南子考》(合计25000字);五、《校勘与辑佚》之上篇《校勘》(22000字);六、《天算篇》之下篇《算学》(11000字)。

一月二十五日

典志组电话，收到第一批《志稿》。附交资料长编。

二月十二日

写完《尔雅学》，补叙《马氏文通》一节。

二月二十五日

始识牛润珍教授。

郭成康组长偕牛润珍教授来，此后"朴学""西学""思潮"三志改归牛君联系。亦读书忠厚人也。

三月五日

与文和商议今年写稿计划，首先写完《校勘与辑佚》篇（以后分为两篇）。

三月二十日

读王筠《说文释例》毕。

三月三十一日

始阅朱骏声《说文解字通训定声》。骏声为钱大昕晚年弟子，学有本源。子孔彰，为曾国藩幕僚，能传父学。

四月一日

将典志组对上交《朴学志》第一批初稿的专家审阅意见反馈件，复印分发给项目组同仁及朱家生同志，布置修改。

四月十二日

牛润珍君来扬，促修改进度。

四月十九日

委托汉云到京参加典志组会议。

四月二十四日

汉云归扬，传达会议精神。

五月二日

始撰《小学篇》的第二章《说文学》。

五月三十日

上交典志组《朴学志》第一批成品的修订本。

六月四日

续写《说文学》。

六月二十三日

写《说文学》,续有进展。

七月二日

寄信与郭成康组长,沟通意见。

七月十四日

郭成康组长来扬州,与项目组座谈,重申既定的《朴学志》的特点:"以考据为中心",不变。

七月十五日

成康同志返北京。此后专由牛润珍教授负责联系。

八月三日

写《说文学》,关于《段注》毕。

八月十五日

续写《说文学》,叙《说文解字义证》毕。

八月十八日

阅桂馥《晚学集》。中华书局《丛书集成初编》本。书名之由来,见卷六《上阮学使书》:"馥之学无一就也,老而悔之,故以'晚学'名集。"

录其卷六《与龚礼部丽正书》,内含书林故事:"今将远别,有望于足下者三事,幸留意。当四库馆初开,真定梁氏献《孟子赵注章旨》及宋椠《说文解字》。官府以《孟子》《说文》非遗书，不为上。有识者抄其《章旨》，流布世间，《说文》则仍归梁氏。馥所见《说文》，不过元明间刻本，若就梁本证毛刻之误，讲小学者所大愿也。《永乐大典》引《玉篇》，分原本、重修本。馥按，原本即孙强本。尝恨宋阑入之字不加别白，后人无从持择。幸孙本犹在，而《大典》存翰林院，尚可依韵录出，此又小学家所深望也。白云观内有《道藏》全本，就观中翻披，于儒书多所推证，不可谓非钩沉探微之助也。""足下官事余闲，愿一涉之。如不能，则劝同志。"

八月二十一日

牛润珍同志为参加史学理论会，来扬州，见访，畅谈《朴学志》撰写工作。会晤项目组诸同仁。

九月一日

续写《说文学》，叙桂氏《义证》毕。

阅桂馥手抄王念孙《说文解字校勘记》一卷。《续修四库全书》据种松书屋抄本影印。"此是王怀祖所校《说文》，只抄得此数叶，惜未录其全本。甲辰十二月分条录入《说文》毕。"（据许瀚跋，此是桂馥手书。甲辰为乾隆四十九年。）许氏跋云："右桂未谷先生所录王怀祖先生校《说文》一百十九条，虽非全璧，实为至宝，写清本存之。准此例推，全书当千有余条。（此记抄本始一部迄辵部。）道光二十八年九月，许瀚识。"

据丁福保《说文解字诂林》前编下，《说文杂翰》所录朱士端《石㙓先生注〈说文〉轶语》云："王宽夫先生言其家大人石㙓先生曾注《说文》，因段氏书成，未卒业，并以稿付之。"士端之叔录得若干条，其中有"元"，王云："当从一，兀声。"王敬之，字宽夫，念孙次子。

龙威按,段、桂两家注释《说文》一部"元"字,都从念孙之言,据《九经字样》校改"从一、兀"或"从一,从兀"为"从一,兀声"。但段氏未明言本之念孙《校勘记》,而桂氏则明言"高邮王君念孙曰"云云。

十月一日

始读王筠《说文解字句读》。

十月二日

核校文和修改过的《校勘与辑佚》上篇《校勘》。

十月五日

交代连生准备将《朴学志》第一批上交的修订本寄典志组。写信与牛润珍君。

十月二十九日

牛君复信:第一批《朴学志》稿已在典志组会议上,获基本通过。

十一月七日

续写《说文学》,始叙王筠《说文解字释例》。此人研治《说文》,不重视"以字考经,以经考字",太炎先生谓非"小学",而是"说文学"。但其书重视文字代表客观事物,有科学性。

十一月十八日

写王筠《说文》学毕。

十一月二十五日

始阅段、王古韵分部之书,为叙朱骏声《说文解字通训定声》做准备。

十一月二十七日

文和交《辑佚》稿。

十一月三十日

续写《说文学》，叙朱骏声撰《通训定声》。

按，以声为纲，重组《说文》，列九千余字谐声表，此议亦倡自戴东原，见其《与段若膺论韵书》。骏声综合戴、段、王等对古韵分部之学，列古音为十八部。

连生交新稿，续《考史与释地》上篇《考史》的关于崔述著《考信录》。

十二月四日

文和续交《辑佚》新稿。

十二月七日

将典志组传来戴逸主任最近对部分项目送审稿的批示，复印转给项目组诸君阅读，吸取教益。

十二月八日

续写《说文学》，叙《说文通训定声》毕。

十二月十八日

向典志组报告近日本项目组同仁撰稿情况，申请延期上交第二批志稿，不超出一个月。

十二月二十五日

写《小学篇》第二章《说文学》毕工。交打印。

二〇〇七年

元月一日

与文和商改《辑佚》新稿。

一月二日

为汉云核《诸子篇》之《荀子考》。

一月三日

向项目组同仁书面催稿。

一月十四日

连生交完《考史》。

一月十五日

文和交完《辑佚》。

一月十九日

汉云交全《诸子篇》,凡《荀》《庄》《韩非》《墨》《淮南》五考,余列目。

一月二十六日

朱家生君交《天算》上的"古历研究"。

一月二十九日

向典志组上交以下志稿(第二批):一、《史地》上《考史》的第二章;二、《诸子》之《荀》《庄》《韩非》三考;三、《小学》之第二章《说文学》;四、《校勘与辑佚》之下篇《辑佚》。凡十一万字有奇。

一月三十日

连生向牛润珍君发上述诸稿的电子版。

一月三十一日

快件寄以上诸稿之文本及资料长编文本与典志组。

二月十八日　丁亥春节

始读顾炎武《音论》。

二月二十六日

整个春节期间读顾炎武《音论》。此老发展宋、元、明人反对"古叶音"的观点，谓"古叶音"即"古本音"。他创造了开启一代古音学的理论和方法。《音论》辑录明人论转注、假借。读后始知之后戴震、朱骏声等的六书理论实导源于此。

三月一日

典志组拟在扬州再次开"朴学""西学""思潮"三志座谈会。与成康组长通电话。

三月二日

始读戴震《声韵考》。

三月十四日

收到典志组特快件，座谈会通知。

三月十六日

致函国家清史编纂委员会，欢迎戴逸兄嫂来扬州。同时邀请了来新夏、汤志钧、陈祖武等专家。项目组预订宾馆、餐厅等。

三月二十三日

夜，北京电话，陈祖武同志因病告假不能到会。

三月二十六日

牛润珍同志电话，来老新夏感冒，也不能到会。郭成康同志遂决定推迟会期。当即通知宾馆酒家，取消原定计划。

四月二日

细读戴震《声韵考》。他研究发明隋唐韵书的遗法，为宋元等韵学之所本。

四月二十一日

夜，读完江永《古韵标准·例言》。

《古韵标准》,江永编,戴震参定。中华书局据《贷园丛书》本影印。"唐人叶韵之'叶'字亦本无病,病在不言叶音是本音,使后人疑《诗》中又自有叶音耳。叶韵,六朝人谓之协句。颜师古注《汉书》,谓之合韵。叶即协也合也。犹俗语言押韵。故'叶'字本无病。自陈氏有古无叶音之说,顾氏从之。"[1]

四月二十四日

始检谢启昆《小学考》。

四月二十五日

搜辑清初与顾炎武《音学五书》立异诸家柴绍炳、毛先舒、毛奇龄等的韵学观点。柴绍炳著《古韵通》八卷。其书大旨即《广韵》二百零六部,分立三法,以求古韵之通。一曰全通,东、冬、江之类是也。二曰半通,元入寒、删、先、魂、痕入真、文之类是也。三曰旁通,则俗所谓叶韵也。分平、上、去为十一部,分入声为七部。毛先舒著《韵学通指》一卷、《韵问》一卷、《声韵丛说》一卷、《韵白》一卷。其说略同柴绍炳《古韵通》。毛奇龄著《古今通韵》十二卷,创为五部三声两界两合之说,坚持古有叶音。

四月二十六日

辑录清初邵长蘅《古今韵略》株守朱熹《诗集传》叶音的观点。

五月一日

始写《小学篇》第三章《声韵学》。

五月十日

写完《声韵学》第一段"考证音韵源流"。

---

[1] 王鸣盛:《诗经叶韵参补序》之所本。

五月十一日

对《声韵学》第一段加注。《小学考》所引《四库提要》关于毛奇龄《古今通韵》一则，坊本《提要》不见。

五月十七日

读孔广森《诗声类》。《续四库全书》所据乾隆五十七年刻本影印。

五月二十四日

写《声韵学》第二段"古音之学以渐加详"二百余字，说明顾炎武制《古音表》的理论与方法。

五月二十七日

始读江永《四声切韵表》。

六月十二日

叙段玉裁著《六书音均表》。

六月二十三日

读戴震《答段若膺论韵书》。

六月二十四日

读段玉裁补作的《声类表序》。嘉庆十四年作。

七月二日

续写《声韵学》，关于戴震初分古韵为七类二十部，后改为九类二十五部。

七月三日

续写《声韵学》，叙孔广森分古音为十八部，阴、阳声各九部，创"阴阳对转"论。其论《切韵》，"通乎今不碍乎古"，甚精。

七月七日

叙王念孙分古音为二十一部。

七月九日

叙江有诰分古音也得二十一部。他与王念孙的分部有异,其四声相配也不同。

叙王念孙从江有诰之劝,取孔广森之说,分东、冬为二部,改定得古音二十二部。

七月十六日

阅《广韵》。

七月二十八日

核校《声韵学》稿,已写成两段:"考证音韵源流""古音之学以渐加详",约一万五千字矣。

续阅《广韵》。

八月二十四日　在香港

始阅魏建功《古音系研究》。

魏老系九三学社老中央常委之一,教授北京大学。1957年,曾向其求教,承留饭,并以朝鲜汉学家所著韵书见示。

九月四日

写《声韵学》第三段"钱大昕创始发明古声纽"。

九月三十日　在扬州

叙钱大昕发明的古唇舌二音无"类隔"之说毕。

十月十二日

始阅陈澧《切韵考》。

十月十三日

交代连生以《朴学志》第二批送审稿的修正本,寄典志组。

十月二十一日

续阅《切韵考》。

文和、连生抵武汉，参加"朴学""西学""思潮"三志座谈会。

十月二十五日

文和、连生返自武汉，传达会议精神。抓进度，抓质量，仍是主要两条。连生有记录，复印与汉云阅看。

十月二十七日

牛润珍同志来扬，督促工作。

检王国维《观堂集林》有关隋唐韵书诸作。

十月二十八日

阅周祖谟前辈《广韵校本》。

十一月一日

始写《声韵学》最后一节"陈澧撰《切韵考》"，考证《广韵》音系。每日三至五百字。

十一月十九日

写《声韵学》章成，加注。三年成《小学篇》，按计划毕工。学术浅陋，勉强完篇。

十一月二十日

《声韵学》交打印。

十二月七日

反复校改《声韵学》。

十二月八日

报请典志组准许延期一个月，上交第三批志稿。

十二月十七日

文和来交《目录篇》稿。资料翔实。

二〇〇八年

一月六日

连生交《释地》稿一、二两章。

一月十五日

始阅刘宝楠、恭冕父子的《论语正义》。

一月三十日

交代连生将《朴学志》第三批稿的文本、电子本，长编的文本，寄呈典志组。

内开：一、《经解篇》第一《周易章》。二、《史地》下《释地》一、二两章。三、《小学》的第三章《声韵学》。四、《目录》全篇。五、《天算》全篇。《经解篇》的引言暂缺，申请容后补撰。

二月七日　农历戊子春节

始检陆德明《经典释文》。读吴承仕《经典释文叙录疏证》。

二月十六日

始检朱彝尊《经义考》。

二月二十二日

项目组集会，部署上半年写作计划：一、《经解篇》完成《三礼章》《论语章》，田汉云写《三礼章》，祁龙威写《论语章》；二、《史地篇》补全，张连生负责；三、《金石》全篇，陈文和负责。务必于八月底前交稿。

二月二十三日

阅皇侃《论语义疏》。

二月二十五日

读刘台拱《论语骈枝》。

二月二十六日

阅钱坫《论语后录》。《续修四库全书》据嘉庆七年拥万堂刻钱氏四种本影印。凡五卷。

二月二十九日

始读焦循《论语通释》。《续修四库全书》据光绪李盛铎《木犀轩丛书》本影印。一卷。

三月一日

阅宋翔凤《论语说义》。十卷。《续修四库全书》据《皇清经解续编》本影印（光绪十四年南菁书院所刻）。刘宝楠《论语正义》引称《朴学斋札记》。其中释"文莫"为强勉，与刘台拱《骈枝》同。

三月二日

始阅黄式三《论语后案》。《续修四库全书》据道光二十四年活字板影印。凡十卷。式三不分汉宋门户，但问所言是非。

三月七日

阅戴望《注论语》。《续修四库全书》据同治十年刻本影印。有王欣夫前辈题跋，盖其旧物。原件现藏复旦大学图书馆。

三月十五日

阅台湾私立逢甲大学硕士生张清泉所作学位论文《清代论语学》。李威熊教授指导。1992 年 6 月打印本。

三月二十三日

核刘逢禄《论语述何》。《皇清经解》本，二卷。书后有嘉庆十七年刘氏自叙。

刘氏因见虞世南《北堂书钞》卷九十六引何休《论语注》一条:"君子儒将以明道,小人儒则矜其名",遂谓何休有《论语注》,但久已亡佚,故追述其义,参以董仲舒之说"拾遗补缺,冀以存其大凡"。实际刘氏借以发挥公羊学:张三世,通三统等观点补释《论语》。至于《书钞》所引何休《论语注》,则见何晏《集解·雍也篇》。"何休注"乃何晏《集解》之讹。刘宝楠《论语正义》驳正之。

五月八日

偶检《书品》(1989年第1期),得读周祖谟教授所写《唐五代韵书的汇集和考释》一文,考据精审,受教匪浅。当即据以核订《朴学志·小学篇·声韵学》稿。

六月十三日

与文和商改《金石篇》引言。

六月十七日

典志组通报催交稿,申请延期一月。

六月十八日

始写《经解篇·论语章》。

六月十九日

项目组会议,部署七月底交《朴学志》第四批稿。

六月二十日

打印《论语章》第一节"清以前的论语学"。

六月二十二日

续写《论语章》,叙乾隆时惠栋等辑《论语》古注。

六月二十三日

续写《论语章》第二节,叙江永撰《乡党图考》。惠氏复古,江氏考古，为隆汉贬宋的新一代《论语》学奠基。

六月二十五日

叙刘台拱撰《论语骈枝》。

六月二十七日

叙焦循撰《论语补疏》。

七月一日

打印《论语章》第二节"清初及乾嘉隆汉贬宋的《论语》学"。

七月二日

始写《论语章》第三节"晚清汉宋融合产生《论语新疏》"。

七月四日

叙黄式三撰《论语后案》，酝酿新疏。

七月七日

始叙刘宝楠撰《论语正义》。

七月十二日

叙刘恭冕继父志，续成《论语正义》。

七月十八日

叙《明明子论语集解义疏》，潘维城《论语古注集笺》。

七月十九日

写《论语章》结束语。

七月二十六日

经反复校改后，《论语章》交印。

七月二十七日

将《论语章》稿打印本分交项目组同仁阅看。

七月三十一日

项目组集稿，感谢诸君冒高温完成任务。

八月一日

查点应缴《朴学志》第四批诸稿：一、《经解篇·三礼章》之《仪礼》与《论语章》；二、《史地篇》补完；三、《金石》全篇。

八月二日

连生向典志组发上述志稿之电子本。

八月三日

连生向典志组寄上述志稿文本及相应长编的文本。

八月十四日

向典志组写信，报告今后一年，补完《经解篇》各章及修改各篇分工计划：撰写《经解篇·引言》，祁龙威拟纲要，田汉云执笔；《经解篇·三礼章》之《周礼》《礼记》二节及《春秋三传章》，田汉云撰写完成；《经解篇》之《尚书章》，陈文和撰写；《经解篇》之《毛诗章》，祁龙威撰写；《经解篇》之《孟子章》，张连生撰写。

九月十二日

典志组电话通知，"朴学""西学""思潮"三志将在上海开座谈会，要求做好准备。

九月二十五日

收到典志组所发上海会议通知。

九月三十日

项目组集会，商议当前工作。

十月五日

以《经解篇·引言》寄典志组，请核阅后转呈戴逸主任审定。因此文重要也。

十月六日

始阅洪湛侯《诗经学史》。

十月二十八日

牛润珍教授电话传达戴逸主任于本月二十四日对田汉云同志执笔的《朴学志·经解篇·引言》写的评语有云："写得简明有序，内涵精深，条理清晰，有理有据，是对清代说经成果导读之佳作。"

十月三十日

牛君到扬州，将戴逸主任评《经解篇·引言》的复印本交项目组传阅。

十月三十一日

牛君向项目组传达专家评审《朴学志》第三批送审稿的意见。有的需小修饰，有的需大压缩，也有的要大改（《天算》拟改为《算学篇》）。

十一月九日

汉云交来《经解篇·周易章》的修订本。

十一月十五日

收到典志组召开的《清史》三志上海会议的文件。

十一月十九日

偕汉云、文和、连生到沪开会，到青浦"东方绿舟"报到。当日晤熊月之教授，喜会老友汤志钧夫妇。

十一月二十日

《清史》三志上海座谈会。

上午，开会，听清史办石雅娟主任、郭成康组长等讲话。

午后，座谈对《西学志》的意见。

十一月二十一日

上午，座谈对《朴学志》的意见。

下午,座谈对《思潮志》的意见。

十一月二十二日

与会同仁访朱家角。与志钧兄及郭、牛二君商议修改《思潮志·实证篇》的方案,拟供周积明教授参考。

十一月二十三日

散会返扬州。

十一月二十六日

遵郭成康兄嘱咐,汉云归纳座谈会对《朴学志》的建议,以《小学篇》为样本,修改各篇章。交连生以电子本寄典志组,备汇总。

十一月二十七日

阅《经义考》。

吴氏《毛诗叶韵补音》,徐蒇序曰:"自《补音》之书成,然后《三百篇》始得为诗,从而考古铭箴诵歌谣谚之类,莫不字顺音叶。而腐儒之言曰:'《补音》之作所据,多出于《诗》后,殆后人因《诗》以为韵,不当以是韵《诗》也。'殆不知音韵之正,本诸字之谐声,有不可易者。如'霾'为亡皆切,而当为陵之切者,由其以'狸'为声。'浼'为每罪切,而当为美辨切者,由其以'免'得声。'有'为云九切,而贿、痏、洧、鲔,皆以'有'得声,则当为羽轨切矣。'皮'为蒲縻切,而波、坡、颇、跛皆以'皮'得声,则当为蒲禾切矣。又如'服'之为房六切,其见于《诗》者凡十有六,皆当为蒲北切,而无与房六叶者。'友'之为云九切,其见于诗者凡十有一,皆当作羽轨切,而无与云九叶者。以是类推之,虽毋以他书为证可也。"[1]

---

[1]《经义考》卷一百五《诗》八。

十二月十五日

典志组电话通知，第三批上交的志稿，除《天算》外，已报项目中心。

十二月十九日

始读马瑞辰《毛诗传笺通释》。中华书局 1992 年第二次印刷。

自序（录要）："历时十有六年，书成三十二卷。""初名《毛诗翼注》，嗣改《传笺通释》。"道光有五年四月既望，桐城马瑞辰识。

例言（录要）："考证之学，首在以经证经，实事求是。顾取证既同。其说遂有出门之合。瑞辰昔治是经，与郝兰皋户部、胡墨庄观察有针芥之役，说多不谋而合，非彼此或有袭取也。""是书先列毛郑说于前，而唐、宋、元、明诸儒及国初以来各经师之说有较胜汉儒者，亦皆采取，以辟门户之见。"

十二月二十六日

以《天算篇》交家生修改，保留后半篇《算学》。

二〇〇九年

一月十二日

始阅陈奂《诗毛氏传疏》。凡三十卷。北京市中国书店 1984 年 6 月出版。

叙（摘录）："奂不揣梼昧，沈研钻极，毕生思虑，会萃于兹。窃以《毛诗》多记古文，倍详前典。或引申，或假借，或互训，或通释，或文生上下而无害，或辞顺逆而不违。要明乎世次得失之迹，而吟咏情性有以合乎诗人之本志。故读《诗》不读序，无本之教也。读《诗》与序而不读传,失守之学也。文简而义赡,语正而道精,洵乎为小学之津梁,群书之钤键也。"

一月十四日

汉云交《经解篇·三礼章》之《周礼》新稿。与商进度,《三礼》尚缺《礼记》(附《大戴记》),须抓紧撰写。

二月四日

项目组聚会,商谈新一年的工作。

读陈奂《毛诗音》。凡四卷。咸丰辛亥五月苏州漱芳斋镌。

自序:"三代同文而不同音,古韵书久亡。六书谐声,韵书之权舆也。《诗》三百篇,韵书之经纬也。大毛公生周季,去古近,作《故训传》,与'三百篇'甚谐也。由韵以知音,因音以求义。奂之作为《诗疏》也,明其义也。而《诗》音之释,恶可已也。《诗》用古文,故多通借。传义显著者,识之以读字,犹汉人读为之例也。传义隐略者,表之以本义字,犹汉人训诂字代之例也。又有但取其音以正其读,曰某字,曰音如某字,此犹双声叠韵之纽也。同韵而侈敛焉,音之变也。异韵而轻重焉,音之转也。南北之殊也,古今之变也,一字而数义也,所以有数音也。执古音不兼通今音,不可与言音也。泥今音而反昧古音,不可与言《诗》也。《诗》音之释,恶可已也。撰《毛诗音》,依《诗》四始,分作四卷。陈奂释。"

卷一《国风·周南》:遐弃(《说文》:弃,古文作弃。今唯《左传》作弃,读入声,与肆为韵。《六书音均表》云:第十五部古有入声而无去声。陆法言韵之前,无去不可入。至法言定韵之后,而谨守者不知古四声矣。奂按,段氏以为古有平上入而无去声。孔广森《声韵表》以为有平上去而无入。孔就今人北音无入不去,不可以定古音也。近江有诰《唐韵四声正》以为古有四声。段氏悉依六书谐声绎之，以三百篇细意审情，则古无四声，确不可易）。

邶国：渥赭（郑注《考工记》：渥，读绘人渥菅之渥。《左传》作沤菅。渥为尤幽之入，而与侯部通者，《六书音均表》云：入为平委，平音十七，入音不能具也，故异平而同入）。

郑国：赠之（赠与来合韵，段氏以为之、蒸相通）。龙威按，此是孔广森说的"阴阳互转"之一例，段释为"合韵"。

卷二《小雅·南有嘉鱼》：既调（段云："本音在第三部，读如稠。《车攻》以韵同字，屈原《离骚》以韵同字，东方朔《七谏》以韵同字，皆读如重，此古合韵也。"《史记·卫青传》：'大当户铜离'，徐广曰：'一作稠离。'"）龙威按，此是钱大昕说的"双声亦韵"之一例，读调如同。段也以"合韵"释之。

又二月四日

阅陈奂《毛诗说》一卷。道光丁未七月武林爱日轩刻。丁未，道光二十七年。

"大毛公《诂训传》，言简理赅，汉儒不遵行，锢蔽久矣。奂殚精极虑，为传作疏。疏中称引广博难明，更举条例立表示图，凡制度文物可以补礼经之残缺，而与东汉诸儒异趣者，揭著数端，学者省览焉。"（录其二则）

假借说：凡字必有本义。古人字少，义通乎音，有读若某某之例，此东汉人假借法也。毛公尚在六国时，而假借之法即存乎转注。故《汝坟》：条肄，则直云：肄，馀也。东汉人必云：肄，读若藻矣。《采苹》：湘之，则直云：湘，亨也。东汉人必云：读若鬺矣。《葛覃》之害，《绿衣》之曷，皆训何。曷，本字，害，假借字也。段先生曰：害，本不训何，而曰何也，则可以知害为曷之假借也。此一例也。若假干为扞，直云：干，扞也。假辀为朝，直云：辀，朝也。

此直指假借之例。《毛传》言假借,不外此二例。

乐悬方位图说:宫悬,"此天子宫悬也。四面皆有编钟编磬,建鼓也。玉磬在西北方。东西二镈鞉鼓在颂磬之西,三者皆特悬之。向说鞉鼓为小鼓,据《有瞽》《那》传,可证诸说之谬"。

二月十二日

阅陈奂《郑笺征》。戊午孟春许文一梓。"郑康成习《韩诗》,兼通齐、鲁,最后治《毛诗》。笺《诗》乃在注《礼》之后,以《礼》注《诗》。非墨守一氏,《笺》中有用三家申毛者,有用三家改毛者,例不外此二端。三家久废,姑就所知,得如干条。毛古文,郑用三家从今文。于以知毛与郑固不同术也。陈奂录。"戊午,咸丰八年。

二月十七日

阅戴震《毛郑诗考正》。《续修四库全书》据乾隆四十二年微波榭刻《戴氏遗书》影印。凡四卷。录其说转语一则。

卷二《宾之初延》首章……五章:"式勿从谓,无俾大怠。""震按,勿有没音,没、勉,语之转。式勿从谓,言用劝勉之意,从而谓之,以无使至甚怠也。刘向引《诗》'密勿从事',今《诗》作'黾勉从事'。密勿,《尔雅》作蠠没。又郑注《礼记》记云:'勿勿犹勉勉也。'卢辩注《曾子立事篇》:'终身守此勿勿。'亦云:'勿勿犹勉勉。'此皆语之转,当读如没。而经师旧失其音,未通于古。"

龙威按,古无轻唇音,读勿如没。钱大昕说。刘台拱《论语骈枝》释"文莫"一词,从戴氏此条得启发。

二月十九日

阅段玉裁《毛诗故训传小笺题辞》。

见《毛诗故训传定本》(《续修四库全书》据嘉庆二十一年段

氏七叶衍祥堂刊本影印）。又见《经韵楼集》卷一（上海古籍出版社2008年版，第5—6页）。

录要："其称《故训传》何也？古者，传以述义，如左氏、公羊氏、穀梁氏之于《春秋》，子夏之于《丧服》，某氏之于《小正》，皆是也。释故、释训以记古今异言，《尔雅》是也。毛公兼其意而于故训特详，故不专曰《传》而曰《故训传》，是小学之大宗也。"

二月二十二日

阅段玉裁《诗经小学》。《续修四库全书》据嘉庆二年武进臧氏拜经堂刻本影印。凡四卷。

录其申戴之作："'歌以谇止'，《尔雅》：'谇，告也。'《释文》：'谇，沈音粹，郭音碎。'《说文》：'谇，让也。从言卒声。《国语》曰：谇申音。'《广韵》六至谇下引《诗》：'歌以谇止。'按，谇、讯义别，谇多讹作讯。如《尔雅》：'谇，告也。'《释文》云：'本作讯，音信。'《说文》引《国语》作谇，今《国语》作讯。《诗》'歌以谇止'，'谇予不顾'。《传》：'谇，告也。''莫肯用谇。'《笺》：'谇，告也。'正用《释诂》文。而《释文》误作讯，以音信为正，赖王逸《离骚注》及《广韵》所引可正其误耳。《广韵》引歌以谇止，今本止讹之。《列女传》作'歌以讯止'，讯字虽误，止字尚未误。"（卷第一）

录其又一则："'执讯连连'，《释文》又作'谇'。按，作'谇'者误。《尔雅》：'讯，言也。'《说文》：'讯，问也。'《无羊》传：'讯，问也。'《出车》传：'讯，辞也。'《采芑》笺：'执其可言问所获敌人之众。'此笺执所生得者而问之。以言、辞、问，训'讯'字，与'谇字告义别。"（卷第三）

二月二十三日

阅吴骞《诗谱补亡后订》。《续修四库全书》据乾隆五十年拜经楼刻本影印。盖订补戴震之作。

二月二十四日

阅程晋芳《毛郑异同考》。凡十卷。《续修四库全书》据清抄本影印。

凡例（节录）："是书之作，非特辨毛、郑得失，兼欲学者博观宋以降书。故凡有裨于二家者咸载之。而陈长发《稽古编》，所采尤备。"

二月二十五日

始阅胡承珙《毛诗后笺》。凡三十卷，《续修四库全书》据道光十七年求是堂刻本影印。

道光十七年十月陈奂序（节录）。"先生有言曰：诸经传注，唯《毛诗》最古。数千年来，三家皆亡，而毛氏独存。源流既真，义训尤卓。后人不善读之，不能旁引曲证以相发明，而乃自出己意，求胜古人，实则止坐鲁莽之过。'斯言可谓深切而著明也已。毛氏之学，文简而义赡，体略而用周。进取先秦百氏之书而深究之，所以知古训之归。广采近者数十百家之解而明辨之，所以绝后来之惑。先生所谓准之经文，参之传义，必思曲折以求通。其引博，其指约，其事甚大，而其心甚小，说《诗》之家未有偶也。"

录其总结性的训诂两条：

其一，"谇""讯"二字混用是互讹还是通用？卷十二《陈风·墓门》："'歌以讯之'，《释文》：'讯，又作谇，音信，徐：息悴反。'《广韵》六至引《诗》：'歌以谇止。'王逸注《离骚》引《诗》：'谇予不顾。'江氏《古韵标准》、戴氏《诗考正》、钱氏《养新录》、段氏《诗小学》皆据此以'讯'为'谇'之误。顾氏《诗本音》则谓古人以'讯''谇'二字通用，历引……王氏《经义述闻》继之，谓'讯''谇'同声，故通，引……承珙按，谓'讯'当为'谇'，始于《诗总闻》据《龙龛手鉴》引《诗》'谇止'为证。江氏、戴氏始畅其说。然如《墓门释文》引徐邈息悴反。此在《诗》本有作'谇'者或即为'谇'字作音。若《小雅》'莫肯用讯'无一本作'谇'，而《释文》亦载'徐：息悴反'。是徐邈已读'讯'如'谇'不始于陆也。古人于'讯''迅'等字，每书作'谇''逨'者，似从'卂'之字，本可读为'卒'音，未必由草书偏旁相似之误。"

龙威按，关于谇、讯二字经传混用，是互讹还是通用？清儒聚讼纷纭。自戴震坚持互讹之说，邵晋涵《尔雅正义》从之。自钱大昕解释为形似之误，钱坫《尔雅古义》从之。而王念孙《广雅疏证》昌言：谇、讯二字古音同故通用，王引之《经义述闻》直斥戴氏疏考，郝懿行《尔雅义疏》从之。

其二，关于聿、遹训遂、训述问题。卷二十三《大雅·文王有声》："'遹骏有声'，笺：'遹，述。'戴氏《诗考正》曰：'《诗》中聿、曰、遹三字互用，皆承明上文之辞，非空为辞助。《说文》：欥，诠词也。从欠从曰，曰亦声。《诗》：欥求厥宁。然则欥盖本文，省作曰，同声假借用聿与遹。诠词者，承上文所发端而绎之也。'承珙按，高诱注《淮南·诠言训》曰：诠，就也。盖诠词者，谓就其言而解之。字自当作欥，别作聿作遹。而训为述为遂，（《尔雅》：遹，述也。《诗·文王传》：聿，遂也。《魏风·蟋蟀传》：聿，遂也。）字虽假借，其义并通。曰述曰遂，亦就事之词。因其就事，又转为作述之述，则非但虚词，且有实义。古人文字之挈乳，训诂之引申，类多如此。段氏《说文注》曰：古聿、遹同字，述、遂同字。《尔雅》言述而遂在其中,毛公或言遂,或言述,因文分别。《毛诗》多言聿,独《文王有声》四言遹,而毛无传,毛意遹即聿,聿训遂,故郑笺以述别之。遂者,因事之词,亦专词。《韩诗》及曹大家注《幽通赋》、杜注《左传》皆云:聿,惟也。此专词也。因词专词皆诠词也。"

龙威按,戴震发明《诗》中所用的"聿"为语词,或作"遹",都是"欥"的借字。谓毛、郑释以实义,皆非也。此说启发高邮王氏研究经传古籍虚字,订正旧注释以实义之误,章炳麟谓为"明三古辞气"。段玉裁也从戴说谓"聿""遹"都系"欥"的借字,但不言毛、郑释之为"遂"为"述"为非。胡氏曲证戴、段之说相通。

三月一日
与连生商写《经解篇·孟子章》。

三月三日
阅胡承珙《求是堂文集》。凡九卷。《续修四库全书》据道光十七年家刻本影印。

胡培翚序(节录):"道光壬辰秋,予往钟山书院,过其家。君时病疟居内寝。予入视,尚摄衣冠坐,遽谓予曰:吾病将不起,所著《毛诗后笺》未及写毕,所作杂文亦未删定,子其为吾理而付诸梓。""后月余,果不起。""明年,予至其家求遗书而遗文已经朱君兰坡略为编次。""君之为御史给事中也。数言事,多奉旨允行。今其奏稿存于家者仅有数篇,皆已明见施行者。乃依兰坡先生所编,谨录为一卷,冠于《文集》之首。其散文析为六卷,而骈体文二卷附焉。"(道光壬辰,道光十二年。)

卷二《寄姚姬传先生书》(论治经方法):"窃谓说经之法,义理非训诂则不明,训诂非义理则不当,故义理必求其是,而训诂则宜求其古。义理之是者无古今一也。如其不安,则虽古训犹宜择焉。"

卷三《答陈硕甫书》（论读《毛传》之法）："窃谓毛公详于故训，而其故训为《尔雅》诸书所无者，在于好学深思，心知其意，或于变声求之，或于叠韵求之，或于假借、转注求之，旁见侧出，必非一概，而大约假借为最多。"

《复陈硕甫书》（谢赠《诗经小学》足本致谢）："承惠《毛诗小学》，谢谢。旧所见臧在东刻本，删节十之三四，本非完书，此刻实胜臧本。"

《与魏默深书》（偶舍《传》从《笺》举例）："承琪于《诗》，墨守《毛传》，惟揆之经文实有难通者，乃舍而求他证。如'弗躬弗亲，庶民弗信'，《传》谓'庶民之言不可信'。而《左传》《淮南》《说苑》引此诗皆谓民不信上，此《笺》说之所本，而于经文尤顺，故宜舍《传》从《笺》。然似此者才十之二三而已。"

卷四《四书管窥序》（论治经训诂与义理不可偏废）："治经之法，义理非训诂则不明，训诂非义理则不当，二者相资而不可偏废。自有谓汉学详于训诂，宋学晰于义理者，遂若判为两途，于是讲训诂者拘于墟，谈义理者奋其臆，沿流而失源，骛末而忘本，党同伐异，入主出奴，护前争胜之习兴，几至以门户祸经术，而横流不知其纪极。吾则谓治经无训诂义理之分，惟求其是者而已。汉儒之是之多者，郑君康成其最也。宋儒之是之多者，新安朱子其最也。《大学》《论语》《孟子》《中庸》之称为'四书'，自宋淳熙始。朱子之《章句集注》，积平生之力为之。其用功深，取裁者广，故其是者较诸儒为多，亦较其所著他书为多……"

三月十四日

始写志稿《经解篇》之《毛诗章》。

三月十五日

写"清以前的《诗经》学"。

三月二十九日

典志组转来专家对第四批志稿的审阅意见,语多尖锐。即与牛润珍君通电话,表示欢迎,盖对修改工作有益也。

四月一日

改"清以前的《诗经》学",核实材料。

四月二日

检欧阳修《诗本义》,《四库全书》本。核改志稿。

四月四日

始读陈启源《毛诗稽古编》。《四库全书》本,凡三十卷。

序例(节录):"先儒释经,惟求合古;后儒释经,多取更新。汉《诗》有鲁故、韩故、后苍氏孙氏故、毛故训传。《书》有大、小夏侯解故。故者,古也。合乎古,所以合于经也。后儒厌古喜新,作聪明以乱之,弃雅训而登俗诠,缘叔世以证先古,为说弥巧,与经益离。源也惑之。窃不自揆,欲参伍众说,寻流溯源,推求古经本指,以挽其弊。而诸经注疏惟《毛诗序》最古,拟首从事焉。适长孺朱子以所著《毛诗通义》见示,共商榷其疑,因锐意探讨,加以辨证,得一义辄札记之,得如干条,汇辑成帙,名之曰《毛诗稽古编》云尔。"

卷七《陈风·墓门》:"'歌以讯之',《释文》云:'讯,又作谇,音信,徐:息悴切。'按,徐音与上萃协,良是。陈第《毛诗古音考》引王逸《离骚注》引《诗》:'谇予不顾'及《雨无正》诗瘁、讯协韵证之,益信而有征矣。"龙威按,其后高邮王氏父子大畅其说。

卷十七《大雅·文王》:"聿、遹皆训述,毛义也。亦《雅》义也。见《释言》。德即尔祖之德,故云述而修之,句义自相接成矣。今以为发语词,未知何本?"龙威按,聿、遹与欥同音,借作欥字用,为发语词。聿、遹又与述同音,借作述字用,即有实义。

四月七日

读朱鹤龄《诗经通义》。《四库全书》本。凡十二卷。

凡例(节录):"通义者,通古《诗序》之义也。盖序乃一诗纲领,必先申序意,然后可论毛郑诸家之得失。后序多汉儒附益者,今取欧、苏、吕、严诸说为之辨正,错简讹字,亦详订焉。制举之家专宗《朱传》,故《诗序》久置不讲,并宋元诸儒之说皆无由而见。予采其合于序说者备录之。盖表章古义不得不与俗学牴牾尔。"

四月八日

始写《毛诗章》第二节"清初《诗经》学的复古倾向"。复《诗序》,复《毛传》《郑笺》。

四月十七日

始写《毛诗章》第三节"乾嘉时惠戴学者研究毛郑训诂"。

四月十九日

续写《毛诗章》第三节,叙戴震撰《毛郑诗考正》,突出研究语词、研究转语。皆对后学有启发者也。

四月二十八日

病后续写前作,重理思路。

五月二日

续写《毛诗章》第三节,叙段玉裁撰《诗经小学》。

五月四日

续写前作,叙王引之《诗述闻》。

五月八日

始写《毛诗章》第四节"晚清毛诗训诂三巨书"。

五月九日

叙胡承珙撰《毛诗后笺》。

五月十三日

叙马瑞辰撰《毛诗传笺通释》。

五月二十日

续写前作,叙陈奂撰《诗毛氏传疏》。

五月二十八日

写《经解篇·毛诗章》毕。

五月三十一日

阅文和所撰《经解篇·尚书章》。

六月三日

与连生商改《经解篇·孟子章》。

六月九日

辑清儒考"三家诗"书目附《毛诗章》末。

六月十八日

与项目组同仁商交稿事,因五年合同至本月期满也。

六月二十一日

汉云来交《经解篇·三礼章》之《周礼》一节、《礼记》一节(附《大戴记》)。

六月三十日

连生经手,向典志组上缴第五批志稿:一、《经解篇》之《尚书章》、《毛诗章》、《孟子章》、《周礼》、《礼记》(附《大戴记》)两节;二、各章节长编。

七月三十日

修改《经解篇·论语章》。吸取专家意见。

八月二十二日

汉云补交《经解篇》之《春秋三传章》稿。

八月二十三日

为汉云核稿。

八月三十一日

向典志组上缴志稿《经解》全篇。至此已按合同交完《清史·朴学志》初稿。

十月六日

致书戴逸主任，请示对《朴学志》的审改事宜。拟于十一月在扬州开审改会，约请京沪专家汤志钧研究员等到会指教，以便研究压缩篇幅，统一文风等事。

十月十三日

接牛润珍君电话，商下月在扬州开会事宜。

十月十七日

郭成康、牛润珍二君自上海来。共商开审改会事。

十月十八日

与项目组同仁起草会议文件。

十月十九日

草拟会议发言。

十月二十五日

修改《毛诗章》。

十月二十六日

与连生商改《释地》稿。

十月二十八日

连生为磨勘《毛诗章》，改正一处引文之误。又磨勘《声韵学章》，改正一处注文之讹。

十一月十三日

连生经手寄会议文件与汤志钧、陈祖武两专家。特快件上报典志组。

十一月十五日

接陈祖武君电话，因故不能来，改书面发言。

十一月十九日

牛润珍教授从北京来。

汤志钧兄夫妇从上海来。

十一月二十日

《朴学志》统稿会议。

典志组郭成康组长从北京来。《清史·朴学志》统稿会议在扬州宾馆启幕。

郭成康组长传达戴逸主任在香山会议上关于审改工作的讲话。牛润珍教授作了补充。

旋由《朴学志》项目组负责人祁龙威对《朴学志》初稿作了自我评估，向会议汇报存在问题：一、稿出四人之手，体例、内容、文字风格都不统一。二、材料未经核实。三、篇幅庞大，远远超出三十五万字的规定数。

为此，申请典志组给予一定时间，以便项目组进行一次修改。修改的方案是：

（一）统一。

1. 依照编委会和典志组制定的细则统一体例。2. 参考《小学篇》的行文风格,以简古通畅的语体文统一各篇文风。3.删除各篇之间的相互重复或抵牾。

（二）核实。

1.磨勘所述内容是否言必有据？ 2.查核所引证据是否确凿。

（三）精简。

1.简化各篇所述历史渊源,略古详清。2.简化一般内容,突出重点,以点带面。3.简化引文,或删除重叠,或改长为短,去芜存菁。

以上方案,是否有当？ 提请会议审定。

午后,项目组成员田汉云向会议提出《仪礼》节的修改样稿,请求审议。对此,汤志钧研究员发表了改进意见。

十一月二十一日

上午,继续开会。郭成康组长做总结:同意项目组提出的对初稿的评估与修改方案,限期两个月落实。

散会。郭、牛二君夜车返北京。

十一月二十二日

委托文和驱车送汤氏夫妇二老返上海。

十一月二十三日

与连生处理会后诸事,结算各项用费。

十一月二十六日

连日磨勘《金石篇》,对照顾炎武等清儒原著。

十一月二十九日

与连生商补《经解篇·孟子章》。

十二月二日

与文和商改《金石篇》。

十二月三日

磨勘《尚书章》。

十二月四日

与文和商改《经解篇·尚书章》。

十二月十六日

收到戴逸学兄近著《涓水集》,内容皆关于修纂清史诸事,有惠函两通,对《朴学志》的批示两件。

十二月十七日

老妻突发胆绞痛,术除胆结石,住院五十三天。本人修史工作暂中止。

十二月二十三日

收到戴逸主任信,已披阅《朴学志》初稿。

二〇一〇年

三月十七日

撰写《清史·朴学志》的经过。

三月二十一日

磨勘汉云所撰《经解篇·春秋三传章》诸稿。

三月二十四日

与连生整理全志(送审稿):"概述";《经解篇》(凡七章:《周易》《尚书》《毛诗》《三礼》《春秋三传》《论语》《孟子》);《史地篇》(上篇《考史》、下篇《释地》);《诸子篇》(凡五章:《荀子》《庄子》《韩非子》《墨子》《淮南子》);《小学篇》(凡三章:《尔雅学》《说文学》《声韵学》);《金石篇》;《目录学篇》;《校勘篇》;

《辑佚篇》。

交代连生将全稿付印,一式四份,分交项目组同仁核阅后寄交典志组转送审改组。

（两个月后,遵照典志组转来审改组专家意见,项目组分头对志稿又进行了修饰,再上缴集中反复磨勘,听候后命。）

老驽负重,力竭汗喘,勉强完卷。经验仅有两条:一曰虚心。自知学术浅陋,惟有边学边写。二曰刻苦。做到夜以继日,不畏寒暑。由于严格贯彻编委会的指导思想,严格遵守"合同",严格尊重项目组同仁的成绩与意见,故能同心同德,共庆完稿。留此日课,以免遗忘。

二〇一〇年九月,祁龙威补记

时年八十九岁

（原载《扬州文化研究论丛》第6辑,广陵书社2011年2月版;《清史研究》2012年第1期）

读《蕉轩随录》札记

　　《蕉轩随录》十二卷《续录》二卷,方濬师撰。同治十二年十二月退一步斋刊版。是书褒贬分明,颂清官廉洁爱民,斥权贵淫奢祸国,足资警世。

　　如:卷六"官常"一则,深刻揭露鸦片战争时在广州的清军将帅腐败之状,令人读后深知鸦片战争中清军之所以失败,其主要原因就在于将帅的昏庸腐朽。原文云:"彭春洲明经泰来有绝句四首云:'灵峰山是小蓬莱,天上将军避寇来。战舰如云无用处,龙舟听令夺标回。''千尺风鸢上碧虚,放鸢军赏顶车渠。可怜前日苍黄际,不送围城一纸书。''珠江片月出云西,多少人家掩面啼。玉帐宝刀生喜气,素娥流照饼师妻。''史书灾异不无端,物祸人妖一例看。叵奈市儿二狡狯,沿街犬戴进贤冠。'按,道光辛丑,粤东海氛不靖。夷兵退后,靖逆将军住两帽街邓家祠,参赞大臣住观音山蓬莱仙馆,日以龙舟纸鸢为乐,无耻者至有以美女媚之。第四首专刺名器之滥。是时羊头关内,羊胃骑都,六品功牌一纸售洋钱六元。明经此作,实诗史也。"道光辛丑,1841 年。靖逆将军,奕山。参赞大臣,杨芳、隆文。

　　《续录》卷一"民呼故官"一则,赞美周天爵清正爱民,故深受人民爱戴。原文云:"吾皖道光初,东阿周文忠天爵为怀远令,调阜阳,擢宿州牧,皆未离凤颍两郡,爱民如子,善政不可殚述。

公洊历至总督，凤颍人仍称之曰'周太爷'。咸丰癸丑，公督师莅临，至一村，有老妪奉鸡子数枚、麦饼一盘，跪公马前，曰：'太爷饥乎？敢以为献。'公问：'汝何人？'对曰：'吾子昔为仇家所陷，赖太爷廉察，出之于死也。'公笑而受之，且啖且话，不里许，而饼尽矣！《诗》'恺悌君子，民之父母'，文忠有焉。"

卷三"武松"一则为古小说《金瓶梅》索隐，反对官吏贪渎害民。原文云："按，《金瓶梅》载武松、潘金莲等事，其说不一。包偁翁《闸河日记》云：'阿城古甄治，陈王墓在焉。今属阳谷，惟阿井周围百步属东阿。故东阿有贡胶役，而土人颂之曰：山东有二宝，东阿驴胶、阳谷虎皮。虎皮今藏阳谷库，土人传为武松所打死于景阳冈者也。景阳冈在阿城东南二十五里。土人又言：明初有阳谷知县武姓者甚贪虐。有二妻，一潘、一金，俱助夫婪索。西门有庆大户，尤被其毒。民人切齿，呼之为武皮匠，言其剥割也。又呼为卖饼大郎，言其于小民求利也。'据此似作者不为无本。"

书中也有关于朝章国故的记载。如《续录》卷二"华戎鲁卫信录"条记编纂《筹办夷务始末》之嚆矢云："宋元丰中，神宗谓苏颂曰：'欲修一书，非卿不可。以北虏通好八十余年，盟誓聘使礼币仪式皆可无考据，朕欲成一书，但患迩来修书者迁延岁月，不肯早成。'颂曰：'恐须一二年可矣。'上喜曰：'果然。'及书成，赐名《华戎鲁卫信录》。""谨按我朝咸丰十年与外洋通商互换和约以来，案牍几于等身。予在总理衙门时，文博川师相曾嘱予检视道光后文移奏稿汇编成一书，名之曰《洋务纪事本末》。时公事庞杂，终日治官文书，数人分理，尚无暇晷，予惟于归寓或留宿署中执笔为之，分门别类，渐有头绪，甫年余而予外擢，此书闻迄未成帙，可惜也。"

按本书卷八"海洋纪略"一则云:"濬师官京朝十年,从事于洋务者七年。"卷十一"记程总兵事"也有"濬师官总理衙门时"云云。"侍读"条云:"(同治)戊辰秋,濬师奉观察粤东之命。"同治戊辰,1869年。外任道员,文博川,大学士文祥。

（原载《扬州大学学报（人文社会科学版）》2011年第3期）

书《辛亥革命江苏地区史料》后

1961年，在纪念辛亥革命50周年的时候，原扬州师范学院历史系编成了《辛亥革命江苏地区史料》一书。是年10月，中国史学会在武昌举行纪念大会，我携稿到会交流，见者称许此书产生的方式及其内容均有新意。

此书是深入民间，实地征文访献的结果。从1958年起，以调查辛亥扬州光复为起点，我偕同几位学友，跋涉苏南、苏北各地城市和农村，在当地有关部门的帮助下，寻找各种身份亲历辛亥革命的老人，向他（她）们采访半个世纪前对"插白旗"的见闻。

学习清代乾嘉学派考史的经验，我们多方延伸取证的线索，往往从此一人证引出其他人证。如在扬州，见到了钱伟卿老人，他当过末代江苏巡抚程德全的西席教师，目击江苏省城"和平光复"的经过。钱老还知道程德全尚有一儿子在苏州，属"统战对象"。于是顺藤摸瓜，经过苏州市政协副主席汪东老前辈的撮合，我们会见了程世安。他慷慨出示了程德全留下的文件和实物。

学习乾嘉考据家审证的经验，我们尽可能地查明所得重要书证或物证的来历，供读者鉴定。如在无锡市博物馆，见到一件革命党的反清传单，名"保国歌"，七字一句，词气慷慨，类陈天华的《猛回头》《警世钟》，但不知是谁作。1911年10月5日《民立报》刊此文，也无作者姓名。及读章士钊《赵伯先事略》，始知革命巨子赵声撰《歌保国》,鼓动推倒清政府。章氏为之印刷数十万份,有志之士在长江上下游军队和会党中散发。赵声早逝,幸章氏尚健在,我持照片登门求证,他确认,此是当年所印故物。

在唯物史观的指导下,我们相信人民群众创造了历史。数年间,广泛搜集城市贫民和农民群众在这次大革命中反封建斗争的生动传说,由我执笔写成了两篇调查报告:《孙天生起义调查记》《千人会起义调查记》。这在以前史料中是被歪曲和湮没了的。

1962年初,此书由江苏人民出版社初版后,陆续有史家引用。胡绳著《从鸦片战争到五四运动》,曾取证于两篇调查报告。

对我在编辑上的失误,读者作了批评。"千人会"起义的日期,不是1911年11月28日,而是12月27日。《光复浦口之战》的记录者,不是陆小波,而是李竟成。

现在躬逢纪念辛亥革命100周年,我已登大耋,喜见重印此书,特追述其产生经过与内容特色如上。

2011年4月,祁龙威谨书。时年九十岁。

（原载《扬州文化研究论丛》第7辑,广陵书社2011年6月版）

读《慎宜轩日记》札记

　　我年弱冠，方肄业东吴大学，即闻钱卓英教授屡称道其师姚叔节（永概）为桐城古文学派后劲。但一直未读姚氏所著书。《慎宜轩日记》系其未刊之作，最近才得安徽大学同仁整理，刊入《国家清史编纂委员会·文献丛刊》，由黄山书社出版。为研究晚清史事，取读一过，略记所获。

　　姚氏家世与湘淮军有关系。永概父濬昌，尝佐曾国藩幕。二姊夫范当世（肯堂），一代大诗人，曾充李鸿章家西席，教诸子读。

　　从甲申中法战争到甲午中日战争，姚氏对晚清重臣李鸿章的评价有了极大的变化。他先怒斥鸿章对法主和比之秦桧；而后却力表其指挥北洋海陆军苦撑对日战局的"忠勤"。差异有如天壤，并非怪事，兹一道其详。

　　光绪十年中法战起，姚永概满怀爱国热情为前线滇军将士唱赞歌。是年四月初八日《慎宜轩日记》云：

　　　　闻岑制军毓英恢复北宁等处，杀法夷万余人，兵威大振，欣悦之至，作七言长句以美之。

　　已而广西提督冯子材督粤军大败法国侵略军，攻克战略要地谅山。正扩大胜利时，而清廷却令李鸿章与法国代表在天津议和,严旨停战撤兵,把已收复的土地人民拱手还给敌人,让敌人宰割。姚永概从驻粤督师大臣彭玉麟致安徽友人的一封信里,得悉此情,大为愤慨。光绪十一年四月三十日《慎宜轩日记》云:

> (方)伦叔以彭雪帅致其尊人书见寄。其略云:"法鬼就和,乃是去年狡计,以缓我师。……弟偕香帅两次飞电入告,万万不可停战撤兵,未邀俞允,且严催停战撤兵……不准再战,战则惟该督抚将领是问。虽聚三十六州之铁,铸不成此和之大错,愤愤恨恨……"以上书中如此,令人发指。是役也,实败于合肥相公,论者谓不啻岳穆朱仙镇之捷而败于秦桧之十二道金牌也。更有奇者,前年安庆枞阳门江边,渔人忽网得铁秦桧像,弃之岸上。而岳坟等处并无失落桧像之事。夫以一网举起千百斤之铁,是若有鬼使者。论者窃叹,国家必再出臣如桧者,而合肥乃安徽人咸心拟之矣。

十年之后,姚永概对李鸿章的看法起了变化。

光绪二十年中日开战,姚永概正在天津逗留。他几乎每天都要向范当世等李鸿章的左右探问战况。其时台谏清议纷纷指责李鸿章不令北洋海军出击日本为"怯战",姚永概力辩其非。是年七月初十日《慎宜轩日记》云:

> 闻倭船犯威海,为我地井炮击中一艘,遂退。复犯,又放二炮,即向西北去。外间议论大半责海军之不战为畏死。经御史等屡纠,故上谕严迫之。至日前丁军巡海而回,李相以旨示之,督其追踪前剿。丁闻命惶恐,悉精锐十艘而去,

倭乃乘机相扰。北洋门户在在可忧,根本甚重,故李相不敢空虚,非怯也。况法军败马尾之后,持国是者不肯加意船炮,反纷纷归咎于船炮之无用,故有五年停买船炮之旨。向之最快之船一点钟走十七英里,今则有二十三英里矣,举此一端,可见其余也。一旦有事,又责以出洋捕剿,弃门户而不问。莠言乱政,此之谓矣!

正当朝野指责北洋海军"怯战"时,曾国藩之孙广钧请缨杀敌,愿率舰队袭日本。姚永概讥其哗众取宠,无济于事。是年七月二十四日《慎宜轩日记》云:

> 曾重伯为文正公孙,上书请派铁船二,自募弁勇率击日本。如不胜,甘以合门当军令并立状,载其母、妻、弟、子附本以入都。人甚称道之。此亦少年血气之勇,何不取文正公书而陶镕之也。大抵近来风气颇似明季,最为可忧。

已而陆军溃于平壤,海军挫于大东沟,两战甚恶。是年八月二十日《慎宜轩日记》录李鸿章长子经方(伯行)与人的一次谈话,极论双方军备和财力的对比,敌强我弱,而清廷的最高统治者后党方图苟安逸乐,故对战争的前途极为悲观。

> 现在我国海军可战之船只八,而倭有二十余,我军洋枪只四万枝,倭乃有二十六万枝,多寡之数相悬至此!
> 再,我军饷已缺乏,又不许借国债,倭人现借五十万洋银,势得高丽,仍欲图盛京,恼恼可怖。内廷尚闹万寿,糜费

不计,真不知如何了局也。

随着战局的日益恶化,身任统帅的李鸿章声名扫地,处境日益艰难。光绪二十年八月二十四日《慎宜轩日记》引范当世之言,说出了此时李鸿章的悲哀与无奈。

肯堂言:平壤之败,由盛军孙某见敌狂奔不止。卫汝贵殿后收散,率数营迟迟而退,故先有不知下落之信。孙已革职,以吕某代之。大东沟之战,邓世昌首击沉倭人吉野大船,又转护统领,为彼七船所围击而沉。超勇、扬威二船火发,本可救,乃济远船逃,误冲遂沉。将沉之际,扬威船管带林少谷尽挥水手诸人去,独自投水曰:"无面目见我同志也。"济远船方某,丁汝昌请发军台,李相以罪重政令正法。

又言:朝旨令宋庆帮办北洋,令诸将撤回鸭绿江。且懿旨慰安李相,有"李鸿章苦心孤意,欠在朝廷洞鉴之中,外议纷纷,全不足据"云。盖摘三眼翎〔褂〕[1]黄马褂之旨,乃皇上信廷臣参劾之词,太后故不知也。但倭人现欲抄九连城之后路,袭我奉天,实为可忧。有人见倭商船三十艘,出仁川口,进大同江,大约又增兵三万矣。李相每日接电报,批示办理机宜,或奏或复,日写近万言,倦即闭目以手拊顶小憩,复写。幕僚以懿旨安慰,喜而致贺。李相叹曰:"我年七十,岂以此为欣戚,独事机至此,我只以此命殉之耳。"忠勤至此,劾者尚有"拥兵观望"之言,真梦呓人语,

---

[1] 原文脱"褂"字。

不值一笑也。

在日本侵略者的军事打击下，清政府的腐朽虚弱空前暴露，李鸿章经营多年的淮系陆军和北洋海军都不能御外侮。这就是李鸿章的悲哀和无奈的实质之所在。

（原载《书品》2011 年第 6 辑）

读《顾颉刚日记》随笔

我在《记先师金松岑》一文里说过："抗战胜利后，东吴大学文理学院在苏州复课，我到苏州复学，遂又得经常侍从吾师。时苏城耆献章太炎（炳麟）、陈石遗（衍）、张仲仁（一麔）等皆已前卒，李印泉（根源）又远去滇北，唯吾师灵光岿然，系东南物望，所居羼日楼头，从大后方归来的名流云集。我得识顾颉刚、钱穆两史学大家，即在此时。"[1]顾先生先归，叩吾师："近年可得高材生？"蒙吾师以"祁龙威"对。并云："好考据。"越数日，我遂得参与东吴大学国文系主任凌景埏教授家宴，初次见到顾先生。《顾颉刚日记》云：

> 1946 年 5 月 25 日，予出，到汪士宏妹丈处，晤婶母及九妹。归，凌景埏已在，即同乘车到东吴大学。晤蒋吟秋等。十一时，到大礼堂演讲，勖苏州青年。并答东吴学生问。到景埏家吃饭。在凌家谈至二时归。
>
> 今午同席：予、程小青、蒋吟秋（镜寰）、顾瑞伯、祁龙威、金冬雷（震），以上客。凌景埏（主）。

---

[1] 张世林：《学林往事》上册，朝华出版社 2000 年版，第 61 页。

其时,凌先生正力图振兴东吴大学国文系,顾颉刚先生对诸生勖勉有加。

> 予告东吴学生,苏州为没落之都市,诸君为破落户子弟。然苏州实为文化中心。为历史计,为诸君自身计,必当奋起。未知闻之者有所动否?

翌年一月,先师溘逝。我遂谋离苏州,去上海。行前,在顾宅,再次见到顾先生。日记云:

> 1947 年 6 月 18 日,祁龙威、胡钟达来。

我向顾先生请教,近年有何著作? 蒙赠《浪口村随笔》(油印本)一册。按史念海《顾颉刚创立禹贡学会及其以后的二三事》一文云:"颉刚先生旅居于昆明时,昆明亦迭为日本帝国主义飞机所轰炸,因而借住于郊外浪口村。在浪口村时所撰写的札记,即汇集为《浪口村随笔》。"[1]以后我将此书寄存于故乡戚家。"文革"中被红卫兵抄去。因封面有作者亲笔题"龙威先生正,弟颉刚赠"九字,故蒙常熟文管会发还。我视同瑰宝。

1946 年冬,我始与胡钟达论交。钟达时在东吴大学,讲授中国通史。对国共内战出语惊人,祝蒋介石早败。后调北京大学任教。最后以内蒙古大学副校长离休。研究古希腊罗马史成一家言,有《胡钟达文存》行世。惜未登大寿,已作古人。

---

[1]《学林往事》上册,第 262 页。

中华人民共和国成立初期，我在上海震旦大学文学院（仅一国文系）任教，兼管课务。时学生要求革新课程。经学校同意，特谆请正在上海的顾先生到院授课，先开"《史记》研究"，继又开设"考证学"。《顾颉刚日记》里保留着一些有关记录。

1949年11月30日，震旦大学祁龙威偕同学陈国钧、万金辉、秦立章、王有玙、郭蔚泉来，邀任课。

震旦师生邀予任"《史记》"选修课，拒之不得，允于星期一下午往上一小时。

1949年12月5日，震旦学生陈国钧、周知行来，同乘车到震旦，晤校长胡文耀。上课三小时（《史记》大要）。四时许，祁龙威伴至图书馆，参观合肥李氏望云草堂书库。

今日上震旦课，初以为一小时耳，乃连上三小时。学生约六十人。晤胡校长，乃予在北大上学时之数学教授。

1950年1月15日，到震旦，访孙雨廷。出席国文系会，讨论全系课程，六时半散。与李青崖等谈。

今日下午同会：祁龙威、徐浩、徐哲东、李青崖，学生代表陈国钧等四人。

1950年2月11日，编定震旦学生分数，抄出一单。写祁龙威信。

1950年3月31日。

震旦选课学生：

"专书选读"

韩履平2年级　朱礼震2　祝世斌2　孙家澄2　方敦繁2　李济森2　郑康林2　郝晓昌2

"考证学"

陈瀛洲 3　孙家澄 2　郝晓昌 2　葛浩阳 2　谭之仁 2　祝世斌 2

1950 年 4 月 17 日，进饭后到震旦上"《史记》"课一小时（《左传》），"考证学"一小时（《伪古文尚书》）。晤祁龙威。

1950 年 4 月 18 日，到震旦，上"《史记》"二小时（《左传》不可信处）。与龙威谈。

1950 年 4 月 24 日，到震旦，上"《史记》研究"课二小时（《国语》之分析）。与龙威谈。

同时，史学耆宿柳诒徵（诒谋）先生也在震旦大学文学院授课，讲"文字学"。还有郭绍虞讲"文学批评"，许杰讲"文艺理论"，李青崖讲"小说"，李健吾讲"戏剧"，唐弢讲"鲁迅研究"，皆当世名流。

嗣后，我与顾先生各自东西，无缘经常相见。1963 年，我寓北京翠微路中华书局注释《张謇日记》，有一天上午，偶然见到顾先生健步而来。《顾颉刚日记》云：

1963 年 10 月 14 日，到中华书局，遇祁龙威，入其室谈。与起纾到古史组，晤赵守俨、原孝铨，商排印《大诰译证》事。

这是我最后一次得与这位史学前辈晤谈。于今又时隔四十余年，顾先生已物故。读其遗著，缅怀往事，不禁怆然而又茫然也。

（原载《扬州文化研究论丛》第 8 辑，广陵书社 2012 年 3 月版）

为太平天国史学鞠躬尽瘁

——敬书《罗尔纲全集》后

史学界有巨匠曰"罗尔纲"。他毕生以考据治太平天国史，把对考据方法的应用，推上了乾嘉学派、实证论者等所未能达到的高峰。罗氏继萧一山、简又文、郭廷以等而起，为太平天国史学大厦奠基。近百年来，一人而已。

一

1957年3月，在中国科学院近代史研究所召开的关于中国近代史分期和太平天国革命性质问题的座谈会上，我得聆罗先生震惊一座的发言。先是，有一位史学前辈引证马克思的读报评论，涉及"太平军在宁波"云云。罗先生当即插言："这不是太平军。"他指出，马克思所见英国报纸所载的其实是天地会活动的消息，因远隔重洋，被误会是太平军了。在座的荣孟源前辈当即笑言："毕竟是专家。"我于是惊佩罗先生掌握太平天国史料如此精审！

嗣后，陆续读罗先生论著及其所编太平天国史料，并有机会多次捧手或通信受教，愈益钦敬其史学的渊博及史德的高尚。于是撰文以志心得。1983年，我发表《罗尔纲与太平天国史料学》。

1987年，我撰《罗先生赞》。1998年，罗先生已前卒，我写《考证学与太平天国史研究》，以表哀思。以上诸文论述罗先生的考据学达到了时代的高峰，他考证太平天国史的业绩超越了萧一山、简又文、郭廷以等取得的成果。罗先生之所以成为当代太平天国史学泰斗，其主要原因是：孜孜不倦和虚怀若谷。我们纪念罗先生，就是要学习他的好学与虚心。

二

考据一称考证，是我国积累而成的治学方法。汉儒比较经传古籍的不同文本，分辨其差别与真伪，留下最早的校勘与考伪的记录。魏、吴、蜀三国鼎立，史书记载多有分歧。东晋孙盛撰《异同评》《异同记》，这是史料考异的嚆矢，书已失传，但后人犹能从裴松之《三国志注》、刘孝标《世说新语注》等所引见其鳞爪。

昔人尝论赵宋一朝文化优于汉唐，考据亦至宋而称盛。司马光撰《资治通鉴》，别为《考异》一书，交代取舍之故，产生了我国比较史料的第一部专书。朱熹撰《韩文考异》，这是校勘版本的典范之作。此外，欧阳修、赵明诚取证金石，晁公武、陈振孙建设目录，徐铉整理《说文解字》，陈彭年等重修《广韵》，吴棫、郑庠探讨古音，王应麟等从事辑佚……都为后来清代考据学的大发展，作了准备和先导。

考据大盛于清。因反对明季理学家"空谈心性"导致亡国之祸，故清初学界的先知者提倡求真务实，号为"朴学"。顾炎武登高一呼，号召学者舍弃宋明语录，反求救世济民的真道于孔孟遗经。他发明了读古书的通道，即读古书必先识古字，而古书多同音假借字,故识古字必先审古音。炎武撰《唐韵正》《诗本音》《易音》,成为一代考据学的开端。同时,阎若璩撰《尚书古文疏证》,以汉人所著书《史记》《汉书》《说文解字》等所载《古文尚书》的实况与东晋梅赜所献本相对勘,发现种种差异;篇数不合,篇名不合,内容不合。最后,阎氏发现东晋本《孔传》中有孔安国死后才设置的金城郡,遂断定这是后人伪作。阎氏此举留下了辨伪的典型经验。顾氏好古,阎氏征实,有清朴学,于焉肇始。

乾隆、嘉庆之际是清朴学的鼎盛时期。经学、小学都有了传承与创新相结合的正确方法论。先是,惠栋反对宋人把经传的训诂与义理割裂,废弃汉儒训诂,"凿空"说经,于是提出读经必由训诂以明义理,旨在复兴汉学。戴震继起,也深嫉宋儒凭胸臆以为断,"凿空"说经,但他又谓汉儒虽有师承,而也有附会,故不能"株守"汉诂。于是戴学有了完善的读经方法论,即必由训诂以明义理,既反对"凿空"说经,又反对"株守"旧注,旨在求是。戴门大弟子王念孙推衍戴氏之术,发明治训诂的方法论,既反对"望文虚造",又反对"墨守成训",要求"就古音以求古义"。于是经学、小学盛极一时。并带动了其他诸学。乾嘉学者每下一义,泰山不移。正如王引之总结他父子释古代语词的经验所说"揆之本文而协,验之它卷而通",是经得住检验的。乾嘉学者考证古代事物,富有科学精神,对一字一音,往往经过多位通儒的反复质疑、推断、查证,然后得到结论。由是后世论考据学,追本溯源,必尊"乾嘉学派"。

辛亥革命前后,随着殷墟甲骨、敦煌经卷等新事物的出现和"实验主义"等新思想的输入,考据学发生蜕变:其一,从以经学为中心,转向以史学为中心,"六经"真正变成了史料。其二,考据家追求科学，从自发转向自觉，真正做到"实事求是"。风气既开，异人并出，于是王国维倡导"二重证据法"，胡适引进"实验主义"，都推动考据学的更新。这里略说胡适是怎样运用"实验主义"的方法论，改进乾嘉考据，使之完全成为科学的。

19世纪自然科学的发展，催生了"实验主义"哲学。其主要代表之一是美国杜威，胡适在康奈尔大学时曾师从受学。"实验主义"考察事物有两个基本态度：其一，实验室的态度，即区别真理与谬误要凭实验。其二，历史进化的态度，即承认事物都是进化的。杜威把考察事物的程序分五步走：（一）发生疑难和困惑；（二）确定疑难之点；（三）假设解决疑难的种种方案；（四）比较各种假设择善而从，选取其一；（五）求得确证，检定所选假设是真理还是谬误，作出结论。这就是"实验主义"的方法论，胡适把它概括为十个字："大胆的假设，小心的求证。"在这五步中，假设和求证是两个重要环节，而证据尤为重要。胡适说："没有证据，只可悬而不断，证据不够，只可假设，不可武断，必须等到证实之后，方才奉为定论。"这与乾嘉朴学家要求"言必有据"、反对"凿空说经"、反对"望文虚造"等的精神是暗合的。胡氏多次论及乾嘉考据与"实验主义"相通。但因清儒出于自发，还不能够自觉运用"实验主义"的方法论，所以有时以假设当结论，犯"武断"改古书等错误。经过胡适等的提倡，学术界始接受"实验主义"，用以改进传统的考据学，使之完全成为科学。

也就在中西学术交流、考据学划时代更新之际，青年罗尔纲崭露头角。在胡氏直接指导下，学习考据，从事考据，为以后成为一代考据学大师奠定基础。

由于时势的需要，学术的热门也有变化。罗先生所考证的对象,已非乾嘉学派所耗尽心血的经小学,也非民国年间"实证派"所争先探索的"甲骨学""敦煌学",等等。而是一门新兴的太平天国史学。

三

太平天国史学的发生发展,迄今虽不过百年,但由于一直与近代中国复杂的政治斗争相联系,故而极为曲折,成为一门反映时局最敏感的学科。

太平天国失败后,所颁行的书籍文件等都遭禁止流传和被毁灭。人们欲知天朝兴亡的经过,其主要读物是清政府颁行的《钦定剿平粤匪方略》。即使是私人著作,如杜文澜的《平定粤寇纪略》,其取材也都是官方公牍。清军统帅曾国藩命张德坚等刺探太平军情况,编《贼情汇纂》一书,反映天朝初期人物、制度等颇翔实。惜止于咸丰五年,后无续作。亦无刊本。天京失陷时,太平军后期统帅忠王李秀成被俘。他在囚笼中写下了长篇"供状",历述天朝十数年史事。出于政治上的需要,曾国藩亲笔删改后,梓本公布,因由九如堂刊刻,故称"九如堂本"。原稿被曾收藏在家,世人不得见。稍后,名重士林的文人王闿运写《湘军志》,以"直笔"自负,然而在他的书里,洪杨仍然是"叛逆"。直到资产阶级革命党人为反清造舆论,始为反清的先驱太平军唱赞歌。黄世仲撰《洪秀全演义》,章炳麟为作序说:"洪王朽矣。亦思复有洪王作也。"还有刘成禺撰《太平天国战史》,也在海外发行。这都是我国人写太平天国史为革命服务的创始之作。

辛亥革命之后,太平天国史研究得解禁。一些简陋的学术著作,应时问世。1913 年,罗惇曧发表《太平天国战纪》。他取材于坊本《李秀成供》、杜文澜《平定粤寇纪略》等常见之书,而伪托得之于韦昌辉嫡子韦玄成所著《天国志》。其人其书都属子虚,十年之后,又有凌善清以纪传体形式著《太平天国野史》。粗具一朝史事规模。自言其史料来源于王韬著《洪杨纪事》,乃“彼中人纪彼中事”。其实,王韬从未出仕天朝。所言《洪杨纪事》,乃《贼情汇纂》之易名。凌氏曾从日本学者稻叶岩吉所著《清朝全史》抄得太平天国“旨准颁行诏书”之一《三字经》,刊入《野史》。其原本藏伦敦不列颠博物馆。所有这些都启示吾国学者,必须对太平天国史料做大量的考证工作:其一,搜集史料;其二,比较史料(包括辨伪、校勘和考异);其三,归纳史料。于是出现了一批从事以上工作的老一代太平天国史学者,其主要代表有萧一山、简又文、郭廷以,而罗尔纲后来居上,集其大成。

从 20 世纪 20 年代起,吾国学界始从海外搜集太平天国所刻书。这些书可分两大类:一类列入“旨准颁行诏书总目”29 部;一类是 29 部之外的。从辛开元年(1851)起,太平天国开始刻书。从癸好三年(1853)起,所刻书一般都在封里插页附刊“旨准颁行诏书总目”。最少为 13 部,陆续增多至 29 部。也刻了一些以外的书。太平天国失败后,所刻书在国内极少地被保存下来,而流散在西方各国图书馆、博物馆的却颇多。国人最早到伦敦不列颠博物馆移录太平天国文献的是刘复。1926 年,他印行《太平天国有趣文件十六种》,其中 14 种得自英馆,包括《太平条规》一书。同年,程演生据巴黎东方语言学校图书馆所藏原件,编辑出版《太平天国史料第一集》,内辑录太平天国所刻书凡 8 部,包括洪秀全于起义前写的《原道救世歌》《原道醒世训》《原道觉世训》三文合成的《太平诏书》。当时，国人对天朝文献的了解尚属有限，以故程氏见"旨准颁行诏书总目"中有《太平救世歌》，误会为即《原道救世歌》，其实非是。又见"总目"中有《醒世文》，误会即《原道醒世训》，其实也另有其书。之后萧一山为订正。与程演生在法国访书活动同时，俞大维从柏林普鲁士国立图书馆摄得太平天国所刻书凡九部的照片，携以归国。张元济据以校《太平天国诗文钞》内有关文献。由是国内学界知太平天国所颁行的《太平诏书》等有区别于"程辑本"的"柏林本"。1932 年，萧一山在英馆摄录得太平天国所刻书 22 部（其中《历书》癸好、辛酉两年各一册）。连同国内发现的《英杰归真》，后编成《太平天国丛书第一集》出版。随着"程辑本""萧辑本"等的公布，于是对太平天国所刻书的目录、版本和考释等工程也启动了。同时，萧一山等也收集天朝的文书。

到 20 世纪 30 年代，吾国学者初步努力从外国书籍报刊移译太平天国史料。1936 年，上海商务印书馆出版简又文的《太平天国杂记》（第一辑）。内有简氏的译作数篇：《太平天国起义记》，即瑞典人韩山文据洪仁玕口述而用英文写成的《洪秀全之异梦及广西乱事之始原》等。继之，简又文又倡始实地调查太平天国史料。1942—1943 年间，他在广西采访，后将所得文献、文物及传说编成《金田之游及其他》，交商务印书馆出版。翻译和实地采访，这是简氏收集太平天国史料工作的两大特色。

为满足学者考索的需要，在 20 世纪 30 年代和 40 年代，郭廷以撰成《太平天国史事日志》。这是一部研究太平天国史必备的工具书。此书始清嘉庆元年（1796），迄同治七年（1868），按日编次全国重大事件。金田起义后，郭氏以"天历"与清朝沿用的"农历"及欧美通用的"西历"相对照,以便读者据三方面史料,查明太平军反抗中外敌人的盛衰兴亡之迹。自从日本学者田中萃一郎误认为"天历"的干支与"农历"的干支一致。"天历"的星期与"西历"的星期一致之后,国内也有学者支持其说,由是对太平天国史事的排比,带来诸多困惑。郭氏摘录当时亲历者有关"天历"与"农历"及"西历"对照的记载,得 20 余条,确证"天历"的干支比"农历"的干支,"天历"的星期比"西历"的星期,均提前一日。于是他先撰成《太平天国历法考订》一书,为按日排比史事提供不可缺少的条件。《郭志》所附"引用书目"列中西书凡 600 余种,也极有学术价值。1946 年,《太平天国史事日志》由商务印书馆出版。此书为新中国编辑《太平天国资料丛刊》等作了准备。

如上述,经过萧一山、简又文、郭廷以等在 20 世纪 20—40 年代,大约 30 年时间里的努力,把一门新的考据对象——太平天国史学的雏形打造起来了。它的广度和深度是 300 年来考据家所不曾遇到过的。其一,取证范围宽广,中文、外文(主要是英文)的都有,而且不断有新证出现。其二。审证的任务特别繁重,书证、物证和人证都有假的。幸有罗先生继萧、简、郭诸氏而起,在 20 世纪 50—90 年代(直至病逝),经历"文革"等复杂多变的政治环境,为考证太平天国史而鞠躬尽瘁。

1949 年,中国大陆获得解放,中华人民共和国成立。萧一山、郭廷以去台湾,简又文去香港,各自继续从事太平天国史和其他领域的研究工作,各有建树。罗先生留在大陆,在新中国生活了 40 余年,经历了太平天国史学发展的三个时期:(一)在 20 世纪的 50 年代和 60 年代初,在正确的政治导向下,太平天国史学获得蓬勃发展;(二)从 1964 年批判李秀成运动起,到"文革"结束止。"四人帮"大搞"影射史学",太平天国史研究遭到极度践踏;(三)1976 年粉碎"四人帮"后,在"改革开放"政策推动下,太平天国史学获得了继续发展。

一些老同志的记忆犹新。1951 年 1 月 11 日,为太平天国起义 100 周年,全国隆重举行纪念活动。《人民日报》发表社论,充分肯定这次农民大起义反封建反侵略斗争的英雄业绩及其爱国主义精神,为对太平天国的评价一锤定音。上海、南京、扬州等地纷纷展览太平天国的遗迹,一些珍贵文物和史料呈现在后人的面前。中国史学会组织专家编辑《中国近代史资料丛刊》之Ⅱ——《太平天国》,由神州国光社分册陆续出版,为研究工作者提供最基本的太平天国史料。在百年纪念筹备会的基础上。南京筹建太平天国历史博物馆,罗先生奉命协助。从此有了搜集和编辑太平天国史料的中心。也就在 1951 年,罗先生的名著《忠王李秀成自传原稿笺证》在上海开明书店一版再版,一时"洛阳纸贵",轰动学术界。所有这些,都是太平天国史学高潮到来的标志。

20 世纪 50 年代,在苏、浙等省,一些有关太平军的新史料纷纷出现。以我个人的经历为例,以见大略。

1952 年,我初到常州中学任教,即从一同事处看到其先人清宁绍台道史致谔遗下的两册档案:一册是向上级报告军情的抄清本,又一册是与驻宁波的英法外交官和军官为组织"洋枪队"打击太平军的通信底稿。史致谔致仕时,携之归常州家中。于是整理和刊布后一册史料,揭露西方列强在浙江干涉太平天国的真相,便成为我治太平天国史的起点。

同年,我回常熟港口镇(今属张家港市)探望双亲。听乡人传告,得见一册《庚申避难记》,作者系一训蒙师,记太平军在当地征收田赋等的活动颇详。在 20 世纪 50 年代的常熟,我还收集到陆筠《海角续编》、华翼纶《锡金团练始末记》等有关太平军的新史料。特别是 1957 年在图书馆有机会看到刚从东乡废纸中发现的一件稀世之珍——天朝后期为革新科举而颁行的《钦定士阶条例》。这是世间仅存的足本。之前,萧一山从英馆移录归国的乃是残本。

1954 年,我调到扬州工作。那里也是太平军活动频繁的地方,当时文人臧穀写《劫余小记》,载太平军和东捻军到扬州的经过。我从收藏家黄汉侯先生处得见其抄本。

伴随着大量新史料的出现,鱼龙混杂,一些赝品也招摇市肆,冒充真迹求售。1955 年,在扬州城内得胜桥的一家旧货铺内,我看到一幅明末袁崇焕藏汉砚的拓本,砚侧有太平军大将赖文光的题词。一时喜出望外,即当作新史料发表于 1956 年 2 月 16 日《光明日报》"史学"版。不到一个月,3 月 15 日该报发表荣孟源前辈的文章,严肃指出:"赖文光题袁崇焕藏汉砚是假的。"理由是:(一)题词内容与太平天国的历史不合;(二)题词内容与太平天国的制度不合。荣氏的深刻教诲,使我认清自己对太平天国的知识极为浅陋,故而不能鉴别一文物的真伪。由是决心要对太平天国史料狠下考证功夫。

以上个人所亲历的事实,表明太平天国史学正在蓬勃发展。新史料纷纷出现,亟须收集。亟须鉴定,亟须编辑出版,亟须有胸罗太平天国史万卷的考据学大师总揽其事,而在当时中国大陆能膺此大任的,厥惟罗先生一人而已。

从 1950 年 12 月起,罗先生以中国科学院研究员的身份,在南京协助筹建太平天国历史博物馆。地方政府给予助手等条件，使他能专心致志于从事对太平天国史料的收集和整理工作。

太平天国史料有三个来源：一是天朝自己提供的；二是清朝官方或私人提供的；三是外人提供的。《太平天国》(资料丛刊)即包括以上三方面的资料。罗先生所收集的是清方资料而以私人提供的为主，其收获之丰是前所未有的。到1960年底，共收集得1200万字，编成《太平天国资料汇编》。从中选取800万字为《太平天国史料丛编》。又从中选取精华180万字为《丛编简辑》。1961年，由中华书局上海编辑所出版。学术界称《太平天国》为"八大本"。称《丛编简辑》为"六大本"。一代太平天国史学于焉兴起。

罗先生收集史料的渠道有三：一是广泛征集；二是苏、浙、皖三省采访；三是南京图书馆摸底。这1200万字的获得，主要是靠在南京图书馆摸底。罗先生师法清儒在残存的9000余册《永乐大典》中辑宋元佚书，继又从《大典》辑补《全唐文》的经验，于1954年带领助手在南京图书馆搜辑太平天国史料。南京图书馆创建于清季，为我国东南的大图书馆之一，经历任馆长缪荃孙、柳诒徵、蒋复璁等大学者辛苦经营，库藏极为丰富。人民解放战争胜利之初，又增加了孤本珍本不少。1954年，它的颐和路书库庋藏共有70多万册。罗先生带领助手们按库、按架、按排，一册一册地、一页一页地，寻找太平天国史料。历时四个月，计搜得有关书籍共1661种，包括稿本和抄本60种，有的史料价值很高，弥足珍贵。罗先生撰《南京图书馆太平天国史料摸底记》，为此役铭功。

罗先生在创造收集太平天国史料经验的同时，又创造对太平天国史料辨伪的经验。伪造的太平天国史料往往伪托其史料来源于太平军内部人物，所谓"彼中人记彼中事"，以假乱真。但也就在"彼中人"不了解"彼中事"的种种破绽上暴露作伪的马脚。罗先生即从史料来源与史料内容的矛盾，揭穿了眩迷人目的《江南春梦庵笔记》是一部大伪书。

《江南春梦庵笔记》初见于清光绪元年（1875）上海《申报》馆编印的《四溟琐记》（月刊）。分上下册两次刊载，上册见该刊第4卷，下册见第7卷。

《江南春梦庵笔记》署名"武昌沈懋良撰"。书后有春草吟庐主人跋云："懋良陷贼十三年，相处者又倡乱之巨逆，宜乎所言源源本本，如数家珍也。"又说："所载群逆之出处，伪制之详明，又足补诸书所未备。"书中明白交代，与作者相处13年的"倡乱之巨逆"，乃太平天国赞王蒙得恩。如述洪杨来历时，作者声明："上皆蒙得恩所言。"因震惊于其史料来历非其他笔记资料凭道听途说可比，故使学术界有的名流也上当为之延誉。如朱希祖为萧一山《太平天国丛书第一集》作序，说到《江南春梦庵笔记》时，强调"所载事迹，则多正确"。简又文虽谓其有的内容离奇不敢信，但未疑其为伪书。1952年，此书竟被辑入《太平天国》四（资料丛刊），由是谬种流传更广，贻害学者匪浅。直到罗先生加以鉴定，才暴露其为赝鼎。

1955年，生活·读书·新知三联书店出版罗先生的《太平天国史料辨伪集》，其首篇即《太平天国史料里的第一部大伪书——〈江南春梦庵笔记〉考伪》。这是他辨伪的代表作。罗先生师法清儒辨伪《古文尚书》的经验，充分发现破绽，以分辨真伪。又结合伪造太平天国史料往往假托"彼中人记彼中事"的特点,紧抓史料来源与史料内容的矛盾,揭露作伪的马脚。经过将是书与已肯定为真实的太平天国文献相对比,罗先生终于发现那个自称为蒙得恩身边的沈懋良对蒙得恩的情况几乎是无知。

蒙得恩有五子,见《蒙时雍家书》。赞嗣君蒙时雍也见其他文件。而《江南春梦庵笔记》却说:蒙得恩"无子,生三女,长适西逆萧全福,次配仁玕子,三未字"。这是虚构了蒙得恩的家庭。"萧全福",也是虚构之人。按,幼西王名萧有和。

蒙得恩于太平天国辛酉十一年死去,也见《蒙时雍家书》。之后,"天王诏旨"所开受诏人名单已不列"恩胞"了。而《江南春梦庵笔记》却说,太平天国甲子十四年,蒙得恩还在天王宫值宿。岂非见鬼?

由上述可见,《江南春梦庵笔记》作者绝非长期在蒙得恩身边的人。以故就在蒙得恩的身上,他信口胡诌,与真的太平天国文献所载不符,暴露了作伪的马脚,而被罗先生所查获。

在20世纪50年代,罗先生作了又一大贡献,汇编出版太平天国文献:其一,编辑出版《太平天国印书》;其二,编辑点校《太平天国文书汇编》。

上文已说,从20世纪20年代起,我国学者陆续从海外寻访太平天国所刻书,有"程辑本""萧辑本"和俞大维摄回的"柏林本"照片。之后,王重民据英国剑桥大学图书馆所藏,补程、萧、俞诸家的缺漏,编辑出版《太平天国官书十种》,世称"王辑本"。向达等编《太平天国》(资料丛刊),综合以上成果,共收"太平天国官书"38部,并于"诏旨文书"中据上海图书馆所藏抄本夹入一部《钦定敬避字样》,因此实际收录太平天国所刻书39部。对同一部书的版本差别,由荣孟源为之校注。罗先生编《太平天国印书》，增加了 1 部，凡 40 部。全书以颁行先后为序。其中的《太平诏书》《天条书》各有初刻和重印两种版本。1961 年，由江苏人民出版社影印出版。1978 年，江苏人民出版社又排印出版。

在罗先生的指导下，太平天国历史博物馆的同志编辑了《太平天国文书汇编》。内有诏旨、告示、公文、论序、名册、簿记、挥条等，共 400 余件。其中除汇集萧一山、王重民、向达等前人发掘的成果外，还公布了一批新出现的太平天国文书。1979 年，由中华书局出版。

大量太平天国新史料的出现和罗先生考证工作的深入，都为他撰成名著《李秀成自述原稿注》作了准备。按，《李秀成供状》经曾国藩删改于安庆刊刻后只在极少数人中流传，连在朝为官的翁同龢也不得已而向军机朱学勤借阅。于是民间便有人翻印。光绪末，有一个署名"扪虱谈虎客"的再加删改，交由日本广智书局刊入《近世中国秘史》。因妄加篡改，愈益失真。罗先生从 1931 年开始，即在这个谬妄丛生的本子上作注，辛苦摸索了十数年。1936 年，为满足研究工作需要，北京大学将"九如堂本"影印。至于《李秀成供》的原件，则仍被湘乡曾氏秘藏，学者不得见。直到 1944 年，广西通志馆才征得曾氏后人同意，拟派罗先生前往阅看。值罗病，所以临时改派了吕集义。是年暮春，吕氏在湘乡的曾富厚堂看到了锁在铁匣中的《李秀成亲供》。在曾氏后人的轮流监视下，他穷两日之力，用北大影印"九如堂本"相与对勘，抄补了 5620 余字并拍摄了 15 帧照片，带回广西。罗先生看到了吕氏抄补本及 15 帧照片中之 4 帧，便以为见到了原稿。于是摒弃了《近世秘史》本，改在吕氏抄补本的转抄本上作注，取名《忠王李秀成自传原稿笺证》发表，引起了学术界的轰动。1951 年，由上海开明书店一版再版。1952年，神州国光社版《太平天国》（资料丛刊）据"罗笺本"的本文辑入"诸王自述"中。1953年，中华书局出版《忠王李秀成自传原稿笺证》第三版。张秀民、王会庵编的《太平天国资料目录》竟断言："《忠王自述原稿》，久成学术界之谜，今既公布于世，其余二十种版本，几均可废。"其实不然。1954年，原来也在广西通志馆工作的梁岵庐公布了吕集义从湘乡摄回的15帧照片，取名《忠王李秀成自传真迹》，并指责"罗笺本"有与《真迹》不合的讹误。1957年，中华书局出版《忠王李秀成自传原稿笺证》（增订本），作为该书第四版。遵守考据学的准则，罗先生公开声明，自己在该书的一、二、三版上，有仅凭主观判断改动原文，未加注明等的错误。

随着"笺证本"的盛行，也有读者因见其中有对曾国藩乞降语，遂疑吕集义所见的并非真出李秀成手笔。罗先生在法医的协助下，使用现代科学技术，对15帧照片的笔迹进行鉴定，确认此为李秀成手稿无疑。先是，还在抗日战争前，学术界已从庞际云所献《忠王李秀成答词手卷》，见到李秀成的手迹，当李秀成被俘后，曾国藩令亲信幕僚李鸿裔、庞际云面讯了若干问题，"手卷"就是讯问的记录。其中有李秀成手书的28字："胡以晄即是豫王，前是护国侯，后是豫王。秦日昌即是秦日纲，是为燕王。"据庞际云说明，因李语操土音不可辨，乃令执笔写下来的。经法医检验笔迹的结果，湘乡曾氏所藏《李秀成亲供》与这"二十八字"出自一人之手。由此确证《亲供》是李秀成的真迹。至于何以有向敌人乞降语？罗先生也作了解答。他认为这是李秀成欲"伪降"以图复国。由于缺乏直接和确凿的证据，从考据学的准则来说，这只能是个假设，可供学术界研究。但极其不幸的是，此一学术问题其后被少数政治阴谋家所利用,变质为政治问题,罗先生遭批斗,太平天国史学最先成为"十年浩劫"的重灾区。这一切都非忠厚书生如罗先生者所能逆料。

1962年,台湾世界书局影印出版了《李秀成亲供手迹》。由是大陆读者始确证吕集义摄得的15帧照片所据是原件,也确证其中的乞降语是出自李秀成之笔。1963年,戚本禹在《历史研究》发表《评"李秀成自白书"》,直斥"忠王不忠"。1964年,《人民日报》重新发表此文,并发表罗先生写的《忠王李秀成"苦肉缓兵计"》,针锋相对,号召开展大讨论。各报刊也函电交驰组稿,于是作者们纷纷撰文各抒己见,有的否认李秀成有乞降之意,有的仍肯定他的前功,结果都成了"叛徒的辩护士",受到种种打击。为什么学术民主变质为政治迫害? 事后,林彪、"四人帮"一伙"抓叛徒",以"莫须有"罪名,陷害一大批老干部。至此,人们才看清他们批判李秀成是为造舆论的真正目的。

1974年,"四人帮"又阴险地发动"批孔",批杨秀清"尊孔",影射周恩来总理。太平天国史再一次遭到了践踏。

1976年10月,党中央粉碎了"四人帮",实行拨乱反正,学术民主也得到空前开展。于是一大批对太平天国史有造诣的学者,从韬晦中重新活跃起来,各建殊功。诸如茅家琦纂《太平天国通史》,王庆成辑《太平天国资料丛刊续编》,郭毅生修《太平天国词典》《太平天国地图集》,钟文典编《太平天国史丛书》,王庆成又从海外采访得天朝遗佚文献《天父圣旨》《天兄圣旨》。对太平天国史的各个角落几乎皆有专著问世,如吴良祚的《避讳研究》,张守常的《北伐史》等,皆属功力深厚、采山之作。特别是罗先生,以耄耋之年,完成了巨著《太平天国史》。也终于完成了史料考证方面的最精湛之作《李秀成自述原稿注》，并作了一次增补。

当台湾世界书局把《李秀成亲供真迹》公布后，罗先生第三次调整自己著作的底本，改名《李秀成自述原稿注》。1982年，由中华书局出版。在我国学术史上。注释史籍的名家不少，如裴松之注陈寿《三国志》，胡三省注《资治通鉴》，等等，都没有屡换底本。乾嘉时，戴震注《方言》，段玉裁注《说文解字》，王念孙注《广雅》，都是"先正底本"，但都没有如罗先生注《李秀成自述》的三换底本那样曲折。

为古人所著书作注，必须说明两事：（一）古代语言，即训诂；（二）当时背景，即历史事实。先秦时人注孔门经典，有专说史事的，如《春秋左氏传》；有专通古今语的，如《尔雅》；有兼此二者而偏重训诂的，如《毛诗故训传》。孙盛对魏晋间史书作《异同评》《异同记》，裴松之注《三国志》，都以史料考异和补充史料为主，偶有对文字注音。罗先生注《李秀成自述》师法裴注《三国志》，注补史料和考异为主，但兼重训诂，对太平军、清军专用词语和李秀成所操广西方言都做了解释，在这两方面，都显示了罗先生博大精深的考据功夫。

例如，《李秀成自述》记太平军永安突围之役说："姑苏冲是清朝寿春兵在此把守。"简又文《太平军广西首义史》引用了这段资料，但不知"寿春"为何义？他犯了乾嘉考据家所深诫的"望文虚造"的错误，曲解为人名，又凭推测，谓是"满将"。罗先生因胸罗清朝绿营兵制，故能正确判断"寿春"非人名而是地名，属安徽省。"寿春兵"乃寿春镇总兵所属之兵，归两江总督管辖。罗氏又从《剿平粤匪方略》卷十六所载，咸丰二年八月初六日两江总督陆建瀛奏"前已调派安徽寿春官兵一千名前赴广西"云云。为

"寿春兵"到广西参加对太平军的战争，找到了确凿的佐证。

罗先生为《李秀成自述》作注，可谓"言必有据"，几乎是每字每句都有原始的史料作根据。而对这些史料的获得是靠长期积累，并非朝夕之功。例如，对"冲天炮"的一条件注释，就是多年绩学的结果。按，《李秀成自述》说："十一年正初，由常山动身，上玉山、广信、河口而行，到建昌屯扎，攻打二十余日未下，外有清军来救，是冲天炮李金旸带兵。"其后又说："先有冲天炮李金旸带有清兵十余营屯扎阴冈岭，与我部将谭绍光、蔡元隆、郜永宽等迎战，两军对阵，李金旸兵败，其将概已被擒，全军失散，拿其到步，见是勇将有名之人，心内痛惜英雄，故未杀害，当问其来情肯降否？他云被擒之将，不得愿而回我也。后见其语未有从心，仍言礼待，并未锁押，悉听其由。过了数日，发盘川银六十余两，其不受而去江西，后闻被杀。此人不是肯降天朝，实是被擒无奈。因惜好汉，故而放回。其手下部将六、七员亦已回去。此人杀之可惜，不是降我也。"在《笺证》的一、二、三版，罗先生对此都未注释。四版（增订本）始据欧阳兆熊《水窗春呓》注"冲天炮是李金旸的绰号"，还是语焉不详。以后，罗先生从湘军将帅的著作里查到了有关资料，于是在1982年出版的《李秀成自述原稿注》里，交代明白了其人其事。因李金旸由王鑫"招降纳叛"而来，故罗先生先从《王鑫遗集》里的一篇禀牍，弄清冲天炮的来历："本是天地会员，在湖南起义，称统领元帅，后来叛变投降清朝。"因冲天炮一案最后由曾国藩处理作结，故罗先生又据曾国藩奏稿里的《李金旸张光照正法片》及南京图书馆收藏的左宗棠致曾国藩的一通未刊信稿，补叙冲天炮与太平军战败被俘，李秀成释放了他，走归南昌自首，江西巡抚毓科以此案棘手，便将人犯解送钦差大臣两江总督曾国藩大营,听候处置。左宗棠以其人凶悍难制,劝曾国藩"不用则杀"。曾以"失律"罪将李金旸"正法"。事实表明,由于取证充分,以故罗先生能对《李秀成自述》这段内容注释清楚。

总之,一部《李秀成自述原稿注》表明,罗先生对太平天国史料的考证功夫,已到了渊博精深的地步。

罗先生是一位虚怀若谷、从善如流的恂恂大儒。当《李秀成自述原稿注》出版后,我撰文盛赞为不朽之作,并建议对天王两小子之名作补注。因光王名天光,明王名天明,见台湾故宫博物院所藏《幼天王自述》,已由萧一山公布于《清代通史》。只因当时海峡两岸的文化交流不便,所以罗先生暂未见到。1985年1月,我到北京,陪了一位朋友往谒罗先生起居。他新病初愈,当着客人面向我道谢,激动地说:"你帮助我知道了原来不知道的事情。"其实,以我对太平天国史料的考证功夫,比起罗先生来,真如沧海之一粟而已。罗先生的谦抑,令我深愧!

罗先生殁后14年,我已垂暮,幸得亲睹其《全集》行世,如接謦咳,感怆交至,敬缀旧作,撰成新篇,拜颂先生以考据治太平天国史的千秋伟业。深愿薪尽火传,相信后生中必有仰慕先生之史德史学而善继其志事者。罗先生不朽。

(原载《扬州大学学报(人文社会科学版)》2012年第4期)

读清代乾嘉"扬州学派"
著作一得

　　"扬州学派"是乾嘉朴学的分支,是惠戴之学的发展和延续。最早有王念孙、李惇、汪中、刘台拱等人。汪中为李惇撰《墓铭》有云:"是时古学大兴,元和惠氏、休宁戴氏咸为学者所宗。自江以北,则王念孙为之唱,而君和之,中及刘台拱继之。"他们唱和相继的是什么? 对汪中论述"扬州学派"诞生的这段名言,兹据王念孙的文章为作笺释,庶几有助于明确"扬州学派"之界说也。

　　清代朴学创始于顺治、康熙时的顾炎武。他深痛明季士大夫"空谈心性",无救亡国之祸,于是登高一呼,号召学者舍弃宋明语录,而反求救世济民的真道于孔孟遗经。因经传古籍由古文字写成,故读经必先识古字。又因古人多用同音假借字,故识古字必先审古音。由此他《与李子德书》,作出了"读九经自考文始,考文自知音始,以至诸子百家之书亦莫不然"的光辉论断。这是一代朴学方法论的萌芽。炎武撰《诗本音》《易音》以考古音,撰《唐韵正》以明古今音之流变,有清朴学就此开端。

　　乾隆年间,惠栋继起,创造反对宋明"心即是理"的读经方法论,反对"凿空"说经,鼓吹必由汉代经师的训诂以明经文的义理。《九经古义述首》说:"汉人通经有家法,故有五经师,训诂之学皆师所口授,其后乃著竹帛,所以汉经师之说立于学官,与经并行。五经出于屋壁,多古字古言,非经师不能辨。经之义存乎训。识字审音,乃知其义。是故古训不可改也,经师不可废也。"栋著《易汉学》《周易述》,倡导恢复佚失的经籍汉诂。其徒江声、余萧客等赞之,惠氏汉学于焉兴起。惠栋旨在"求古",其读经方法论具有二重性:优点是,坚持传承汉代经师的训诂,反对宋学"凿空"说经;缺点是,不事创新,"株守"汉儒经说,不取其精华而弃其糟粕。戴震稍后起,他继承并改进了惠氏的读经方法论,从"求古"到"求是"。他也深嫉宋学"凿空"说经,也主张必由训诂以明义理,坚持对汉学的传承;但又谓汉儒也有附会,不能"株守"错误的汉诂,敢于创新。具见于所撰《古经解钩沈序》等文章中。在戴学正确方法论的指引下,传承与创新相结合,一代朴学到了鼎盛阶段。"扬州学派"便是此时戴学"求是"方法论孕育的产儿。

王念孙得戴学真传,深明戴氏经术,他把戴氏治经之法,传承与创新相结合,施之于治训诂,既反对"望文虚造而违古义",又反对"墨守成训而鲜会通",要求"就古音以求古义"。见《广雅疏证自序》。由此,他把一代训诂学推上了顶峰。

念孙对李惇、刘台拱、汪中诸亡友的遗作都为作序,其评价衡量,一以戴学"求是"的方法论为权度。《群经识小序》云:"是宜传之百世,使家有其书,人知其说,则晚近'凿空'之论,谫陋之学,无自而囿学者之耳目;而旧说之间有未当者,亦得去非从是而不至为成见所拘矣。"《刘端临遗书序》云:"盖端临邃于古学,自天文律吕至于声音文字,靡不该贯,其于汉宋诸儒之说不专一家而唯是之求。精思所到,如与古作者晤言一室而知其意指所在。比之征君阎百诗、先师戴庶常、亡友程易畴,学识盖相伯仲。以视'凿空'之谈,'株守'之见,犹黄鹄之与壤虫也。"《述学序》云:"自元明以来,说经者多病'凿空',而矫其失者又蹈'株守'之陋。"二者都妨碍学术的发展。前者指宋学,后者指惠氏汉学。念孙赞汪中之学实反对此二者而起。由于是时惠学正如日中天,故而汪中反对"株守"尤力。他《年谱》引《与毕沅书》云:"某少日问学,实私淑顾宁人处士,故尝推六经之旨,以合于世用。及为考古之学,惟实事求是,不尚墨守,以此不合于元和惠氏。"

由上述可见,当时王、李、刘、汪唱和相继,所共同讲求和施行的,正是戴震所发明的,以"求是"为宗旨的,传承与创新相结合的,读经传古籍的方法论。也就在扬州形成了一个学术流派。

正因为坚持"实事求是",所以他们虽然服膺戴氏的经学,但是汪中等往往有选择地接受戴震考经的具体论断。如,《尚书·尧典》有"光被四表"语,宋儒《集传》解"光"为显。戴震《与王内翰凤喈书》,谓当从《伪孔传》训为充。其本字为"桄",《尔雅·释言》:"桄,充也。"《说文》:"桄,充也。"而五经无"桄"字,以"横"字训充,故戴震推断,古本《尧典》必有作"横被四表"者。由于"横"转写为"桄",又脱误为"光",而宋儒望文生义,误解为显。嗣后,钱大昕等从古书中为戴氏多方取证,尤以戴族弟受堂检《汉书·王莽传》有"昔唐尧横被四表"语最为显确。近世胡适在《清代学者的治学方法》一文里,曾举此例以证乾嘉考据与西方"实验主义"的方法论"大胆的假设,小心的求证"相通。但胡氏失察,汪中对戴震此论有异同之见。汪氏《致刘台拱书》曾列举郑玄《诗·噫嘻笺》有"光被四表"之言,以证汉人所见《尧典》也有作"光被四表"的,盖"横""光"音近,当时通用,"光"非误字。汪中又据唐人《噫嘻正义》引《尚书注》云："言尧德光耀及四海之外。"以证解"光"为显,非宋人杜撰。邵晋涵《尔雅正义》只取戴氏谓古本《尧典》必有作"横被四表"的假设,不取以"光"为转写致误的臆测,这是符合"实验主义"的。

（原载《扬州文化研究论丛》第 9 辑,广陵书社 2012 年 10 月版）

读台北傅斯年图书馆珍藏的
《高邮王氏父子手稿》随笔

　　2001年5月，余到台北参加扬州学派讨论会，得参观傅斯年图书馆，得知该馆珍藏一批高邮二王手稿，仅得其目，未见其详。三年后，始在台湾同人的帮助下，见到其影印本，快读一遍，略知其内容，书此文，以公诸扬州文化界同好。

　　高邮二王是乾嘉考据学的代表人物。乾嘉考据学的最精品是小学，即古代的语言文字学。高邮二王的专长就是小学。当时扬州人汪中评论乾隆时期的学术界代表人物说，"经学有程、戴，史学有钱、邵，小学有段玉裁及王氏父子"，而此手稿的主要内容也就是王氏父子在小学方面的成果。

　　高邮二王先后死于道光年间，其遗稿多归王引之的第四子寿同亲手整理。咸丰初年，太平军攻至武昌，寿同死，其所收集整理的先人遗稿书版都毁于兵火。光绪年间，已有二王部分手稿在北京书肆出现。据张佩纶《涧于日记》记载，光绪十五年，曾在北京书商处见到王念孙批改过的段玉裁所写《六书音韵表》，可见已有部分高邮二王著作的手稿流入民间。

　　民国年间，乾嘉考据学最杰出的继承者是考古学家罗（罗振玉）、王（王国维），流向社会的高邮二王手稿一到罗、王手中就发挥出巨大的作用。民国十一年，罗振玉在北京买到一批二王遗稿，罗氏据此编成《高邮王氏遗书》,余下一大批研究古音的材料收藏在北京大学。语言学家陆宗达教授从中探讨王念孙研究古韵的最终成就。王氏研究古韵的著作原来分为二十一部,后来分为二十二部。王国维曾说:"清代研究古音的作者不过七人,但古音二十二部之分遂令后世无可增省。"

现在傅馆收藏的这批手稿之中,最多的也是古韵方面的成果。傅馆收藏到这批二王手稿已经到了抗日战争前夕。据该馆卡片所记,民国二十六年六月,由语言学家罗常培教授交给傅斯年。这部手稿原装成八册又三十九页,包成一包,后来重裱成一函十七册,每册一至若干篇,页数不等,其中提供了王念孙研究古韵学的资料。

清儒称周秦音为古音,周秦古书都用同音假借字,因此不识古音就不能读懂周秦古书,顾炎武说"读九经自考文始,考文自知注音始",所以研究古音就成为当时的潮流,古音学成为当时一门显学。

这批手稿的主要内容就是提供了王念孙研究古音的一些资料。例如,《王念孙与李许斋方伯论古韵书》,就是后人看到王念孙初分古音为二十一部的主要文献。乾隆五十四年,王念孙与段玉裁相会于北京,论古韵有合有不合。念孙劝段对《六书音韵表》作五点修改意见,皆涉及入声分配问题,玉裁从之者二,不从之者三。嘉庆中,李赓芸贻书询其详,念孙复之云云,并附以古音二十一部之目。王引之刊之道光十年版的《经义述闻》中。李赓芸,号许斋,时官福建布政使,故称方伯。这本书成为后世探讨王氏初分古音为二十一部的唯一依据。《手稿》提供了作者王氏的亲笔,且比其他版本内容更为充实,弥足珍贵。

　　清代古音学的创始者是顾炎武,他撰《诗本音》《易音》得古音十部,举平以该上去人。但四声之中,入声最短,也是最少,所以顾炎武考古音只得到四部入声,由此他断定古四声不同于今四声,他所得的古音十部有的有入声,有的没有入声。江永撰《古韵标准》得古音十三部,入声八部。他阐明异平同入,启通转之端。段玉裁撰《六书音韵表》分支、之、脂为三,得古音十七部,入声八部。他也讲异平同入,入声相同是异平通转的枢纽。戴震撰《声类表》列举二平一入为若干组合,为"阴阳对转"说奠基。孔广森撰《诗声类》得古音十八部,内阴声九部,阳声亦九部,阴阳可以对转。王念孙得古音二十一部,江有诰撰《音乐十书》,也得古音二十一部,两人的差异在于,王念孙有至部,没有冬部,江有冬部,缺至部。最后王念孙接受江有诰的劝说,吸取孔广森的意见,分冬、东为二,由此共得古音二十二部。王念孙得古音二十二部,以有无入声分为两大类,不言通转,如顾氏。及道光六年,他为郝懿行《尔雅义疏》刊误,有云"古支韵与之韵互相转之言",可证他已接受了孔广森的阴阳对转说矣,清代古音学至此已至顶峰。

　　《手稿》又提供了王念孙研究《说文》的资料。念孙对二徐本《说文》进行了校勘,留有笔记《说文解字校勘记》,其中校正了二徐对某些形声字删去声字的错误。如:一部的元字应该是从一兀声,小徐不懂古音,他不懂兀是元字的入声,他以为是从一兀,大徐改作从一从兀,亦无声字。王念孙据唐元度和尚《九经字样》所引《说文》补了一个声字。段氏所注《说文》及桂馥《艺证》都从王说,补了一个声字。桂氏从王氏札记共抄得类似例一百一十九条,罗振玉为之起名为《王念孙读〈说文解字〉校勘记》。有的"说文"学者看到桂馥抄本以后,推测王氏签记总计有一千多条。《手稿》保存的签记当中也有不少校补声字,例如"社"字,二徐本的说文都是从示土,王氏签记称当有声字。

傅馆珍藏的这批手稿为学者研究王念孙的古音学提供了极好的准确资料。

祁龙威(病中)口述,蔡益定笔录。

(原载《扬州文化研究论丛》第12辑,广陵书社2013年12月版)

未收论著目录选存

一、专著（附：史料搜集整理）

1. 天放楼文言遗集 4 卷附录 1 卷，金松岑著，王铨济、王大隆、祁龙威编校，民国三十六年（1947）铅印本

2. 赖文光，祁龙威、秦自信编著，江苏人民出版社 1957 年版

3. 咏梅轩稿·靖江纪事，谢兰生著，祁龙威点校，收入《中国近代史资料丛刊·鸦片战争（四）》，上海人民出版社 1957 年版

4. 冯廷韶家书，卞孝萱收藏，祁龙威供稿，《安徽史学通讯》1958 年第 5 期

5. 庚申避难日记，祁龙威供稿，收入《太平天国资料丛编简辑》第四册，中华书局 1963 年版

6. 戴震，祁龙威、华强著，江苏古籍出版社 1984 年版

7. 太炎文录初编，钱玄、张芷、祁龙威等校点，收入《章太炎全集》（四），上海人民出版社 1985 年版

8. 清代扬州学术（上、下），祁龙威、林庆彰主编，台湾学生书局 2001 年版

9. 金村小志，金鹤翀著，祁龙威、李克为标点整理，收入《常熟乡镇旧志集成》，广陵书社 2007 年版

10. 清史·朴学志，祁龙威、田汉云、陈文和、张连生等著，未刊

二、论文

1."四人帮"也是纸老虎——学习《一切反动派都是纸老虎》,《扬州师院学报》1977年第6期

2.如何进一步开展义和团运动史研究——义和团运动史学术讨论会座谈纪要,祁龙威(发言记录),《东岳论丛》1981年第1期

3.编辑《辛亥革命江苏地区史料》的两点经验,《扬州史志资料》1981年第1辑

4.治学经验谈,《江海学刊》1983年第1期

5.反映太平天国起义失败后的谚语(两则),《江苏省沙洲县文史资料选辑》1983年第2辑

6.学习唯物史观,发展历史科学——读《毛泽东书信选集》札记,《扬州师院学报》1984年第4期

7.翁心存翁同书(附翁同爵翁曾源),收入戴逸、林言椒《清代人物传稿》下编第一卷,辽宁人民出版社1984年版

8.太平天国史,中国史学会编《中国历史学年鉴》(1984年版),人民出版社1984年版

9.研究"扬州学派",为建设社会主义服务——《扬州学派研究》序,《扬州史志》1988年第1期

10.浅谈海峡两岸共同发展近代中国文献学,《民主与科学》1992年第5期

11.爱国诗人杨无恙,收入常熟市政协文史资料委员会编《文人笔下的常熟》1994年印行

12.胡林翼书札辑佚举例,《曾国藩学刊》1995年第1期

13.《胡笔江墓志铭》书后,《邗江文史资料》1995年第7辑

14.湘军史考证发凡,收入王继平、王澧华、王立新编《湘学》

第 1 辑,湖南人民出版社 1999 年版

    15. 对"扬州学派"研究的回顾与展望,《中国文哲研究通讯》1999 年第 3 期

    16. 丁丑避难追记,沈秋农主编《常熟·1937》,上海社会科学院出版社 2002 年版

    17. 为太平天国史作总结,此其时矣,收入太平天国历史博物馆编《太平天国历史博物馆建馆五十周年论文集》,江苏教育出版社 2006 年版

后　记

　　2002 年 12 月，业师祁龙威先生 80 周岁时，曾自编过一本《祁龙威论著存目》（常熟地方志办公室翻印），将其论著分为"专著（附史料）"和"论文"两部分编目。现编成的《祁龙威文集》五卷，编辑体例沿袭先生的做法，分为"专著（附：史料搜集整理）"和"学术论文"两部分。由于篇幅限制，先生与他人合著、合编的著作，本文集未予收录；先生所写的少部分论文以及一些短篇序跋、随笔、函札和诗词等，也未收录。

　　本文集的整理出版，得到了扬州大学人文社科处领导的大力关心和支持，将之列为"扬州大学文脉工程重大项目"，在此表示衷心感谢。也感谢广陵书社、扬州大学社会发展学院各位领导、同仁和扬州文史界各位前辈、友朋的支持和帮助。感谢本文集编辑王志娟同志所付出的辛勤劳动。

吴善中

2023 年 9 月 15 日